深圳统计信息年鉴

SHENZHEN STATISTICS AND INFORMATION YEARBOOK

2000

总第10期

深圳市统计信息局编

Shenzhen Statistics and Information Bureau

中国统计出版社

China Statistics Press

(京)新登字 041 号

图书在版编目(CIP)数据

深圳统计信息年鉴 2000/深圳市统计信息局编——北京:中国统计出版社,2000.7
ISBN 7-5037-3238-5/C.1749
Ⅰ.深…
Ⅱ.深…
Ⅲ.社会经济统计-统计资料-广东-深圳-2000-年鉴
Ⅳ.C832.653-54
中国版本图书馆 CIP 数据核字(2000)第 27939 号

深圳统计信息年鉴—2000

作　　者/深圳市统计信息局
责任编辑/陈越月
E-mail / yearbook@stats.gov.cn
封面设计/丁美跃
出版发行/中国统计出版社
通信地址/北京市西城区三里河月坛南街 75 号　中国统计出版社
电　　话/(010)63262295
印　　刷/利丰雅高印刷(深圳)有限公司
开　　本/787×1092 毫米/16 开本
字　　数/75 万字
印　　张/28 印张
印　　数/1-1500
版　　别/2000 年 7 月第 1 版
版　　次/2000 年 7 月第 1 次印刷
书　　号/ISBN 7-5037-3238-5/C.1749
定　　价/200 元

《深圳统计信息年鉴—2000》编委会名单

编辑说明

1. 为了全面系统地反映深圳市国民经济和社会发展情况，以及统计与信息化工作概况，我们编印了《深圳统计信息年鉴—2000》。

2. 本期年鉴以主要篇幅刊载了深圳市丰富、翔实的统计资料，此外还分列了"特载"、"统计信息法制建设"和"统计信息大事记"等篇，目的是使年鉴内容的涵盖面更广，信息容量更大。同时，统计图表和指标解释等还配了英文，以方便国外读者。

3. 本年鉴统计资料系根据 1999 年统计年报和有关资料整理而来，主要指标着重反映了 1999 年深圳市经济和社会各方面所取得的成就，还包括了深圳建市以来历年统计数据。统计资料内容分为 15 个部分，即：(1)综合；(2)人口和劳动力；(3)工业；(4)运输、邮电；(5)农业；(6)固定资产投资；(7)商业、物价；(8)能源；(9)财政、金融；(10)对外经济贸易和旅游；(11)劳动工资；(12)科学、教育、文化、卫生；(13)环境保护与城市公用事业；(14)人民生活；(15)各区概况。为了便于读者正确使用资料，还附上了主要统计指标解释。

4. 本年鉴中的"全市"包括经济特区和宝安区、龙岗区，"特区"即为市区，包括罗湖区、福田区、南山区和盐田区。

5. 根据最新掌握到的统计资料以及国家新的统计年报制度之规定，本期年鉴对过去发表的一些重要统计资料重新予以核实，对部分历史数据进行了调整。因此，读者在使用历史资料时，凡与本年鉴有出入的，均以本年鉴为准。

6. 本年鉴对部分数据合计数或者相对数由于单位取舍不同产生的计算误差均未作机械调整。

7. 为了读者使用方便，本年鉴特编制了主要指标定基指数、环比指数和年平均增长速度。本年鉴中所列指数和年平均增长速度均系按可比口径计算得来。

8. 本年鉴使用的符号说明："…"表示数据不足最小单位数；"空白"表示该项统计指标无数据或数据不详；"#"表示其中的主要项；"*"表示另有注解。

9. 限于我们的水平，本年鉴仍存在许多不足和错漏，希望读者不吝批评指正，帮助我们改进编辑工作，以期更好地为广大读者服务。

深圳的发展和经验证明，我们建立经济特区的政策是正确的。

邓小平 一九八四年一月二十六日

增創新優勢
更上一層樓

為深圳經濟特區建設十五周年題

江澤民 一九九五年十二月六日于深圳市

○ 特区建设第一声炮响 1980

○ 璀灿的深圳夜景 1997

○ 罗湖口岸　1984

○ 罗湖口岸　1999

○ 深圳火车站　1983

○ 深圳火车站 1997

○ 深南路　1983

○ 深南路　1997

○ 深南路　1984

○ 东门　1999

○ 东门　1984

SHENZHEN GRAND THEATRE

○ 国贸大厦 1984

○ 国贸大厦 1998

○1996

○1999

○1994

○1999

○ 世界之窗　1999

○ 高交会展馆　1999

目　　录

CONTENTS

特　载

SPECIAL ARTICLES

统计信息法制建设

LEGALITY CONSTRUCTION OF STATISTICS AND INFORMATION TECHNOLOGY

统计资料

STATISTICAL CHART

一、综合

GENERAL SURVEY

三、工业

INDUSTRY

四、运输、邮电

TRANSPORTATION AND POSTAL TELECOMMUNICATION SERVICES

五、农业

AGRICULTURE

六、固定资产投资

INVESTMENT OF FIXED ASSETS

七、商业、物价

DOMESTIC TRADE AND PRICE

LABOR FORCE AND WAGE

十二、科学、教育、文化、卫生

SCIENCE, EDUCATION, CULTURE AND HEALTH CARE

统计信息大事记
ISSUES OF STATISTICS AND INFORMATION

光荣榜
HONOUR ROLL

附　录
APPENDIX

特　　载

政府工作报告

——2000年6月12日在深圳市第三届人民代表大会第一次会议上

深圳市代市长　于幼军

各位代表：

现在，我代表深圳市人民政府，向大会作政府工作报告，请予审议，并请各位政协委员和列席人员提出意见。

一、过去五年工作的回顾

今年是深圳经济特区建立20周年。1980年到1994年，深圳经济特区走过了第一次创业的光辉历程，率先从计划经济旧体制中“杀出一条血路来”，并率先探索和初步建立了社会主义市场经济体制的基本框架，形成了先行一步的体制优势，改革开放、建设发展取得了举世瞩目的成就。1995年，深圳踏上了二次创业的新征程。五年来，在党中央、国务院、广东省委、省政府和深圳市委的领导下，我们高举邓小平理论伟大旗帜，以江泽民总书记“增创新优势，更上一层楼”的指示统揽全局，坚持发展是硬道理，坚匙锐意改革、扩大开放，努力实现经济体制和经济增长方式的根本转变，实现从主要依靠政策优势向提高整体经济素质、增创新优势的转变；坚持“两手抓，两手都要硬”的方针，积极推进民主法制建设和依法行政，两个文明建设上了一个新台阶。市二届人大一次会议提出的奋斗目标全面实现，各项任务胜利完成。

(一)保持国民经济的持续快速健康发展，努力实现经济增长方式的根本转变和经济结构的战略调整。

坚持“发展才是硬道理”，始终牢牢把握经济建设这个中心，难中求进，能快则快，克服了亚洲金融危机造成的困难，保持了国民经济的持续快速健康发展，综合经济实力进入全国大城市前列。1999年与1994年相比，国内生产总值由615亿元增加到1436亿元，年均递增16.8%；人均国内生产总值从1.95万元增加到3.59万元，居民人均可支配收入由1.09万元增加到2.02万元；镇及镇以上工业总产值(90年不变价)由723亿元增加到2078亿元，年均递增20.8%；外贸进出口总额由349.8亿美元增加到504.34亿美元，其中出口总额由183亿美元增加到282.11亿美元；金融机构存款余额由933亿元增加到2559亿元，贷款余额由642亿元增加到1848亿元；地方预算内财政收入由74.4亿元增加到184.8亿元；社会消费品零售总额由221亿元增加到467.4亿元。随着经济实力的增强，深圳对国家的贡献越来越大，五年累计上划中央财政收入近1000亿元。

在保持经济总量持续快速增长的同时，大力推进经济增长方式的根本转变和经济结构的优化升级。我们努力扩大固定资产投资，五年来全市累计完成固定资产投资2045亿元，占建经济特区以来的66.8%，特别是不断加大工业投资的比重，增强经济发展的后劲。大力发展高新技术产业，努力营造促进高新技术产业快速发展的综合环境，初步形成了支持高新技术产业发展的政策体系。电子信息、生物技术、新材料等高新技术产业发展迅速，全市高新技术产品产值由146亿元增加到819.79亿元，五年增长4.6倍，占工业总产值的比重由15.2%提高到40.5%；成功举办了首届中国国际高新技术成果交易会，高新技术产业成为深圳的第一经济增长点和特色经济。以港口运输为核心的现代物流业迅速崛起，正逐步成为我市经济的重要支柱，深圳港集装箱吞吐量跃居全国内地沿海港口第二位、全球第十一位，深圳机场成为全国四大航空货运中心之一。区域性金融中心、信息中心、商贸中心、运输中心和旅游胜地初步形成。三次产业的比例由1994年的2.2:54.7:43.1调整为1999年的1.2:50.5:48.3，向现代发达城市的经济结构趋近。

(二)以国有企业改革为核心的各项改革不断深入，建立了社会主义市场经济体制的基本框架。

以改革的精神贯穿特区建设始终，按照建立社会主义市场经济体制的目标，率先进行改革的大胆探索实践。

全面推进现代企业制度建设，基本完成了国有企业的公司制改造。逐步完善公司法人治理结构，改革市属国有企业领导干部管理体制，深化分配制度改革，试行经营者年薪制和企业内部员工持股，强化了企业内部的民主、科学决策机制和激励、监督、约束机制。初步建立国有资产三个层次的管理与营运体系，按照产业性质和资产规模构建了三家资产经营公司，赋予资产经营公司以出资人的地位和权力，形成了有深圳特色的国有资产管理体制。按“抓大放小”、优化资本结构的精神，对国有经济布局进行战略调整，大力发展混合所有制经济，公有制实现形式多样化，国有经济的活力和控制力进一步提高。个体、私营等非公有制经济发展迅速，成为深圳经济发展的重要力量。

转变政府职能，创造公平竞争的市场环境。率先进行了政府审批制度改革，大幅度精简了审批事项，简化了审批程序，改进规范了审批行为，逐步推行“三公开”、“承诺制”和“一条龙”、“窗口”式办文制度。完成了边检职业化、“三检合一”的口岸改革试点，初步建立了符合国际惯例的口岸管理体制。全面实施基本养老保险制度和基本医疗保险制度，规范社会保险基金管理和运作，完善了失业、工伤、欠薪及居民最低生活保障制度，初步建立起多层次、覆盖全社会的社会保障体系。建立了市区两级分税制，深化税收征管体制改革，依法治税，积极推进税收征管现代化、规范化。进一步培育资本市场、人才市场等要素市场，大力发展各类社会中介组织，完善了统一开放、竞争有序的现代市场体系。坚决贯彻中央关于金融工作的政策，采取切实有效措施，提高市属金融机构资本充足率，规范优化壮大我市证券业，强化内控，促进了我市金融业的健康发展。

(三)对外开放水平不断提高，形成了全方位开放的格局。

适应国内国际形势的要求，更加积极主动地加强对内对外经济合作与交流，加快与国际惯例接轨，把我市对外开放推向更深层次、更宽领域、更高水平。

亚洲金融危机的严重冲击，使我市利用外资和扩大外贸出口的形势一度比较严峻。我们在用好用足中央有关政策的同时，及时推出了鼓励出口和扩大利用外资的一系列政策和措施，使我市外贸出口在最困难的1998年保持了正增长，为广东省和全国的外贸出口作出了贡献。五年实际利用外资123.36亿美元，占经济特区建立以来实际利用外资总额的三分之二。引进外资的质量和水平明显提高，投向高新技术产业和城市基础设施的项目以及国际大财团、大跨国公司来深投资项目日益增多，世界500强企业中已有76家落户深圳。

深港经济合作成果丰硕。圆满完成了迎接香港回归的各项工作，为促进香港的平稳过渡和繁荣稳定作出了积极贡献。同时，抓住香港回归的历史机遇，全面推进深港经济合作，使深港口岸和城市基础设施衔接取得实质性进展,深港西部通道、铜鼓航道已获国家立项,地铁接驳工程正式开工,深圳河治理一期、二期工程顺利竣工。深港两地在环境保护、打击走私、发展高新技术产业以及金融、信息、商贸、旅游、仓储、展览等方面的合作正在逐步扩大。

与此同时,深圳继续发挥"窗口"和辐射、带动作用,与内地省市的经济技术交流合作日益密切。为内地招商引资、开拓国际市场提供服务。加强与内地特别是珠三角地区和京九沿线地区的经济合作,扩大了深圳经济发展的腹地和空间。积极对口扶持贵州、西藏、四川及省内贫困地区的发展,鼓励企业到内地投资和开拓市场。在全市范围内实施"同富裕工程",三年累计投资18.8亿元,改善了我市欠发达村镇生产生活条件。

(四)加大城市规划、建设、管理的力度,形成了现代化国际性城市的格局。

广泛学习借鉴国内外城市发展的先进经验,以超前意识优先发展城市基础设施,按现代化国际性城市的要求,不断完善城市功能,提高城市管理水平,探索走出了一条新兴城市可持续发展的路子。

全面修编了深圳市总体规划,对城市的功能和发展目标给予明确定位,科学地提出了把深圳建成高新技术产业基地和区域性金融中心、信息中心、商贸中心、运输中心、旅游胜地的目标,指导深圳迈向社会主义现代化国际性城市。

加大基础设施投资力度,完善经济中心城市功能。五年累计投入城市基础设施建设412亿元,投资密度居全国大中城市首位。建设了西部电厂、盐田港区二期、深圳机场二期、机荷高速公路、东江水源工程等一大批能源、交通、通信、供水供电供气项目。开展交通综合整治,交通状况明显改善。建成了先进的通讯网络,通讯设施的容量和技术水平大大提高,固定电话普及率达到37%,移动电话普及率达到31%。完善了防洪排涝网络和供配水网络,整治深圳河等河流,大大提高了防洪排涝和抗御台风的能力。地铁建设正式开工,新的市中心区建设开始启动。

加大城市管理和环境综合治理的力度,广泛开展创建文明市、区活动,市容市貌显著改善。五年累计拆除违章建筑1300万平方米,新增绿化面积346.7万平方米,特区内建成区绿化覆盖率达到45%,人均公共绿地14平方米,提高了城市的净化、绿化、美化水平,城市面貌日新月异。实施城市形象工程,建设了一批城市雕塑、街心花园、文化广场、灯光夜景,提升了城市的品位。切实加强环境保护工作,环境质量保持在较好水平。先后荣获国家环境保护模范城市、中国优秀旅游城市等称号。

(五)精神文明建设成绩显著,各项社会事业全面进步。

自觉坚持"两手抓,两手都要硬"的方针,坚持用邓小平理论和党的十五大精神指导深圳的实践,在以经济建设为中心,大力推进改革开放和建设发展的同时,把精神文明建设摆到更加突出的位置,不断加大精神文明建设力度。通过多种方式和途径,在全市干部群众中大力开展爱国主义、集体主义、社会主义教育,开展各种形式的精神文明创建活动,使"开拓、创新、团结、奉献"的深圳精神得到发扬,涌现出南岭村和陈观玉、贺方军等一批在全省乃至全国有较大影响的先进典型,市民的整体素质和文明程度进一步提高。被评为全国创建文明城市工作先进城市和广东省文明城市。

坚持依法治市、依法行政,民主法制建设进一步加强。五年提交市人大通过法规52项,市政府颁布规章50余项,市场经济法规进一步完善。坚决整治"三乱",规范执法行为,罗湖区行政综合执法试点取得成功经验。坚持向人大报告工作制度,自觉接受各民主党派、新闻舆论和群众监督。基层民主建设稳步推进,农村政务、村务公开取得较大进展。坚持不懈地开展社会治安综合治理,加强外来流动人口和出租屋管理,深入开展创建安全文明小区活动。严厉打击暴力犯罪和带黑社会性质的犯罪活动,打击经济领域的犯罪活动,坚决扫除"黄赌毒",净化社会风气,基本实现了社会治安一年比一年好,五年明显好转的目标,得到了中央、省和人民群众的充分肯定。

深入开展反腐败斗争,勤政廉政建设取得明显成效。开展"创建好班子"活动,认真搞好"三讲"教育,大力整顿机关作风,公务员队伍素质和服务效率明显提高。坚持从改革和制度建设入手,从源头上遏制各种腐败现象。对经营性土地出让实行招标拍卖,推行政府统一采购制度,全面实行行政事业性收费和罚没收入"收支两条线"管理,建立和完善建筑有形市场,政府工程和公有制建设项目实行招投标。加强对国有企业经营管理和涉外经济活动的监督。狠抓领导干部、行政执法部门、经济管理部门的廉政建设。严厉查处"三乱",坚决纠正部门和行业不正之风,减轻了企业和群众负担。集中力量查处大案要案,严查以权谋私、贪污受贿、走私贩私等违法违纪行为,惩处了一批腐败分子。

各项社会事业全面进步。教育改革不断深化,素质教育取得初步成效。加大了教育投入,改善了办学条件,努力发展基础教育、高等教育、职业教育和成人教育事业,较好地满足了市民受教育的需要。广播影视、新闻出版等文化事业欣欣向荣,社会科学研究取得丰硕成果,建成了一批重要文化设施,创作了一批在全国有影响的文艺精品,群众性文化活动有声有色,市民精神文化生活丰富多彩。卫生体制改革初见成效,医疗卫生条件明显改善,居民主要健康指标居国内城市领先水平。落实全民健身计划,群众体育活动蓬勃开展,竞技体育水平逐步提高,深圳运动员在第十三届亚运会上获 2 枚金牌、4 枚铜牌。计划生育工作明显进步,户籍人口出生率控制在 13‰以内。

积极开展军警民共建活动,再次荣获全国双拥模范城称号,民兵预备役建设进一步加强。外事、侨务、港澳台务、宗教、民族事务、边防、档案、审计等各项工作都取得了新的成绩。

各位代表,我们所取得的一切成就,都是在以江泽民同志为核心的党中央、国务院、省委、省政府和市委的正确领导下,全市人民同心同德、奋发努力的结果。在此,我代表市人民政府,向奋斗在各行各业的广大干部群众,向中央和各省市驻深单位,向驻深解放军、武警官兵和各民主党派、人民团体、社会各界人士及百万外来劳务工致以崇高的敬意!向所有参与和关心、支持深圳建设的港澳台同胞、海外侨胞、国际友人表示衷心的感谢!

过去的五年,我们取得了很大成绩,但工作中还存在一些薄弱环节,前进的道路上还面临着不少困难和问题。一是企业管理水平、技术水平整体上看还不高,一些企业包括部分上市公司财务状况差,生产经营困难,改革搞活国有企业还有大量艰苦工作要做。二是调整优化经济结构,提高整体经济素质,增强经济发展后劲的任务还很重,一些企业技术改造进展不够理想。三是社会治安仍是群众关心的热点问题,打击刑事犯罪活动,扫除"黄、赌、毒"的任务仍然比较艰巨。四是安全生产基础工作薄弱,防火、防洪、防涝等方面还存在一些隐患,重大事故时有发生,假冒伪劣产品和欺诈行为影响了市场经济的正常运行。五是机关在勤政廉政,为基层和群众服务方面还有一定的差距,依法治市、依法行政的意识和水平有待提高。六是城市管理工作还存在一些薄弱环节,有待进一步改进和加强。这些问题,我们一定要高度重视,并采取得力措施认真加以解决。

二、今后五年的工作任务

刚刚结束的深圳市第三次党代会确立了我市今后建设发展的指导思想:高举邓小平理论伟大旗帜,紧密团结在以江泽民同志为核心的党中央周围,坚持党的基本路线,全面贯彻党的十五大和省八次党代会精神,以"增创新优势,更上一层楼,率先基本实现社会主义现代化"为总目标、总任务统揽全局,坚决实施科教兴市和可持续发展战略,继续增创体制创新、扩大开放、产业升级、城市功能、依法治市新优势,努力建设区域性经济中心城市、高科技城市、园林式花园式的现代化国际性城市、社会主义法治城市和现代文明城市,全面加强党的建设,交好物质文明和精神文明两份优秀答卷,率先基本实现社会主义现代化，为把深圳建设成为有中国特色社会主义示范市而努力奋斗。到2005年，国内生产总值达到2800亿元，人均国内生产总值达到6万元左右，城镇居民人均可支配收入达到3.5万元，第三产业增加值占国内生产总值比重达到53%以上，高新技术产品产值占工业总产值比重达到50%左右。我们要全面贯彻党代会的精神，同心协力，励精图治，把握机遇，迎接挑战，全面完成率先基本实现现代化的各项任务。

深圳从经济体制改革的"试验场"、对外开放的"窗口"，到率先基本实现现代化和建设有中国特色社会主义的示范市，是一个历史性的飞跃。完成这一历史性飞跃的战略任务，要求我们站得更高，看得更远，以更高的目标和要求，努力开创工作的新局面。

一是要全面把握发展的丰富内涵，进一步提高建设发展质量和社会文明进步水平。邓小平同志"发展才是硬道理"的思想是千真万确的真理。发展具有丰富的内涵，是速度、质量、结构、效益的统一，是经济、环境、人口、资源的统一，是经济发展与社会文明进步的统一。江泽民同志今年初在广东考察工作时指出，建设有中国特色社会主义，包括发展物质文明和精神文明两个方面，必须实现经济、社会的协调发展和全面进步。深圳的现代化进程到了今天的阶段，更要全面认识和深刻把握发展的丰富内涵，用以指导实践。要始终坚持以经济建设为中心，全力推进经济建设，并努力提高国民经济的整体素质，提高地区的综合经济实力和竞争力，提高城市建设及各项事业发展的质量和水平。与此同时，发展要体现以人为本，善于把发展经济的成就转化为社会文明进步的成果，为改善市民生活、工作环境和提高市民物质、精神生活水平服务。要坚持走可持续发展之路，努力把深圳建设成为经济实力雄厚、城市功能完备、生态环境优良、民主法制健全、教育文化发达、社会文明进步、人民生活富足、具有国际先进水平的现代化城市——有中国特色的社会主义示范市。

二是要继续大力推进改革开放，全面建立适应知识经济和经济全球化要求的、比较完善的社会主义市场经济体制。面对新世纪的发展使命和挑战机遇，深圳要创造新的辉煌，求得新的更大发展，就要继续保持敢闯敢冒、敢为天下先的精神和气魄，继续以解放思想开辟前进的道路，继续大胆探索、勇于创新；从宏观和微观两个层次推进改革，在巩固、完善、提高、发展上下功夫；适应世界新经济发展的要求，努力探索建立加速把工业经济导向知识经济的市场经济体制和机制，加快建立比较完善的社会主义市场经济体制和机制。加入世界贸易组织将促进我国经济融入经济全球化的进程，拓展我国经济发展的空间，同时也会给我国经济社会带来新的冲击和挑战。深圳作为我国对外开放的前沿，外向依存度较高的地区，无论是机遇和挑战都将首当其冲。我们要未雨绸缪、趋利避害，强身壮体、迎接挑战。要以更加积极主动的姿态参与国际经济合作与竞争，抓住国际产业结构调整的机遇，提高我市支柱产业在国际分工中的地位；要继续大力改善投资综合环境，把引进外资和优化产业结构、推动科技进步有机结合起来，进一步提高引进外资的质量和水平；要积极稳妥地实施"走出去"的战略，在经济全球化的挑战中赢得主动权。

三是全面实施"科教兴市"战略，努力抢占新世纪经济发展的制高点。世界范围内的信息技术革命正在引起人类生活方式、生产方式、思维方式的空前变革，高新技术日益成为推动经济社会发展进步的决定性因素。深圳要跟上世界文明进步的潮流，就必须抢占高新技术及其产业化的制高点，吸引和强化知识信息资源在深圳的聚集、组合，不失时机地赶上数字化技术、网络技术这趟知识经济时代的快车，并争取某些重要领域先行进入网络时代，加速把深圳的经济社会发展导入信息时代。为此，要继续全面实施"科教兴市"战略，强化并拓展高新技术产业的先行优势，率先发展网络经济和生物工程技术，积极运用高新技术和先进适用技术改造提升传统产业。与此同时，加快金融业和现代物流业发展的步伐,使高新技术产业、金融业和现代物流业这三大战略性支柱产业更加壮大,带动我市经济结构和产业结构的全面优化升级。

今后五年,我们要着重抓好以下几个方面的工作:

(一)优化产业结构,扩大有效需求,实现国民经济持续快速健康发展。

加大固定资产投资力度。积极规划落实一批重大基础设施和高新技术产业投资项目,完善城市功能和增强经济发展后劲。切实抓好东江水源工程、地铁一期、深圳河治理三期、盐田港区三期、蛇口集装箱码头二期、铜鼓航道、东部沿海高速公路、宝安大道、液化天然气接收站及配套电厂、电网工程和信息基础设施等重大项目建设。继续实行积极的财政政策,更好地发挥政府投资的导向和杠杆作用,采取有效措施推动社会投资。要把加大投资与产业升级、产品结构优化结合起来,防止重复建设和低水平引进。

努力扩大消费。要稳步增加城乡人民的收入,积极稳妥地发展消费信贷,建立完善多层次的社会保障体系,提高居民即期消费水平,培育教育、文化消费,推动住房、汽车、信息和旅游休闲消费。抓好各类批发(专业)市场、商业旺区建设,落实华强北、东门商业街区改造的后期工作,搞好中英街整治,营造更加良好的商业环境。加快东部黄金海岸、西部田园风光、梧桐山风景区、仙湖植物园等重点景区的建设,创建中国最佳旅游城市,增强旅游业对经济发展的促进作用。积极参与西部大开发,进一步开拓国内市场。

进一步强化金融业和现代物流业的支柱地位。大力发展金融业,积极推进金融改革和金融创新,强化区域性金融中心地位。要支持金融监管部门工作,努力防范和化解金融风险,共同建设深圳金融安全区。抓住设立创业板市场的新机遇,充分发挥证券市场对我市高新技术产业和经济发展的促进作用。积极推进我市高新技术企业的上市工作,引进国内外风险投资,建立完善的风险投资机制,加快我市风险投资业的发展。抓紧构建以现代综合交通体系为主的运输平台、以邮电通信及网络技术为主的信息平台,推进现代物流业的发展。加快集装箱码头和华南国际集装箱联运中心的建设,争取深圳港三至五年进入全球十大集装箱港口行列。大力开拓航空货运市场,建设航空货运中心,加强口岸综合管理,提高通关效率,做好笋岗、平湖等物流基地的规划建设。积极推动通信技术、互联网等先进技术的发展,大力发展电子商务,提高信息资源的开发利用程度和数字化、网络化水平。加快政府各部门之间以及政府与企业之间的各网络互联,加强领导,统一规划,积极推动电信和有线两大公用网的互联互通。加强信息化小区及信息应用系统工程的开发建设,努力实现网络技术与传统产业以及社会生活各个领域的紧密结合,提高整个城市的信息化水平。

努力实现特区内外协调发展。积极推进罗湖、福田、南山区的经济社会发展,重点发展高新技术产业和第三产业,强化作为全市金融、商贸、科技、信息、文化教育等中心的功能;加快盐田区的基础设施建设,大力发展港区服务业和旅游业。宝安、龙岗两区面积大,自然环境好,是今后我市发展的空间和潜力所在。要加强规划管理,在保护好生态环境的同时,加快两区城市化、现代化的进程,在基础设施建设、重点项目布局等方面予以支持,两区则要在改革、管理、服务上下功夫,发挥后发优势,加快发展。要重视做好农村工作,积极发展"三高"农业,认真组织实施新一轮同富裕工程,帮助欠发达镇村发展经济,改善环境,增强自我发展能力。

(二)继续加大改革力度,全面推进体制创新。

继续贯彻党的十五大和十五届四中全会精神,按"抓大放小"的思路和有进有退、有所为有所不为的原则,大力调整国有经济战略布局。集中精力办好一批与国计民生及深圳未来发展关系重大以及技术先进、规模较大、产品市场前景良好的国有重点骨干企业,使之更大更强;通过多种方式积极稳妥地放开搞活国有中小型企业,使之向"专、精、特、新"方向发展。要进一步完善三个层次的国有资产监管和运营机制,做好国有企业"债转股"和上市公司的资产重组工作,使国有经济的整体质量有明显提高。继续探索创新公有制的实现形式,全面推进现代企业制度建设,建立和完善法人治理结构,明确并规范党委、董事会、监事会和经营班子的职能。充分保证企业法人经营管理自主权,同时建立完善的监督、约束机制,确保企业健康有效运转和国有资产保值增值。搞好企业领导班子建设,提高科学管理水平,推进企业家队伍的职业化和市场化。深化分配制度改革,全面推行员工持股和技术入股,积极探索经营者股份期权制度。规范、扶持、管理好集体企业和农村股份合作经济。积极引导、鼓励各种非公有制经济健康发展,为多种所有制经济提供公平竞争的市场环境。

继续推进和完善各项配套改革。完善社会保险立法,建立健全多层次的社会保障体系,扩大养老、医疗、失业、工伤等社会保险的覆盖面,提高参保率。加快投融资体制改革,提高政府投资效率。深化税收征管改革,加大征管工作的力度,更好发挥税收对地区经济发展的支持和调控作用。建立科学、规范的公共财政体系,进一步完善市区分税制财政体制,深化预算改革,推进部门预算,逐步实现预算内外资金统筹安排使用。坚持和完善"收支两条线"管理制度,规范、扩大政府统一采购。深化外贸管理体制改革,改进配额管理和招标办法。加强市场监管,完善市场体系,规范发展社会中介组织,更好地发挥商会和行业协会的作用。进一步推进科技、教育、文化、卫生、住房等方面管理体制的改革。

(三)增强技术创新能力,优先发展高新技术产业。

巩固和壮大高新技术优势产业群,努力扩大电子信息产业的规模优势。当前特别要集中力量把微电子芯片设计、制造以及应用软件搞上去,并强化深圳的产业配套优势,巩固计算机和通信设备重要制造基地的地位。进一步壮大生物工程及医疗技术产业,加快培育新材料、新能源和环保产业,到2005年,生物技术和新材料产品产值比1999年翻两番。

要注意跟踪世界高科技发展的前沿,研究全球和全国在发展高新技术产业方面的新动态,不断开拓高新技术产业发展的新领域。加快建立我市应用开发的科技创新体系,着力增强核心技术和重要应用技术的创新能力,大力扶持拥有自主知识产权的高新技术企业。到2005年,我市具有自主知识产权的高新技术产品产值占高新技术产品总值的比例达到55%以上。要充分发挥政府在高新技术产业发展中规划、引导和推动作用,进一步完善以市场为导向,以企业为主体,产学研一体化的开放的国民经济技术进步的体制和机制体系。要抓紧规划和建设好深圳国家级高新技术产业园区,完善鼓励、扶持发展高新技术产业的政策体系,营造更加良好的综合环境,吸引更多的高新技术人才和企业来深创业发展。认真办好一年一度的中国国际高新技术成果交易会,开辟建立常设科技市场,推动高新技术成果的交易和产业化。加强企业博士后工作站的建设。有计划、有重点地利用高新技术、适用先进技术武装和改造提升我市的优势传统产业。

发展高新技术产业,教育和人才是关键。要实施培养与引进并重的人才战略,在做好培训、提高现有人才素质工作,充分发挥我市各类管理和专业人才的作用的同时,更加积极主动地做好引进人才的工作,为全国各地人才和海外留学生来深创业发展提供良好的环境和条件。要高度重视教育事业对我市科技进步和经济社会发展的支撑作用,正视高等教育对我市长远发展的制约,及时采取切实有效的措施加快教育事业尤其是高教事业的发展。充分发挥深圳清华大学研究院、深港产学研基地、国际创新研究院和虚拟大学园等对我市教育和科技事业发展的积极作用。

(四)积极应对加入世贸组织的新形势,开创我市对外开放新局面。

继续实施出口贸易市场多元化战略,在巩固香港地区和东南亚市场的同时,积极拓展欧美和中东、非洲等市场,鼓励企业发展直接远洋贸易,创建名牌,用自己的品牌扩大市场份额,提高出口附加值。实施科技兴贸战略,进一步优化出口产品结构,提高机电产品和高新技术产品的出口比重,提高出口产品收益水平。要不断推动外贸经营体制和方式的创新,积极开展境外加工贸易,认真办好中外合资外贸企业。继续稳定、发展、提高"三来一补"和加工贸易,积极发展"三高"创汇农业。

加快开发建设龙岗大工业区和出口加工区,充分发挥三个保税区的积极作用,继续从多方面改善投资环境。要进一步提高利用外资的规模和质量,吸引更多的跨国公司和欧美日发达国家大企业前来投资,引导外资更多地投向高新技术、金融、环保、基础设施等领域。总结先行企业"走出去"的成功经验,摸准国际市场行情及所在国国情,以企业为主体,积极稳妥地实施"走出去"战略。要积极推进深港两地的经济合作和科技文化交流,加快深港西部跨海大桥、地铁接驳工程等重大合作项目的进程以及在经贸、金融、信息、高新技术产业、工业加工等领域的合作,争取尽快形成两地优势互补、联手发展的区域经济优势。要加强与内地经济技术合作与交流,继续搞好对口扶持,更好地发挥辐射、带动作用。鼓励企业遵循市场经济规律,采取多种方式,积极稳妥地参与西部大开发。

(五)进一步提高城市规划建设管理水平,建设园林式花园式的现代化国际性城市。

遵循城市化进程的客观规律,坚持以人为本和可持续发展的原则,瞄准当今世界先进水平,高起点规划,高标准建设,高效能管理,不断完善现代城市功能,提高城市建设和管理的质量水平。城市规划工作的重心要转移到狠抓城市总体规划的落实和做好规划服务工作上来。要强化规划的权威性、严肃性,对违反城市规划的行为坚决按有关法规严肃处理,保证规划落到实处。要抓紧完善以法定图则为核心的规划体系,搞好镇村规划,把城市规划覆盖到全市每一寸土地,形成布局合理、整体协调、功能齐全、环境优美的城镇体系。在城市规划建设中,要着力于提高城市的文化内涵和品位,提高全市净化、绿化、美化的质量和艺术水平,建设良好的生态环境。全市推行立体绿化,讲求绿化的质量和实效,不仅精心种好、管好草坪和灌木、花卉,还要选好树种多植树,建成若干森林公园。统一规划,精心设计,建造一批城市艺术雕塑和园林小景。精心构思设计建筑物的艺术风格,努力塑造现代化国际性城市的优美形象和高雅气度。市中心区是深圳21世纪城市形象的象征,要以国际一流水准规划设计好中心区的每一幢建筑物,全力以赴确保市民中心、国际会展中心等重点工程的进度和质量,确保2005年将其建成具有国际先进水准的中心区。

城市建设百年大计,质量第一。要严格执行工程建设招投标制度,改进完善招投标工作,以提高效率,确保公正廉明;要认真落实工程项目法人责任制和项目监理等制度,完善工程质量监督约束机制,确保建筑工程质量。要珍惜资源,保护环境,重点搞好水源保护,抓紧治理污染严重的河流,认真治理空气污染、噪声污染和水土流失,提高工业危险废物处置能力。必须搞好垃圾和污水处理、环境保护和防洪排涝等基础设施建设。

要进一步健全城市管理体制,完善城市管理法规制度,理顺各级管理关系。城市管理要"条块结合,以块为主",充分发挥市职能管理部门和区、镇(街)的积极性,重心下移到区、镇(街)两级,而且要任务、责任、权力和条件一起下放,落实辖区管理责任制。城市管理的基础在社区,要深入推进社区建设,完善社区服务网络,繁荣社区文化,加强社区管理和服务工作。坚决查处违法建筑,加快城市旧村、老住宅区的改造,改善城市街景面貌。加大治理占道经营、乱摆乱卖,影响市容、乱贴乱挂,损害卫生、乱丢乱吐等陋习的力度。

(六)加强社会主义精神文明建设和民主法制建设,推动社会全面进步。

要坚持以邓小平理论教育和武装广大市

民，广泛开展"致富思源、富而思进"的教育，切实加强社会主义思想道德文化建设、尤其是基层思想政治工作，深入开展各种形式的精神文明创建活动，推动文明市、文明区建设上新台阶。大力弘扬科学精神和人文精神，广泛开展科普教育，反对伪科学，破除封建迷信，全面提高市民文明素质和城市文明程度，早日把深圳建设成为全国文明城市。

积极推进社会主义民主法制建设。坚持向人大及其常委会报告工作，自觉接受其检查监督，支持人民政协、各民主党派、人民团体在政治协商和民主监督中发挥积极作用。要尊重群众的首创精神，畅通反映民意的渠道，善于集中群众的智慧，推进决策的民主化、科学化。继续探索、推进基层民主政治建设，理顺基层管理和工作体制，完善村级民主选举，大力推行公开政务、社会公共事务、村务和非商业秘密的企务，公开办事制度，逐步推进社会主义民主建设。要坚持依法治市，加强法制建设，建立健全依法行政责任制，强化公务员队伍依法行政的意识，严格依法办事，加强执法监督，全面推广行政综合执法，树立良好的执法形象。加强全民法制宣传教育，提高全社会特别是青少年的法律意识和法制观念，形成良好的法治氛围。

要加大社会治安综合治理力度，实现社会治安更大好转。严厉打击带黑社会性质的犯罪团伙和严重暴力、恶性刑事犯罪活动以及经济领域的犯罪活动，防范和打击利用高科技手段实施的犯罪活动，坚决扫除"黄赌毒"和非法出版物。加强外来人员法制教育，完善和落实出租屋和外来人口管理办法，消除治安隐患。深化公安体制改革，加强公安队伍建设，提高队伍整体素质和战斗力。继续强化保安队伍管理，健全群防组织，完善报案网络体系和快速反应机制。

坚持"科教兴市"战略，认真组织实施教育发展十年规划(2001－2010年)，努力实现教育现代化。继续加大教育投入，完善投入机制，改革教育体制，调整教育结构，合理配置教育资源。全面推进以培养创新精神和实践能力为重点的素质教育。要大力发展高等教育，扩大深圳大学、职业技术学院办学规模，优化专业结构，提高办学水平，加强重点学科、重点专业建设，加快规划建设大学城，积极引进国内外著名大学到我市联合办学。调整改革职业教育，大力发展成人教育，积极推进社区教育，构建终身教育体系。继续鼓励和支持社会力量以多种形式兴办教育，并规范社会办学行为。

以建设现代文化名城为目标，健全文化建设机制，全面繁荣文化艺术、新闻出版、广播影视事业，积极推动文化精品创作生产，加强对外文化交流；坚持不懈地打击制黄贩黄、盗版侵权活动，整顿、规范、净化文化市场。抓紧建成音乐厅、图书馆、博物馆、电视中心、青少年宫等一批重要文化设施，加快发展文化产业。大力发展医疗卫生事业，改进医风医德，提高医疗队伍素质和医疗服务水平，搞好社区健康服务网络建设，发展残疾人事业，加强医疗市场管理。继续实施《全民健身计划纲要》，建设一批群众性体育、娱乐和休闲设施，发展各类群众性体育活动，提高竞技体育水平，承办好第十一届省运会。继续做好民兵预备役、双拥共建和优抚安置工作，提高市民国防意识。进一步加强计划生育工作，开展创建计划生育模范区和计划生育优质服务活动，重点加强流动人口计划生育管理，落实基层计划生育包干责任制，户籍人口计划生育率要达到98%以上。加强信访工作，关心群众生活，做好民族、宗教事务工作，化解社会矛盾。外事、侨务、港澳台务、边防、档案、审计等各项社会工作都要为深圳的经济社会发展作出新的贡献。

关于今年我市的工作，市委二届九次全会已经作了总体部署。今年我市国民经济和社会发展的预期目标是：国内生产总值1610亿元，增长12%。工业增加值669亿元，增长14.5%。全社会固定资产投资635亿元，增长12%。进出口总额545亿美元，增长8%，其中出口总额296亿美元，增长5%。社会消费品零售总额519亿元，增长11%。地方预算内财政收入194.5亿元，剔除不可比因素增长

12%。年末常住人口415万人,增长2.44%。

1至6月份我市经济形势很好,下半年要重点抓好以下几项工作:一是继续扩大出口,扩大消费,扩大投资,集中精力抓紧抓好抓实经济工作,保证全年各项目标任务的完成。二是全力以赴办好第二届中国国际高新技术成果交易会,突出搞好技术成果交易。搞好高新技术园区一区的挖潜开发,抓紧落实高新技术园区二区和大学城的选址和规划,尽快开始建设。三是积极稳妥地推进政府机构改革,严格遵守财经纪律和组织人事纪律,注意做好干部的思想政治工作,做到思想不散,秩序不乱,人员妥善安排,工作正常运转,确保机构改革任务的圆满完成。四是按照隆重热烈、俭朴节约的原则,庆祝深圳经济特区建立20周年,充分展示深圳经济特区20年建设的光辉成就和灿烂前景,振奋全市人民干事创业的精神。五是切实搞好社会治安、安全生产和社会稳定工作。加大社会治安综合治理的力度,为改革发展和人民群众提供良好的社会治安环境。全面落实安全生产责任制,加强安全生产宣传教育,认真检查督促企业落实安全生产措施,消除事故隐患,切实保障人民生命财产安全。六是认真做好"十五"规划的编制工作。紧紧围绕率先基本实现现代化和建设有中国特色社会主义示范市这一目标,按照2005年基本实现现代化的要求,研究把握好国际上对实现现代化的各方面指标,确定"十五"规划发展的目标、任务和对策措施。

三、努力搞好政府自身建设

实现今后五年的发展目标,任务十分艰巨,困难和不确定因素也不少,要不辜负历史和人民的重托,必须从严治政,建设勤政、务实、高效、廉洁的政府,提高政府依法行政水平和办事效率。

——继续解放思想,锐意开拓进取。改革发展没有尽头,解放思想也没有止境。在跨世纪的征程上,我们要继续以"三个有利于"标准作为思想解放和探索实践的准绳,既大胆探索、勇于实践、敢于创新,又善于总结、及时调整、不断完善;在事关地区发展和为民造福的问题上,务必思想更加解放,思路更加开阔,决策更加科学,方法更加灵活,努力拓展已有的良好发展基础和势头,把深圳的各项事业推上新的台阶。

——转变政府职能,改进机关作风。配合政府机构改革,切实转变政府职能,加快实现从微观管理、直接管理为主向宏观管理、间接管理为主的转变。今后政府主要通过制定地区经济社会发展战略、规划和政策,并运用法律和经济手段,从宏观上调控管理国民经济活动,着力营造良好的投资发展环境和公平竞争、健康有序的市场秩序,以及人民安居乐业的社会治安环境。要进一步抓好机关作风和公务员队伍建设,使机关工作人员牢固树立全心全意为人民服务的思想和民为父母、以民为本的观念,自觉主动为基层服务、为群众服务;努力提高政府机关各部门,尤其是"窗口"单位的办事效率和服务水平,树立良好的机关形象和行业作风。

——强化科学管理,提高管理水平。在现代社会,管理对经济发展和社会文明进步的重要作用已日益充分显示出来。目前我市与世界先进城市的差距虽然在硬件设施建设的某些方面表现出来,但更主要是在软件——即城市管理水平上有较大的差距。深圳要迎头赶上世界先进城市水平,要巩固过去20年的发展成果,要进一步提高经济社会发展的质量和水平,就必须强化科学管理,提高管理水平。我们要以改革的精神、以对人民和事业高度负责的态度认真抓管理,既敢抓敢管,又善抓善管,努力探索建立科学、严密、高效的现代城市管理体系,从经济管理、社会管理、行业管理等各个方面入手,形成和健全各方面的科学管理制度和机制,全面提高政府组织和管理经济社会活动的水平。积极探索运用计算机技术、网络技术、数学模型技术等现代化的管理手段,使我市的城市管理向国际先进水平靠近。

——勤于学习思考,善于总结提高。政府领导干部和公务员队伍的思想文化水平和整体素质,对政府工作和地区发展关系重大。适应新形势、新发展的要求,政府各级干部要高度重视并自觉学习马克思主义、毛泽东思想尤其是邓小平理论,不断提高自身的政治理论素养和思想水平,自觉运用科学理论的基本原理和方法论观察形势、指导实践;要认真学习江泽民总书记“三个代表”的重要论述,深入开展“三讲”学习和“致富思源、富而思进”教育,重点解决好理想信念、世界观、人生观、价值观等问题,树立良好的精神状态;要刻苦学习钻研现代经济、科技、金融、财政、法律以及城市管理等方面的知识,既要努力学习掌握书本知识,还要善于在实践中学习,及时总结工作中的成功经验和失败教训,从理论上总结提高,寻求规律上的原因和对策,从而不断提高驾驭经济社会发展全局和解决重大疑难问题的领导、组织、管理能力。

——自觉勤政为民,严格廉洁自律。这两条要求是起码的政德、“官”德,又是当前人民群众的强烈呼声和愿望。政府各级干部务必从我做起,反腐保廉。要时刻谨记自己是人民的公仆、人民的儿子,时刻关心人民的疾苦,维护人民切身利益,利用手中的权力多为人民谋福利、做好事;要淡泊名利,谦虚谨慎,勤奋、认真、负责做好本职工作;要艰苦奋斗,厉行节约,管好用好政府资金,珍惜使用纳税人的每一分钱;要以人民群众高兴不高兴、赞成不赞成、满意不满意,作为政府一切工作的出发点和归宿,以与人民群众切身利益及根本利益的密切程度,作为政府工作轻重缓急的主要依据。与市民利益密切相关的重大决策,出台前要充分听取市民的意见。政府各级领导干部除严于律己、以身作则、带头廉洁自律外,还要实行一级管一级、一级带一级的廉政责任制,并从改革和制度建设入手,预防为主、标本兼治,加快建立完善各种监督、约束、防范机制,以有效遏制腐败现象,切实纠正一些部门和行业的不正之风,及时解决群众关心和反映强烈的突出问题。

各位代表,今后五年,是深圳市率先基本实现现代化、实现历史性飞跃的关键时期。让我们更加紧密地团结在以江泽民同志为核心的党中央周围,高举邓小平理论伟大旗帜,在广东省委、省政府和深圳市委的正确领导下,继续发扬“开拓、创新、团结、奉献”的深圳精神,团结奋斗、励精图治,同在一方热土,共创美好明天,为率先基本实现现代化,建设有中国特色社会主义示范市的宏伟蓝图早日变为壮丽的现实而努力奋斗!

'99 回眸

周 理

在世纪交替的历史时刻,回首1999年,回首深圳改革开放20年,我们为深圳取得的辉煌成就而感到无比自豪。20年来,深圳市国民经济和各项社会事业实现了巨大发展和全面飞跃。1999年深圳市国内生产总值达到1436.03亿元,20年间增长228倍,平均每年增长31.2%,在全国大中城市的位次跃居至第六位;人均国内生产总值35896元,居全国大中城市首位;实现工业总产值2163.39亿元,平均每年增长48.3%;完成全社会固定资产投资569.59亿元,年均递增41.0%,均居全国大中城市第四位;实现地方预算内财政收入184.79亿元,平均每年递增41.8%,居全国大中城市第三位;完成进出口总额504.28亿美元,按可比口径计算比1979年增长1046倍,连续七年居全国大中城市榜首。深圳的经济实力已经跻身于全国各大中城市前列,成为当代中国经济发展水平较高、充满生机与活力的地区之一,在全国的改革开放过程中起到了重要的示范作用。

我们的统计信息事业也呈现出蒸蒸日上的良好局面,在推进国民经济信息化和实现统计改革,为党政领导和市场经济提供优质统计服务方面取得可喜的成绩,同样走在全国前列。

过去一年,我们的信息化建设以加强信息资源的开发和管理及加快全市应用系统的建设步伐为重点,认真落实产业规划和协调各有关部门积极推进信息产业特别是信息产业中的软件和高新技术的开发利用,加快信息化法制建设,大大推进了我市的信息化建设。

首先,信息资源开发利用水平显著提高。我市已有较大容量的数据库200多个,数据记录以年均30%以上的速度增长,目前已超过9000万条,信息内容涉及国民经济各个领域,数据库的规模、结构、容量和质量不断提高。

其次,信息应用系统工程建设已经覆盖了外贸、金融、税收、公安、交通、海关、国土、教育、卫生等20多个主要经济社会领域。

第三,信息产品制造业蓬勃发展。1999年以来,我市信息产业进入了新的发展时期。1999年全市信息产业产值已超过1000亿元,成为深圳国民经济的支柱产业。深圳已成为全国信息产品制造业的重要生产基地。计算机、通信、微电子与光电子、视听产业等构成了信息产品制造业的主体。

第四,电子商务凸现勃勃生机。金融、外贸、税收、公安、交通、海关、国土、教育、卫生等20个领域都启动了电子商务。

第五,网络信息服务业快速发展。我市目前从事信息服务的企业有2800多家,已有2000多个机关和企事业单位在国际互联网上注册了域名,设有单独网址1494个,网站数约占全国网站总数的10%。

第六,继1998年出台《深圳经济特区计算机信息系统公共安全管理规定》之后,1999年出台了《深圳经济特区信息化建设条例》和《深圳市信息工程建设管理办法》,使信息化支撑环境得到了进一步改善。

第七,圆满解决了计算机2000年问题。

第八,信息化宣传工作力度加大,信息化知识培训得到了进一步加强。并且,总结经验,进一步发挥特区信息化在全国的试验示范作用。

我们的统计工作以正确把握经济发展形势、提高统计数据质量为中心,加强对经济运行的分析和监测预警;以实现统计体制改革为重点,提高统计执法水平,全面推进统计信息系统的应用。

首先,以 GDP 核算为中心,努力提高统计数据质量。

其次,提高统计预测、统计分析水平。围绕市委、市政府的中心工作,充分发挥统计自身优势,多层次、多角度的提供统计资料、开展统计分析和统计咨询服务。一方面,及时监测宏观经济运行态势,每月准确提供第一手监测信息资料。另一方面,根据统计资料反映的情况及信息搜集过程中发现的问题,及时撰写分析报告,从理论的高度对我市经济运行进行分析。此外,对 GDP 及价格指数、经济运行周期、外贸出口、房地产空置面积、居民就业等重点问题进行了分析研究。

第三,统计改革取得新进展。通过实施统计指标改革、建立全市综合的社会、科技、环境统计监测指标体系、加快推广应用抽样调查方法、制定《统计登记方案》和《深圳市在地统计方案》,极大地推进了统计改革。

第四,统计信息工程建设取得突破。在统计信息系统开发与应用方面,初步完成了有关项目开发工作,包括大部分专业的定报、年报的统计报表数据网上采集、处理、上报、发布,同时完成了局内办公自动化、法律法规、基本单位各系统功能的开发,初步实现了在网络环境下以统计数据库为核心的深圳市统计信息应用系统。

第五,加强统计执法,提高统计的抗干扰能力。

第六,抓好统计队伍建设,努力提高干部队伍的整体素质。

第七,加强统计科研工作,积极开展国际合作。

在精神文明建设方面,过去一年,我局自始至终抓好十五大文件精神和邓小平理论的学习,深入开展"讲学习、讲政治、讲正气"的教育,全面加强机关党的建设、领导班子建设和干部队伍思想作风建设。在深圳"二次创业"中求真务实,开拓创新,不断提高干部职工的政治素质和业务素质。

展望未来,我们对深圳和深圳的统计信息事业充满信心,我们将认真贯彻党的十五大和市委二届九次会议精神,团结奋斗,锐意进取,做好各项工作,再创我市统计信息工作新局面,使统计信息事业以崭新姿态跨入 21 世纪!

历史的飞跃

——深圳建市20年来的经济总量及结构分析

以"实践是检验真理的唯一标准"的讨论为前奏,以1978年12月中国共产党第十一届三中全会的胜利召开为序幕,中华大地上的改革开放和以经济建设为中心的热潮就这样轰轰烈烈地启动了。这是建国以来放弃以阶级斗争为中心的历史转折。

深圳市就是这次历史转折过程的产物。

深圳1979年3月经国务院批准撤宝安县建深圳市,1980年8月经全国人大常委会批准在市内划出327.5平方公里面积建立全国第一个经济特区以来,深圳人依照党中央、国务院、省委、省政府的工作精神,经济建设飞速发展,创造了许多令人瞩目的成就。

1999年,深圳的国内生产总值达1436.03亿元,居全国大中城市第6位;人均国内生产总值35896元,居全国大中城市第1位;限额以上工业总产值2036.83亿元,居全国大中城市第4位;全社会固定资产投资569.59亿元,居全国大中城市第4位;进出口总额504.28亿美元,其中出口282.08亿美元,双双连续7年居全国大中城市第1位。

深圳已由一个边陲小镇一跃成为全国的大型经济中心城市。

一、20年来深圳经济发展两个周期四个阶段

从1979年算起,深圳的国内生产总值(GDP)由1.96亿元发展到1999年的1436.03亿元,1980年到1999年平均每年递增31.2%,超过同期全国平均增速20多个百分点。按国际上连续5年增长速度超过5%为经济奇迹的说法,深圳被国外人士称为"一夜城"就不足为奇了。

从建市算起,深圳的经济发展经历了高速——调整——高速——调整两个周期。

改革开放之初,人们在经历了十年"文化大革命"的斗争洗劫后,储蓄已久的经济建设热潮在党的十一届三中全会"以经济建设为中心"的号召下,以前所未有的力量施放出来,创造了举世瞩目的"深圳速度"。这段高速发展过程,从1979年至1984年,这5年GDP的环比增速都在50%以上,5年内GDP平均每年递增58.6%,1984年达23.42亿元,扣除价格因素,约为1979年的10倍。

1985年后,经济在调整中发展,这段时期至1987年,这三年GDP的环比增速分别为24.5%、2.7%和25.4%,GDP平均每年增速为17.1%,比前5年的平均增速低41.5个百分点。这段时期中,大环境有两个因素,一是中央的"调整、提高"的经济建设方针,使经济结构在大发展中得以优化。二是在抓物质文明建设的同时,要求狠抓精神文明建设,以鞭正拜金主义,腐朽思想。因此,就有了1986年的"反对资产阶段自由化"。应该说调整是必要的。纵观世界经济发展史,高速之后都要调整,以为下一个高速发展作准备。

1988年至1994年属深圳的大发展和经济实力壮大时期,这七年的发展,使深圳由一个边陲小镇真正成为具有相当经济实力、颇具竞争优势的强大经济主体。1994 年 GDP 达615.19 亿元,在全国大中城市中居第 6 位,这七年的平均增长速度为 30.8%,比前三年高 13.7 个百分点。这七年中,1989 年由于发生“六·四”风波,使增长速度只有 18.7%,其他年份均超过 30%。说到这几年的经济发展,不能不提到 1992 年初邓小平同志的南巡。“六·四”以后,国际国内都在观望中国经济政策走向,就在这关键时刻,小平同志南巡发表重要讲话,指明方向,安定民心,促使我国经济获得高速发展。

1995 年至今,深圳经济在高速中成熟,在产业结构的调整中稳步发展,经过这 5 年的发展,使经济体制逐步完善,经济管理更加规范,经济实力明显加强,经济基础稳健夯实。这 5 年使深圳经济的主要指标在全国各大中城市中的排名不断前移。受基数大的影响,至 1999 年年均增长速度为 16.8%,但仍高于同期全国平均增速 8.0 个百分点,年均增速在全国各大中城市名列前茅。

从 1980 年到 1999 年的 20 年,深圳 GDP 的增长速度如下图所示。

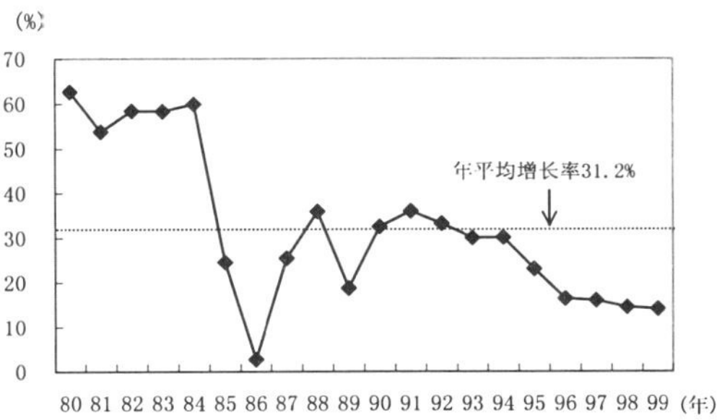

1980-1999年国内生产总值增长率图示

从图中可以看出其变化周期,也可以看出深圳经济一直处于高速发展之中。

将这 20 年 GDP 的增长速度用直线趋势模拟消除趋势变动的影响后计算周期指数如右表。

表中数据表明,除 1989 年的特殊情况外,深圳经济的发展经过两个周期四个阶段。第一个周期发展的最高峰是 1984 年,引起这一增长高峰的主要原因是市外(国内和国外)资金的大量引入,这是深圳由一个边陲小镇发展起来,储备原始积累的必要手段,成绩可喜,也为今后的发展打下了良好的基础。此后经三年调整,1986 年到达谷底。第二个周期发展的最高峰是 1994 年,引起这一增长高峰的主要原因是小平同志南巡讲话后,拨开了经济发展的迷雾,使深圳一方面是内部着力发展,另一方面又是市外资金大量引入的高潮。以后又经调整,主要是对加工贸易发展的重新定位,1996 年到达谷底。从经济发展规律来看,原始积累达到一定规模后,对产业方式结构的调整是必须的。因为经济发展到一定规模后,要素成本会逐步提高,产业方式上应着力发展有自主知识产权的高新技术产业。从指数变化看,深圳领导者决策是成功的。因为从 1996 年以后,其发展在高速中逐渐走稳。这可以用深圳高新技术产品产值占工业总产值的比重来佐证。1996 年深圳高新技术产品产值所占比重为 28.7%,到 1999 年已高达 40.5%。

年份	1980	1981	1982	1983	1984
指数	1.185	1.061	1.203	1.257	1.354
年份	1985	1986	1987	1988	1989
指数	0.583	0.068	0.673	1.010	0.560
年份	1990	1991	1992	1993	1994
指数	1.041	1.239	1.234	1.213	1.334
年份	1995	1996	1997	1998	1999
指数	1.128	0.900	0.996	1.044	1.211

从这两个周期的拐点来看(1984 年高峰,1986 年谷底;1994 年高峰,1996 年谷底),至少有如下两个特点:①经济的发展与政策因素密切相关。要尽量保持社会安定,减少政策波动带来的经济波动,影响经济的发展。②经济调整到走向另一个发展高峰很迅速。这说明,市民的经济建设热情储蓄饱满,外界对深圳的前景充满希望,市委、市政府对经济的宏观管理已

逐步走向成熟。

二、二十年深圳经济总量变化及结构分析

20年来,深圳经济在高速发展的同时,结构在不断调整、优化。

1979年,深圳GDP的三次产业构成为37.0:20.5:42.5,还是一个以农业主的边陲小镇,第三产业比重大的主要原因是当时建设深圳的大军迅速增加带来的社会服务业的发展。随着经济的飞速发展,工业不断壮大,至1984年三次产业结构调整为11.1:45.5:43.4,在产业结构上已接近发达的市场经济国家水平。至1999年三次产业结构达到1.2:50.6:48.2,其中工业的比重达40.9%,成为名符其实的工业主导型产业结构。

纵观20年的历史,深圳的第三产业比重一直在40%—50%之间,这表明深圳的发展起点就着眼于高层次,经济政策坚持了生产、生活一起抓。尽管深圳的农业也不断壮大,按可比价格计算,1999年农业总产值约是1979年的3倍,但以土地为主要生产资料的农业发展,总还是受资源限制而不可能象工业一样无限壮大。另一方面也说明深圳工业在吸收当今世界高技术的基础上突飞猛进。

根据所掌握的比较详细的资料,深圳GDP的三次产业结构由1986年的7.9:39.2:52.9发展到1999年的1.2:50.6:48.2,主要有以下几个特点:

1. 第一产业占GDP的比重由1986年的7.9%下降到1999年的1.2%,下降了6.7个百分点,基本呈逐年下降的趋势。随着经济的发展,农业受自然资源的限制,在经济总量中所占的比重越来越小,这是必然的结果。

2. 第二产业占GDP的比重由39.2%上升到50.6%,上升了11.4个百分点,特别是1993年、1994年达到最高峰,分别占54.6%和54.7%。其中工业占的比重由25.6%上升到40.9%,上升了15.3个百分点,表明工业的发展带动了第二产业的发展,也带动了整个经济的发展;建筑业占的比重则由13.6%下降到9.7%,下降了3.9个百分点。

3. 第三产业占GDP的比重由52.9%发展到48.2%,下降了4.7个百分点,从各年的情况看,整体发展趋势比较平稳。

第三产业包括的行业多、范围广,根据我国的情况,第三产业分为四个层次:第一层次是流通部门,包括交通运输、邮电通讯和仓储业,批发零售贸易和餐饮业;第二层次是为生产和生活服务的部门,包括金融保险,综合技术服务业,农、林、牧、渔服务业,地质勘探和水利管理业,房地产业,社会服务业(含公用事业、居民服务业);第三层次是为提高科学文化水平和居民素质服务的部门,包括教育、文艺、广播电影电视事业,科学研究、卫生、体育和社会福利事业等;第四层次是为社会公共需要服务的部门,包括国家与党政机关、社会团体、军队和警察等。这里不妨将第三、第四层次和第二层次中的社会服务业合并称为第三层次。经测算,第三产业三个层次结构由1986年的51.3%、38.6%和10.1%发展到1999年的36.7%、39.9%和22.4%,第二层次所占比重超过第一层次跃居第一位,表明金融保险业、房地产业等得到迅速发展,说明深圳已成为我国的金融中心之一。第三层次的比重由10.1%上升到22.4%,上升了12.3个百分点,表明随着经济的发展,知识的价值越来越被重视,信息、管理作为经济发展的重要因素越来越起着不可替代的作用,也表明人的价值、活劳动的创造性作用越来越受到重视。纵观发达国家的情况,发展规律都是如此。因此,综合表明深圳的发展已到了接近发达国家水平的相当层次。

从第三产业行业的情况来看,其中交通运输邮电通讯业占的比重由1986年的17.5%下降到1999年的16.0%,下降了1.5个百分点;批发零售贸易和餐饮业占的比重由33.8%下降到20.7%,下降了13.1个百分点;金融保险业的比重由23.0%上升到27.4%,上升了4.4个百分点;房地产业占的比重由7.0%上升到12.5%,上升了5.5个百分点。这表明传统的交通运输邮电通讯业、批发零售贸易和餐饮业仍然占主导地位,但新兴行业和房地产业的发展越来越快,所占的比重也逐年上升。

产值结构是产业结构的集中体现,它受投资结构和劳动结构的影响。各行业的产值结构从另一角度表现为各行业的贡献率。

从理论上说,随着时间的推移,按现价计算的贡献率(各产业增加值的增加额占国内生产总值增加额的比重)逐年提高的产业在GDP中所占的比重会相应地逐年提高。从实际情况看,1986年,第一产业的贡献率为25.9%,第二产业的贡献率为-1.5%,其中工业的贡献率为17%,第三产业的贡献率为75.6%;到1999年,第一产业的贡献率近似于0,第二产业的贡献率为56.1%,工业的贡献率为47.6%,第三产业的贡献率为43.8%,表明第二产业对经济增长的贡献率超过第三产业而跃居首位,其中工业的贡献率提高最快。第一产业和第三产业的贡献率逐年下降,因此导致第二产业占GDP的比重上升,工业对经济增长的推动作用日益增强,也再次表明深圳经济中工业主导型的地位。

需要说明的是,当今发达国家的第三产业比重随经济的发展而上升,都在60%左右或以上,但深圳的第三产业比重在波动中保持稳定。究其原因,主要是:①发展阶段不同。一般来说,发展中国家更注重基本生产(即农、工、建三个行业),因为基本生产是一个国家发展经济的基础,只有基本生产发达了,才能容纳和支持第三产业的发展,否则服务主体虚弱,哪能支撑服务业发展。②传统习惯不同。中国是个人口大国,充分就业是社会稳定、经济发展的基础,拥有人口多的特征的国家,第三产业所能得到的资源分配就有限。③科技文化素质不同。当科技文化素质提高时,知识产品(高智含量的无形产品)才能形成超高值价格,创造高额利润。同时,当人口的文化素质和高科技素质普遍提高时,活劳动创造的价值远高于物化劳动创造的价值,这样能容纳较多的劳动者的第三产业产值比重就会随之提高。当然还有一些如管理体制、资料来源等的差别,导致计算上的不同。因此,在与国际比较时,不能完全照搬照套。实际上深圳的经济发展已达到了相当层次。

但也必须指出,从世界各国来看,凡是以加工贸易为主的国家和地区的经济结构都基本如此,而且最容易受到金融危机那样的经济动荡的影响。因为缺乏自主知识产权的经济,基本生产都不牢靠,第三产业就更经不起波动。这是应该引起高度重视的,即一定要下大力气发展有真正的自主知识产权的产品生产,前提当然是下大力气开发真正有自主知识产权的产品,牢固的夯实经济基础,以此带动第三产业的发展。

从投资结构来看,资金投向的变化会引起产业构成的变化,对某行业的投资逐年加大会相应促进该行业的发展。在基本建设投资额中,交通运输和仓储业、邮电通信业投资占的比重由1986年的8%上升到1999年的12.8%,其中1998年上升到21.4%。政府加大了对交通行业的投入,使该行业得到稳定发展,增加值占第三产业的比重始终保持在16%左右的水平,而批发和零售贸易、餐饮业投资占的比重则由10.2%下降到2.1%,下降了8.1个百分点,该行业增加值占第三产业的比重也由33.8%下降到20.7%,下降了13.1个百分点。更新改造投资中的大部分是投向工业,由1986年的1.01亿元增加到1999年的19.84亿元,有力地促进了工业的发展。

从劳动结构来看,由于统计资料不全,只能与1990年比较。1990年三次产业的劳动力结构为6.08:69.76:24.16,发展到1999年为1.44:58.05:40.51。与这两年的GDP结构4.1:44.8:51.1和1.2:50.6:48.2比较来看,说明①第二、三产业的技术和知识密集程度高于第一产业,按GDP计算的第二、三产业的劳动生产率大大高于第一产业;②第二产业的劳动生产率提高速度快于第一、三产业,说明单位劳动对GDP增长的贡献第二产业大于第一、三产业。尤其是第三产业劳动生产率相对下降较大,这也从另一方面证明了前面所提到的没有基本生产的有力支撑,发展第三产业就缺乏后劲。深圳的这种变化周期与其经济波动周期基本同步。由于第一产业所占份额很小,第二产业,尤其是工业的变化,说明深圳在发展主导产业——工业上的政策是正确的。

总量的变化,说明了深圳发展速度和经济实力;结构的变化,说明了经济各结构的优化和发展产业政策上的正确性。深圳二十年的变化规诉我们:发展是硬道理;也告诉世人:时代无愧于深圳人,深圳人也无愧于时代。

(执笔:杨昌斌)

统计信息法制建设

深圳市统计信息局信息化行政执法责任制

一、执法依据

一切具体行政行为都以现行有效的法律、法规、规章等规范性法律文件作依据。我局信息化业务是一项新生事业,其执法依据较少,主要有:

1.《中华人民共和国计算机信息网络管理暂行规定》。

2.《中国互联网络域名注册暂行管理办法》。

3.《中华人民共和国计算机信息系统安全保护条例》。

4.《计算机信息网络国际联网安全保护管理办法》。

5.广东省《关于我省贯彻执行〈中国互联网络域名注册暂行管理办法〉和〈中国互联网络域名注册实施细则〉的通知》(粤信办[1997]9号)。

6.《深圳经济特区信息化建设条例》。

7.《深圳经济特区计算机信息系统公共安全管理规定》。

8.《深圳市审批制度改革若干规定》。

9.《深圳市信息工程建设管理办法》。

10.《关于印发＜深圳市统计信息局(深圳市信息化建设委员会办公室)组建方案＞的通知》(深发[1995]28号)。

11.《市政府常务会议纪要》[1997](72)、《市长工作会议纪要》[1996](161)、[1997](45)、[1997](71)等。

二、执法主体

目前,深圳市信息化管理实行一级管理体制,即信息化行政执法主体为深圳市统计信息局(深圳市信息化建设委员会办公室)。我局信息化管理职能由法规处、信息规划处、信息资源管理处共同行使。各处的职能不同,必须在职责范围内执法,不得越权、滥用职权,也不得放弃、推诿、拖延或拒绝履行法定职责。一切具体行政行为必须以合法执法主体——深圳市统计信息局(深圳市信息化建设委员会办公室)的名义作出。各处均不得以自己的名义作出具体行政行为。

三、执法职责

根据深发[1995]28号文,我局的基本职能是:

1.贯彻执行国家、省、市有关信息化建设工作的政策、法规。

2.负责制订全市信息工作规划(包括机关信息系统建设规划)和年度计划,提出信息产业投资计划和工作方案,统一管理和协调全市信息工作。组织拟订全市信息管理法规、条例、标准,并负责监督执行。

3.负责收集、整理并提供港、澳、台地区及国际基本信息资料,研究分析国际社会经济发展状况。

4.协调并指导全市各部门、各单位建立健全信息网络;配合有关部门做好信息人员专业技术资格的评审工作。

5.负责对信息基础工程或设施建设项目进行审核(重大的事项报市信息化建设委员会审定);对建设项目进行跟踪检查,并做好协调工作。

6.负责全市信息资源及数据库的建设、管理工作,协调全市各部门之间信息资源共享,审批信息资源进出口业务;会同有关部门做好信息市场管理,信息价格控制和经纪资格审批工作。

7.组织开展信息科学研究和交流活动,加强与内地大中城市信息部门的协作和联系。

8.完成市委、市政府和上级信息部门交办的其他事项。

四、执法机构

(一)法规处

执法职责:

1.贯彻执行国家、省、市有关信息化建设的法律、法规、规章和方针、政策。

2.负责起草以及协助有关部门制定、修改信息化建设法规、规章及规范性文件。

3.制订信息化法制工作计划,编印学习资料,宣传信息化建设法律、法规、规章及规范性文件。

4.负责信息化建设有关法律、法规和规章的执法工作,对违法案件进行查处,并负责行政复议、听证工作以及代理、参与行政诉讼。

5.参与审查本局信息化建设规范性文件。

6.参与审查本局信息化建设行政执法责任制落实情况。

7.承办信息化建设违法行为举报、信访。

8.负责信息工程初步设计方案的审核工作,并对信息工程立项申请提出综合意见。

9.负责全市信息工程项目招投标管理工作。

10.负责核准信息工程和信息系统验收。

11.负责信息系统开发单位资质评定及年审工作。

12.负责信息工程监理单位登记管理和年审工作。

13.会同有关部门拟定全市信息化标准规范、质量监督管理的法规和措施,并组织执行。

14.会同有关部门推动全市信息化标准工作,组织并监督标准的实施,引导企业采用国际标准和国外先进标准。

执法人员权限:

1.受理人员:解答申请人的咨询,发放申请资料,指导申请人正确填写;依法受理申请,认真审查申请材料是否齐全、合法,对申请条件进行全面的调查、核实,并依法提出初审意见,及时上报审核。

2.审批、审核人员:处长对申请材料和受理人提出的初审意见等进行全面核实,对符合条件的,签署批准意见;对需要分管局领导审批的,提出审核意见,报分管局领导审批;分管局领导对处长提请材料和审核意见进行全面审查,签署审批意见。

3.回复人员:对审查合格的,向申请人颁发有关证书;对审查不合格的,说明理由,并向申请人退还有关申请资料。

执法责任与服务标准:

1.立法人员每年度按时上报立法计划,起草法规、规章和规范性文件时必须进行充分的调查研究,广泛征求各部门和管理相对人的意见,认真总结、分析;对每项立法的必要性、可行性分析论证,使之符合实际,合乎法理,便于操作。

2.对法律、法规、规章和规范性文件的实施情况跟踪监督,对不适用的及时提出修改建议。

3.审核必须认真审核送审材料,严格把关,依据事实和法律,提出审核意见。

4.执法人员出示执法证,文明执法,公正、廉洁。

5.实施行政处罚必须坚持事实清楚、证据确凿、定性准确、处罚适当、程序合法的原则,不得滥用职权、徇私舞弊、玩忽职守、索贿受贿。

6.信息系统开发单位资质评定时限为3个月,信息工程竣工验收核准时限为20个工作日。

执法程序:

信息工程竣工验收核准程序:信息工程竣工后,开发单位应向建设单位提交完工报告,经试运行合格的,由建设单位组织设计、开发、监理单位进行初步验收;初验合格的,由建设单位向市主管部门提出竣工验收申请——市统计信息局自接到竣工验收申请报告后,组织有关部门对信息工程项目进行验收。

(二)信息规划处

执法职责:

1. 负责拟定有关行政规章和规范性文件。

2. 负责编制全市信息化建设总体规划,报市政府批准实施。

3. 负责组织专家论证全市信息化建设总体规划,征求社会各界意见。

4. 负责审核市政府各有关部门编制的专项规划和区人民政府编制的区信息化规划。

5. 负责落实、检查全市信息化建设总体规划的实施,公布规划执行情况。

6. 对市信息化项目建设进行投资审核、跟踪和协调。

7. 负责制定市信息化年度工作计划,公布工作计划的执行情况。

8. 负责会同有关部门编制市信息产业发展目录,引导信息产业发展。

执法人员权限:

1. 对市信息化建设总体规划的执行情况进行检查和督促。

2. 对市政府各部门的专项规划和区政府的区信息规划进行审核。

3. 对全市信息化项目建设情况进行调查。

4. 组织市信息化建设专家委员会进行调查研究、技术论证、项目评审等工作。

5. 对信息化工作年度计划进行检查。

执法责任与服务标准:

1. 公开专项规划和区规划的审核程序,规划的报批、审核、修订严格依照程序办理。

2. 对上报资料认真审查,及时答复。

3. 按时公布规划执行情况、信息化年度工作计划、专项规划和区规划检查情况、信息化项目建设调查情况。

4. 按照市信息化建设专家委员会章程组织专家开展工作。

5. 及时处理上级交办的工作。

(三)信息资源管理处

执法职责:

1. 贯彻执行党和国家有关信息资源的方针、政策、和法规,结合深圳市的实际,会同法规处等有关部门拟定有关行政规章和实施细节,经批准后监督执行。

2. 负责制定全市信息资源建设、政府投资的大型数据库、信息网络及信息资讯服务业的发展规划和年度计划,监督检查计划执行情况。

3. 按有关规定审批全市数据库服务和网络服务项目,核准全市信息咨询服务机构。

4. 负责全市信息服务业的行业管理及协调工作。

5. 会同有关部门搞好信息市场管理,信息价格审定和经纪人资格核准工作,培育和发展信息市场。

6. 负责组织协调国内外信息资源的交流,促进资源共享,充分利用信息资源。

7. 会同有关部门做好信息资源的进出口业务管理,会同有关部门做好 INTERNET 的安全、保密工作。

执法人员权限:

1. 工作人员有权对特区内从事网络服务机构进行执法检查。

2. 工作人员有权要求调查对象提供按规定的核发的经营资质证书、备份文件等。

3. 工作人员按法律、法规或规范性文件要求对有关单位应具备的经营条件进行检查。

4. 工作人员有权根据群众的举报或投诉就违规作出调查。

5. 工作人员有权就行业情况进行调查并提出法规制定或修改的建议。

执法责任与服务标准:

1. 工作场所有明确的办事程序,明确登记事项和所需材料。

2. 工作人员佩带执法证行使公务。

3. 工作人员向群众说明行业情况,引导行业发展。

4. 工作人员按时对送审件作出处理,有特殊情况应加以说明。

5. 工作人员做到公平、公正、廉洁,文明执法。

执法程序:

1.数据库、网络服务经营资格审批程序

(1)申请设立机构:向市工商局申请企业名称,经核准后领取《公司名称预先核准通知书》——向市统计信息局申请数据库、网络服务经营资格,填报《深圳市数据库服务、网络服务经营权申请表》,经审查批准后,领取相关经营权的批准文件——凭批准文件到市工商局申办企业注册并领取企业营业执照——凭营业执照到市统计信息局办理备案手续并申请《深圳市数据库服务、网络服务经营资格证书》。

(2)申请增加数据库服务、网络服务经营范围的机构:向市统计信息局申请数据库服务、网络服务经营权,填报《深圳市数据库服务、网络服务经营权申请表》,经审查批准后,领取数据库服务、网络服务的批准文件——到市工商局办理变更(增加)经营范围的注册登记——凭营业执照到市统计信息局办理备案手续并申请《深圳市数据库服务、网络服务经营资格证书》。

2.信息咨询中介机构资格核准程序

向市工商局申请企业名称,经核准后领取《公司名称预先核准通知书》或《公司变更登记申请书》——向市统计信息局申请成立信息咨询中介机构,经审查同意后,领取相关同意文件——凭同意文件到市工商局申办企业注册并领取企业营业执照——在领取营业执照后30日内,到市统计信息局备案。

3.信息资源进出口备案程序:

交验备案资料——填写备案登记表——领取备案回执。

4.信息产品价格备案程序:

交验备案资料——填写备案登记表——领取备案回执。

5.互联网经营机构备案程序:

交验备案资料——填写备案登记表——领取备案回执。

深圳市统计信息局统计行政执法责任制

一、执法依据

深圳市统计信息局统计行政执法行为，必须以《中华人民共和国统计法》、《中华人民共和国行政处罚法》、《中华人民共和国行政复议法》、《中华人民共和国国家赔偿法》、《中华人民共和国统计法实施细则》、《广东省统计管理条例》、《深圳经济特区统计条例》、《统计执法检查暂行规定》、《国家统计制度方法》等有关的法律、法规、规章及规范性文件作为依据。

二、执法主体

深圳市统计信息局为统计行政执法主体。深圳市统计信息局的办公室、综合处、法规处、国民经济核算处、工业交通统计处、经贸统计处、固定资产投资处、人口统计办公室、社会科技统计处、城市调查队、企业调查队 11 个执法机构，必须在各自职责范围内依法行政，一切具体行政行为必须以深圳市统计信息局执法主体的名义作出。

三、执法职责

1. 贯彻执行国家及省、市有关统计的法律、法规和统计制度、标准，完成国家及省、市下达的统计调查任务。

2. 制定全市统计改革与发展的总体、中长期和年度计划，提出统计调查计划和工作方案，组织协调和指导统计工作。

3. 收集、整理并对全市国民经济和社会发展的基本情况进行统计分析，开展统计预测，提供统计咨询和实行统计监督。

4. 草拟统计法规、规章及规范性文件，开展统计法制宣传教育，监督检查贯彻执行情况，依法查处统计违法行为。

5. 审批市政府各部门制定超出本系统管辖的统计调查项目，做好各系统管辖内的统计调查项目备案，管理和协调市政府各部门向社会制发的统计调查表。

6. 检查、核定、公布和出版全市基本统计资料，定期发布全市性的国民经济和社会发展情况统计公报。

7. 实行全市劳动工资联审、以及统计基本单位和固定资产投资新开工和竣工项目的登记备案。

8. 建立和管理全市统计信息自动化系统和数据库，实现政府统计信息资源的共享，以及统计信息网上咨询和专项调查工作。

9. 开展全市统计教育和统计培训工作，对符合条件统计人员颁发《统计岗位资格证书》，并检查统计人员持证上岗情况。

10. 做好全市统计人员专业技术资格的考评工作，核准政府、企业统计部门负责人和具有中级以上统计技术职务人员的调动情况。

四、执法机构

(一)办公室

执法依据：

1.《中华人民共和国统计法》及其实施细则；

2.《深圳经济特区统计条例》等。

1987 年 1 月 19 日国务院批准，1987 年 2 月 15 日由国家统计局发布实施的《中华人民共和国统计法实施细则》第二十八条规定："具有统计专业职务的人员调动，应当分别征求本地区、本部门、本单位统计机构或者统计负责人的意见。对其中具有中级以上专业职务的人员的调动应当征得上级统计机构同意。地方各级人民政府统计机构主要负责人的调动,应当征得上一级人民政府统计机构同意。各主管部门和企业事业组织统计负责人的调动,应征求上级主管部门和当地人民政府统计机构的意见”。

执法职责:

1. 宣传、贯彻执行有关法律、法规、规章和政策。

2. 协助有关部门,对统计有关法律、法规、规章和统计规范性文件的制订提出意见。

3. 核准各区政府统计机构主要负责人的职务任免。

4. 核准市属企业、事业单位中设置了中级统计专业技术岗位的在岗人员的聘任、解聘。

5. 对在各主管部门、企业事业单位及各项统计普查、专项统计调查中的主要统计负责人的任职进行备案登记。

6. 对具有初级及以下统计专业技术职务人员的调动进行备案登记。

7. 协助有关部门组织调查、了解统计人员的基本情况和分布状况。

8. 配合上级有关部门的调查、检查。

9. 上级有关部门交办的其他工作。

执法人员权限:

1. 工作人员有对区统计机构、机关、企事业单位的统计人员情况进行调查的权限。

2. 工作人员有要求被调查单位提供及时、真实、准确、合法的统计负责人任职、统计人员基本情况和任职(聘任)资料的权限。

3. 工作人员有按照法律、法规或规范性文件的规定,要求对有关单位的统计机构负责人和统计人员的任职(聘任)进行核准或备案的权限。

4. 工作人员有对有违法嫌疑的线索进行调查、提出处理意见、组织或参加听证、申请强制执行的权限。

5. 工作人员有权对有关规范性文件的审定、制定、清理以及立法草案的起草提出建议。

6. 工作人员有权宣传普及有关法律。

7. 工作人员根据需要,建立统计负责人和统计人员基本情况信息库。

执法责任与服务标准:

1. 工作地点必须有明确的办事程序,明确规定登记的事项和所需的材料。

2. 工作人员必须佩戴个人证件、或在办公地点明示办事人员的姓名或工号。

3. 实行“首问责任制”:每个工作人员都有责任对前来办事人员的咨询进行答复,不能办理或不属本人职责范围的必须说明原因或转介有关人员办理。

4. 工作人员对办理登记时必须记录,填写《核准、备案事项登记表》;按职权范围审查报批。

5. 对不符合核准或备案登记条件的,必须在时限(10个工作日)内作出答复,通知有关单位,并告知当事人有复议的权利。

执法程序:

1. 各区政府统计机构主要负责人和市属各部门、企业事业组织中具有中级以上专业技术职称的统计人员调动核准程序:由拟调入或调出单位向市统计信息局办公室提交核准申请文件,并认真填写《深圳市统计人员交流表》——统计信息局办公室接文后,对文件、表格及材料查验是否齐全,填写是否合乎规定,文件内容是否清楚,做出是否收件的决定——收齐材料后,进行登记,发给送件人通知单。办公室提出初步处理意见,与有关部门协商研究后根据需要报局领导审核,确定同意或不同意的审核意见——通知有关单位领取结果。

2. 市属各部门、企业事业组织统计负责人及具有统计专业职务的人员调动备案程序:由拟调入或调出单位向市统计信息局办公室提交备案申请文件,并认真填写《深圳市统计人员交流备案表》——统计信息局办公室接文后,对文件及表格进行形式检查,查验材料是否齐全,填写是否合乎规定,文件内容是否清楚,并做出是否收件的决定——收齐材料后,进行登记,发给送件人通知单。情况清楚、符合条件的应当场办理;需要进一步研究决定的,在10个工作日内由办公室提出初步处理意见,与有关部门协商研究后根据需要报局领导审核,确定同意或不同意的备案意见——通知有关单位领取研究备案结果。

(二)综合处

执法依据:

1. 统计及有关的法律、法规、规章;

2.《国家统计制度方法》;

3.《深圳市人民政府办公厅关于加强对国家重大经济信息发布管理的通知》;

4.《深圳市审批制度改革若干规定》等。

执法职责:

1. 深圳市国民经济和社会发展综合性统计信息的统一管理和发布。

2. 深圳经济形势的分析研究和预测。

3. 向市五套班子领导机构和市政府各职能部门提供全市综合性统计资料和统计咨询意见。

执法人员权限:

1. 审核本局各专业处室提供的全市综合性统计数据,并按时限要求和规定的形式统一管理和公布。

2. 审核各部门统计机构报送的全市综合性统计数据,并按有关规定予以核准和公布。

3. 对全市各部门和新闻单位发布统计资料的行为进行监督,检查制止统计信息发布的违法违规行为,加强对全市重大经济社会信息发布的管理。

执法责任与服务标准:

1. 严格审核管理,确保全市综合性统计数据的报送和发布不发生重大差错,消除数出多门等混乱现象。

2. 以《统计快报》、《统计月报》的形式向市五套班子领导机构和市政府各职能部门提供全市月度综合性统计数据。《统计快报》印发时间为月后10日,《统计月报》印发时间为月后20日。

3. 以召开经济形势新闻发布会的形式向社会各界发布全市季度综合性统计信息。新闻发布会召开时间为季后12日。

4. 以《快速统计年报》、《统计公报》、《统计手册》、《统计年鉴》的形式发布全市年度综合性统计信息。《快速统计年报》印发时间为1月下旬,《统计公报》发布时间为3月份,《统计手册》印发时间为4月份,《统计年鉴》出版时间为8月份。

5. 以《统计预报》、《统计分析》的形式向市领导提供统计咨询意见。《统计预报》报送时间为当月28日,《统计分析》不定期报送。

执法程序:

市政府有关部门及其他市级机关、事业单位统计资料公布核准程序:核准对象自行搜集的全市综合性统计数据在公布前,按照核准内容将有关资料报市统计信息局综合处——综合处对所报资料进行初步审核后,交法规处核实统计调查项目审批情况,提出核实意见;并交由专业处室提出意见——综合处根据法规处核实意见及专业处室意见草拟复审意见,报局领导审批——根据局领导审批结果,向核准对象复函。

(三)法规处

执法依据:

法规处统计执法行为,必须以现行有效的法律、法规、规章及规范性法律文件作依据,主要有:

1.《中华人民共和国统计法》;

2.《中华人民共和国行政处罚法》;

3.《中华人民共和国行政复议法》;

4.《中华人民共和国统计法实施细则》;

5.《广东省统计管理条例》;

6.《深圳经济特区统计条例》;

7.《统计执法检查暂行规定》;

8.《国家统计制度方法》等。

执法职责:

1. 贯彻执行统计法律、法规、规章和政策。

2. 研究制定统计立法计划,拟定有关统计法规、规章草案,制定有关统计规范性文件。

3. 制定统计普法规划,组织本系统开展统计法制宣传教育和培训工作。

4. 依法开展统计执法检查,查处各种统计违法行为,维护统计工作秩序。

5．审查部门统计调查计划和方案，审批、核准、备案部门统计报表制度。

6．组织实施基本单位普查和开展统计单位登记，查明基本统计单位的分布情况，建立科学的抽样框。

7．承办统计违法行为的举报、信访、上访以及上级交办的统计违法案件。

8．按照《行政处罚法》的有关规定，认真组织召开本局的行政听证会议。

9．受理统计行政复议案件和统计行政诉讼案件的应诉工作。

10．备案审查各区重大统计行政处罚案件。

11．审查本局统计行政执法错案。

12．参与考核局统计行政执法责任制工作。

执法人员权限：

1．统计行政执法检查。

2．统计违法案件审核。

3．统计立法组织协调。

4．统计法制宣传教育。

5．统计行政处罚听证。

6．统计行政复议案件。

7．统计行政案件应诉。

执法责任与服务标准：

1．统计执法检查要向被检查人表明身份，出示有效执法证件；执行统计公务和办案必须两人以上；查处统计违法行为必须在自己的权限之内；作出统计行政处罚之前必须告知当事人违法事实、处罚理由和依据，并允许申辩。

2．接到统计审核案件时，要办理接收手续，填写《统计案件审核登记表》等事项；一般统计案件审核期限不超过 15 日，重大复杂、疑难案件经局领导批准方可延长审核期限并通知办案机构；审核统计案件要严格把关，依据事实和法律提出审核意见。

3．根据统计立法实际上报本局立法计划，按时完成统计立法和文件会签及规范性文件备案等工作；起草统计法规、规章和规范性文件时必须进行充分调查研究，广泛征求意见，加强立法必要性和可行性论证；对统计法规、规章和规范性文件的实施跟踪监督，对不适用的及时提出修改意见。

4．按照国家、省、市统计法制教育的要求，针对不同的对象，采取不同的方法，安排不同的内容，开展统计法律、法规的宣传、教育和培训工作；建立健全统计法律、法规信息库；组织编写统计法律、法规宣传资料。

5．依据《行政处罚法》的规定，对统计被调查对象企事业组织处以超过 5 万元罚款的，个体工商户处以超过 5 千元款的，必须告知当事人有听证权利；并根据当事人的要求，在统计行政听证举行前 7 日内送达听证告知书；统计行政听证必须在遵循公开、公正和效益的原则，保障当事人的合法权益。

6．在收到统计复议申请书之日起 10 内提出受理与否意见，呈领导审批；在审批受理之日起 7 日内将复议申请书副本发送被申请人；在收到统计复议申请书之日起两个月内作出复议决定；统计复议人员认为具体行政行为所依据法律依据与其他法律依据相抵触，而本人无权处理的必须请求处理。

7．统计行政诉讼案件的应诉人员，必须在本局法定代表人委托范围和权限内代表本局应诉。

执法程序：

1．市政府部门系统外统计调查项目审批程序：组织统计调查的单位向市统计信息局提交审批申请，并认真填写《深圳市统计信息局统计调查项目审批表》——组织统计调查的单位应根据《深圳市统计信息局统计调查项目审批表》的内容向市统计信息局法规处递交较为详细的《统计调查项目方案》及有关文件——法规处接文后，进行初审检查所需资料是否齐备并办理办文号，时间约 1 小时——补齐所需资料后，法规处向市统计信息局有关业务处、室了解情况，进行调研、协调，根据协调结果，将《统计调查项目方案》送有关处、室审核，并提出审核意见，时间约 5 个工作日——根据有关业务处、室的审核意见，法规处进行审定，提出批复建议，报局领导审批，时间约2个工作日——法规处根据局领导审批结果，向申请单位复函，时间约1个工作日。

2.市政府部门系统内统计调查项目备案程序：组织统计调查的单位向市统计信息局法规处递交较为详细的《统计调查项目方案》及有关文件——法规处接文后，按照备案内容进行审查所需资料是符合要求——审查合格的法规处进行备案登记。

(四)国民经济核算处

执法依据：

1.《中华人民共和国统计法》；

2.国务院《关于实施国民经济核算体系方案》的通知；

3.国家计划委员会、财政部、国家统计局《关于向统计部门抄送年度会计报表的通知》；

4.国家统计局、财政部《关于提供计算国民经济评价考核指标所需财政、财政核算资料的通知》。

执法职责：

1.依法组织实施国民经济核算制度，负责本市国内生产总值、投入产出、资金流量、资产负债核算，提供国民经济核算资料及有关综合平衡分析报告。

2.建立健全金融保险业统计调查制度。

3.监督、指导本市各区政府统计局正确执行国民经济核算制度，依法实行国民经济核算。

4.检查本市、各区政府统计机构在国民经济核算中的违法行为。

5.理顺统计报表报送渠道。

6.完成局领导交办的其他工作。

执法人员权限：

1.负责全市金融、保险统计年报和定期报表的收集、审核、数据处理、编表上报。

2.按照《统计法》等有关法律、法规，检查监督全市金融、保险业的统计执法情况，协同查处统计违法行为。

执法责任与服务标准：

加强统计行政执法是保证统计数据准确性的关键，因此要把好数据质量关。

1.在制定统计报表制度时，严格按统计法规设计、审批；在收集资料时按统计报表制度执行。

2.对上报单位的统计资料要严格保密制度，不对外提供单个上报单位的数据。

3.严格按国家、省、局制定的提供资料渠道提供国民经济核算资料。

工作流程：

核算统计报表制度工作流程：设制统计报表制度——召开统计年报会议——布置年报培训——统计报表下发、收集、审核——数据处理——编表上报。

(五)工业交通统计处

执法依据：

1.统计及有关法律、法规、规章；

2.广东省统计局工业统计报表制度；

3.广东省统计局运输邮电统计报表制度；

4.广东省统计局能源物资统计报表制度；

5.广东省统计局规模以下工业和个体工业抽样调查报表制度；

6.国家统计局工业普查规定。

执法职责：

1.依法组织实施工业、运输邮电和能源统计调查制度，理顺统计报表报送渠道，维护统计调查和管理秩序。

2.依法组织实施工业统计年报和定期报表任务。

3.依法组织实施运输邮电统计年报和定期报表任务。

4.依法组织实施能源统计年报和定期报表任务。

5.依法组织实施工业、运输邮电和能源专业普查，抽样调查，重点调查。

6.依法管理全市工业、运输邮电、能源统计资料、提供有关的统计资料、统计分析材料、统计优质服务。

7.依法检查全市工业、运输邮电、能源行业统计工作中的违法行为，与执法机构联合查办违法案件。

8.依法指导基层统计工作，培训基层统计

人员业务。

执法人员权限:

1. 负责全市工业统计年报和定期报表的收集、审核、整理、汇总、上报。

2. 负责全市运输邮电统计年报和定期报表的收集、审核、整理、汇总、上报。

3. 负责全市能源统计年报和定期报表的收集、审核、整理、汇总、上报。

4. 负责审核、检查基层单位统计台帐。

5. 监督全市工业、运输邮电、能源统计部门依法统计。

6. 检查全市工业、运输邮电、能源统计上的违法行为。

7. 联合执法机构查办统计违法案件。

执法责任与服务标准:

1. 责任:依法实施工业、运输邮电、能源专业统计调查,实事求事,保证数据及时、准确上报。另外,其违反统计法律规范的行为所承担的惩罚性法律后果。统计法律责任分为三种:行政法律责任、民事法律责任、刑事法律责任。

2. 执行标准:按国家统计局有关工业、运输邮电、能源专业统计制度规定执行调查。其主要标准有三种:

(1)时间标准:工业定期报表中《工业总产值、销售产值》、《主要工业产品生产、销售、库存实物量月报》报告期为月底,上报日期为月后4日前;《独立核算工业企业主要经济指标月报基层表》、《工业企业生产法工业增加值计算表》,报告期为月后10日前,上报期为月后14日前。能源专业报表《重点耗能工业企业能源购进、消费及库存》,上半年报告期为6月底,上报日期7月10日前;下半年报告期为12月底,上报日期为明年1月10日前。交通运输专业中《深圳市交通运输企业生产情况月报》,报告期为月底前,上报日期为月后7日前;《独立核算交通运输企业生产情况和主要财务指标》季报表,报告期为季度底前,上报期为季后10日前。

(2)质量标准:按统计报表质量考核要求重点为报表及时,数据真实,不重不漏,指标填报准确,表中指标间相关关系平衡,逻辑关系正确。

(3)服务标准:对基层统计工作进行查检、指导监督和培训。要求严格职业道德,克服门难进、脸难看、事难办的衙门作风,做到热情、认真、负责。

工作流程:

我市工业、运输邮电、能源专业调查中,主要采用:全面调查、普查、抽样调查的方法。统计调查的主要流程:依照(或设计)调查方案,设计调查指标、表式,编制调查制度或说明(抽样调查要设计抽样框)——经统计执法部门审核及局领导批准后开展调查——自上而下统一布置,自下而上提供(填报表)统计资料,工交处统一收集、审核、汇总——处领导审核签字并报主管局领导同意后上报省局,同时抄报一份到本局综合处。

1. 全面调查:是对构成调查对象的所有单位逐一进行调查,工业、运输邮电、能源专业统计,按照国家(省、本市)统一制定专业统计表式和要求,自上而下的统一布置,然后自下而上的提供统计资料,由工交处统一收集、审核、汇总、上报。

2. 普查:是专门组织的一次性的全面调查,一般用来调查时点现象的量,也有用来反映时期现象的量。普查的组织方式基本有两种:一是组织专门的普查机构,配备一定数量的调查人员,对调查单位直接进行登记,然后统一收表、统一数据处理、审核、汇总。二是利用调查单位的原始记录和核算资料,颁发一定的调查表格,由调查单位填报。然后统一收表、审核、汇总。

3. 抽样调查:是一种非全面调查,依照或设计抽样调查方案、指标、表式、方法制度(说明),以总体为原则,按随机原则抽取一部分单位进行调查,然后根据这一部分单位的指标数值去推断总体指标数值。

(六)经贸统计处

执法依据:

1. 统计法律、法规、规章;

2. 国家、省统计局《批发零售贸易、餐饮业

统计报表制度》;

3. 省统计局《外经统计报表制度》;

4. 国家、省统计局小型商业、个体商业抽样调查制度。

执法职责:

1. 认真贯彻国务院领导同志关于统计工作要"快、精、准"的指示,狠抓统计数字质量的提高。

2. 组织实施批发零售、餐饮业统计年报和定期报表任务。

3. 组织实施外经专业统计年报和定期报表任务。

4. 组织实施亿元以上商品交易市场成交情况的定报。

5. 组织完成限额以下批发零售贸易、餐饮业抽样调查工作,要建立、维护准确、完备的抽样框,以《统计法》为武器,强化中选单位的调查填表工作,保证抽样调查的质量。

6. 开展个体、批零贸易、餐饮业抽样调查。

7. 开展亿元以下商品交易市场的抽样调查。

8. 开展国际游客的抽样调查。

执法人员权限:

1. 审核统计年报和定期报表以及抽样调查表。

2. 抽查基层单位统计台账。

3. 根据统计法协同执法机构、检查、处罚在商贸、外经、旅游统计上的违法案件。

执法责任与服务标准:

1. 限额以上批发零售贸易业商品购进、销售、库存额、类值、数量以及限额以上餐饮业销售情况年报于1月8日前上报。

2. 限额以上批发零售贸易企业财务状况和限额以上餐饮企业财务状况年报于2月20日上报。

3. 批发零售贸易、餐饮业个体户样本单位基本情况表于9月10日前上报。

4. 限额以下批发零售贸易业样本单位销售台账、商品销售调查和限额以下餐饮业样本单位商品销售台账表于当月20日上报。

5. 限额以上批发零售贸易业商品销售总额表、类值表和销售、库存以及社会消费品零售总额月报表于月后3日上报。

6. 限额以上批发零售贸易企业主要经济指标表于月后20日报。

7. 亿元以上商品交易市场成交情况季报表于季后8日上报。

8. 外国和港澳台地区在华直接投资重点企业主要经济指标季报表于季后15日报本处。

工作流程:

1. 报表制度工作流程:设计报表制度——召开年报会议——布置年报、定报制度——收表、审表;录入、审核、汇总——处领导审核签字和主管局领导同意后上报省局。

2. 抽样调查工作流程:确定抽样框抽取样本——召开会议布置开展入户调查——监督检查收表、汇总、数据录入审核——调查数据评估——领导审批后上报——调查工作总结。

(七)固定资产投资处

执法依据:

1. 本处依法行政依据主要是《中华人民共和国统计法》以及广东省、深圳市有关的条例和规章。

2. 根据国家统计局、国家计委、国家经贸委、建设部联合下发的国统字[1996]249号和深统信通[1996]83号文件的规定,做好对固定资产投资新开工和竣工项目的统计登记备案工作。

执法职责:

1. 贯彻执行投资统计、房地产开发统计、建筑业统计、农业统计的法律、规章和各专业统计的定期报表、年报报表制度;完成各项专项调查任务以及对统计资料开发利用。

2. 组织基层单位统计人员参加有关部门组织的持证上岗培训或统计业务培训。

3. 参加有关单位或部门组织的统计执法检查。

4. 经有关组织或领导批准,提供有关数据或基层单位报表报送情况,配合有关部门对违反统计法以及其他案件的查处。

5．对基层单位报表分种类、按规定做好资料的整理、建档、保管、使用、移交或销毁，严格做好保密工作。

6．完成局领导交办的有关工作。

岗位职责：

1．处长：全面负责本处的政治思想、业务、统计改革等工作；带头并组织本处人员学习贯彻行政执法；向局领导反映本处工作、干部思想及生活等方面需要解决的问题；接受局领导班子的领导和本处工作人员的监督。

2．副处长：协助处长做好本处的全面工作，并侧重抓好业务工作。

3．投资专业统计岗位：负责投资统计报表的收集、审核、汇总、上报工作；本专业的统计分析、行政执法；固定资产投资新开工和竣工项目的登记工作。

4．房地产专业统计岗位：负责房地产统计报表的收集、审核、汇总、上报工作；本专业的统计分析、行政执法；房地产开发新开工和竣工项目的登记工作。

5．建筑专业统计岗位：负责建筑业统计报表的收集、审核、汇总、上报工作；本专业的统计分析、行政执法。

6．农业专业统计岗位：负责农业统计报表的收集、审核、汇总、上报工作；本专业的统计分析、行政执法。

执法人员权限：

1．本处的执法范围和权限

范围：投资统计、房地产开发统计、建筑业统计、农业统计。

权限：对本处执法范围内的统计报表进行收集、数据审核、汇总、上报；对数据质量进行评估；对执行统计制度有监督权、调查权、建议权；对新开工和竣工项目的登记备案权。

2．处领导权限：对本处业务工作、本处业务岗位执法情况向上级(局及有关部门)报告的权利；有监督、检查本处各业务岗位行政执法情况的权利。

3．投资统计岗位权限：对有投资项目的单位和部门有权收集统计报表，以及审核、汇总、上报的权利，以及有调查、报告和监督的权利。

4．房地产开发统计岗位权限：对房地产开发企业有权收集统计报表，以及审核、汇总、上报的权利，以及有调查、报告和监督的权利。

5．建筑业统计岗位权限：对建筑企业有权收集统计报表，以及审核、汇总、上报的权利，以及有调查、报告和监督的权利。

6．农业统计岗位权限：对各区、乡、镇有权收集统计报表，以及审核、汇总、上报的权利，以及有调查、报告和监督的权利。

执法责任与服务标准：

1．按时上报

统计报表和资料分析的时效性很强，按统计制度和上级有关部门规定的时间上报是统计工作中行政执法责任和标准和重要考核内容。因此，必须做到按时收报表，及时审核、汇总，按要求时间上报。

(1)固定资产投资、房地产开发统计月报，基层单位于每月一日前将报表交投资处，投资统计岗位工作人员在四日内完成审表、录入、汇总工作，于当月五日报省统计局投资建筑处。

(2)建筑业定期报表：生产情况报表在季后一日前由基层单位将报表送投资处，季后10日前由投资统计岗位工作人员汇总并报省局；财务报表在季后25日前收表，季后35日前报省局。

(3)农业定期报表：从3月到10月每月一份报表报省统计局。

(4)上述四个专业年报，按每年省局年报会的部署，确定收表、审表、录入、汇总、上报的具体时间要求。

2．质量标准

(1)月报：应做好三项评估工作：一是绝对数与上月比较是否合理，坚决防止至当月累计数比至上月累计数小的情况出现；二是与上年同比数增幅超过或低于5%时要书面说明情况；三是各统计指标数值间的相关及平衡关系要合理。

(2)年报：基层单位上报表要全，汇总时做到不重不漏，客观反映全年真实情况。

3．执法资格

行政执法人员必须参加局机关、或国家统计局认可的有关部门组织的行政执法专门培训，学习有关法律、法规、规章和政策，经考核合格，取得行政执法证方可上岗执法。

4．服务标准

(1)为领导和上级机关服务，按统计报表制度规定的范围、时间提供统计数据。

(2)为社会服务，按统计法和有关保密规定，经过规定的审批手续提供统计数据。

(3)行政执法人员在依法行政中要遵纪守法，要积极、主动、耐心宣传统计法律、法规和有关规章制度。在处理违规违法事件中，要坚持实事求是，不隐瞒证据、不伪造证据，公正执法，严防以权谋私。

执法(工作)程序：

1．新开工、竣工项目统计登记备案程序：投资(含房地产)岗位工作人员给项目单位发登记表3份——项目单位填表——投资(含房地产)岗位工作人员审核、编号——处领导审核签署意见，加盖投资处印章——一份由投资处存档备查，一份交项目建设单位留存，一份由建设单位报项目审批部门。

2．专业统计工作流程：企业或部门向本处报送统计报表(传输或手工报表)——由本处专业岗位人员收表、审表、录入、汇总后——报处长和局领导审核签字——上报省局投资建筑处。

(八)社会科技处

执法依据：

1．统计及有关法律、法规、规章；

2．《大中型工业企业科技活动统计年报制度》；

3．《深圳市社会环境统计监测报表制度》等。

执法职责：

1．贯彻执行统计法律、法规、规章和政策。

2．依法组织实施社会、科技统计调查制度，理顺统计报表报送渠道，维护统计调查和管理秩序，保证统计数据及时、准确上报和反馈。

3．监督全市社会、科技依法统计。

4．检查社会、科技统计工作中的违法行为，联合执法机构查办统计违法案件。

5．理顺统计报表报送渠道。

执法人员权限：

1．本处的执法范围和权限

范围：社会统计、科技统计。

权限：对本处的执法范围内的统计报表进行收集、数据审核、汇总、上报；对数据质量进行评估；对执行统计制度有监督权、调查权、建议权。

2．处领导权限：对本处统计业务工作、岗位执法情况向上级(局领导及局法规部门)报告的权利；有监督、检查本处各业务岗位行政执法情况的权利。

3．社会统计岗位权利：对社会环境统计单位和部门有权收集有关指标的数据，以及审核、汇总、印册的权利。

4．科技统计岗位权利：对全市大中型工业企业有权收集有关科技活动统计报表，以及审核、汇总、上报的权利。

执法责任与服务标准：

1．社会统计上报时间标准是：各有关部门季后十五天内上报数据给市统计局，社会统计专业在季后30日前印刷出册。

2．科技统计《大中型工业企业科技活动统计年报》上报时间标准：各企业在1999年2月20日上报数据给市统计局，科技统计专业在1999年3月15日前上报广东省统计局社科处。

工作流程：

1．社会专业统计工作流程：各有关部门送报表(传输或手工报表)——专业岗位人员收表、审核、录入、汇总、编辑——处领导审核签字——报局主管领导同意——印刷出册。

2．科技专业统计工作流程：各大中型企业送报表(传输或手工报表)——专业岗位人员收表、人工审核、录入、计算机审核汇总、打印报表——处领导审核签字——报局主管领导同意——上报省局社会科技统计处。

(九)人口统计办公室

执法依据:

1. 人口目标考核工作是根据中发[1991]9号和粤发[1991]20号《关于加强计划生育工作,严格控制人口增长控制》的文件进行;

2. 劳动力调查工作是根据深府办[1996]21号《关于建立深圳市劳动力调查制度的通知》的文件进行;

3. 劳动工资联合审核工作是根据深府[1992]589号《关于批转市统计局等部门开展劳动统计年报年审工作意见的通知》的文件进行;

4. 人口变动定点的调查是根据中发[1991]9号《关于加强计划生育工作,严格控制人口增长控制》的文件进行;

5. 人口统计、劳动工资统计是依据《中华人民共和国统计法》。

执法职责:

1. 人口目标考核工作

(1)承担省政府对我市人口计划目标情况考核调查的协调工作,每年进行一次兑现"计划生育一票否决权",具体任务是协助省调查队在我市开展工作并提供条件。

(2)为市政府考核各区人口计划目标执行情况提供数据,具体工作是对六个区的计划生育"三率"开展调查,以上指标超过误差范围,给予统计质量"一票否决"。

2. 劳动力调查工作

根据市政府办公厅深府办(96)21号文部署,今后每半年进一次全市劳动力调查工作,目的是及时掌握我市劳动力供给与需求,就业结构与失业状况,为市政府研究制定人口和劳动力就业政策以及社会发展规划,加强政府宏观调控提供重要依据。

3. 人口统计工作

依法组织实施人口统计调查制度,理顺统计报表报送渠道,维护统计调查和管理程序,保证人口统计数据及时、准确收集、上报和反馈。

4. 劳动工资统计工作

(1)依法组织实施完成劳动工资统计年报和定期报表任务。

(2)依法组织实施全市劳动工资联合审核工作。

(3)依法每年开展一次公务员与企业相当人员工资水平比较抽样调查。

5. 依法开展人口变动定点调查

依法组织完成国家统计局与省人口普查办公室布置的人口变动定点报表的调查任务,及时按要求上报调查数据。

6. 理顺统计报表报送渠道。

执法人员权限:

1. 审核劳动工资联审范围。

2. 审核劳动工资填报单位的在岗职工人数,在岗职工工资总额,在岗职工奖金和津贴以及统计台帐。

3. 负责劳动统计年报和定期报表的收集、整理、汇总。

4. 在人口目标考核时对计划生育"三率"的指标,超过规定误差范围,给予统计质量"一票否决"。

5. 监督全市劳动、人口登记、统计部门依法统计。

6. 检查全市劳动、人口登记统计方面在登记和统计上的违法行为,联合执法机构查办劳动、人口统计违法条件。

执法责任与服务标准:

1. 劳动工资联合审核时间标准是当年12月25日至明年1月31日。

2. 劳动统计年报上报时间标准是各综合(直报)单位认真审核其下属基层单位报表后,于1月10日前上报人口办。各单位季报于每季后6日前上报。

3. 劳动力调查标准为10月1日至7日或按实际需要确定调查时点。

4. 人口变动定点报表是季度调查,按调查时点确定。

5. 审核人员要严格把关、认真负责,按程序办事,不准弄虚作假。

6. 服务周到,热情待人,作风正派。

7. 对计划生育目标考核应坚持原则,遵守纪律,做到公平、公正。

执法(工作)程序:

1. 劳动工资联审核准程序:召开会议布署及发表——审核《工资总额使用手册》、劳动工资核实表、劳动工资年报表、劳动统计台帐——验收签章。

2. 劳动力调查工作流程:准备阶段:市、区、镇街道办成立机构,召开会议布署调查工作,确定调查样本,调查员选调,试点和业务培训——调查阶段:入户登记,各区复查(自查、议查),登记质量验收,编码及验收,资料上报——汇总阶段:市进行数据录入,如编辑工作,汇总制表工作——调查数据评估——分析研究——调查工作总结阶段。

3. 人口考核调查工作流程:从各区选派调查员参加省的人口考核调查业务培训,并参加省的调查工作队赴各地市进行考核调查——从各区选调调查员组成市人口考核调查工作队,并按省的考核调查方案进行业务培训——市人口考核工作队分组赴各区对抽中的村(居委)进行封闭式入户登记调查,并抄录有关资料——市人口办对资料进行汇审——收汇审资料上报省进行评定,公布考核结果,兑现"一票否决权"制度。

4. 人口变动定点调查工作流程:市、区的组织机构选派骨干参加省的业务培训——选调调查员及调查指导员,并进行业务培训——组织调查登记并严格进行质量检查与控制——资料汇审及报送——参加省的总结及汇审。

(十)城市调查队

执法依据:

城市统计调查涉及对象是城市居民及各有关工商企业,属于统计行政行为,以现行有效的法律、法规、规章等规范性法律文件作依据,主要有:

《价格统计报表制度》、《住户调查报表制度》、《中华人民共和国统计法》、《统计实施细则》、《广东省统计管理条例》和《深圳经济特区统计条例》等法规文件。

执法职责:

1. 贯彻执行国家统计局制定的全国统计调查方法制度。依法组织实施城镇住户调查、价格调查和有关事项调查等城市社会经济统计调查方案。

2. 监督本市有关工商企业和公民如实、及时报送国家所需要的物价资料及居民生活资料。

3. 检查有关工商企业等被调查单位在统计工作中的违法行为,与执法机构联合查办统计违法案件。

4. 开展对城市社会经济问题的分析研究,依法向各级领导和社会公众提供统计调查资料的信息。

执法人员权限:

根据《中华人民共和国统计法》、《统计法实施细则》、《广东省统计管理条例》和《深圳经济特区统计条例》等法规有关规定,城调队各专业科依法行政的权限为:

1. 住户调查科依法检查被抽中居委会及企事业单位的配合程度,审核调查样本的代表性、调查户帐本的准确性。

2. 物价调查科依法检查消费价格和房地产价格调查点的企事业单位是否如实、及时申报调查规格品价格,并根据情况变化调整、增删调查网点和代表规格品。

3. 综合科依法检查工业品出厂价格和原料动力价格调查点的各工业企业单位是否如实、及时申报调查规格品价格,并根据情况变化调整、增删调查网点和代表规格品。

执法责任与服务标准:

1. 城市住户和物价调查样本抽取必须严格按国家要求抽选,具有较强的代表性。住户调查数据和物价类的居民消费、商品零售、工业品出厂、原料动力及房地产等五个分类指数必须严格审查,努力真实反映城市居民的生活状况和经济运行的态势。各专业要按国家调查方案的要求开展调查工作。住户调查报表上报时间为:月报月后 1 日,季报季后 5 日,年报元月 15 日前;居民消费价格调查报表上报时间为:月报月后 2 日,年报元月 10 日前;工业品价格调查报表上报时间为:月报月后8日前(没有季、年报),房地产价格调查报表上报时间为:仅季报为季后5日前。

2.城调队员要敬业爱岗,认真负责,严格按国家统计制度方法要求实施调查,不准弄虚作假;要深入基层取得第一手资料;要热情待人,服务周到,作风正派;要及时上报报表及各种调查资料,分析建议中肯有力;要努力为政府、为社会提供及时、准确、优质的服务。

工作流程:

1.住户调查流程:抽取样本——选点开户——上户辅导——收集帐本——编码录入——汇总审查——打印上报。

2.居民消费价格和商品零售价格调查流程:抽选规格品——计算确定权数——抽取调查点——市(商)场采价——过录台帐——上机录入——汇总审核——打印上报。

3.工业品出厂、原料动力价格调查流程:抽选规格品——确定权数——建点发表——收表评估——上机录入——汇总审查——打印上报。

4.房地产价格调查流程:抽选规格品——确定权数——建点发表——收表评估——上机录入——汇总审查——打印上报。

(十一)企业调查队

执法依据:

根据《中华人民共和国统计法》、《统计法实施细则》、《广东省统计管理条例》、《深圳经济特区统计条例》等法律法规以及国家企调总队、省企调队依法制定的《企业景气调查方案》、《企业集团统计制度》和《现代企业制度及国家重点企业跟踪监测统计制度》等统计调查方法制度,依法开展深圳市企业调查工作。

执法职责:

1.贯彻执行国家统计局、国家企调总队制定的全国统计调查方法制度。依法组织实施企业景气调查,建立现代企业制度跟踪监测调查,企业集团统计调查等企业统计调查方案。

2.保质保量完成国家企调总队、省企调队下达的各项快速专项调查。

3.检查各有关工商企业在统计工作中的违法行为,维护统计资料的真实性和完整性,协助执法机构查处统计违法案件。

4.对各项企业调查的结果开展分析研究,及时将调查结果提交上级部门,为上级部门提供统计调查信息。

执法人员权限:

1.根据国家制定的企业调查方案及调查统计制度,依法组织各有关单位和人员开展企业景气调查工作、企业集团统计报表及现代企业制度统计调查工作。

2.有权要求各有关单位和人员依照国家规定如实提供统计资料和回答调查问卷内容。

3.检查统计资料的准确性,揭发和检举统计调查工作中的违法行为。

4.依法组织实施国家制定的各项企业调查工作。

执法责任与服务标准:

1.责任标准

(1)企业景气调查工作责任标准。

样本企业的选取方法,各行业的样本数量的确定必须严格按照国家制定的《企业景气调查方案》的有关规定进行,企业景气调查问卷必须由样本单位的负责人填写,对企业基本情况以及问卷的内容必须严格审查,防止出现逻辑性的错误,保证统计资料的真实性,使调查反映出来的各行业的景气趋势符合实际的发展态势。

(2)现代企业制度和国家重点企业跟踪监测统计工作的责任标准。

列入统计调查范围的企业必须是由国家企调总队、省企调队确定的大型企业或企业集团。现代企业制度统计报表分年报和半年报,报表中各项指标的填写必须严格按照《现代企业制度和国家重点企业跟踪监测统计制度》的有关要求填列,必须按质按量及时上报报表。99年报和2000年半年报上报时间分别为3月底和7月底。

(3)企业集团统计工作的责任标准。

列入企业集团统计范围的企业必须是经国

务院或省经贸委批准成立的企业集团及年主营业务收入和资产总计均在5亿元以上的企业。企业集团的财务数据必须是集团的合并报表反映的数据，对企业集团上报的统计资料要仔细审查，保证数据的真实性、完整性及同期数据的可比性。企业集团统计报表分年报和半年报，上报时间分别为5月20日和8月20日。

(4)对国家企调总队、省企调队下达的临时性快速专项调查必须保证时效性、准确性、可用性。

2. 执法标准

(1)企调队人员要树立全心全意为人民服务的意识，热心为基层服务，热情待人，服务周到，要树立公仆意识，塑造良好的公务员形象。

(2)认真学习各种法律知识、做到知法、懂法、用法；要做到有法必依，执法必严，违法必究。

(3)各项调查工作要及时完成，要结合调查结果写出建议中肯的分析报告，及时反馈调查信息。

工作流程：

1. 企业景气调查流程：按照《企业景气调查方案》的选样要求，选取样本单位——召开企业景气调查工作布置大会，讲解报表内容及注意事项，发放全年报表——于2月25前、5月25日前、8月25日前、11月25日前分别将四期景气调查问卷收集整理、审核、录入、汇总上报。

2. 现代企业制度统计报表和企业集团统计报表流程：按照国家企调总队、省企调队给定的企业目录，确定统计范围——召集各有关企业召开年报布置会、发放年报和半年报——严把质量关，按时收集整理报表审核、录入、汇总、上报。

深圳市统计信息局
信息化业务审批(核准、备案)制度

第一部分:审批项目1项

(一)审批项目名称

数据库服务、网络服务经营资格

(二)审批依据

1.《深圳经济特区信息化建设条例》;

2.《深圳市审批制度改革若干规定》。

(三)审批内容

1. 数据库服务:指利用计算机从事的数据库经营业务。包括:

(1)利用数据库对外提供信息检索;

(2)利用数据库对外提供查询服务;

(3)发行、销售各类数据库产品。

2. 网络服务:指从事计算机网络经营业务和利用计算机网络提供信息服务。包括:

(1)利用网络对外提供、发布各类信息的服务;

(2)提供网络(包括INTERNET网络)接入服务;

(3)从事电子邮件、文件传输、数据服务等其他网络服务功能项目的经营业务。

(四)审批对象

企业、事业、社团法人或自然人设立的从事数据库及网络服务的经营机构;现有机构在其经营范围中,要求增加数据库、网络服务经营业务的。

(五)审批条件

1. 经营业务符合政府信息产业政策;

2. 符合现行工商注册登记条件,注册资金50万元以上(含50万元);

3. 从业人员中有5名以上的计算机中级技术人员或相应学历的专业人员;

4. 拥有与其经营业务必备的计算机网络、通信设备(服务器、路由器、专线或中继线);

5. 制定符合政府关于计算机信息网络国际联网管理规定要求的服务章程;

6. 网络服务机构应建立安全保密管理制度,至少配备1名计算机网络安全管理员。

(六)审批程序

1. 新设立企业:

(1)交验《公司名称预先核准通知书》、《公司设立登记申请书》;

(2)提交以下有关材料,填报《深圳市数据库服务、网络服务经营权申请表》一式两份:

①从事数据库服务、网络服务的可行性报告;

②由工商部门批准的《公司名称预先核准通知书》、《公司设立登记申请书》及有关文件(附复印件);

③有关信息资源的采集方式、传播途径、收费标准和服务方式的说明(报告);

④主要专业人员及法定代表人的学历(简历)、专业资格证书(附复印件);

⑤设备清单及全部人员名单;

⑥申报资料的计算机软盘。

(3)执经市统计信息局批准的深圳市数据库服务、网络服务经营权批件到市工商局办理工商注册登记手续;

(4)凭工商营业执照到市统计信息局备案、申领《深圳市数据库服务、网络服务经营资质证书》。

2. 要求增加数据库服务、网络服务经营范围的企业:

(1)交验工商营业执照、《公司变更登记申请书》;

(2)提交以下有关材料,填报《深圳市数据库服务、网络服务经营权申请表》一式两份:

①从事数据库服务、网络服务的可行性报告;

②由工商部门批准的《营业执照》、《公司变更登记申请书》及有关文件(附复印件);

③有关信息资源的采集方式、传播途径、收费标准和服务方式的说明(报告);

④申报企业上年年度财务报告(包括资产负债表、损益表);

⑤主要专业人员及法定代表人的学历(简历)、专业资格证书(附复印件);

⑥设备清单及全部人员名单;

⑦申报资料的计算机软盘。

(3)执经市统计信息局批准的深圳市数据库服务、网络服务经营权批件到市工商局办理工商注册登记手续;

(4)凭工商营业执照到市统计信息局备案、申领《深圳市数据库服务、网络服务经营资质证书》。

(七)审批时限

20个工作日。

(八)监管办法

1. 公布审批程序,方便群众办事,实行群众监督;

2. 建立投诉电话及信息反馈制度;

3. 加大执法力度,依法抽查、年审等办法监管。

(九)办文分工及流程

1. 前台受理人:李秀月

2. 调研承办人:吴林年、夏葵

3. 经营资格审核人:黎木胜

4. 审批人:局领导

第二部分:核准项目2项

一、信息工程竣工验收核准项目

(一)核准项目名称

信息工程竣工验收

(二)核准依据

1.《深圳经济特区信息化建设条例》第十九条"市信息化主管部门及其他有关行业主管部门应当制定具体措施,对信息工程质量进行监督,逐步建立并完善信息工程招标和投标制度、监理制度和竣工验收制度"。

2.《深圳市信息工程建设管理办法》笃十九、二十、二十一条的规定。

3. 根据深圳市人民政府赋予我局的职能"涉及市重大建设项目、财政支出项目和政府基金管理项目"的信息工程必须核准。

(三)核准内容

信息工程项目工程质量、技术文挡、初验情况、合同执行情况。

(四)核准对象

市、区、镇人民政府及其所属部门、国有企业及其控股企业投资建设的信息工程及为社会提供服务的重大信息工程。

(五)核准条件

信息工程竣工必须符合下列条件:

1. 完成合同规定的全部内容和设计要求;

2. 符合国家信息技术标准或规范;

3. 硬件设备、网络、软件经试运行合格,达到使用条件;

4. 具有完整的工程技术文挡;

5. 完成系统维护人员和操作人员的培训工作;

6. 建立系统运行制度。

(六)核准程序

1. 信息工程竣工后,开发单位应向建设单位提交完工报告,经试运行合格的,由建设单位组织设计、开发、监理单位进行初步验收;初验合格的,由建设单位向市统计信息局提出竣工验收申请,填写《深圳市信息工程竣工验收申请表》。

2. 自接到竣工验收申请报告后,组织有关部门对信息工程项目进行验收。对验收不合格的信息工程,责令信息工程项目建设单位限期整改或重建后,重新申请验收;验收合格的工程,统一发给《信息工程使用许可证》。

3. 信息工程项目竣工验收应当以国家标准、行业标准、合同为依据。未经验收或者验收不合格的工程,不得交付使用。

(七)核准时限

20个工作日。

(八)办文分工及流程

1. 信息工程竣工验收申请受理人:王学军

2. 调研承办人:王学军、李郑祥

3. 竣工验收审核人:李郑祥、张力文

4. 核准人:局领导

二、信息咨询中介机构资格核准项目

(一) 核准项目名称

信息咨询中介机构资格

(二)核准依据

《深圳市审批制度改革若干规定》。

(三)核准内容

1. 通过各种途径、方式,在采集、加工信息的基础上为客户提供信息查询、检索服务;

2. 利用信息资源、专业知识及科学技术手段,按照市场机制对客户委托的任务提供咨询服务;

3. 为促成他人交易提供信息或充当媒介并收取佣金的中介服务。

信息咨询中介机构是指从事信息咨询中介服务的经营机构。

(四)核准对象

由企业、事业、社团法人和自然人设立的从事信息咨询中介服务机构;现有机构在其经营范围中,要求从事信息咨询中介服务的,对其申请进行核准。现行法规限定的专业性信息咨询应同时到其管理部门办理审批手续(专业性信息咨询指法律、劳务、房地产等行业)。

(五)核准条件

1. 至少1个发起人有深圳市常住户口或住所在深圳市的经济组织;

2. 固定的经营服务场所;

3.3名以上具有中级职称的专业人员;

4. 拥有其经营业务所必需的合法信息渠道、信息资源、信息加工处理设备(计算机、网络及通信设备);

5. 业务范围符合现行法规。

(六)核准程序

1. 向市工商局申请企业名称,经核准后领取《公司设立登记申请书》或《公司变更登记申请书》;

2. 向市统计信息局提出申请报告,经审查,市统计信息局在《申请书》的规定项目、行业专项审批栏签署意见;

3. 申请人领取《申请书》到市工商局申办企业注册并领取企业营业执照;

4. 在领取营业执照后30日内,到市统计信息局备案。

(七)核准时限

10个工作日。

(八)办文分工及流程

1. 前台受理人:李秀月

2. 资格内容审核人:夏葵、黎木胜

3. 核准人:局领导

第三部分:备案项目3项

一、信息资源进出口备案项目

(一) 备案项目名称

信息资源进出口

(二)备案依据

《深圳市审批制度改革若干规定》。

(三)备案内容

对各种介质的信息产品进出口实行备案。

(四)备案对象

以经营或非赢利为目的组织信息资源进出入境(含港、澳、台地区)的单位。

(五)备案程序

1. 交验备案资料:

(1)工商注册营业执照(非经营单位提供事业单位法人证书);

(2)属于现有法规管理的信息类进出口业务,需提供有关文件;

(3)拟进出口信息资源的情况说明书。

2. 填写备案登记表。

3. 领取备案回执。

(六)办文分工

承办人:李秀月

二、信息产品价格备案项目

(一) 备案项目名称

信息产品价格

(二)备案依据

《深圳市审批制度改革若干规定》。

(三)备案内容

信息服务中涉及信息产品及信息加工、服务项目的收费实行备案。

(四)备案对象

在我市从事信息服务的机构。

(五)备案程序

1. 交验备案资料:

(1)工商营业执照;

(2)定价的依据;

(3)定价的确定范围及标准;

(4)市物价局的批复文件。

2. 填写备案登记表。

3. 领取备案回执。

(六)办文分工

承办人:吴林年

三、国际互联网经营机构备案项目

(一)备案项目名称

国际互联网经营机构

(二)备案依据

《深圳市审批制度改革若干规定》。

(三)备案内容

对从事互联网接入服务的服务机构实行备案。

(四)备案对象

在我市从事互联网接入服务、信息服务的机构或异地从事互联网接入服务、信息服务的我市注册机构。

(五)备案程序

1. 交验备案资料:

(1)工商营业执照;

(2)从事互联网经营的审批表;

(3)设备情况表;

(4)人员情况表;

(5)其它有关经营的文件。

2. 填写备案登记表。

3. 领取备案回执。

(六)办文分工

承办人:吴林年

深圳市统计信息局
统计业务审批(核准、备案)制度

第一部分:审批项目1项

(一)审批项目名称

市政府部门系统外统计调查项目

(二)审批依据

1996年5月15日第八届全国人民代表大会常务委员会第十九次会议《关于修改〈中华人民共和国统计法〉的决定》修正后的《中华人民共和国统计法》第九条明确规定:部门统计调查项目,调查对象超出本部门管辖系统的,由该部门拟定,报国家统计局或者同级地方人民政府统计机构审批,其中重要的,报国务院或者同级地方人民政府审批。

1996年12月26日深圳市第二届人民代表大会常务委员会第十二次会议通过的《深圳经济特区统计条例》第十一条明确规定:…(六)审查市政府各部门向社会进行的统计调查方案,管理和协调市政府各部门制发的统计调查表和统计标准。

第二十条明确规定:市、区人民政府各部门的统计调查项目,由该部门制定,调查对象超出本部门管辖系统的,须报市、区统计机构批准;重要的统计调查项目,应当报市、区人民政府批准。

深圳市人民政府令1999第83号《深圳市审批制度改革若干规定》中市统计信息局审批项:市政府部门系统外统计调查项目。

(三)审批内容

1.调查项目名称和目的;

2.调查范围、对象和方式;

3.调查资料所属的时间和地点;

4.实施调查的期间、进度及质量控制方法;

5.供调查对象填报用的统计调查表及说明书;

6.供整理上报用的统计综合表及说明书;

7.调查组织、调查所需人员和经费及其来源;

8.统计调查结果公布的时间和方式。

(四)审批对象

市人民政府各部门制定的、调查对象超出本部门管辖系统的统计调查项目(包括统计调查计划及方案、统计综合报表及说明书等)。

(五)审批条件

1.市人民政府各部门制定的统计调查项目不得与我市统计机构的统计调查项目相重复;

2.统计调查项目中,调查对象超出本部门管辖系统;

3.市人民政府各部门应当制定统计调查项目方案;

4.统计调查项目方案中,统计指标设置、指标名称、指标解释、统计标准、计量单位等应当规范,符合国家统计报表制度的要求;

5.统计调查表式应当标准化。

(六)审批程序

1.组织统计调查的单位向市统计信息局提交审批申请,并认真填写《深圳市统计信息局统计调查项目审批表》。

2.组织统计调查的单位应根据《深圳市统

计信息局统计调查项目审批表》的内容向市统计信息局法规处递交较为详细的《统计调查项目方案》及有关文件。

3.法规处接文后,进行初审,检查所需资料是否齐备,并办理办文号,时间约1小时。

4.补齐所需资料后,法规处向市统计信息局有关业务处、室了解情况,进行调研、协调,根据协调结果,将《统计调查项目方案》送有关处、室审核,并提出审核意见,时间约5个工作日。

5.根据有关业务处、室的审核意见,法规处进行审定,提出批复建议,报局领导审批,时间约2个工作日。

6.法规处根据局领导审批结果,向申请单位复函,时间约1个工作日。

(七)审批时限

15个工作日。

(八)监管办法

1.加大统计执法检查监管力度,把统计执法与年报、季报、月报等日常工作有机结合起来,使统计执法检查工作经常化、制度化,开展重点执法检查,查处滥发统计报表等违法行为。

2.规范和加强统计管理,严格限制向基层单位发放全面定期统计报表,避免在同一地区进行重复统计,减轻基层负担。

3.加强社会监督,各单位对不符合《中华人民共和国统计法》及《深圳经济特区统计条例》的各种统计调查,应当抵制。

(九)办文分工及流程

1.统计调查项目审批受理人:郭玉梅

2.统计调查项目审批承办人:郭玉梅、张群

3.统计调查项目审批审核人:张群、张力文

4.统计调查项目审批人:局领导

第二部分:核准项目3项

一、劳动统计年报核准项目

(一)核准项目名称

劳动统计年报联合审核

(二)核准依据

根据国家统计局等六个部门统社字[1991]262号文要求和深圳市深府[1992]589号文批准,从1992年起,在劳动统计年报期间成立由市统计信息局牵头、市计划局、市劳动局、市人事局、市财政局、中国人民银行深圳特区分行参加的深圳市劳动工资联合审核办公室,负责每年全市的劳动统计年报联合审核工作。各区也相应地成立区级劳动统计年报联合审核办公室,负责区属单位的联审工作。

(三)核准内容

1.各单位的经济性质、行业类别、企事业机关的划分是否符合国家有关部门的规定。

2.各单位填报的年报资料是否齐全,指标口径范围、计量单位等是否符合统计制度的要求,主要指标数据与统计台帐记录是否有出入,统计数据是否如实反映了本单位的情况。

3.年报主要指标(年末职工人数、职工工资总额)与劳动部门核定的劳动工资计划数是否有出入。

4.工资支出是否符合有关财务制度和现金管理制度的要求。

(四)核准对象

在我市成立的国有经济、集体经济、联营经济、股份制经济、外商投资经济、港澳台投资经济、私营经济等独立核算单位。

(五)核准条件

1.在我市成立的国有经济、集体经济、联营经济、股份制经济、外商投资经济、港澳台投资经济、私营经济等独立核算单位。

2.按时、如实填报劳动工资年报表和劳动工资核实表。

(六)核准程序

1.每年1月份分级进行劳动统计年报审核工作。对各单位报送的资料按审核内容进行审核,审核无误后,在其“工资基金手册”上加盖“联审专用章”,并收取劳动统计年报表。此时,对一个单位的年审工作就已经完成。

2.各开户银行办事处在发放2月份工资时,检查是否已办理联审手续,凡未办理联审的单位银行暂不支付其2月份工资,并督促补办

联审手续后再支取工资。

3.2月底,联审基本结束,劳动统计年报汇总后上报省和国家,企业工资手册使用情况联审结果报劳动局,以便掌握我市劳动用工和工资基金计划执行情况。

(七)核准时限

若报送的材料齐备,联审办3分钟内即办理妥当。

(八)办文分工及流程

1.统计劳资联审核准受理人:联审办公室前台人员

2.统计劳资联审核准审核人:陈利萍、刘丽莲

3.统计劳资联审核准人:伍健铭、胡汪初

二、统计资料公布核准项目

(一)核准项目名称

市政府有关部门及其他市级机关、事业单位统计资料公布

(二)核准依据

《中华人民共和国统计法》第十一条、第十三条、第十四条。

《深圳市人民政府办公厅关于加强对我市重大经济信息发布管理的通知》(深府办[1999]5号)。

《深圳市审批制度改革若干规定》。

(三)核准内容

对外公布的涉及全市重大经济政策调整以及可能影响社会安定和经济安全等方面的全市综合性统计数据。

(四)核准对象

市政府有关部门及其他市级机关、事业单位。

(五)核准条件

1.市政府有关部门及其他市级机关、事业单位制定的统计调查项目必须事先经市统计信息局审批。

2.对外发布的统计数据必须经部门主要负责同志审批。

3.对外发布的统计数据不会对全市社会安定和经济安全造成不良影响,重大问题的宣传口径须报市政府审定。

(六)核准程序

1.核准对象自行搜集的全市综合性统计数据在公布前,按照核准内容将有关资料报市统计信息局综合处。

2.综合处对所报资料进行初步审核后,交法规处核实统计调查项目审批情况,提出核实意见;并交由专业处室提出意见。

3.综合处根据法规处核实意见及专业处室意见草拟复审意见,报局领导审批。

4.根据局领导审批结果,向核准对象复函。

(七)核准时限

15个工作日。

(八)办文分工及流程

1.统计资料发布核准受理人:麦绮玲、刘文斌

2.统计资料发布核准审核人:赵蓉

3.统计资料发布核准人:杨昌斌

三、统计人员调动核准项目

(一)核准项目名称

各区政府统计机构主要负责人和市属各部门、企业事业组织中具有中级以上专业技术职称的统计人员调动

(二)核准依据

根据1987年1月19日国务院批准,1987年2月15日由国家统计局发布的《中华人民共和国统计法实施细则》第二十八条规定:“具有统计专业职务的人员调动,应当分别征求本地区、本部门、本单位统计机构或者统计负责人的意见。对其中具有中级以上专业职务的人员的调动应当征得上级统计机构同意。地方各级人民政府统计机构主要负责人的调动,应当征得上一级人民政府统计机构同意。各主管部门和企业事业组织统计负责人的调动,应征求上级主管部门和当地人民政府统计机构的意见。”

(三)核准内容

1.调动人员的姓名、性别、出生年月、政治面貌、参加工作时间、文化程度、民族;

2.调动人员的现任职务级别、任职时间、

统计技术职称;

3. 调动人员的现工作单位及职务,调往(任职)单位和拟任(聘)职位、单位;

4. 调动人员的技术工作简历;

5. 调动原因;

6. 统计上岗证、统计执法证的年审情况。

(四)核准对象

1. 各区政府统计机构主要负责人的职务任免;

2. 市属企业、事业单位中设置了中级统计专业技术岗位的,其在岗人员的聘任、解聘。

(五)核准条件

1. 区政府统计机构负责人的调入,除满足干部任职条件外,还应满足具备统计执法监察或执法的资格;

2. 市属企业、事业单位中统计中级技术岗位聘任的人员,除必须有合格的统计资格任职证书外,还应具备深圳市统计人员上岗资格证书;

3. 以上人员在调出原单位时,应办清统计资料交接手续。

(六)核准程序

1. 由拟调入或调出单位向市统计信息局办公室提交核准申请文件,并认真填写《深圳市统计人员交流表》。

2. 市统计信息局办公室接文后,对文件及表格进行形式检查,查验材料是否齐全,填写是否合乎规定,文件内容是否清楚,做出是否收件的决定。

3. 收齐材料后,进行登记,发给送件人通知单。办公室提出初步处理意见,与有关部门协商研究后根据需要报局领导审核,确定同意或不同意的审核意见。

4. 通知有关单位领取结果。

(七)核准时限

10 个工作日。

(八)办文分工及流程

1. 统计人员调动核准受理人:温文辉、夏春州

2. 统计人员调动核准审核人:杨铁军

3. 统计人员调动核准人:局领导

第三部分:备案项目 3 项

一、统计调查项目备案

(一)备案项目名称

市政府部门系统内统计调查项目

(二)备案依据

1996 年 5 月 15 日第八届全国人民代表大会常务委员会第十九次会议《关于修改〈中华人民共和国统计法〉的决定》修正后的《中华人民共和国统计法》第九条明确规定:部门统计调查项目,调查对象属于本系统管辖内的,由该部门拟定,报国家统计局或者同级地方人民政府统计机构备案。

1996 年 12 月 26 日深圳市第二届人民代表大会常务委员会第十二次会议通过的《深圳经济特区统计条例》第十一条明确规定:…(六)审查市政府各部门向社会进行的统计调查方案,管理和协调市政府各部门制发的统计调查表和统计标准。

第二十条明确规定:市、区人民政府各部门的统计调查项目,调查对象属于本部门管辖系统内的,由该部门制定,须报市、区统计机构备案。

深圳市人民政府令 1999 第 83 号《深圳市审批制度改革若干规定》中市统计信息局备案项:市政府部门系统内统计调查项目。

(三)备案内容

1. 统计调查项目

统计调查项目应当包括统计调查项目计划及方案、统计综合报表及说明书等内容,主要内容是:

(1) 调查项目名称和目的;

(2) 调查范围、对象和方式;

(3) 调查资料所属的时间和地点;

(4) 实施调查的期间、进度及质量控制方法;

(5) 供调查对象填报用的统计调查表及说明书;

(6) 供整理上报用的统计综合表及说明

书；

(7) 调查组织、调查所需人员和经费及其来源；

(8) 统计调查结果公布的时间和方式。

2. 有关文件

(四)备案对象

1. 市人民政府各部门制定统计调查项目，调查对象属于本部门管辖系统内的，应当报我局备案。

2. 各区制定的统计调查项目，应当报我局备案。

(五)备案程序

1. 组织统计调查的单位向市统计信息局法规处递交较为详细的《统计调查项目方案》及有关文件；

2. 法规处接文后，按照备案内容进行审查所需资料是否符合要求；

3. 审查合格的，法规处进行备案登记。

(六)办文分工

统计调查项目备案承办人：郭玉梅

二、统计人员调动备案项目

(一)备案项目名称

市属各部门、企业事业组织统计负责人和具有统计专业职务的人员调动

(二)备案依据

根据 1987 年 1 月 19 日国务院批准，1987 年 2 月 15 日由国家统计局发布的《中华人民共和国统计法实施细则》第二十八条规定："具有统计专业职务的人员调动，应当分别征求本地区、本部门、本单位统计机构或者统计负责人的意见。对其中具有中级以上专业职务的人员的调动应当征得上级统计机构同意。地方各级人民政府统计机构主要负责人的调动，应当征得上一级人民政府统计机构同意。各主管部门和企业事业组织统计负责人的调动，应征求上级主管部门和当地人民政府统计机构的意见"。

(三)备案内容

1. 任职(调动)人员的姓名、性别、出生年月、政治面貌、参加工作时间、文化程度、民族；

2. 任职(调动)的现任职务级别、任职时间、统计技术职称；

3. 任职(调动)的现工作单位及职务，调往(任职)单位和拟任(聘)职位、单位；

4. 任职(调动)的技术工作简历；

5. 任职(调动)原因；

6. 统计上岗证、统计执法证的年审情况。

(四)备案对象

1. 在各主管部门、企业事业单位、各项统计普查、专项统计调查中，主要统计负责人的任职；

2. 具有初级及以下统计专业技术职务人员的调动。

(五)备案程序

1. 由拟调入或调出单位向市统计信息局办公室提交备案申请文件，并认真填写《深圳市统计人员交流备案表》。

2. 统计信息局办公室接文后，对文件及表格进行形式检查，查验材料是否齐全，填写是否合乎规定，文件内容是否清楚，做出是否收件的决定。

3. 收齐材料后，进行登记，发给送件人通知单。情况清楚、符合条件的当场办理；需要进一步研究决定的，在 10 个工作日内，由办公室提出初步处理意见，与有关部门协商研究后根据需要报局领导审核，确定同意或不同意的备案意见。

4. 通知有关单位领取研究备案结果。

(六)办文分工

统计人员调动备案承办人：温文辉、夏春州

三、新开工、竣工项目统计登记备案项目

(一)备案项目名称

新开工、竣工项目统计登记

(二)备案依据

1.《广东省统计管理条例》第十五条，关于开工的固定资产投资项目应从核准登记之日起十五日内，按统计制度规定到当地政府统计部门办理设立登记，并提供统计资料的规定。

2. 国统字[1996]249 号文，即国家统计局、国家计委、国家经贸委、建设部《关于修订固定资产投资新开工和竣工项目统计报告制度的通

知》。

(三)备案内容

1. 新开工项目:项目名称、项目类别、建设地点、隶属关系、建设性质、投资金额、筹建阶段完成投资金额、建设规模、设计工期、主要资金来源、项目资本金、审批单位、批准文号。

2. 竣工项目:项目名称、项目种类、建设地点、隶属关系、建设性质、计划总投资金额、累计完成投资金额、建成投产时间、主要资金来源、全部竣工时间、建设规模。

(四)备案对象

从1997年1月1日起,所有基本建设、更新改造、房地产建设及其他投资建设的新开工项目(包括以前年度缓建后又批准复工的项目,但不含单纯购置)和竣工项目。

(五)备案条件

1. 新开工项目统计登记。新开工项目建设单位应在领取施工许可证之后,在办理投资许可证之前,按所属辖区到当地政府统计部门办理开工登记手续。

2. 竣工项目统计登记。建设单位应在建设项目全部建成投产并完成竣工验收后一个月内,到当地政府统计部门办理竣工登记手续。

(六)备案程序

1. 所有登记项目,应持有如下文件(材料):

(1)新开工项目:项目投资计划、批准文件。

(2)竣工项目:竣工验收报告书、验收鉴定书。

2. 登记承办人员,给项目单位发登记表3份。

3. 项目单位填登记表,加盖单位印章。

4. 投资统计(含房地产统计)岗位工作人员审核、编号。

5. 投资处领导审核签署意见,加盖投资处印章。一份由投资处存档备查,一份交项目建设单位留存,一份由建设单位报项目审批部门。

(七)登记时限

5个工作日以内。

(八)办文分工

统计投资项目备案承办人:甘腾芳、唐琼芳

统计房地产开发项目备案承办人:朱青、朱桂容

深圳市统计登记管理规定

第一条　为了加强深圳市统计单位的管理和监督,科学有效地组织统计调查,保障统计资料的准确性和及时性,根据《中华人民共和国统计法》、《广东省统计单位登记管理规定》,结合深圳市实际,制定本规定。

第二条　凡在深圳市行政区域内的企业、机关、事业单位和社会团体、群众性自治组织等法人单位及其产业活动单位、个体工商户及境外企业常驻代表机构(以下简称"统计登记单位"),应当按本规定办理统计登记。

第三条　深圳市统计信息局是统计登记工作的主管部门。各区人民政府统计机关是统计登记工作的具体管理部门。

第四条　统计单位登记实行属地登记管理原则。各区统计机关负责本辖区的统计登记工作,统计登记单位到单位住所地的区统计机关办理统计登记。

第五条　统计登记单位应自本规定公布之日起3个月内到本单位住所地的区统计机关办理统计登记。

新设统计登记单位应自批准设立或注册登记之日起30日内,到本单位住所地的区统计机构办理统计登记。

第六条　统计登记单位的隶属关系、经营范围、登记注册类型、地址发生变更,应自变更之起30日内办理变更登记。

第七条　统计登记单位发生被撤销、解散、宣告破产、合并、分立的,应在批准或财产清算结束之日起30日内办理注销登记。

第八条　统计登记单位应当持下列证件办理统计登记:

(一)国家机关、社会团体、事业单位持批准文件或批准证书;

(二)企业持法人营业执照或者营业执照;

(三)个体工商户持工商营业执照;

(四)其他经济组织凭有效的证明文件。

第九条　统计登记单位办理统计登记应先向单位住所地的区统计机关领取《统计登记申报表》,填好后连同有关证明材料一并送交区统计机关。

各区统计机关对统计登记单位提交的《统计登记申报表》及有关证明材料进行审核,并在20个工作日内核发《统计登记证》及其副本。

第十条　统计登记单位每年要办理《统计登记证》年审一次。

第十一条　《统计登记证》及其副本遗失或者毁损,应当自遗失或者毁损之日起30日内,到原统计机关办理补证手续。

《统计登记证》及其副本每4年更换一次。统计登记单位应自深圳市统计信息局发布换证通告之日起60日内,持《统计登记证》及其副本,向原统计机关办理换证手续,逾期不换证的,视为不办理统计登记。

第十二条　办理统计登记收费标准依照市物价局的规定执行。统计登记费用管理按市财政局的有关规定执行。

《统计登记申报表》、《统计登记证》及其副本,由深圳市统计信息局统一印制。

第十三条　违反本规定不依法办理或逾期不办理统计设立登记、变更登记和注销登记的,按照《广东省统计违法行为处罚办法》有关规定处理。

第十四条　本规定由深圳市统计信息局负责解释。

第十五条　本规定自1999年9月1日起实施。

统计资料

一、综　　合

自然概况

位置

深圳市地处广东省南部沿海，位于北回归线以南。陆域位置东经 113°46′至 114°37′，北纬 22°27′至 22°52′。她东临大鹏湾，西连珠江口，南与香港新界接壤，北靠东莞、惠州两市。

深圳经济特区是深圳市的一部分。她枕山面海，山湖风光优美，东起大鹏湾背仔角，西连珠江口之安乐村，南与香港新界接壤，北靠梧桐山、羊台山脉，东西长 49 公里，南北宽平均 7 公里，是我国主要进出口岸之一。

地势

全境地势东南高，西北低，大部分为低丘陵地，间以平缓的台地，西部沿海一带为滨海平原。区内最高山峰梧桐山海拔 943.7 米。

面积

全市总面积 1948.69 平方公里，特区面积 391.71 平方公里。

海岸与河流

深圳西部和西南部是珠江口、伶仃洋，东部和东南部是大亚湾、大鹏湾，海岸线总长为 229.96 公里，可建深水港的有 6 处，可建中型港的有 3 处，可建小型港的有 10 多处。主要河流深圳河全长 35 公里，特区内小河密布，多汇集于深圳河，流域面积 311.8 平方公里。

气候

深圳市属于亚热带海洋性气候，雨量丰沛，日照时间长，气候温和。常年平均温度为 22.4℃，最高为 36.6℃，最低为 1.4℃，无霜期 355 天。每年 5—9 月为雨季，多年平均降雨量 1933.3 毫米。常年主导风向为东南风，年平均日照时数为 2120.5 小时，太阳年辐射量 5404.9 兆焦耳/平方米。夏秋季的台风因受山峦阻挡，直接袭击深圳市平均每年不到一次。

1999 年深圳市国民经济和社会发展统计公报

深圳市统计信息局

(2000 年 4 月 13 日)

1999 年,由于国家继续实施一系列扩大内需,刺激出口,促进经济发展的政策措施,加上深圳自身所采取的积极的地方财政政策,扶持高新技术企业和外贸出口企业发展的政策等,为深圳经济发展创造了极为有利的内部政策环境。另一方面,1999 年也是世界经济经过结构调整逐步走向复苏的一年。全球经济形势的改善,使外向型特征较强的深圳经济面临较为宽松的外部环境和良好的发展机遇。因此,总的来看,在内外两方面有利因素的推动下,1999 年深圳经济克服各种困难,取得了比年初预期更好的成绩。在实现国民经济快速健康增长的同时,深圳社会文化事业欣欣向荣,人民生活水平不断提高,城市环境日趋优美。

一、综合经济

据初步统计,1999 年,全市实现国内生产总值 1436.51 亿元,按可比价格计算比上年增长 14.2%,高出预期目标 1.2 个百分点。其中第一产业完成增加值16.48亿元,增长 8.7%;第二产业完成增加值 725.72 亿元,增长 16.6%;第三产业完成增加值694.31亿元,增长 11.0%。三次产业结构为1.2:50.5:48.3。人均国内生产总值 35908 元,比上年增长10.5%。全社会劳动生产率 49410 元,比上年提高 9.6%。

全年经济运行的主要特点是:国民经济持续快速健康发展,综合经济实力进一步增强;工业生产增势强劲,高新技术产业迅猛发展;出口贸易转降为升,利用外资形势好转;消费市场渐趋活跃,物价降幅逐渐收窄;政府投资力度加大,积极的地方财政政策取得良好效果。

当前经济运行中存在的主要问题是:由于受需求和收入约束,经济增长的潜力未能充分发挥。较强的工业品价格约束,使深圳以电子及通讯设备制造业为主的高新技术产业面临着新一轮技术创新和产品更新的压力。

二、农　业

农业生产稳步发展。全年农业增加值 16.48亿元,比上年增长 8.7%。农村三级经济总收入 118.9 亿元,增长 7.4%。鲜活产品出口额10.92亿港元,比上年增长 0.4%。

乡镇企业成为深圳农村经济的重要支柱,乡镇企业的快速发展是农民增收的主要来源。1999 年,全市乡镇企业总产值 280 亿元,营业收入 207.6 亿元,净利润 29.9 亿元,农民收入的 80%来自乡镇企业。

全年种植业播种面积 17.74 万亩,比上年减少 1.7%。其中,粮食播种面积 1.04 万亩,减少 11.1%;粮食产量 0.34 万吨,下降 10.5%。蔬菜种植面积 15.29 万亩,产量18.35万吨,下降 1.2%。水果种植面积21.88万亩,比上年增长 1.7%;水果产量4.32万吨,增长 25.9%。

全年主要畜产品产量如下:

指标名称	单位	数量	比上年增长%
肉猪出栏量	万头	57.82	-2.4
猪肉产量	万吨	4.24	-0.9
三鸟饲养量	万只	3090	6.6
禽蛋产量	吨	1130	-20.5
鲜奶产量	万吨	2.25	13.1

全年完成造林面积3.44万亩,全民义务植树72万株,育中幼林0.4万亩,四旁植树228万株。

水产品养殖总面积11.19万亩,其中海水养殖面积8.17万亩,淡水养殖面积3.02万亩。水产品总产量5.98万吨,比上年增长2.6%。其中,海产品5.24万吨,增长4.0%;淡水产品0.74万吨,下降7.5%。海洋捕捞产量1.95万吨,增长2.7%。

农业机械总动力5780万瓦特,比上年下降5.9%。农村用电量36.99亿千瓦小时,比上年增长17.1%。

三、工业和建筑业

工业继续保持快速增长。全年全部工业增加值586.51亿元,比上年增长17.6%,占国内生产总值的比重从上年的40.1%提高到40.8%。工业对全市经济增长的贡献率高达59.9%,即在全市14.2%的经济增长中,有8.5个百分点是由工业的增长带来的。这表明,在深圳国民经济各行业中,以高新技术产业为龙头的工业依然是带动全市经济快速增长的主导力量。

1999年,深圳国有工业企业及年销售收入500万元以上的非国有工业企业(简称限额以上工业企业,下同)完成工业总产值2025.73亿元(现价,下同),按可比口径计算,比上年增长25.1%。其中,大中型企业总产值961.73亿元,增长23.8%。轻工业总产值957.60亿元,重工业总产值1068.13亿元,分别增长23.9%和26.1%。按企业登记注册类型分,国有企业增长18.4%,集体企业增长68.6%,股份合作企业增长63.4%,股份制企业增长27.4%,外商及港澳台投资企业增长20.9%。全年限额以上工业销售产值1978.78亿元,比上年增长10.1%。产销衔接良好,工业产品销售率为97.68%,比上年提高0.45个百分点。

高新技术产业迅猛发展。全年高新技术产品产值819.79亿元,占限额以上工业总产值的40.5%,比重较上年提高5.1个百分点。高新技术产品出口额51.33亿美元,比上年增长15.8%。主要电子信息类产品生产增长迅速。微型电子计算机增长79.6%,程控交换机增长29.5%,彩色电视机增长69.6%,集成电路增长167.9%,磁头增长32.9%,液晶显示器件增长155.0%,显示器增长25.2%。

全年主要工业产品产量如下:

指标名称	单位	数量	比上年增长%
微型计算机	万部	83.45	79.6
硬盘机	万部	699.36	-12.4
软磁盘	万片	12766	4.5
激光盘	万片	3323.44	—
彩色电视机	万台	834.13	69.6
玻壳	万只	1306.27	184.0
彩色显像管	万部	518.32	11.1
磁头	万只	12714	32.9
袖珍计算器	万只	351.17	-67.5
程控交换机	万门	1962.38	29.5
集成电路	万块	64231	167.9
通讯电缆	万公里	21.50	13.4
液晶显示器件	万片	18734	155.0
显示器	万只	527.86	25.2
半导体分立器件	万只	45952	80.0
微电机	万只	523.60	43.5
电话机	万部	2711.82	-1.1
自行车	万辆	210.99	34.4
表	万只	11594	-8.5
钟	万只	876.24	-21.7
组合音响	万部	320.08	104.7
家用电热烘烤器具	万个	249.39	-0.1
服装	万件	25667	-20.1
玩具	亿元	19.55	26.5
精炼食用植物油	万吨	38.76	54.0
平板玻璃	万重量箱	273.40	15.8
中空玻璃	万平方米	30.27	40.8

金属集装箱	万立方米	536.63	61.0
塑料制品	万吨	37.81	47.5
纸制品	万吨	37.58	36.8
医疗仪器设备	亿元	2.94	38.7
复印机械	万台	158.73	129.6
发电量	亿千瓦时	236.21	9.9
自来水生产量	万吨	66816	6.8

1999年,由于主要工业产品价格下跌,使得深圳工业企业在生产和销售快速增长的情况下收益增长缓慢,经济效益欠佳。全年限额以上工业企业盈亏相抵实现利润116.99亿元,比上年下降0.8%;工业经济效益综合指数为146.67%,下降1.21个百分点。另一方面,工业全员劳动生产率达73968元,比上年提高9.9%。亏损企业亏损额下降11.8%。

建筑业生产平稳增长。全年建筑业增加值139.21亿元,比上年增长11.2%。施工房屋面积3369.43万平方米,比上年增加150.62万平方米;竣工房屋面积1267.00万平方米,增加55.11万平方米。

四、固定资产投资

1999年,为了迅速扩大有效需求,促进国民经济持续增长,深圳市政府通过实施积极的地方财政政策,充分发挥了政府投资的主导作用。全年地方财政基本建设支出高达72.66亿元,比上年增长23.0%。在政府投资的推动下,全市固定资产投资规模继续扩大。全年完成全社会固定资产投资额567.88亿元,比上年增长18.2%。按投资管理渠道划分,基本建设投资274.74亿元,增长14.7%;更新改造投资27.33亿元,增长35.6%;房地产开发投资215.25亿元,增长28.5%。

政府加大投资力度,一方面建成了一批棕点市政工程,如滨河大道、中心公园一期改造工程、东门商业步行街和华强北商业街改造工程、深南路东段改造工程、口岸形象建设工程等,美化了深圳的城市形象,改善了购物环境和投资环境,另一方面则为确保全市经济持续增长发挥了极为有效的拉动作用。

基本建设投资新增的主要生产能力有:高速公路20公里;彩色电视机年生产能力52万台。

五、交通和邮电业

交通运输和邮电通信业稳定发展。全年完成交通运输和邮电通信业增加值110.02亿元,比上年增长10.0%。

全年全社会运输量如下:

指标名称	单位	数量	比上年增长%
全社会货运量	万吨	4273.55	5.5
♯铁路	万吨	258.50	0.4
公路	万吨	3485.00	8.5
水路	万吨	526.00	-8.5
民航	万吨	4.05	19.1
全社会客运量	万人	8753.69	3.2
♯铁路	万人	991.90	14.7
公路	万人	7380.00	2.2
水路	万人	172.00	-7.5
民航	万人	209.79	-1.6

深圳机场已开通国内航线100条,国际航线4条。全年机场旅客吞吐量524.71万人次,比上年增长1.9%;机场货邮行吞吐量15.48万吨,增长34.6%。

全市有港口泊位125个,其中万吨级以上泊位36个。港口货运增长迅速,全年港口货物吞吐量4663.40万吨,比上年增长35.4%;港口集装箱吞吐量298.60万标箱,增长53.0%。全年远洋运输货运量294.56万吨,增长11.2%。

全年完成邮电业务总量98.20亿元(按1990年不变价格计算),比上年增长28.4%。邮电通信网络建设继续保持较快速度。至1999年末,全市共有邮电局(所)579处,比上年末增加98处;固定电话交换机总容量208.9万门,增加41.4万门;移动电话交换机容量178万门,增加42万门;固定电话用户133.9万户,增加25万户;移动电话用户124.3万户,增加52万户。全市固定电话普及率37部/百人,移动电话普及率31部/百人。

六、国内贸易和市场物价

1999年,深圳消费品零售市场摆脱不景气的阴影,渐趋活跃。全年完成社会消费品零售总额467.45亿元,比上年增长11.4%,扣除物价下跌因素的影响,实际增长15.9%,实际增幅较上年提高6.4个百分点。

1999年,深圳市场价格总水平继续下降。全年居民消费价格总水平比上年下降0.7%,商品零售价格总水平下降3.9%。就价格变动走势来看,下半年呈缓慢回升的迹象。

全年各类价格指数如下:

类　别	指数(上年=100)
1. 居民消费价格	99.3
(1)食品类	94.5
＃粮食	94.8
肉禽及制品	91.4
水产品	97.6
鲜菜	94.1
鲜果	92.9
(2)衣着类	104.4
(3)家庭设备及用品	98.8
(4)医疗保健	100.2
(5)交通和通讯工具	99.2
(6)娱乐教育文化用品	92.8
(7)居住	103.4
＃住房	99.5
水、电、燃料	111.5
(8)服务项目	107.7
2. 商品零售价格	96.1

七、对外经济贸易和旅游

1999年5月,深圳市政府出台了《关于扶持外贸发展,扩大出口的若干措施》,着力解决外贸发展中的困难和问题。同时,随着亚洲地区经济复苏的加快,以及国家出口退税率大范围提高等政策的带动,深圳外贸形势迅速好转。全年外贸出口总额达282.08亿美元,比上年增长6.9%,占全国出口总额的比重由上年的14.4%上升到14.5%。

就深圳外贸出口的市场分布来看,首先是对香港、美国的出口保持了较快的增长速度,增幅分别为19.1%和6.9%。由于对这两地的出口约占深圳出口总额的60%,其增长势头成为带动全市出口总额增长的关键。其次是对德国、英国、意大利、加拿大等发达国家的出口规模持续扩大。第三是对受亚洲金融危机直接影响的韩国、新加坡、泰国、印尼等国家的出口大幅度增长,增幅分别达7.4%、10.5%、25.4%和50.2%。

就贸易方式来看,一般贸易和三来一补贸易出口增长迅速,增幅分别为11.4%和15.7%,进料加工贸易出口则下降2.0%。远洋贸易是近年来深圳出口贸易的开拓重点之一。1999年,深圳远洋贸易出口额为51.68亿美元,比上年增长41.5%,占全市出口总额的比重从13.8%提高到18.3%。

就出口商品构成来看,机电产品出口额166.37亿美元,增长8.3%,占全市出口总额的比重达59.0%。

1999年,深圳累计实际利用外资27.54亿美元,比上年增长7.9%。其中外商直接投资17.78亿美元,增长6.9%,所占比重较上年下降。全年协议利用外资金额22.30亿美元,比上年减少18.8%。协议利用外资项目数1558项,减少18.6%。协议利用外资金额和项目数下降的幅度自下半年起逐月缩小,表明利用外资形势逐渐好转。

全年对外承包工程、劳务合作合同及设计咨询91项,比上年下降24.2%;新签合同金额20508万美元,比上年增长6.83倍;完成营业额6055万美元,增长44.3%。

旅游业稳步发展。全市宾馆、酒店接待过夜游客504.89万人,比上年增长3.3%。其中国际游客158.08万人,增长6.5%。过夜国际游客中,外国游客35.49万人,增长15.1%;港、澳、台胞122.59万人,增长4.2%。宾馆、酒店、度假村开房率58.0%,比上年提高2.5个百分点。国际旅游外汇收入6.22亿美元,比上年增长5.4%。全年经过一线口岸入出境人数9974.91万人,增长14.6%。

八、财政、金融和保险

1999年,深圳地方财政收入基本上保持了与经济同步增长的态势。全市完成地方预算内财政收入184.79亿元(含基金收入),比上年增长12.1%。全年地方预算内财政支出211.72亿元(含基金支出),比上年增长19.6%。

1999年,深圳各金融机构积极贯彻央行的货币政策,扩大贷款规模,增加货币投放,有力支持了地方国民经济发展。至1999年末,全市金融机构各项贷款余额达1848.16亿元,按可比口径计算比年初增长22.8%。全市金融机构各项存款余额2558.99亿元,比年初增长14.4%。全年现金净投放103.55亿元,比上年多投放101.36亿元。

证券市场在规范中不断发展。全年上市公司463家,其中新上市52家。深交所挂牌股票504只,比上年增加50只。其中,A股450只,B股54只。总发行股本1328.70亿股,比上年增长24.8%。总流通股本457.93亿股,增长26.8%。股票市价总值11890.70亿元,增长33.9%。全年证券市场总成交金额16310.86亿元,增长36.3%。其中,股票总成交金额14353.82亿元,增长28.6%。总成交股数1372.01亿股,增长33.7%。

保险业继续稳步发展。全年承保额8939.71亿元,比上年增长3.5%。保费收入34.67亿元,增长2.7%。已决赔款9.83亿元,增长8.4%。

九、科学技术和教育

年末全市各类专业技术人员14.55万人(户籍人口口径),其中具有中级技术职称以上的专业技术人员6.62万人,分别比上年增长11.5%和9.6%。全市共有大中型工业企业办科研机构93个,从事科技活动人员15937人。

全年落实科技三项费用4.2亿元,比上年增长126.7%。专项科技贷款3.12亿元,支持了184个科技项目。

大力扶持高新技术产业发展,成功举办了首届中国国际高新技术成果交易会。参展代表团85个,参展企业和机构2856家,共有4150项高新技术成果参加了展示和交易。成交项目1459项,成交总额64.94亿美元,其中高新技术项目成交1030项,成交金额42.78亿美元。

科学研究和技术创新取得新成果。全年登记鉴定科技成果150项,其中达到国际先进水平43项,国内领先或先进水平107项。全年受理各种专利申请3314件,授权专利2116件,分别比上年增长58.3%和55.1%。

教育事业健康发展。年末全市有幼儿园560所,比上年增加72所,在园儿童8.83万人,比上年增长13.8%。有小学325所,增加39所,小学在校学生25.61万人,增长18.7%。有中学83所,增加5所,中学在校学生9.13万人,增长6.1%。学龄儿童入学率100%,小学毕业生升学率100%,初中毕业生升学率98.6%。普通中专在校学生0.37万人,比上年下降5.4%。高等院校扩大招生,全年共招生4211人,比上年增长36.8%,高校在校学生10568人,增长24.4%。

十、文化、卫生和体育

文化事业欣欣向荣,文艺精品创作硕果累累。全市文化系统共获国际、国家、省级奖208项,其中国际奖2项,国家奖67项。歌曲《走进新时代》、故事片《花季·雨季》、广播剧《抬头一片天》等4部作品荣获中宣部第七届“五个一工程”奖。成功创作演出了大型现代舞剧《深圳故事－追求》,话剧《窗外有片红树林》获第六届中国戏剧节“曹禺剧目奖”。全年共组织各类演出活动2399场。年末全市有专业艺术表演团体5个,公共图书馆7座,博物馆1座。公共图书馆藏书量203.8万册,总流通人次344.5万人次。拥有广播电台1座,电视中心台1座,有线电视台3座,广播和电视人口覆盖率分别为98.9%和99%。全年出版报纸56024万份,各类杂志2466万册,图书379万册。

年末全市共有卫生机构687个,其中医院76个。卫生机构病床9332张,比上年增设433

张。其中医院病床 8997 张,增设 407 张。平均每万人拥有医院病床 22 张。全市有卫生技术人员 15143 人,比上年增长1.1%。其中医生和护师、护士分别为 7062 人和 5230 人。平均每万人拥有医生 17 人。社区健康服务工作逐步走向规范化管理,全年共组建 32 个新的社区健康服务中心,使其总数达到 152 个,覆盖人口约 150 万人。

体育事业蓬勃发展。在国内外重大比赛中,深圳运动健儿共获得金牌 23 枚,其中 1 个世界冠军,22 个全国冠军。全年举办各类运动会 941 次,比上年增长 48.4%。参加运动会总人数达 72.6 万人次,比上年增长 192.7%。全民健身运动广泛开展,成年人每周参加三次或三次以上体育锻炼者占13.3%,与上年度基本相同。成年人体质水平达到优秀、良好、合格的分别占 19.5%、27.2%和 37.2%。全市大中专、中小学校共有21.26万名学生参加了体育锻炼标准达标测试,达标率为 95.3%,优秀率为 25.4%。

十一、城市建设和环境保护

全年全市用电量 149.89 亿千瓦小时,比上年增长 15.9%。其中特区内用电量 68.49 亿千瓦小时,增长 8.0%。全市自来水日供应能力 363.7 万吨,供水总量 86560 万吨。其中特区内自来水日供应能力 189.7 万吨,供水总量 43938 万吨。全市自来水普及率 96.8%,其中特区内自来水普及率 100%。

·全市建成区面积 320.3 平方公里,其中特区内建成区面积 132.3 平方公里。

全市年末实有公共交通营运车辆 13837 辆,其中大巴 2519 辆,中小巴 2813 辆,“的士” 8505 辆。大中小巴营运线路 247 条,线路总长度 5767 公里。公共交通客运总人数 79197 万人次。

环境保护和绿化美化工作成效显著,城市环境日趋优美。城市污水处理率 53.7%,工业废水处理率 99.3%,主要饮用水源水库水质达标率 98.1%。区域环境噪声平均值 57.1 分贝,城市交通干线噪声平均值 69.7 分贝。特区内建成区绿化覆盖面积 5954 公顷,绿化覆盖率 45%。

十二、人口、就业和人民生活

全市年末常住人口 405.13 万人,比上年增长 2.6%。其中,特区内 190.18 万人,增长 3.0%;特区外 214.95 万人,增长 2.2%。

全市年末户籍人口 119.85 万人,占常住人口的 29.6%,比上年末增加 5.25 万人。暂住人口 285.29 万人,占常住人口的70.4%,比上年末增加 4.93 万人。

户籍人口出生率 12.58‰、死亡率2.97‰,自然增长率 9.61‰,分别比上年提高0.93、0.88和 0.05 个千分点。

劳动就业工作加强。年末全市从业人员 295.09 万人,比上年末增加 8.72 万人,增长 3.0%。其中,第一产业从业人员 4.24 万人,下降 7.0%;第二产业从业人员 171.30 万人,增长 0.1%;第三产业从业人员 119.55 万人,增长 8.0%。下岗员工进再就业服务中心比率、基本生活保障率、有就业愿望的失业员工再就业指导率均达 100%。年末城镇登记失业率为 2.45%,比上年下降0.03个百分点。全年再就业 3752 人。

职工工资水平稳步提高。全年全市在岗职工工资总额 189.03 亿元,比上年增长12.9%。在岗职工年平均工资 20714 元,比上年增长 12.7%,扣除物价下降因素后,实际增长 13.5%。

城镇居民收入增长放缓。全年城镇居民人均可支配收入 20240 元,比上年增长1.8%,扣除物价因素后,实际增长 2.5%,实际增幅比上年下降 2.4%。城镇居民人均消费性支出 14754 元,比上年下降 4.4%,扣除物价因素后,实际下降 3.7%。在八大类消费项目中,除了居住类消费支出上升外,其余各类支出均比上年下降。城镇恩格尔系数32.1%,比上年上升 0.2 个百分点。

农民收入增长较快。全年农民人均纯收入

8131元,比上年增长10.6%,扣除物价因素后,实际增长11.4%。

年末居民储蓄存款951.99亿元,比年初增加90.11亿元,增长10.5%。

全年城镇竣工住宅644.95万平方米,农村竣工住宅155.65万平方米,分别比上年增加8.7%和14.4%。全市人均居住面积15.3平方米,与上年持平。

社会保障事业进一步巩固。年末全市有84.17万人参加了基本养老保险,75.4万人参加了失业保险,分别比上年增加8.56万人和4.4万人。全市参加医疗保险的人数达62.53万人,比上年增加15.06万人。

注:①本公报所列数据部分为初步统计数,年报数据以本年鉴各表所列数据为准;②国内生产总值及各行业增加值、人均国内生产总值、全社 会劳动生产率绝对数按现行价格计算,增长速度按可比价格计算。

1999 年深圳经济总体回顾

1999 年是世界经济经过结构调整逐步走向复苏的一年。美国经济增长强劲,欧盟经济回升,亚洲国家的经济则走出持续两年之久的金融危机,步入迅速复苏的轨道,速度之快甚至大大超出预期。全球经济形势的明显改善,使外向型特征较强的深圳经济面临较为宽松的外部环境。同时,由于国家实施一系列扩大内需,刺激出口,促进经济发展的政策措施,再加上深圳自身所采取的积极的地方财政政策,扶持高新技术企业和外贸出口企业发展的政策等,为深圳的经济发展创造了极为有利的内部政策环境。因此,总的来看,在内外两方面有利因素的推动下,1999 年深圳经济克服各种困难,取得了比年初预期更好的成绩。全年全市实现国内生产总值 1436.03 亿元,居全国大中城市第 6 位,按可比价格计算比上年增长 14.1%,高出预期目标1.1个百分点。第一、二、三产业分别完成增加值 16.53 亿元、727.11 亿元和 692.38 亿元,三次产业结构为1.2:50.6:48.2。

一、1999 年深圳经济的基本走势

1. 经济运行逐季走强

1999 年,深圳经济呈现一季度较弱,二季度恢复,下半年逐步走强的趋势。就主要经济指标来看,增长的低谷大多出现在一季度末或二季度初,投资、消费、出口三大需求对经济的拉动作用明显减弱,生产放缓。针对这一情况,深圳市政府及时出台了加大政府投资力度,扶持外贸出口的若干措施,有效需求迅速恢复。至二季度末,整体经济增长已恢复到较高水平。到了下半年,随着各项政策逐步落实到位,以及世界经济环境的改善,深圳外贸出口迅速扩大,生产和销售双双攀升,全市经济持续走强(如图 1)。

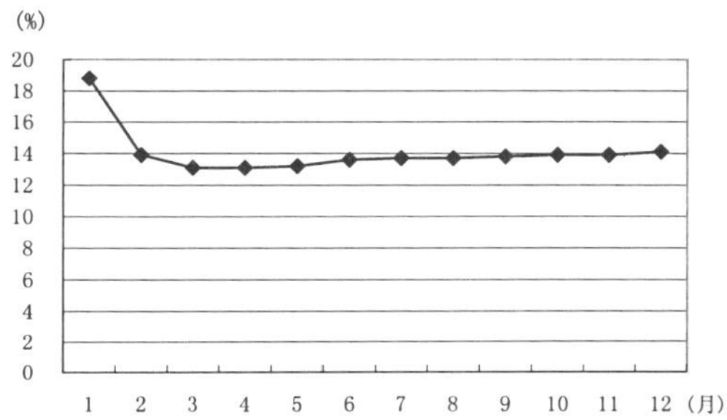

图1　1999年国内生产总值累计增长率图示

2. 工业继续保持快速增长

1999 年,深圳规模以上工业企业完成现价工业总产值 2036.83 亿元,按可比口径计算,比上年增长 25.2%。全年高新技术产品产值 819.79 亿元,比上年增长25.1%。主要电子信息类产品生产增长迅速。微型电子计算机增长 79.6%,程控交换机增长 29.5%,彩色电视机增长69.6%,半导体集成电路增长 167.9%,磁头增长32.9%,液晶显示器件增长 155.0%,显示器增长 25.2%。

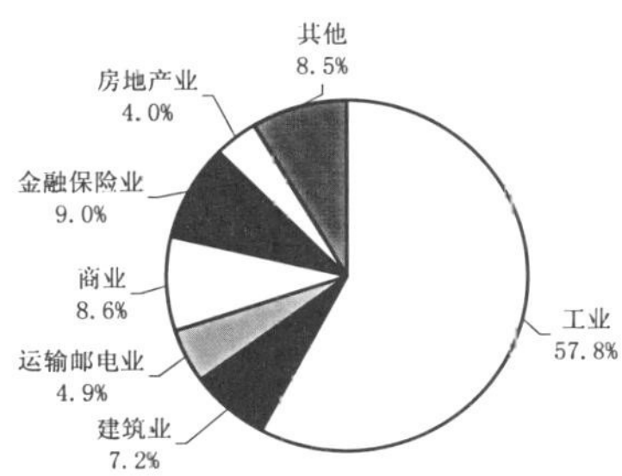

图2　1999年各行业对GDP增长的贡献率图示

全市实现工业增加值 587.46 亿元,占国内生产总值的比重从上年的 40.1% 提高到

40.9%。工业对全市经济增长的贡献率高达57.8%,即在全市14.1%的经济增长中,有8.1个百分点是由工业的增长带来的。这表明,在深圳国民经济各行业中,以高新技术产业为龙头的工业依然是带动全市经济快速增长的主导力量(如图2)。

3.政府投资力度加大

1999年,为了迅速扩大有效需求,促进国民经济持续增长,深圳市政府通过实施积极的地方财政政策,充分发挥了政府投资的主导作用。全市计划安排政府投资达到创纪录的104.1亿元,重点投入到城市基础设施项目建设。全年地方财政基本建设支出高达72.66亿元,比上年增长22.9%。

在政府加大投资力度的带动下,全市投资规模迅速扩大(如图3)。全年共完成固定资产投资额569.59亿元,在全国大中城市中居第4位,比上年增长18.6%。

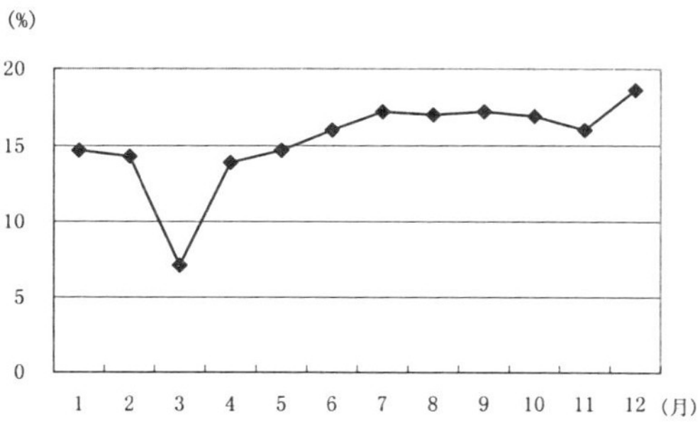

图3　1999年固定资产投资额累计增长率图示

固定资产投资规模的扩大,一方面建成了一批重点市政工程(如滨河大道、中心公园一期改造工程、东门商业步行街和华强北商业街改造工程、深南路东段改造工程、口岸形象建设工程等),美化了深圳的城市形象,改善了购物环境和投资环境,另一方面则为确保全市经济持续增长发挥了极为有效的拉动作用。

4.出口贸易转降为升

1999年第一季度,深圳月均出口额仅为18.7亿美元,比1998年的月均出口额减少了15%。2月份的当月出口额仅为15.54亿美元,甚至是自1997年2月份以来的最低点。鉴于外贸出口的严峻形势,深圳市政府于5月份出台了《关于扶持外贸发展,扩大出口的若干措施》,迅速解决外贸发展中的困难和问题。至5月末,全市外贸出口一举扭转负增长的局面,出口增幅逐月上升(如图4)。

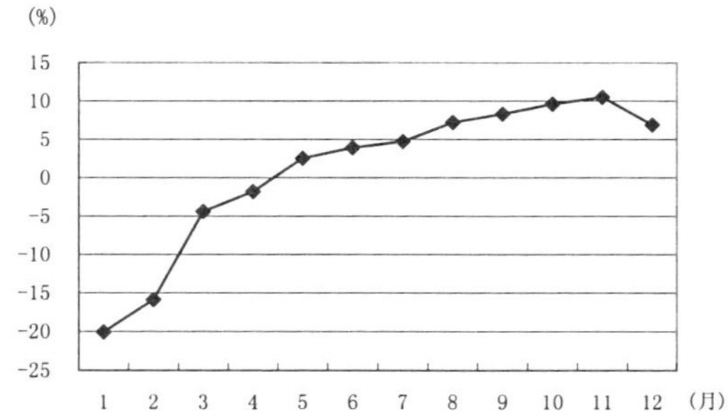

图4　1999年外贸出口额累计增长率图示

尤其是下半年,随着亚洲地区经济复苏的加快,以及国家出口退税率大范围提高等政策的带动,外贸形势进一步好转。二季度,全市月均出口额恢复到22.34亿美元,已超过1998年的月均水平;三季度,全市月均出口额攀升至26.19亿美元;四季度,月均外贸出口额更达26.79亿美元(如图5)。

1999年,深圳外贸出口额累计达282.08亿美元,比上年增长6.9%。自1993年以来,深圳外贸出口额已连续七年位居全国城市榜首。1999年,深圳外贸出口占全国出口总额的比重由上年的14.4%上升到14.5%,在全国6.1%的出口增长中,约有1个百分点是由深圳外贸出口提供的。

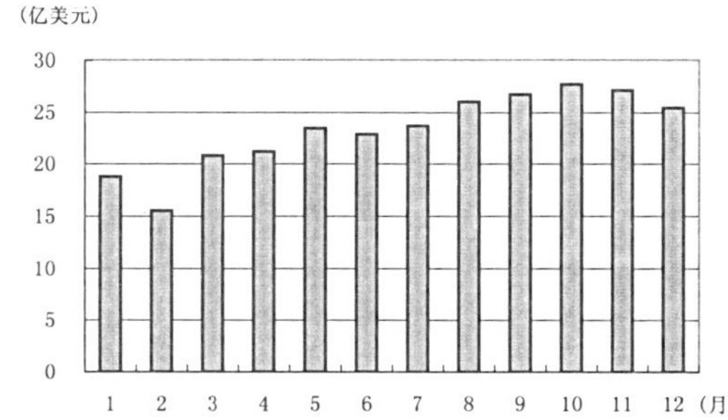

图5　1999年月度外贸出口额图示

就深圳外贸出口的市场分布来看,首先是对香港、美国的出口保持了较快的增长速度,增幅分别为19.1%和6.9%。由于对这两地的出口占深圳出口总额的约60%，其增长势头成为带动全市出口总额增长的关键。其次是对德国、英国、意大利、加拿大等发达国家的出口规模持续扩大。第三是对受亚洲金融危机直接影响的韩国、新加坡、泰国、印尼等国家的出口大幅度增长，增幅分别达7.4%、10.5%、25.4%和50.2%。

就贸易方式来看，一般贸易和三来一补贸易出口增长迅速，增幅分别为11.4%和15.7%，进料加工贸易出口则下降2.0%。远洋贸易是近年来深圳出口贸易的开拓重点之一。1999年，深圳远洋贸易出口额为51.68亿美元，比上年增长41.5%，占全市出口总额的比重从13.8%提高到18.3%，说明随着深圳对外贸易能力的增强，远洋贸易有较大的增长潜力。

就出口商品构成来看，机电产品出口额166.37亿美元，增长8.3%，占全市出口总额的比重达59.0%。

5. 商品零售市场人气渐旺

1999年，深圳商品零售市场摆脱不景气的阴影，人气渐旺(如图6)。全年完成社会消费品零售总额467.45亿元，居全国大中城市第9位，比上年增长11.4%，扣除物价下跌因素的影响，实际增长15.9%，实际增幅较上年提高6.4个百分点。

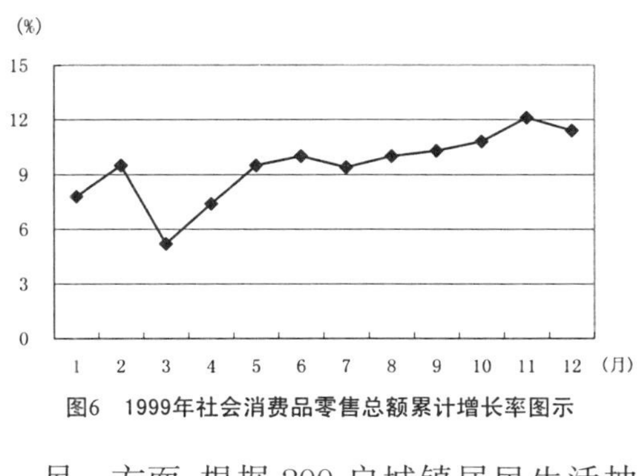

图6　1999年社会消费品零售总额累计增长率图示

另一方面，根据200户城镇居民生活抽样调查资料，深圳居民人均消费性支出虽然仍较上年下降，但到了年末，降幅已从一季度末的10.5%收窄至4.4%。

6. 实际利用外资稳定增长

1999年，深圳累计实际利用外资27.54亿美元，居全国大中城市第5位，比上年增长7.9%。其中外商直接投资17.78亿美元，增长6.9%，所占比重较上年下降。协议利用外资的金额和项目数比上年减少，但下降的幅度自下半年起逐月缩小，表明深圳利用外资的形势逐渐好转。

7. 财政金融对经济发展的支持增强

1999年，深圳地方财政收入基本上保持了与经济同步增长的态势。全市累计完成地方预算内财政收入184.79亿元(含基金收入)，居全国大中城市第3位，比上年增长12.1%。在保证财政收入稳定增长的同时，为了促进经济持续发展，深圳市采取了积极的地方财政政策。二季度和三季度，地方财政支出分别达55.19亿元和57.42亿元，均比一季度的22.44亿元增加约1.5倍(如图7)。其中基本建设支出分别比一季度增加2.1倍和1.7倍。全年地方预算内财政支出达211.72亿元(含基金支出)，比上年增长19.6%。

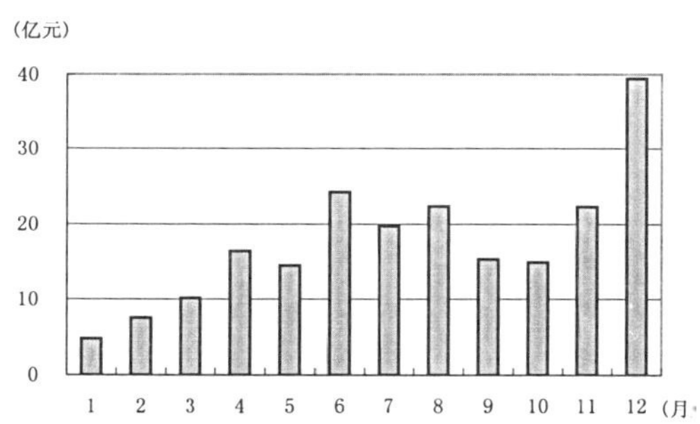

图7　1999年月度地方预算内财政支出图示

至1999年末，深圳全市金融机构存款余额2558.99亿元，居全国大中城市第4位，比年初增长14.4%。其中，居民储蓄存款余额951.99亿元，增长10.5%。配合积极的财政政策，金融机构也扩大了对建设项目的贷款规模，二季度和三季度，全市贷款余额分别增加101.15亿元和91.73亿元，比一季度的53.35亿元增加了89.6%和71.9%。至1999年末，全市金融机构贷款余额达1848.16亿元，按可比口径计算比年初增长22.8%，已经是连续第二年高速增长。深圳金融机构贷款余额在全国大中城市中的排位也从上年的第5位上升到第4位。

积极的财政政策和适当的货币政策，迅速扩大了有效需求，使深圳经济发展面临的需求约束得到缓解。

8.物价降幅逐渐收窄

1999年，深圳经济仍然受到价格持续下跌的制约。全年累计平均，居民消费价格总水平比上年同期下降0.7%，商品零售价格总水平下降3.9%。但是分月度来看，物价总水平下半年已有缓慢回升的迹象(如图8)。

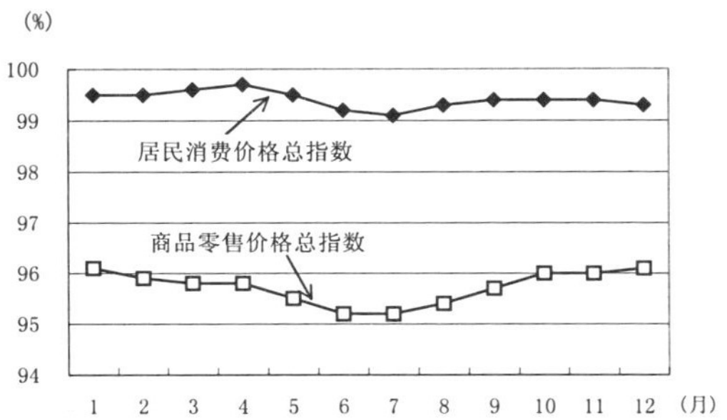

图8　1999年物价总指数图示

二、当前经济运行中存在的主要问题

当前，深圳经济运行中也存在一些不可忽视的问题，不仅给1999年的经济增长带来困难，而且还将影响到2000年的经济发展。这些问题集中表现为经济的持续发展受到价格约束、需求约束和收入约束。

1. 价格约束

价格约束指的是工业产品价格下跌所形成的约束。价格约束对深圳经济的影响在1999年被充分暴露出来，表现为按可比价格计算的经济增长尽管较快，但按现价计算的经济规模的扩张却受到限制。1999年，由于工业产品价格下跌，虽然深圳国内生产总值的不变价增幅高达14.1%，但现价绝对量只有1436.03亿元，仅增加147.01亿元，现价增幅只有11.4%。

价格约束对工业生产的影响更加明显。1999年，深圳现价工业总产值与不变价工业总产值已相差42.39亿元，按现价计算的工业总产值增速仅为10.2%，低于不变价增速15.0个百分点。也就是说，深圳工业产品的平均价格比上年下降了大约12%。产品价格下跌，使得企业在生产快速增长的情况下收益增长缓慢，效益欠佳，生产积累受到影响。1999年，深圳工业经济效益综合指数比上年下降了0.2个百分点。值得注意的是，这种价格变动，表明深圳工业产品正处于更新升级的关键时刻，并且面临着激烈的市场竞争。

2. 需求约束

需求约束是近几年来困扰深圳经济的一个主要问题。需求约束包括出口约束、投资约束和消费约束。1999年，随着世界经济的复苏和国际市场的扩大，深圳的出口贸易加速增长，出口约束暂时减弱。但是，投资约束和消费约束仍未得到根本缓解。1999年，深圳的固定资产投资主要靠政府投资拉动，民间投资并未活跃起来。这种情况表明，政府投资对社会资金的启动乏力。如果民间投资在未来仍无大的起色，则不得不继续加大政府投资，由此所形成的对地方财政的压力可能无法承受。就消费需求来看，虽然到了年末有所回升，但居民的消费性支出仍呈负增长。再加上预期的不确定性以及没有新的消费热点，消费需求迅速扩张的可能性也不大。

3. 收入约束

自1998年以来，深圳居民收入增长急速放缓，居民可支配收入增幅从1996年的28%、1997年的14%迅速降至1998年的4.2%，这是形成较强的消费需求约束的主要原因。根据住户调查资料，1999年，深圳居民人均可支配收入仅增长1.8%，比1998年的增幅又降低了2.4个百分点，并且在年内的多个月份出现负增长。居民收入增长乏力，必然对其消费心理产生不良影响，使得政府启动消费市场各种努力的效果大打折扣。因此，针对居民收入连续两年低增长的现状，及时出台一些较大幅度增加居民收入，尤其是中低阶层居民收入的措施，对活跃市场，增加消费，拉动经济增长实属必要。

三、2000年深圳经济发展面临的机遇和挑战

展望2000年，随着新世纪的到来，深圳经济在迈向现代化的进程中既面临着一系列加快发展步伐的新机遇，也将迎接来自内部和外部

的各种挑战。

就机遇来看,第一,世界经济增长在2000年将进一步加快。据国际货币基金组织的预测,2000年世界经济增长率将达到3.5%,为1998年以来的最高增长水平。而世界贸易组织则估计,2000年全球贸易将增长6—7%,比1999年高出2-3个百分点。而且,我国将有望于2000年正式加入WTO,这将有利于我国扩大出口,发展有比较优势的产业。这两方面的因素结合起来,对于出口贸易占国民经济重要地位的深圳来说,是一个加速发展的好机会。第二,中央经济工作会议已决定有关促进经济增长的政策在2000年仍将继续执行,即坚持扩大内需,继续实施积极的财政政策,进一步发挥货币政策的作用,综合运用各种货币政策工具,适度增加货币供应,加大金融对经济增长的支持力度。这表明,深圳经济2000年将面临更加有利的宏观政策环境。第三,从1999年10月份开始举办的中国国际高新技术成果交易会以后将每年在深圳举办一次,这必将增强深圳的技术创新能力,加速技术成果的商品化,扩大技术交易规模,推动高新技术产业迅速发展。同时,定期举办这样的盛会,也将增加国际上对深圳的了解,从而扩大利用外资,促进商贸和旅游业的发展。第四,1999年下半年以来,深圳经济逐渐走强,市场趋于活跃。收益增长的期望增强了投资者的信心,这也将有利于2000年深圳经济继续保持快速增长的势头。

就挑战来看,首先,尽管存在减弱的可能,但价格约束、需求约束和收入约束仍将对2000年的经济发展带来影响。尤其是价格约束,将使深圳以电子及通讯设备制造业为主导的高新技术产业面临着新一轮技术创新和产品更新的压力。能否在新一轮竞争中获胜,是深圳经济能否冲破价格约束的关键。其次,我国加入WTO,使深圳在出口贸易方面获得机遇的同时,一些弱势产业也将面临更直接的国际竞争。再次,周边国家和地区经济复苏,也将增强其与深圳类似产业的竞争力,使深圳电子产品面临竞争更为激烈的国际市场。

就多方面的因素综合判断,深圳经济在2000年所面临的国内外环境比1999年相对宽松,机遇大于挑战。深圳经济仍将保持在快速健康的发展轨道上,经济增长水平大体与1999年相当。

(执笔:刘文斌)

1999 年深圳国内生产总值增长轨迹

1999 年,在内外两方面积极因素的共同作用下,深圳国民经济承接了上年快速健康发展的良好势头。全年国内生产总值 1436.03 亿元,比上年增长14.1%,超出预期目标 1.1 个百分点,略低于上年 14.5%的增长水平。

一、经济增长及三次产业结构变动状况综述

1999 年,深圳国民经济保持快速增长的良好态势。分产业来看,第一产业增加值 16.53 亿元,比上年增长7.7%。第二产业增加值 727.11 亿元,增长 16.0%,增速较上年低 0.6 个百分点。其中工业增加值 587.46 亿元,增长 16.9%,增速与上年持平。第三产业增加值 692.38 亿元,增长 11.6%,略低于上年 11.9%的增速。第二产业增加值的增长超过 GDP 增速 1.9 个百分点,第一、三产业增加值的增长则低于 GDP 增长。

从三次产业构成看,1999 年深圳三次产业结构为1.2:50.6:48.2,与上年三次产业构成(1.3:50.0:48.7)相比,第一产业所占比重下降 0.1 个百分点,第二产业所占比重上升 0.6 个百分点,其中工业所占比重上升 0.5 个百分点,第三产业所占比重下降 0.5 个百分点。

以上数据表明,深圳经济发展仍主要依赖于第二产业的增长,第二产业中的工业作为深圳主导产业的地位得到进一步加强,工业生产情况明显好于上年。1999 年,全市规模以上工业企业工业总产值可比价增速达 25.2%,较上年 18.5%的增速快 6.7 个百分点。这主要得益于高新技术产业的迅猛发展。1999 年,全市高新技术产品产值占工业总产值的比重高达 40.5%,比上年提高 5.1 个百分点,以高新技术产业为主体的工业仍是推动经济快速发展的“火车头”。

1999 年,深圳第三产业增加值占 GDP 比重下降,一个主要原因是第二产业的表现更优于第三产业,第二产业增加值的增量明显大于第三产业。1999 年,第二产业增加值比上年增加 82.53 亿元,第三产业增加值仅增加 64.40 亿元,两大产业增加值的增量差距扩大。由于第二产业增加值占 GDP 比重明显上升,第一产业增加值所占比重基本不变,此升彼降,第三产业增加值所占比重相应下降。

二、经济运行季度走势

1. 概述

1999 年,深圳国民经济增长呈逐季上扬的趋势,经济运行的谷底出现在第一季度,峰顶则在第四季度凸现,与上年的季度走势相一致。而各产业增加值对经济增长贡献率的变化,以及各产业增加值占 GDP 比重的变化两者之间则具有趋同性:第二产业增加值对 GDP 增长的贡献率自一季度起节节攀升,至三季度达到顶点,四季度有所回落,其占 GDP 的比重亦遵循相似的轨迹。第三产业增加值对 GDP 增长的贡献率及其占 GDP 比重的变动则由一季度的最高位一路下滑,至三季度止跌,四季度出现明显回升(详见表 1、表 2、表 3)。

2. 进度分析

一季度全市 GDP 增幅为 13.1%,整体经济运行平稳。工业增长迅速,固定资产投资保持一定增速,商业总体情况好于上年,交通运输邮电业及其他服务业呈季节性快速增长,金融业发展平稳,但突出的问题是外贸出口持续出

现负增长。对此,深圳及时采取对策,下大力气抓各项促进外贸出口政策的落实,迅速扭转了前4个月出口下降的局面,从5月份开始,外贸出口止跌回升,至二季度末,出口总额大幅上升,对上半年经济稳健增长起到了促进作用。

上半年全市GDP增幅达13.6%,快于一季度0.5个百分点,经济处于稳步发展的区间。作为深圳主导行业的工业继续快速增长,内销顺畅,外销回升,工业经济效益有所提高。地方财政加大了投资力度,固定资产投资规模继续扩大。第二产业增加值对GDP增长的贡献率达66.2%,比一季度高2.4个百分点,其占GDP的比重较一季度上升3.1个百分点,达56.7%。第三产业发展势头平稳,但较一季度放缓,其对GDP增长的贡献率下降2.5个百分点,为33.6%,占GDP比重亦下降3个百分点,为42.6%。物价总水平自一季度起持续下跌,使得经济增长速度虽快,但现价总量增加不多,增产增销不增收的问题日渐突出。

下半年,全市经济增长明显加速,三季度和四季度GDP累计增速分别为13.8%和14.1%。从第二产业看,工业增长速度继续加快,三季度和四季度规模以上工业企业总产值累计增长速度分别为22.1%和25.2%。受工业产品价格持续下跌的影响,工业经济效益较上年有所下降,但体现投入产出效果的工业增加值率则有明显提高,升幅达0.6个百分点。由于政府持续加大财政投资的推动,下半年全市固定资产投资规模迅速扩张,三季度和四季度累计投资额分别比上年同期增长18.0%和18.6%,由此带动建筑业持续增长。从第三产业看,10月首届中国国际高新技术成果交易会在深圳举办,促进了商贸旅游业及服务业的发展。下半年市场渐趋转旺,三季度和四季度全市社会消费品零售总额累计增长速度分别为10.3%和11.4%。金融业对经济发展的支持不断增强,三季度末及年末全市金融机构贷款余额分别比上年同期增长25.5%和22.8%。第三产业对GDP增长的贡献率由三季度31.7%的最低点升至全年的34.6%,其占GDP的比重也由40.9%的最低点升至41.3%。第二产业对GDP增长的贡献率则由三季度68.2%的最高点回落到全年的65.0%。从物价水平变动情况看,下半年全市物价总水平的下滑势头得到控制,趋于缓慢回升,这是促使深圳GDP总量扩张的一个有利因素。

表1　1999年GDP累计增长率分季表

(单位:%)

	一季度	二季度	三季度	四季度
国内生产总值	13.1	13.6	13.8	14.1
第一产业增加值	2.1	2.8	2.6	7.7
第二产业增加值	17.5	17.2	17.5	16.0
#工业增加值	15.9	16.2	16.5	16.9
第三产业增加值	10.1	10.4	10.4	11.6

表2　1999年各产业对GDP增长累计贡献率分季表

(单位:%)

	一季度	二季度	三季度	四季度
国内生产总值	100.0	100.0	100.0	100.0
第一产业增加值	0.1	0.1	0.1	0.4
第二产业增加值	63.8	66.2	68.2	65.0
#工业增加值	60.3	59.6	61.7	57.8
第三产业增加值	36.1	33.7	31.7	34.6

表3　1999年各产业增加值占GDP比重分季表

(单位:%)

	一季度	二季度	三季度	四季度
国内生产总值	100.0	100.0	100.0	100.0
第一产业增加值	0.7	0.7	0.6	0.6
第二产业增加值	53.6	56.7	58.5	58.1
#工业增加值	46.8	48.6	50.4	49.5
第三产业增加值	45.7	42.6	40.9	41.3

(执笔:徐霞)

国内生产总值及其构成（亿元）

Gross Domestic Product and It's Composition

(100 million yuan)

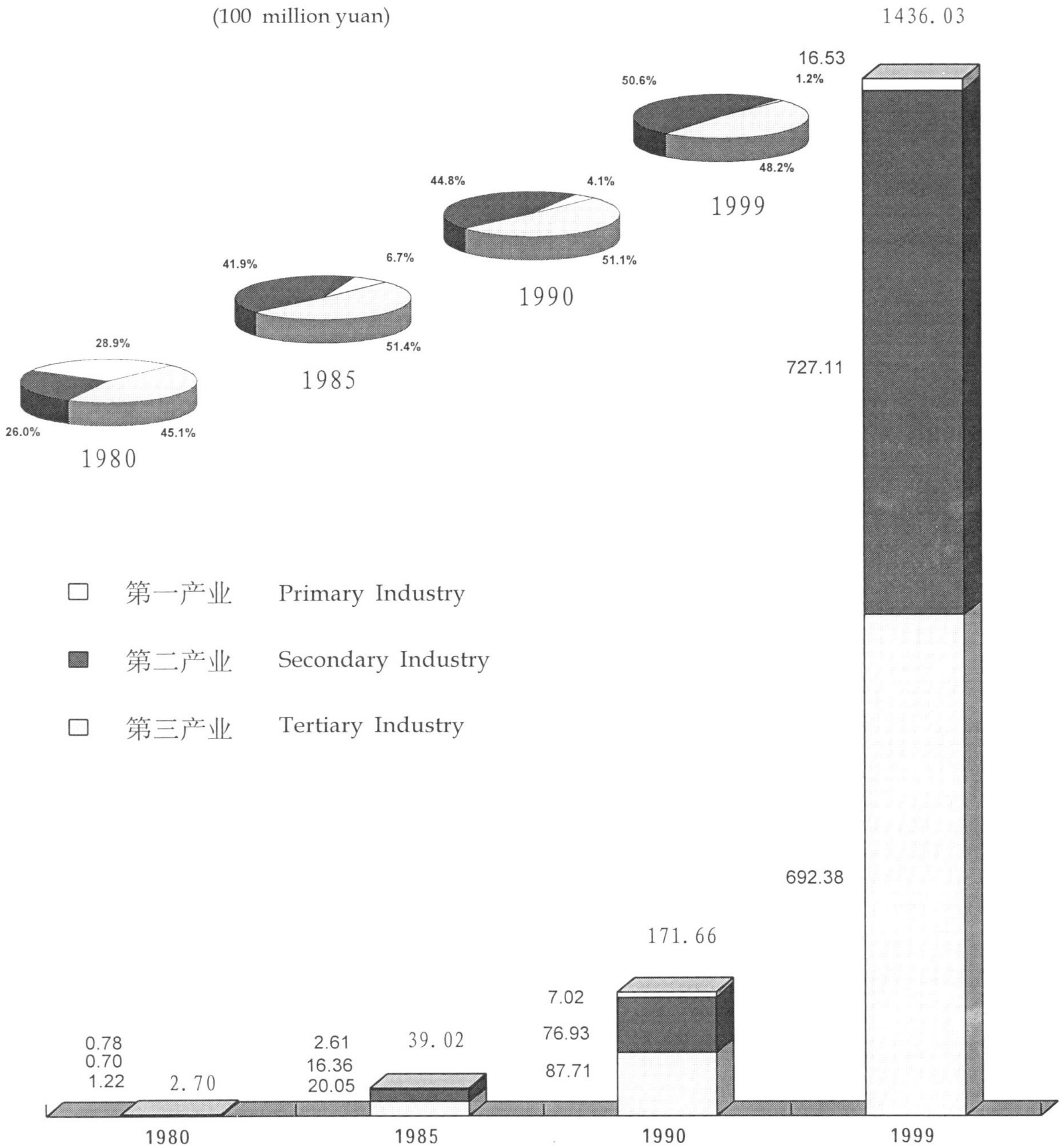

1-1 行政区划
ADMINISTRATIVE DIVISION
(1999)

单位:个　　(unit)

地　区 Region	镇 Town	街道办事处 Urban Subdistrict Office	居民委员会 Neighbourhood Committees	村民委员会 Village Committees
全　市　Total	**19**	**26**	**433**	**216**
特　区　District	**1**	**24**	**379**	
罗湖区　Luohu		8	131	
福田区　Futian		7	116	
南山区　Nanshan		7	111	
盐田区　Yantian	1	2	21	
宝安、龙岗区　Baoan and Longgang	**18**	**2**	54	**216**
宝安区　Baoan	8	2	31	126
龙岗区　Longgang	10		23	90

1-2 分区土地面积、人口及人口密度
TOTAL LAND AREA, POPULATION AND DENSITY OF POPULATION IN DISTRICTS
(1999)

地　区 Region	土地面积 (平方公里) Land Area (sq. km)	年末常住人口 (万人) Year-end population (10 000 persons)	户籍人口 Population with Residence Cards	暂住人口 Population with Temporary Residence Cards	人口密度 (人/平方公里) Density Of Population (person/sq. km)
全　市　Total	**1 948.69**	**405.13**	**119.85**	**285.29**	**2 079**
特　区　District	**391.71**	**190.18**	**74.81**	**115.38**	**4 855**
罗湖区　Luohu	78.89	61.08	28.78	32.29	7 742
福田区　Futian	78.04	73.02	29.29	43.73	9 357
南山区　Nanshan	164.29	44.77	14.15	30.62	2 725
盐田区　Yantian	70.49	11.32	2.59	8.73	1 606
宝安、龙岗区　Baoan and Longgang	**1 556.99**	**214.95**	**45.04**	**169.91**	**1 381**
宝安区　Baoan	712.92	124.46	25.92	98.53	1 746
龙岗区　Longgang	844.07	90.49	19.12	71.38	1 072

1－3　主要年份国民经济和社会发展总量与速度指标

指　标	Item	1979	1980	1985
人口	**Population**			
年末常住人口(万人)	Year－end Resident population(10 000 persons)	31.41	33.29	88.15
户籍人口	Population with Residence Cards	31.26	32.09	47.86
暂住人口	Population with Temporary Residence Cards	0.15	1.20	40.29
就业	**Employment**			
年末从业人员数(万人)	Total Employed (year－end)(10 000 persons)	13.95	14.89	32.61
#职　工	Staff and Workers	4.02	4.86	22.66
私营个体劳动者	Urban Self－Employment	0.41	0.38	0.64
镇村劳动者	Laborers of Town and Village	9.52	9.65	9.31
国民核算	**National Accounting**			
国内生产总值(万元)	Gross Domestic Product (10 000 yuan)	19 638	27 012	390 222
第一产业	Primary Industry	7 273	7 803	26 111
第二产业	Secondary Industry	4 017	7 036	163 586
第三产业	Tertiary Industry	8 348	12 173	200 525
人均国内生产总值(元)	Gross Domestic Product Per Capita (yuan)	606	835	4 809
固定资产投资	**Investment in Fixed Assets**			
全社会固定资产投资总额(万元)	Total Investment in Fixed Assets(10 000 yuan)	5 938	13 801	333 235
#基本建设	Capital Construction	4 988	12 487	276 125
房地产开发	Investment in Commodity Houses			
更新改造	Technical Updates and Transformation	90	390	2 105
竣工住宅建筑面积(万平方米)	Floor Space of Residence Completed (10 000 sq. m)			
财政	**Public Finance**			
地方预算内财政收入(万元)	Local Financial Revenue (10 000 yuan)	1 721	3 043	62 894
地方预算内财政支出(万元)	Local Financial Expenditure (10 000 yuan)	2 971	4 003	58 651
物价指数(上年＝100)	**Price Indices (preceding year＝100)**			
居民消费价格总指数	General Consumer Price Index		105.0	122.5
商品零售价格总指数	General Retail Price Index		105.5	123.2
农业	**Agriculture**			
耕地面积(万亩)	Areas under Cultivation(10 000 mu)	53.21	49.01	33.94
农业总产值(万元)	Gross Output Value of Agriculture(10 000 yuan)	13 106	16 938	45 821

PRINCIPAL AGGREGATE INDICATORS ON NATIONAL ECONOMIC AND SOCIAL DEVELOPMENT AND THEIR RELATED INDICES IN MAIN YEARS

总量指标 Aggregate Data				指数(1999 年为下列各年%) Index (1998 as percentage of the following years)(%)					
1990	1995	1998	1999	1979	1980	1985	1990	1995	1998
201.94	345.12	394.96	405.13	1 289.8	1 217.0	459.6	200.6	117.4	102.6
68.65	99.16	114.60	119.85	383.4	373.5	250.4	174.6	120.9	104.6
133.29	245.96	280.36	285.29	190 193.3	23 774.2	708.1	214.0	116.0	101.8
109.22	244.92	286.37	295.09	2 124.9	1 991.5	908.9	271.4	121.0	103.0
55.41	88.75	91.93	92.52	2 334.2	1 930.7	414.1	169.3	105.7	100.6
3.36	45.66	69.65	74.08	18 068.3	19 491.2	11 574.8	2 204.8	162.2	106.4
50.43	110.04	124.50	128.20	1 346.6	1 328.0	1 376.9	254.2	116.5	103.0
1 716 665	7 956 950	12 890 190	14 360 267	22 861.9	14 051.6	1 829.8	664.8	176.4	114 1
70 220	129 243	164 544	165 327	339.4	329.5	172.5	113.7	114.7	107.7
769 319	4 169 346	6 445 832	7 271 146	130 680.8	74 334.9	3 257.9	779.7	183.4	116.0
877 126	3 658 361	6 279 814	6 923 794	19 216.0	9 172.3	1 239.0	548.8	168.6	111.6
8 724	23 381	33 282	35 896	1 853.0	1 136.8	371.3	327.2	150.1	110.5
579 222	2 758 243	4 803 901	5 695 878	95 922.5	41 271.5	1 709.3	983.4	206.5	118.6
427 134	1 401 235	2 395 732	2 724 871	54 628.5	21 821.7	986.8	637.9	194.5	113.7
67 842	1 030 368	1 674 854	2 152 541				3 172.9	208.9	128.5
24 661	70 484	201 514	274 707	305 230.0	70 437.7	13 050.2	1 113.9	389.7	136.3
183.24	485.23	729.48	800.60				436.9	165.0	109.7
217 037	880 174	1 649 067	1 847 908	107 374.1	60 726.5	2 938.1	851.4	209.9	112.1
198 073	934 041	1 770 007	2 117 164	71 261.0	52 889.4	3 609.8	1 068.9	226.7	119.6
101.6	112.4	99.3	99.3	640.9	610.4	383.3	193.5	109.7	99.3
97.7	110.8	97.5	96.1	533.3	505.5	316.9	162.6	97.4	96.1
28.01	6.58	6.20	6.03	11.3	12.3	17.8	21.5	91.6	97.3
119 205	232 653	298 174	299 662	338.2	395.9	256.5	127.8	130.7	107.9

1—3 续表 1

指　标	Item	1979	1980	1985
工业	**Industry**			
工业总产值(万元)	Gross Output Value of Industry	7 128	10 632	246 662
#轻工业	Light Industry	6 307	9 265	194 108
重工业	Heavy Industry	821	1 367	52 554
运输、邮电	**Transportation, Post and Telecommunications**			
货运量(万吨)	Freight Traffic(10 000 tons)			
客运量(万人)	Passenger Traffic(10 000 persons)			
机场货物吞吐量(万吨)	Cargo Handled at Airport (10 000 tons)			
机场旅客吞吐量(万人)	Passenger Departing at Airport (10 000 persons)			
港口货物吞吐量(万吨)	Cargo Handled at Seaport (10 000 tons)	10	30	327
邮电业务总量(万元)	Revenue from Postal and Communications Services (10 000 yuan)	138	190	1 761
固定电话交换机容量(万门)	Capacity of Telephone Exchanges (line)			
电话机(万部)	Number of Telephone Sets(unit)			
国内商业	**Domestic Trade**			
社会消费品零售总额(万元)	Retail Sales of Consumer Goods(10 000 yuan)	11 259	19 615	265 642
对外经济贸易和国际旅游	**Foreign Trade and International Tourism**			
进出口总额(万美元)	Total Imports and Exports (USD 10 000)	1 676	1 751	130 632
出口总额	Exports	930	1 124	56 340
进口总额	Imports	746	627	74 292
利用外资签订协议(合同)项目(项)	Number of the Signed Agreements and Contracts for Utilization of Foreign Capital (unit)	169	303	1 203
协议利用外资额(万美元)	Amount of Foreign Capital to be Utilized in the Signed Agreements and Contracts (USD 10 000)	2 984	27 122	102 647
实际利用外资额(万美元)	Amount of Foreign Capital Actually Used(USD 10 000)	1 537	3 264	32 925
国际游客数(万人)	Number of International Tourists(10 000 persons)			77.85
旅游外汇收入(万美元)	Foreign Exchange Earnings from International Tourism(USD 10 000)			
金融	**Finance**			
金融机构各项存款(万元)	Deposits of National Banking System (10000 yuan)	10 125	20 284	302 567

continued

总量指标 Aggregate Data				指数(1999年为下列各年%) Index (1998 as percentage of the following years)(%)					
1990	1995	1998	1999	1979	1980	1985	1990	1995	1998
2 202 180	12 264 893	19 435 244	21 633 873	264 799.8	177 540.8	6 926.6	1 012.4	210.9	126.5
1 657 859	6 651 811	10 037 199	10 962 134	140 119.8	95 382.3	3951.3	655.8	188.5	129.0
544 321	5 613 082	9 398 045	10 671 739	1 222 150.2	734 513.0	20 547.7	1 942.5	235.4	124.4
1 349	3 541.6	4 047.9	4 273.6				316.8	120.7	105.6
8 833	8 261	8 484	8 754				99.1	106.0	103.2
	7.9	11.7	15.5					196.2	132.5
	412	515	525					127.4	101.9
1 292	3 080	3 444	4 663	46 630.0	15 543.3	1 426.0	360.9	151.4	135.4
55 356	368 945	764 658	982 686	712 091.3	517 203.2	55 802.7	1 775.2	266.4	128.5
25.24	140.92	167.49	209.73				830.9	148.8	125.2
19.01	81.30	122.72	147.92				778.1	181.9	120.5
667 580	2 593 269	4 196 424	4 674 483	34 467.3	19 786.1	1 460.9	581.3	149.6	111.4
1 570 136	3 876 960	4 527 417	5 042 750	104 706.7	100 197.8	1 343.4	321.2	130.1	111.4
815 165	2 052 736	2 639 611	2 820 811	111 477.0	92 206.0	1 839.8	346.0	137.4	106.9
754 971	1 824 224	1 887 806	2 221 939	97 634.8	116 231.9	980.4	294.3	121.8	117.7
796	1 638	1 915	1 558	921.9	514.2	129.5	195.7	95.1	81.4
69 344	359 654	274 571	223 018	7 473.8	822.3	217.3	321.6	62.0	81.2
51 857	173 545	255 222	275 422	17 919.5	8 438.2	836.5	531.1	158.7	107.9
148.24	185.37	148.47	158.08			203.1	106.6	85.3	106.5
20 933	63 633	59 025	62 186				297.1	97.7	105.4
1 946 923	12 029 322	22 383 700	25 589 900	252 739.8	126 158.1	8 457.6	1 314.4	212.7	114.3

1—3 续表 2

指标	Item	1979	1980	1985
金融机构各项贷款(万元)	Loans of National Banking System(10000 yuan)	7 523	13 452	537 014
教育	**Education**			
专任教师数(人)	Full-time Teachers (person)			
普通高等学校	Institutions of Higher Education			288
中等专业学校	Specialized Secondary Schools	22	25	154
普通中学	Regular Secondary Schools	752	625	1 902
小　学	Primary Schools	1 588	1 763	2 749
在校学生数(人)	Students Enrollment (person)			
普通高等学校	Institutions of Higher Education			3 206
中等专业学校	Specialized Secondary Schools	80	142	1 661
普通中学	Regular Secondary Schools	13 686	12 296	35 334
小　学	Primary Schools	47 022	49 168	70 277
卫生	**Health Care**			
医院数(个)	Number of Hospitals (unit)	25	24	31
医疗机构床位数(张)	Beds in Health Care Institutions	597	643	1 885
#医院病床	Hospital Beds			1 885
卫生技术人员数(人)	Medical Technical Personnel (person)	988	1 088	3 857
#医生	Doctors	364	444	1 863
工资	**Wages**			
职工工资总额	Total Wage of Staff and Workers (10 000 yuan)	2 952	4 366	51 912
#国有单位	State-Owned Units	2 505	3 691	38 465
生活	**People's Livelihood**			
职工年平均货币工资(元)	Average Money Wage of Staff and Workers (yuan)	769	979	2 418
农民年人均纯收入(元)	Per Capita Net Income of Rural Residents (yuan)	152	209	750
城市居民人均可支配收入(元)	Per Capita Disposable Income of Urban Residents(yuan)			1 915
城乡居民储蓄存款余额(万元)	Saving Deposits of Urban and Rural Residents (10 000 yuan)	3 713	5 338	79 989

continued

总量指标 Aggregate Data				指数(1999 年为下列各年%) Index (1998 as percentage of the following years)(%)					
1990	1995	1998	1999	1979	1980	1985	1990	1995	1998
2 386 157	7 863 364	15 503 700	18 481 600	245 668.0	137 389.2	3 441.5	7 745	235.0	119.2
484	629	865	1 049			364.2	216.7	166.8	121.3
272	334	447	457	2 077.3	1 828.0	296.8	168.0	136.8	102.2
2 915	4 675	5 502	5 935	789.2	949.6	312.0	203.6	127.0	107.9
4 221	6 429	7 940	8 914	561.3	505.6	324.3	211.2	138.7	112.3
3 964	5 291	8 497	10 568			329.6	266.6	199.7	124.4
2 897	3 490	3 898	3 689	4 611.3	2 597.9	222.1	127.3	105.7	94.6
46 473	71 540	86 009	91 260	666.8	742.2	258.3	196.4	127.6	106.1
111 711	157 210	215 652	256 060	544.6	520.8	364.4	229.2	162.9	118.7
38	63	77	76	304.0	316.7	245.2	200.0	120.6	98.7
3 192	6 724	8 899	9 332	1 563.1	1 451.3	495.1	292.4	138.8	104.9
3 108	6 640	8 590	8 997			477.3	289.5	135.5	104.7
6 996	12 449	14 975	15 143	1 532.7	1 391.8	392.6	216.5	121.6	101.1
3 426	6 050	7 191	7 062	1 940.1	1 590.5	379.1	206.1	115.7	98.2
227 392	1 076 083	1 674 771		64 393.1	43 538.3	3 661.8	835.9	176.6	112.9
140 935	545 013	707 004		31 184.8	21 170.9	2 030.9	554.3	143.3	109.6
4 304	12 276	18 381		2 669.9	2 097.3	849.2	477.0	167.2	112.7
1 954	4 517	7 350	8 131	5 349.3	3 890.4	1 084.1	416.1	180.0	110.6
4 127	13 059	19 886	20 240			1 056.9	490.4	155.0	101.8
574 474	4 664 222	8 618 800	9 519 900	256 393.8	178 342.1	11 901.5	1657.2	204.1	110.5

1－4 各时期国民经济和社会主要指标年平均增长速度
ANNUAL AVERAGE GROWTH RATE OF MAIN NATIONAL ECONOMIC AND SOCIAL INDICATORS OF EACH PERIOD

单位:% (%)

指标 Item	年末常住人口 Year－end Resident Population	户籍人口 Population with Residence Cards	暂住人口 Population with Temporary Residence Cards	年末从业人员 Total Employed (year－end)	职工 Staff and Workers	私营个体劳动者 Urban Self－Employment
"六五"时期 "Sixth Five－year" Period	21.5	8.3	101.9	17.0	36.1	11.0
"七五"时期 "Seventh Five－year" Period	18.0	7.5	27.0	27.3	19.6	39.3
"八五"时期 "Eighth Five－year"Period	11.3	7.6	13.0	17.5	9.9	68.5
1980—1999	13.6	7.0	45.9	16.5	17.1	29.7
1981—1999	14.1	7.2	33.4	17.1	16.9	32.0

1－4 续表 1 continued

指标 Item	镇村劳动者 Laborers of Town and Village	国内生产总值 Gross Domestic Product	第一产业 Primary Industry	第二产业 Secondary Industry	第三产业 Tertiary Industry	人均国内生产总值 Gross Domestic Product Per Capita
"六五"时期 "Sixth Five－year" Period	－0.7	50.3	13.8	86.9	49.2	25.1
"七五"时期 "Seventh Five－year" Period	40.2	22.4	8.7	33.1	16.2	2.6
"八五"时期 "Eighth Five－year"Period	16.9	30.4	－0.2	33.6	28.2	16.9
1980—1999	13.9	31.2	6.3	43.2	30.1	15.7
1981—1999	14.6	29.7	6.5	41.6	26.8	13.6

1－4续表2　continued

指　标 Item	固定资产投资额 Investment in Fixed Assets	竣工住宅建筑面积 Floor Space of Residence Completed	地方预算内财政收入 Local Financial Revenue	地方预算内财政支出 Local Financial Expenditure	耕地面积 Areas under Cultivation	农业总产值 Gross Output Value of Agriculture
“六五”时期　“Sixth Five－year” Period	91.7	50.8	83.3	71.1	－7.1	9.1
“七五”时期　“Seventh Five－year” Period	11.7	5.6	28.1	27.6	－3.8	14.9
“八五”时期　“Eighth Five－year”Period	36.6	21.5	39.1	36.4	－25.2	－0.4
1980—1999	41.0		41.8	38.9	－10.3	6.3
1981—1999	37.3		40.1	39.1	－10.4	7.5

1－4续表3　continued

指　标 Item	工业总产值 Gross Output Value of Industry	轻工业 Light Industry	重工业 Heavy Industry	货运量 Freight Traffic	客运量 Passenger Traffic
“六五”时期　“Sixth Five－year” Period	91.3	89.0	104.5		
“七五”时期　“Seventh Five－year” Period	46.9	43.2	60.3		
“八五”时期　“Eighth Five－year”Period	36.9	28.3	52.5	21.3	－1.3
1980—1999	48.3	43.7	60.1		
1981—1999	48.3	43.5	59.8		

1-4续表4　continued

指　标 Item	港口货物吞吐量 Cargo Handled at Seaport	邮电业务总量 Revenue from Postal and Communica-tions Services	社会消费品零售总额 Retail Sales of Consumer Goods	进出口总额 Total Imports and Exports	出口总额 Exports	进口总额 Imports
"六五"时期　"Sixth Five-year" Period	61.2	56.1	68.4	136.9	118.8	159.9
"七五"时期　"Seventh Five-year" Period	31.6	78.9	20.2	33.2	39.7	27.2
"八五"时期　"Eighth Five-year"Period	19.0	46.1	31.2	19.8	20.3	19.3
1980—1999	36.0	55.8	33.9	41.6	42.0	41.1
1981—1999	30.4	56.8	32.1	43.9	43.2	45.0

1-4续表5　continued

指　标 Item	实际利用外资额 Amount of Foreign Capital Actually Used	金融机构各项存款 Deposits of National Banking System	金融机构各项贷款 Loans of National Banking System	医院数 Hospital	医疗机构床位数 Beds in Health Care Institutions	医院病床 Hospital Beds
"六五"时期　"Sixth Five-year" Period	58.8	71.7	109.0	5.3	24.0	
"七五"时期　"Seventh Five-year" Period	9.5	45.1	34.8	4.2	11.1	10.5
"八五"时期　"Eighth Five-year"Period	27.3	43.9	26.9	10.6	16.1	16.4
1980—1999	29.6	48.0	47.7	5.7	14.7	
1981—1999	26.3	45.6	46.3	6.3	15.1	

1－4续表6　continued

指　标 Item	卫生技术人员数 Medical Technical Personnel	医　生 Doctors	在校学生数 Students Enrollment 普通高等学校 Institutions of Higher Education	中等专业学校 Specialized Secondary Schools	普通中学 Regular Secondary Schools	小　学 Primary Schools
"六五"时期　"Sixth Five－year" Period	28.8	33.2		63.5	23.5	7.4
"七五"时期　"Seventh Five－year" Period	12.6	13.0	4.3	11.8	5.6	9.7
"八五"时期　"Eighth Five－year"Period	12.2	12.0	5.9	3.8	9.0	7.1
1980—1999	14.6	16.0		21.1	10.0	8.8
1981—1999	14.9	15.7		18.7	11.1	9.1

1－4续表7　continued

指　标 Item	职工工资总　额 Total Wage of Staff and Workers	职工年平均货币工资 Average Money Wage of Staff and Workers	职工年平均实际工资 Average Real Wage of Staff and Workers	农民年人均纯收入 Per Capita Net Income of Rural Residents	城市居民可支配收入 Per Capita Disposable Income of Urban Residents	城乡居民储蓄存款余额 Saving Deposits of Urban and Rural Residents
"六五"时期　"Sixth Five－year" Period	64.1	19.8	9.2	29.1		71.8
"七五"时期　"Seventh Five－year" Period	34.4	12.2	－2.1	21.1	16.6	48.3
"八五"时期　"Eighth Five－year"Period	36.5	23.3	10.1	18.2	25.9	52.0
1980—1999	38.2	17.8	7.4	22.0		48.1
1981—1999	37.7	17.4	6.7	21.3		48.3

1－5　主要年份国民经济主要指标比例关系

PERCENTAGE OF MAIN NATIONAL ECONOMIC INDICATORS IN MAIN YEARS

单位:%　　(%)

年　份 Year	以从业人员为100 Employment＝100			以国内生产总值为100 Gross Domestic Product＝100			以工农业总产值为100 Gross Output Value of Industry and Agriculture＝100		
	第一产业 Primary Industry	第二产业 Secondary Industry	第三产业 Tertiary Industry	第一产业 Primary Industry	第二产业 Secondary Industry	第三产业 Tertiary Industry	农　业 Agriculture	轻工业 Light Industry	重工业 Heavy Industry
1979				37.0	20.5	42.5	64.8	31.2	4.0
1980				28.9	26.0	45.1	61.4	33.6	5.0
1985				6.7	41.9	51.4	15.7	66.4	17.9
1990	6.1	69.8	24.1	4.1	44.8	51.1	5.1	71.4	23.5
1995	1.8	66.0	32.2	1.6	52.4	46.0	1.9	53.2	44.9
1996	1.6	64.6	33.8	1.7	50.3	48.0	1.9	55.0	43.1
1997	1.6	61.6	36.8	1.4	49.3	49.3	1.6	55.0	43.4
1998	1.6	59.8	38.6	1.3	50.0	48.7	1.5	50.9	47.6
1999	1.4	58.1	40.5	1.2	50.6	48.2	1.4	50.0	48.6

1－5续表1　　continued

年　份 Year	以工业总产值为100 Gross Output Value of Industry＝100		以固定资产投资总额为100 Total Investment in Fixed Assets＝100				以基本建设投资为100 Investment in Capital Construction＝100	
	轻工业 Light Industry	重工业 Heavy Industry	基本建设 Capital Construction	更新改造 Technical Updates and Trans－formation	房地产投资 Investment in Commodity Houses	集体单位 Collective －owned Units	工　业 Industry	交通运输和邮电通信 Transportation, Post and Tele－communications
1979	88.5	11.5	84.0	1.5		14.5	31.9	5.7
1980	87.1	12.9	90.5	2.8		6.7	43.1	12.0
1985	78.7	21.3	82.9	0.6		11.7	21.4	7.9
1990	75.3	24.7	73.7	4.3	11.7	4.5	56.0	17.6
1995	54.2	45.8	50.8	2.6	37.4	6.7	23.0	22.1
1996	56.1	43.9	47.9	3.5	38.1	8.0	26.3	23.1
1997	55.9	44.1	51.3	4.2	34.8	7.1	26.4	24.4
1998	51.6	48.4	49.9	4.2	34.9	7.9	17.1	21.4
1999	50.7	49.3	47.8	4.8	37.8	7.0	22.6	12.8

1－5续表2　continued

年　份 Year	以货运量为100 Freight Traffic＝100				地方财政收入相当于国内生产总值 Local Financial Revenue as Percentage of GDP	固定资产投资总额相当于国内生产总值 Total Investment in Fixed Assets as Percentage of GDP
	铁路 Railway	公路 Highway	水运 Waterway	民航 Civil Aviation		
1979					8.8	30.2
1980					11.3	51.1
1985					16.1	85.4
1990	10.9	78.2	10.9		12.6	33.7
1995	6.2	76.8	16.9	0.1	11.1	34.7
1996	5.8	77.1	17.0	0.1	13.9	34.5
1997	7.0	76.8	16.1	0.1	12.8	34.8
1998	6.4	79.3	14.2	0.1	12.8	37.3
1999	6.0	81.5	12.3	0.1	12.9	39.7

1－5续表3　continued

年　份 Year	以地方财政支出为100 Local Financial Expenditure＝100					
	基建支出 Expenditure for Capital Construction	企业挖潜改造资金 Expenditure for Innovation Enterprises	城市维护费 Expenditure for City Maintenance	科教文卫事业费 Operating Expenses for Department of Science, Education, Culture and Public Health	行政管理费 Expenditure for Government Administration	公检法支出 Expenditure for Public Security Agency, Procuratorial Agency and Court of Justice
1979	30.0	1.1	2.8	16.9	11.5	
1980	45.3	1.1	5.5	17.5	15.1	
1985	53.4	2.1	9.9	16.2	3.6	3.1
1990	39.3	7.0	3.8	12.8	4.3	4.6
1995	32.2	4.6	4.0	18.1	5.6	9.7
1996	38.2	4.9	3.5	16.6	5.1	8.9
1997	31.6	5.0	4.3	17.3	5.3	9.7
1998	33.4	6.8	5.0	15.5	4.9	9.2
1999	34.3	4.9	4.3	13.9	4.8	8.1

1-6 主要年份国民经济和社会主要指标平均每人水平
PER CAPITA MAIN NATIONAL ECONOMIC AND SOCIAL INDICATORS IN MAIN YEARS

单位:元 (yuan)

年 份 Year	国内生产总值 Gross Domestic Product	农业总产值 Gross Output Value of Agriculture	工业总产值 Gross Output Value of Industry	地方预算内财政收入 Local Financial Revenue	社会消费品零售总额 Retail Sales of Consumer Goods	职工年平均货币工资 Average Money Wage of Staff and Workers	城市居民可支配收入 Per Capita Disposable Income of Urban Residents	农民年均纯收入 Per Capita Net Income of Rural Residents	城乡居民储蓄存款 Saving Deposits of Urban and Rural Residents
1979	606	405	220	53	348	769		152	118
1980	835	524	329	94	606	979		209	160
1985	4 809	565	3 040	775	3 274	2 418	1 915	750	907
1990	8 724	606	11 192	1 103	3 393	4 304	4 127	1 954	2 845
1995	23 381	684	36 039	2 586	7 620	12 276	12 771	4 517	13 515
1996	27 005	777	40 583	3 745	8 443	14 507	16 296	5 415	16 242
1997	30 619	734	45 145	3 923	8 846	16 531	18 579	6 256	18 641
1998	33 282	770	50 181	4 258	10 923	18 381	19 886	7 350	21 822
1999	35 896	749	54 078	4 619	11 685	20 714	20 240	8 131	23 498

1-6续表 continued

年 份 Year	市区居住面积(平方米) Living Space of Urban Areas (sq. m)	市区生活用水量(吨) Tap Water for Residential Consumption of Urban Areas(ton)	生活用电量(千瓦时) Electricity for Residential Consumption (kwh)	每百人拥有电话机(部) Number of Telephone Sets Per 100 Persons (unit)	每万人拥有 Per 100 00 persons			市区公共绿地面积(平方米) Urban Public Green Areas (sq. m)
					公共交通车辆(辆) Public Vehicles of Urban Areas	医生(人) Number of Doctors (person)	医院病床(张) Number of Beds in Hospital (unit)	
1979						12		
1980	6.60					13		
1985	7.86					21	21	
1990	10.36	59.31	237	10		17	15	
1995	12.80	90.53	370	28	39	18	19	12.73
1996	14.37	91.56	431	33	38	20	20	12.81
1997	14.10	89.56	473	40	37	19	21	13.89
1998	14.40	92.46	688	49	35	18	22	13.89
1999	14.00	89.49	725	67	35	17	22	14.55

1－7　主要年份国民经济和社会主要指标平均每天水平

AVERAGE DAILY LEVEL OF MAIN NATIONAL ECONOMIC AND SOCIAL INDICATORS IN MAIN YEARS

年份 Year	国内生产总值(万元) Gross Domestic Product (10 000yuan)	工业总产值(万元) Gross Output Value of Industry (10 000yuan)	农业总产值(万元) Gross Output Value of Agriculture (10 000yuan)	固定资产投资总额(万元) Total Investment in Fixed Assets (10 000yuan)	地方财政收入(万元) Local Financial Revenue (10 000yuan)	货运量(万吨) Freight Traffic (10 000 tons)	客运量(万人次) Passengers Traffic (10 000 person－times)	特快专递(份) Express Mail	电报(份) Teleg－raphs	长途电话(万张) Long Distance Telephone Calls (10 000pcs)
1979	54	20	36	16	5					
1980	74	29	46	38	8					
1985	1 069	676	126	913	172					
1990	4 703	6 033	327	1 587	595	3.70	24.20	1 025	7 822	15
1995	21 800	33 602	637	7 557	2 441	9.70	22.63	4 158	6 727	117
1996	26 029	39 115	749	8 973	3 610	10.00	22.69	5 659	5 778	145
1997	30 959	45 648	742	10 769	3 966	10.56	23.33	6 123	5 173	190
1998	35 316	53 247	817	13 161	4 518	11.09	23.24	6 711	5 395	233
1999	39 343	59 271	821	15 605	5 063	11.71	23.98	7989	5097	276

1－7续表　continued

年份 Year	自来水供水量(万吨) Tap Water Supply (10 000 tons)	液化石油气售气量(吨) Liquefied Petroleum Gas Sales (ton)	用电量(万千瓦时) Electricity Consumption (10 000kwh)	公共汽车客运人数(万人次) Bus Passengers (10 000 person－times)	住宅竣工面积(平方米) Floor Space of Residence Completed (sq. m)	社会消费品零售总额(万元) Retail Sales of Consumer Goods (10 000yuan)	出生人数(人) Births (person)	死亡人数(人) Deaths (person)	结婚(对) Marriages (couple)	离婚(对) Divorces (couple)
1979						31	22	5		
1980		0.04				54	19	5	6	
1985		25.69		14.20		728	15	4	18	
1990		97.18	985	60.13	5 020	1 829	29	5	28	1
1995	157	569.46	2 503	96.96	13 294	7 105	35	5	36	3
1996	177	831.16	2 779	97.25	15 483	8 137	36	6	33	4
1997	192	968.28	3 084	99.18	14 034	8 945	37	6	33	4
1998	218	980.94	3 546	102.05	19 986	11 497	36	6	37	4
1999	237	1 006.15	4 106	111.23	21 934	12 807	40	10	40	5

1-8 国内生产总值
GROSS DOMESTIC PRODUCT
(1979—1999)

单位:万元 (10 000 yuan)

年 份 Year	国内生产总值 Gross Domestic Product	第一产业 Primary Industry	第二产业 Secondary Industry	工业 Industry	建筑业 Construction	第三产业 Tertiary Industry	人均国内生产总值(元) Gross Domestic Product Per Capita(yuan)
1979	19 638	7 273	4 017	2 313	1 704	8 348	606
1980	27 012	7 803	7 036	3 726	3 310	12 173	835
1981	49 576	13 343	16 019	8 311	7 708	20 214	1 417
1982	82 573	18 960	31 439	9 540	21 899	32 174	2 023
1983	131 212	22 614	55 848	22 466	33 382	52 750	2 512
1984	234 161	25 932	106 606	51 802	54 804	101 623	3 504
1985	390 222	26 111	163 586	102 137	61 449	200 525	4 809
1986	416 451	32 907	163 185	106 606	56 579	220 359	4 584
1987	559 015	46 519	220 463	164 445	56 018	292 033	5 349
1988	869 807	57 005	359 230	274 787	84 443	453 572	6 477
1989	1 156 565	68 615	505 361	400 579	104 782	582 589	6 710
1990	1 716 665	70 220	769 319	644 947	124 372	877 126	8 724
1991	2 366 630	80 836	1 126 084	928 846	197 238	1 159 710	10 746
1992	3 173 194	105 914	1 522 432	1 176 087	346 345	1 544 848	12 707
1993	4 492 889	110 089	2 455 282	1 832 121	623 161	1 927 518	16 165
1994	6 151 933	137 817	3 365 175	2 648 856	716 319	2 648 941	19 514
1995	7 956 950	129 243	4 169 346	3 262 764	906 582	3 658 361	23 381
1996	9 500 446	157 036	4 781 274	3 823 872	957 402	4 562 136	27 005
1997	11 300 133	157 952	5 566 344	4 476 048	1 090 296	5 575 837	30 619
1998	12 890 190	164 544	6 445 832	5 174 495	1 271 337	6 279 814	33 282
1999	14 360 267	165 327	7 271 146	5 874 637	1 396 509	6 923 794	35 896

1－9 国内生产总值三次产业构成
COMPOSITION OF GROSS DOMESTIC PRODUCT BY THREE INDUSTRIES
(1979—1999)

单位:% (%)

年 份 Year	国内生产总值 Gross Domestic Product	第一产业 Primary Industry	第二产业 Secondary Industry	工业 Industry	建筑业 Construction	第三产业 Tertiary Industry
1979	100.0	37.0	20.5	11.8	8.7	42.5
1980	100.0	28.9	26.0	13.8	12.2	45.1
1981	100.0	26.9	32.3	16.8	15.5	40.8
1982	100.0	23.0	38.1	11.6	26.5	38.9
1983	100.0	17.2	42.6	17.1	25.5	40.2
1984	100.0	11.1	45.5	22.1	23.4	43.4
1985	100.0	6.7	41.9	26.2	15.7	51.4
1986	100.0	7.9	39.2	25.6	13.6	52.9
1987	100.0	8.3	39.4	29.4	10.0	52.3
1988	100.0	6.6	41.3	31.6	9.7	52.1
1989	100.0	5.9	43.7	34.6	9.1	50.4
1990	100.0	4.1	44.8	37.6	7.2	51.1
1991	100.0	3.4	47.6	39.2	8.4	49.0
1992	100.0	3.3	48.0	37.1	10.9	48.7
1993	100.0	2.5	54.6	40.8	13.8	42.9
1994	100.0	2.2	54.7	43.1	11.6	43.1
1995	100.0	1.6	52.4	41.0	11.4	46.0
1996	100.0	1.7	50.3	40.2	10.1	48.0
1997	100.0	1.4	49.3	39.6	9.7	49.3
1998	100.0	1.3	50.0	40.1	9.9	48.7
1999	100.0	1.2	50.6	40.9	9.7	48.2

1－10　国内生产总值指数
INDICES OF GROSS DOMESTIC PRODUCT
(1980—1999)

(以1979年为100)　　(1979＝100)

年份 Year	国内生产总值 Gross Domestic Product	第一产业 Primary Industry	第二产业 Secondary Industry	工业 Industry	建筑业 Construction	第三产业 Tertiary Industry	人均国内生产总值 Gross Domestic Product Per Capita
1980	162.7	103.0	175.8	163.3	197.0	209.5	163.0
1981	250.2	132.0	445.6	406.5	512.1	307.9	231.8
1982	396.4	182.2	730.5	415.5	1 266.1	504.9	314.7
1983	627.5	192.8	1 181.7	869.2	1 713.0	873.5	389.3
1984	1 003.3	198.8	2 347.6	2 003.6	2 932.6	1 392.7	486.6
1985	1 249.4	196.8	4 011.2	4 383.4	3 378.4	1 550.9	499.1
1986	1 283.1	231.8	4 269.3	4 825.1	3 324.3	1 537.1	457.7
1987	1 609.0	242.0	5 767.9	7 226.5	3 287.7	1 882.1	499.0
1988	2 186.6	225.1	8 306.0	10 603.7	4 398.9	2 547.1	527.7
1989	2 595.5	280.0	11 472.9	15 030.4	5 423.9	2 678.4	488.0
1990	3 439.1	298.5	16 760.4	22 789.5	6 508.7	3 286.1	566.4
1991	4 677.1	312.8	23 700.4	31 743.9	10 023.4	4 358.6	688.2
1992	6 229.9	313.7	30 607.2	38 297.6	17 530.9	6 090.4	808.6
1993	8 098.9	318.1	43 079.0	52 846.0	26 471.7	7 310.3	944.3
1994	10 536.7	300.3	58 366.2	74 928.7	30 204.2	9 124.2	1 083.2
1995	12 960.1	295.8	71 248.7	92 642.5	34 871.6	11 396.1	1 234.2
1996	15 085.6	303.5	83 076.0	110 244.6	36 789.5	13 276.5	1 389.7
1997	17 499.3	305.3	96 617.4	129 316.9	40 983.5	15 387.5	1 537.0
1998	20 036.7	315.1	112 655.9	151 171.5	47 008.1	17 218.6	1 676.9
1999	22 861.9	339.4	130 680.8	176 719.5	52 414.0	19 216.0	1 853.0

1-11 国内生产总值指数
INDICES OF GROSS DOMESTIC PRODUCT
(1980—1999)

(以上年为100)　　(Preceding Year=100)

年 份 Year	国内生产总值 Gross Domestic Product	第一产业 Primary Industry	第二产业 Secondary Industry	工业 Industry	建筑业 Construction	第三产业 Tertiary Industry	人均国内生产总值 Gross Domestic Product Per Capita
1980	162.7	103.0	175.8	163.3	197.0	209.5	163.0
1981	153.8	128.2	253.5	248.9	259.9	146.9	142.2
1982	158.4	138.0	163.9	102.2	247.2	164.0	135.8
1983	158.3	105.8	161.8	209.2	135.3	173.0	123.7
1984	159.9	103.1	198.7	230.5	171.2	159.4	125.0
1985	124.5	99.0	170.9	218.8	115.2	111.4	102.6
1986	102.7	117.8	106.4	110.1	98.4	99.1	91.7
1987	125.4	104.4	135.1	149.8	98.9	122.4	109.0
1988	135.9	93.0	144.0	146.7	133.8	135.3	105.8
1989	118.7	124.4	138.1	141.7	123.3	105.2	92.5
1990	132.5	106.6	146.1	151.6	120.0	122.7	116.1
1991	136.0	104.8	141.4	139.3	154.0	132.6	121.5
1992	133.2	100.3	129.1	120.6	174.9	139.7	117.5
1993	130.0	101.4	140.7	138.0	151.0	120.0	116.8
1994	130.1	94.4	135.5	141.8	114.1	124.8	114.7
1995	123.0	98.5	122.1	123.6	115.5	124.9	113.9
1996	116.4	102.6	116.6	119.0	105.5	116.5	112.6
1997	116.0	100.6	116.3	117.3	111.4	115.9	110.6
1998	114.5	103.2	116.6	116.9	114.7	111.9	109.1
1999	114.1	107.7	116.0	116.9	111.5	111.6	110.5

1-12　主要年份国内生产总值(按三次产业分)

GROSS DOMESTIC PRODUCT IN MAIN YEARS (CLASSIFIED BY THREE INDUSTRIES)

单位:万元　　(10 000 yuan)

指　标	Indicator	1990	1995	1998	1999
国内生产总值	**Gross Domestic Product**	**1 716 665**	**7 956 950**	**12 890 190**	**14 360 267**
第一产业	Primary Industry	70 220	129 243	164 544	165 327
第二产业	Secondary Industry	769 319	4 169 346	6 445 832	7 271 146
工　业	Industry	644 947	3 262 764	5 174 495	5 874 637
建筑业	Construction	124 372	906 582	1 271 337	1 396 509
第三产业	Tertiary Industry	877 126	3 658 361	6 279 814	6 923 794
交通运输、仓储、邮电通信业	Transportation, Storage, Post and Telecommunications	139 807	567 166	998 213	1 107 810
交通运输业和仓储业	Transportation and Storage	102 015	344 449	428 965	482 030
邮电通信业	Post and Telecommunications	39 992	222 717	569 248	625 780
批发和零售贸易、餐饮业	Wholesale & Retail Trade and Catering Services	190 186	885 934	1 314 408	1 436 018
商　业	Commerce	152 877	677 256	1 037 219	1 140 653
餐饮业	Catering Services	27 109	208 678	277 189	295 365
金融保险业	Banking and Insurance	240 157	874 259	1 754 661	1 895 495
金融业	Banking	216 673	748 444	1 632 007	1 829 961
保险业	Insurance	12 342	36 615	57 669	65 534
房地产业	Real Estate Trade	91 396	587 430	808 293	867 318
社会服务业	Social Services	114 079	359 376	675 368	790 236
卫生、体育、社会福利事业	Health Care, Sports and Social Welfare	13 508	100 630	196 625	230 065
教育、文艺、广播电影电视事业	Education, Culture, Art, Radio, Film and Television	21 840	74 625	188 601	225 160
科学研究和综合技术服务业	Scientific Research and Polytechnical Services	4 736	31 454	65 000	61 691
国家机关、政党机关、社会团体	Government Agencies, Party Agencies and Social Organizations	38 681	73 651	149 716	175 916
其他	Others	13 421	50 655	67 130	65 787

二、人口和劳动力

1999 年深圳人口与就业

1999 年,随着深圳国民经济和各项社会事业的发展,与之相适应的人口与就业结构均发生变化,总人口规模继续扩大,就业人口的素质进一步提高。新的计划生育管理条例顺利实施,对控制人口增长发挥了积极作用,使人口自然增长率保持在相对较低的水平。

一、人口规模及其变化

1. 年末常住人口规模继续扩大,增速进一步放缓,户籍人口与暂住人口的增速差距拉大

1999 年末全市常住人口达 405.13 万人,其中户籍人口 119.85 万人,暂住人口 285.29 万人,分别比上年增长 2.25%、4.58% 和 1.76%,增长速度分别比上年下降1.46、0.12 和2.01 个百分点。在常住人口增长速度不断放缓的过程中,其中户籍人口保持了平稳的增长速度,暂住人口增长速度近年则呈明显的逐年下降趋势,户籍人口与暂住人口的增速差距由上年的 0.93 个百分点扩大到 2.82 个百分点,使户籍人口占常住人口的比重回升至 29.58%,比上年提高 0.56 个百分点。

2. 在新增人口中,户籍新增人口首次超过暂住新增人口

在当年新增的 10.17 万人中,户籍人口新增 5.24 万人,占当年新增人口的 51.55%,增长量首次超过暂住人口。户籍新增人口仍以机械增长为主,比上年增加 4.12 万人,占户籍新增人口的 78.52%。暂住人口当年新增4.93万人,占当年新增常住人口的 48.45%,比户籍新增人口低 3.1 个百分点。

3. 户籍人口自然增长保持相对较低的水平

深圳人口的年龄结构属于年轻型,且相对集中于 20－39 岁年龄组,正处于生育高峰期,故一直以来,户籍人口均呈现出高出生率和高自然增长率(长期保持两位数的自然增长率)。但自 1998 年户籍人口自然增长率创出近十年来的新低后,1999 年的出生率和自然增长率虽比上年略有回升,但仍保持了相对较低的自然增长水平。当年户籍人口出生率 12.58‰,比上年回升 0.93 个千分点,自然增长率为 9.61‰,比上年回升 0.05 个千分点。

4. 特区内户籍人口增速放缓,特区外户籍人口增速加快,各区之间户籍人口增速差距扩大

年末户籍人口特区内 74.81 万人,比上年增长4.65%,特区外 45.04 万人,增长 4.45%,增长速度分别比上年降低 0.29 和提高 0.14 个百分点,使特区内外户籍人口当年的增长速度趋于持平,但特区内仍略高 0.2 个百分点。在新增户籍人口中,特区外的自然增长率为 10.27‰,明显高于特区内的 9.21‰,两者相差 1.06 个千分点。在全市六个行政区中,户籍人口增长速度最高的南山区达 10.57%,与增长速度最低的盐田区之间相差10.67个百分点,高低差比上年增加 4.36 个百分点。需要特别指出的是,盐田区 1999 年末户籍人口比上年减少 0.1%,这是建市以来首次出现的行政区人口负增长,应引起有关部门的重视。

5. 暂住人口在特区内、外的增长均放缓,居住时间延长,稳定性增加

年末特区内、外暂住人口分别比上年增长 1.97%和 1.61%,增速分别降低 3.79 和 0.85

个百分点。在全市暂住人口中,在深圳居住一年以上的占51.77%,比上年提高1.7个百分点,说明深圳暂住人口稳定性增加,流动性有所减弱,但流动性仍然很大。这一方面说明国民经济和社会发展对暂住人口所要求的稳定性,特别是高素质人才和技术工人的稳定性增加;另一方面庞大的流动人口在频繁地流动,也说明深圳产业结构调整和高新技术产业发展对人口的需求不断更新,从而拉动整个暂住人口在频繁的流动中进行结构调整,使之与国民经济发展相协调。

6. 新修订的《广东省计划生育条例》在全市的顺利实施和各项管理措施的进一步落实,对控制人口增长发挥了积极作用

1999年全市户籍出生人口中一孩率为81.7%,保持在较高水平,而多孩率仅为0.33%,比上年下降了0.28个百分点。计划生育率达97.36%,比上年提高1个百分点。已婚育龄妇女节育率为89.33%,比上年提高0.21个百分点。93861人领取了独生子女证,领证率达32.38%,比上年提高3.7个百分点。与此同时,户籍人口当年出生的婴儿性别比为121.68(女性=100),呈现当年出生人口性别比失衡的状况,且特区外的情况更为严重,婴儿性别比更高达130.69。这一点应引起有关部门的高度重视。

7. 人口增长与国民经济发展保持协调的发展态势

全年国民经济发展(GDP增长率)对常住人口增长的弹性系数为5.50:1,比上年的3.59:1有大幅的提高。表明1999年深圳在国民经济取得稳定高速增长的同时,各项社会事业也协调发展,在人口管理工作方面也取得显著成效,使常住人口的增长与社会发展资源之间的协调性进一步提高,也表明了人口结构的良性调整和优化。

二、人口结构

1. 年龄:与上年对比,在全市常住人口中,年轻人口增多,人口平均年龄有所降低。全市40岁以下人口占79.9%,比上年提高0.29个百分点。人口年龄众数组仍在20-29岁组,占总人口的35.77%,比上年提高0.2个百分点;0-14岁青少年人口占15.01%,比上年提高0.03个百分点;60岁以上老年人口所占比重为5.13%,比上年略提高0.02个百分点。人口平均年龄为28.65岁,比上年降低0.15岁(详见表1)。

表1　　常住人口年龄构成表

(单位:%)

年龄＼年份	1999年	1998年	1997年
0-14	15.01	14.98	15.07
15-19	10.95	10.87	10.56
20-29	35.77	35.57	37.19
30-39	18.17	18.19	17.62
40-49	10.46	10.58	10.33
50-59	4.51	4.70	4.05
60岁以上	5.13	5.11	5.18
常住人口平均年龄(岁)	28.65	28.8	27.41
暂住人口平均年龄(岁)	26.61	26.50	25.19

2. 性别:常住人口性别比进一步下降,但下降势头有所减缓。近几年来,全市常住人口性别比呈现逐年下降的趋势。到1999年末,常住人口性别比为95.3,比上年下降0.14个百分点,为1990年以来的最低点,但下降速度有所放缓(上年下降1.58个百分点)。与此同时,户籍人口的性别比呈现相反的上升趋势。到1999年末,全市户籍人口性别比达109.67,分别比上年和1997年提高0.8和1.83个百分点。以上数据表明在深圳常住人口中,女性人口多于男性人口,其中暂住人口更以女性为多,而户籍人口则男性人口多于女性人口。

3. 户籍构成:不同户籍状况人口在全市常住人口中所占比重变化平稳,其中户籍人口所占比重缓慢上升。到1999年末,户籍人口所占比重为29.58%,比上年缓升0.56个百分点。

与此相应的是暂住人口所占比重轻微下降。但不同户籍状况人口的构成在特区内外差异较大,特区内户籍人口占常住人口的比重为39.33%,而特区外则只有20.95%,相差达18.38个百分点。

4.家庭户规模:年末全市家庭户人口达265万人,家庭户82万户。家庭户规模比较稳定,平均每户人口为3.23人,基本与上年持平。户籍人口家庭户规模与暂住人口家庭户规模差异较大,户籍人口家庭户规模为3.31人,而暂住人口家庭户规模则只有3.17人。说明在深圳的暂住人口家庭中,更多的是以"夫妇+小孩"的核心家庭为主。

三、人口地区分布及人口密度

全市人口密度仍在不断增加,但速度明显回落。全市每平方公里人口密度为2079人,比上年增加2.57%,其中特区内4855人,增加3.01%,特区外1381人,增加2.22%。人口密度的增长速度则分别比上年回落1.49、2.43和0.6个百分点。

常住人口在全市各区之间的分布状况是:

1.特区外常住人口仍比特区内为多,但差距正在逐年缩小,趋于平衡。特区外常住人口所占比重为53.06%,比特区内高6.12个百分点,差距比上年缩小0.88个百分点。

2.在户籍人口中,特区内占绝大部分,且所占比重仍在提高。在全市年末户籍人口中,特区内占62.42%,特区外占37.58%,特区内比特区外高26.84个百分点,差距比上年略为增加0.04个百分点。

3.在暂住人口中,特区外仍占多数,但所占比重有所下降。在年末暂住人口中,特区外占59.56%,特区内占40.44%,特区外比特区内高19.12个百分点。

4.特区内户籍人口和暂住人口的增长速度均高于特区外,增长速度分别高0.2和0.36个百分点。

5.特区内、外和各区之间的人口密度差距进一步拉大。特区内外之间的人口密度差为2.52倍,而各区之间人口密度最大的区和最小的区的差距为7.73倍。其差距均比上年有所拉大(详见表2)。

表2　　1999年末常住人口数

(单位:人)

项目 \ 区别	1999年			1998年			1999年比上年±%			人口密度(人/平方公里)
	常住人口	户籍人口	暂住人口	常住人口	户籍人口	暂住人口	常住人口	户籍人口	暂住人口	
全市合计	4051347	1198468	2852879	3949630	1146028	2803602	2.58	4.58	1.76	2079
1.特区内	1901827	748077	1153750	1846261	714846	1131415	3.01	4.65	1.97	4855
福田区	730165	292907	437258	706684	274786	431898	3.32	6.59	1.24	9357
罗湖区	610762	287823	322939	600388	286212	314176	1.73	0.56	2.79	7742
南山区	447671	141456	306215	428703	127931	300772	4.42	10.57	1.81	2725
盐田区	113229	25891	87338	110486	25917	84569	2.48	-0.1	3.27	1606
2.特区外	2149520	450391	1699129	2103369	431182	1672187	2.19	4.45	1.61	1381
宝安区	1244576	259236	985340	1212582	249190	963392	2.64	4.03	2.28	1746
龙岗区	904944	191155	713789	890787	181992	708795	1.59	5.03	0.7	1072

四、人口素质状况

1. 人口受教育程度

随着近几年来深圳人口政策和引进人才政策的调整以及各项优惠政策的全面落实,特别是高新技术企业的发展,吸引了大批国内外优秀人才,促进了劳动者总体素质的提高。受大专以上教育程度人口所占比重继续提高。到1999年,全市每十万人中受大专以上教育程度的人口已达10397人,比上年增加2.07%。其中大学本科文化程度的人口增加最快,比上年增加4.68%,这主要是1998年以来深圳在人才的外引政策方面调整的结果,即调入深圳市的学历要求由原来的大专以上提高到大学本科以上。硕士及以上文化程度的人口增加3.61%,大专文化程度人口与上年基本持平。表明深圳近几年的自我培养和吸引国内外优秀人才政策取得了一定成效,人口总体素质不断提高,这将有利于深圳今后国民经济和社会事业的发展(详见表3)。

表3 受不同程度教育人口一览表

(单位:人/十万人)

教育程度组别	1999年	1998年	1997年
硕士及以上	402	388	307
大学本科	4563	4359	4312
大专	5432	5439	4783
高中及初中	63313	64090	63644
小学	17902	17897	18599
15岁以上不识字或识字很少	2912	2832	3128

2. 人口职业技能状况

据调查,1999年深圳常住就业人口中,高级技师仅占0.04%,技师占1.43%,高级技工占1.23%,中级技工占5.01%,初级技工占20.66%,其他占71.13%。从持有职业技能证书的情况来看,常住就业人口中持有职业技能证书者占8.33%,其中户籍就业人口中持证率为15.27%,暂住就业人口仅为5.41%,而暂住就业人口是深圳产业工人的主体。这表明深圳缺乏技能型人才,特别是缺乏高技能型人才,没有一支较高技能水平的产业工人队伍。

五、人口就业状况

1. 就业状况

1999年的劳动者素质及就业情况抽样调查表明,过去三年深圳市委、市政府及有关部门为解决深圳户籍居民的再就业问题所采取的一系列措施已取得一定成效,就业率一直保持在较高水平(详见表4)。

表4 就业率情况一览表

(单位:%)

	1999年	1998年	1997年
常住人口	95.2	96.0	96.0
户籍人口	90.1	90.6	89.0
暂住人口	97.8	98.0	98.3

2. 就业人口的基本特征

近几年,深圳市委、市政府高度重视人才的引进和培养工作。调查表明,深圳在人才引进方面取得积极成效,就业人口的素质显著提高,但不同性质的就业人口,其素质提高程度差异较大。

(1)常住就业人口受教育程度稳步提高。深圳常住就业人口中,受大专及以上教育程度人口所占比重由1997年的10.83%逐步提高到1998年的13.82%、1999年的13.99%。即1999年深圳就业人口中受高等教育者所占比重比1997年上升了3.16%(详见表5)。

(2)户籍就业人口受教育程度提高较快。深圳户籍就业人口普遍受教育程度较高。按1999年最新调查资料,深圳户籍就业人口中,大专及以上学历者所占比重高达39.91%,比1998年提高4.17%,这反映出深圳从1997年开始大规模引进人才已取得明显成效(详见表6)。

表 5　常住就业人口中受不同教育程度人口比重　(单位:%)

年　份	合计	大学本科及以上	大专	高中(含中专)	初中及以下
1997 年	100	4.40	6.43	24.50	64.67
1998 年	100	5.87	7.95	25.36	60.82
1999 年	100	6.45	7.54	25.50	60.51

表 6　户籍就业人口中受不同教育程度人口比重　(单位:%)

年　份	合计	大学本科及以上	大专	高中(含中专)	初中及以下
1997 年	100	11.48	15.48	33.90	39.14
1998 年	100	16.05	19.69	33.04	31.22
1999 年	100	20.36	19.55	32.10	27.99

(3)暂住就业人口受教育程度提高呈徘徊状态。过去几年,暂住就业人口受教育程度虽然得到一定提高,但相对而言,暂住就业人员整体受教育程度仍较低,提高暂住人员素质,是提高深圳整体就业人口素质的关键(详见表 7)。

表 7　暂住就业人口中受不同教育程度人口比重　(单位:%)

年　份	合计	大学本科及以上	大专	高中(含中专)	初中及以下
1997 年	100	2.16	3.56	21.53	72.75
1998 年	100	2.65	4.24	22.66	70.45
1999 年	100	2.53	4.15	22.71	70.61

3. 常住就业人口的产业构成

在过去两年,深圳就业人口在三次产业部门的构成呈现新的变化,就业人口产业构成更趋合理和现代化。表现在第一、第二产业部门的从业人员所占比重逐年缩小,第三产业从业人员所占比重逐年上升。最新调查表明,1999 年深圳第三产业从业人员的比重已达 40.51%(详见表 8)。

表 8　按三次产业分的从业人员比重　(单位:%)

年份	合　计	第一产业	第三产业	第三产业
1997 年	100	1.65	61.6	36.25
1998 年	100	1.59	59.76	38.65
1999 年	100	1.44	58.05	40.51

六、人口的失业状况

1. 失业率呈继续回落之势

1997 年以来,深圳常住人口失业率逐年回落,特别是户籍人口的失业率已从 1997 年的 9.63%回落到 1999 年的 7.35%,而暂住人口失业率始终保持在较低的水平(详见表 9)。尽管 1999 年户籍人口的失业率仅比上年回落 0.03%,但这是在国内失业率普遍上升,下岗增多,就业竞争越来越激烈的情况下取得的成果,无疑具有特别重要的意义。

表 9　不同户籍性质人口失业率一览表　(单位:%)

	1997 年	1998 年	1999 年
全市常住人口	3.35	3.32	3.22
#户籍人口	9.63	7.38	7.35
暂住人口	1.12	1.74	1.61

2. 青年学生就业难的问题应引起重视

在深圳常住失业人口中,30 岁以下的青年人所占比重最大,1997 年为 53.7%,1998 年为 55.93%,1999 年为 61.24%,显然青年失业问题仍然是重点,在失业青年中又有约 50%属于毕业即失业的。深圳失业青年增多,既有其主观原因,也有客观原因。从主观上来看,这类青年基本没有专长，学历较低(大部分是初、高中毕业生)，因其家庭经济基础较好，大都追求理想、舒适的工作，缺乏正确的就业观念，失业的压力感不强，求职的主动性不够，影响到正常的就业。从客观上来看，最近几年，深圳的就业竞争十分激烈，本市青年与外来劳务工相比，不仅没有竞争的优势，反而处于竞争的劣势地位。从用人单位的角度来看，本市青年对收入要求较高，却不如外来青年能吃苦、好管理。因此，转变青年的就业观念成为当务之急，这一问题应引起社会的广泛关注和重视。

(执笔：林冠荣　黄轩国)

全市常住人口（万人）

Population (10000 persons)

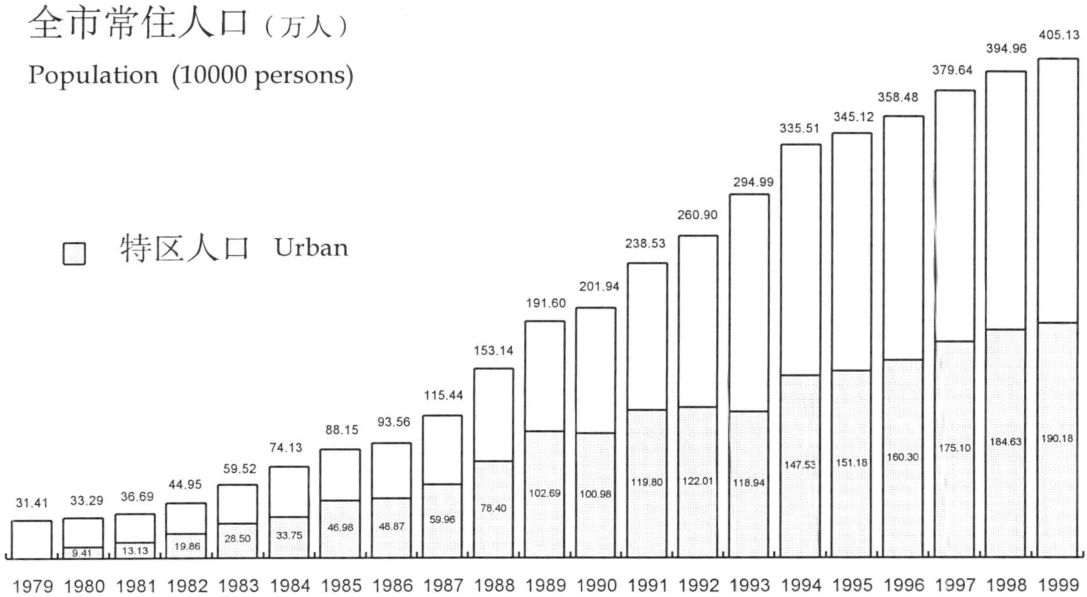

人口出生率、死亡率、自然增长率（‰）

Birth Rate, Death Rate and Natural Growth Rate（‰）

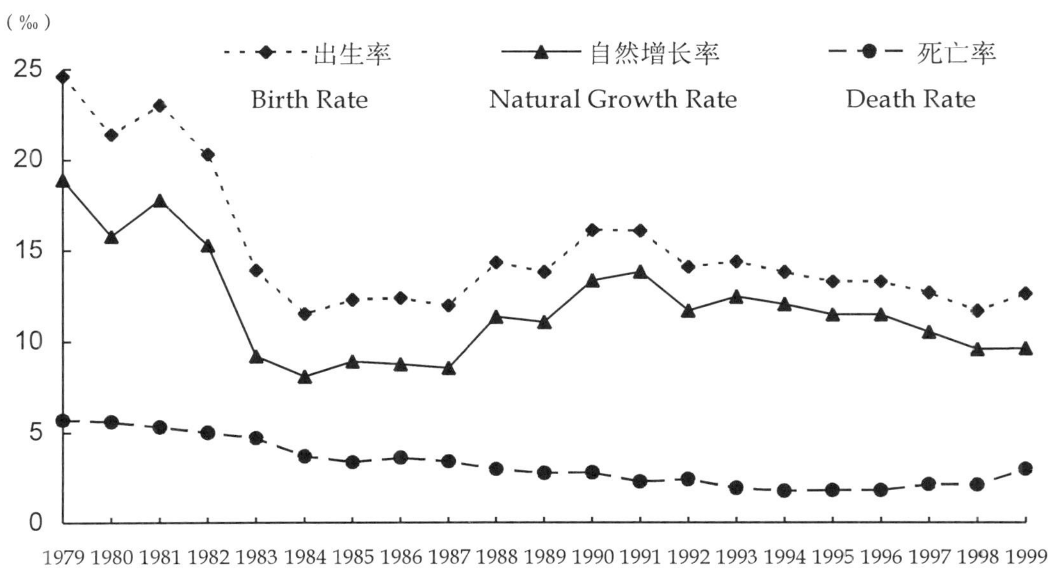

2-1　户数、人口、出生、死亡及自然增长
HOUSEHOLDS, POPULATION, BIRTH, DEATH AND NATURAL GROWTH (1979—1999)

年份 Year	年末户籍人口户数（万户）Households with Residence Cards (year-end) (10 000 households)	农业户 Agriculture	非农业户 Non-Agriculture	年末常住人口数（万人）Year-end Resident Population (10 000 persons)	户籍人口 Population with Residence Cards	暂住人口 Population with Temporary Residence Cards
全市 Total						
1979	7.62	6.06	1.56	31.41	31.26	0.15
1980	7.82	5.95	1.87	33.29	32.09	1.20
1981	8.20	6.16	2.04	36.69	33.39	3.30
1982	8.61	5.95	2.66	44.95	35.45	9.50
1983	9.25	5.83	3.42	59.52	40.52	19.00
1984	10.32	5.88	4.44	74.13	43.52	30.61
1985	11.27	5.84	5.43	88.15	47.86	40.29
1986	12.41	5.92	6.49	93.56	51.45	42.11
1987	13.88	6.06	7.82	115.44	55.60	59.84
1988	15.30	5.92	9.38	153.14	60.14	93.00
1989	16.51	6.12	10.39	191.60	64.82	126.78
1990	18.19	6.52	11.67	201.94	68.65	133.29
1991	19.56	6.65	12.91	238.53	73.22	165.31
1992	21.81	5.67	16.14	260.90	80.22	180.68
1993	24.32	6.43	17.89	294.99	87.69	207.30
1994	26.74	6.86	19.88	335.51	93.97	241.54
1995	28.67	7.70	20.97	345.12	99.16	245.96
1996	30.35	8.06	22.29	358.48	103.38	255.10
1997	32.15	8.16	23.98	379.64	109.46	270.18
1998	34.07	8.26	25.81	394.96	114.60	280.36
1999	36.15	8.29	27.86	405.13	119.85	285.29
特区 Urban						
1980	1.87	0.88	0.99	9.41	8.41	1.00
1981	2.49	1.04	1.45	13.13	9.83	3.30
1982	2.87	0.99	1.88	19.86	12.86	7.00
1983	3.41	0.98	2.43	28.50	16.50	12.00
1984	4.21	0.96	3.25	33.75	19.14	14.61
1985	5.23	0.99	4.24	46.98	23.19	23.79
1986	6.06	1.08	4.98	48.87	25.74	23.13
1987	7.16	1.13	6.03	59.96	28.69	31.27
1988	8.33	1.15	7.18	78.40	32.19	46.21
1989	9.24	1.14	8.10	102.69	36.20	66.49
1990	10.68	1.19	9.49	100.98	39.53	61.45
1991	11.77	1.25	10.52	119.80	43.21	76.59
1992	12.82		12.82	122.01	47.28	74.73
1993	14.15		14.15	118.94	52.14	66.80
1994	15.32		15.32	147.53	56.52	91.01
1995	16.35		16.35	151.18	59.96	91.22
1996	17.20		17.20	160.30	63.28	97.02
1997	18.45		18.45	175.10	68.12	106.98
1998	19.52		19.52	184.63	71.48	113.14
1999	20.71		20.71	190.18	74.81	115.38

2-1续表1　continued

年　份 Year	在年末户籍人口中 Of Population with Residence Cards 男性(万人) Male (10 000persons)	女性(万人) Female (10 000persons)	农业人口(万人) Agriculture (10 000 persons)	非农业人口(万人) Non-Agriculture (10 000 persons)	户籍户平均每户人口(人) Average Persons Per Household with Residence Cards (person)	年平均人口 Average Annual Population (10 000 persons) 按常住人口计算 Resident Population	按户籍人口计算 Population with Residence Cards
全市　Total							
1979	14.26	17.00			4.10		
1980	14.69	17.40			4.10	32.35	31.68
1981	15.51	17.88			4.07	34.99	32.74
1982	16.67	18.78			4.12	40.82	34.42
1983	20.50	20.02			4.38	52.24	37.99
1984	22.01	21.51			4.22	66.83	42.02
1985	24.32	23.54			4.25	81.14	45.69
1986	26.13	25.32	25.00	26.45	4.15	90.86	49.66
1987	28.22	27.38	24.99	30.61	4.01	104.50	53.53
1988	30.49	29.64	25.17	34.96	3.93	134.29	57.87
1989	32.89	31.93	25.48	39.34	3.93	172.37	62.48
1990	34.92	33.73	25.65	43.00	3.77	196.77	66.74
1991	37.27	35.95	26.23	46.99	3.74	220.24	70.94
1992	41.19	39.03	22.83	57.39	3.68	249.72	76.72
1993	45.25	42.44	23.61	64.08	3.61	277.95	83.96
1994	48.62	45.35	24.41	69.56	3.51	315.25	90.83
1995	51.37	47.80	24.39	74.77	3.46	340.32	96.57
1996	53.64	49.75	24.47	78.91	3.41	351.80	101.27
1997	56.79	52.66	24.66	84.80	3.40	369.06	106.42
1998	59.73	54.87	24.69	89.91	3.36	387.30	112.03
1999	62.69	57.16	24.79	95.06	3.32	400.05	117.22
特区　Urban							
1980					4.49		
1981					3.95	11.27	9.12
1982					4.48	16.50	11.35
1983					4.84	24.18	14.68
1984					4.55	31.13	17.82
1985					4.43	40.37	21.17
1986	14.19	11.55	4.18	21.56	4.25	47.93	24.47
1987	15.64	13.05	4.17	24.52	4.01	54.42	27.22
1988	17.31	14.88	4.19	28.00	3.87	69.18	30.44
1989	19.36	16.84	4.34	31.86	3.92	90.54	34.19
1990	21.10	18.42	4.46	35.07	3.77	101.84	37.86
1991	22.99	20.22	4.55	38.66	3.67	110.40	41.37
1992	25.25	22.03		47.28	3.69	120.91	45.25
1993	27.90	24.24		52.14	3.69	120.48	49.71
1994	30.24	26.28		56.52	3.69	133.24	54.33
1995	32.09	27.88		59.96	3.67	149.36	58.24
1996	33.81	29.47		63.28	3.68	155.74	61.62
1997	36.26	31.86		68.12	3.69	167.70	65.70
1998	38.20	33.29		71.48	3.66	179.86	69.80
1999	40.05	34.76		74.81	3.61	187.41	73.15

2-1 续表 2　continued

年　份 Year	出生人口数(人) Population of Birth (person)	出生率(‰) Birth Rate (‰)	死亡人口数(人) Population of Death (person)	死亡率(‰) Death Rate (‰)	自然增长人数(人) Population of Natural Growth(person)	自然增长率(‰) Natural Growth Rate (‰)
全市　Total						
1979	7 962	24.60	1 856	5.70	6 106	18.90
1980	6 775	21.40	1 773	5.60	5 002	15.80
1981	7 544	23.00	1 732	5.30	5 812	17.80
1982	6 974	20.30	1 707	5.00	5 267	15.30
1983	5 295	13.90	1 793	4.70	3 502	9.20
1984	5 005	11.50	1 606	3.69	3 399	8.09
1985	5 606	12.27	1 533	3.36	4 073	8.91
1986	6 143	12.37	1 794	3.61	4 349	8.76
1987	6 399	11.95	1 822	3.40	4 577	8.55
1988	8 290	14.32	1 720	2.97	6 570	11.35
1989	8 615	13.79	1 713	2.74	6 902	11.05
1990	10 755	16.11	1 859	2.79	8 896	13.33
1991	11 408	16.08	1 607	2.27	9 801	13.81
1992	11 277	14.07	1 840	2.40	9 437	11.67
1993	12 054	14.36	1 619	1.93	10 435	12.43
1994	12 509	13.77	1 590	1.75	10 919	12.02
1995	12 776	13.23	1 719	1.78	11 057	11.45
1996	13 170	13.00	2 116	2.09	11 054	10.91
1997	13 447	12.64	2 268	2.13	11 179	10.51
1998	13 049	11.65	2 341	2.09	10 708	9.56
1999	14 745	12.58	3 479	2.97	11 266	9.61
特区　Urban						
1980	1 561	20.10	338	4.40	1 223	15.80
1981	2 186	24.00	412	4.50	1 774	19.50
1982	2 460	21.70	412	3.60	2 048	18.00
1983	1 872	12.80	414	2.80	1 458	10.01
1984	1 937	10.12	414	2.16	1 523	8.54
1985	2 698	12.74	412	1.95	2 286	10.79
1986	3 010	12.31	584	2.39	2 426	9.92
1987	3 078	11.31	583	2.14	2 495	9.17
1988	4 669	15.34	482	1.58	4 187	13.75
1989	4 763	13.93	404	1.18	4 359	12.75
1990	6 665	17.60	479	1.21	6 186	16.33
1991	7 096	17.15	369	0.89	6 727	16.26
1992	6 417	14.18	510	1.13	5 907	13.05
1993	7 093	14.27	217	0.44	6 876	13.83
1994	7 020	12.92	183	0.34	6 837	12.58
1995	7 293	12.52	158	0.27	7 135	12.25
1996	7 214	11.71	784	1.27	6 430	10.44
1997	7 346	11.18	706	1.07	6 640	10.11
1998	7 102	10.17	731	1.05	6 371	9.13
1999	8 184	11.19	1 445	1.98	6 739	9.21

2-2 人口指数
INDICES OF POPULATION
(1980—1999)

单位:% (%)

年份 Year	以1979年为100 1979=100			以上年为100 Preceding Year=100		
	年末常住人口 Resident Population (Year-end)	户籍人口 Population with Residence Cards	暂住人口 Population with Temporary Residence Cards	年末常住人口 Resident Population (Year-end)	户籍人口 Population with Residence Cards	暂住人口 Population with Temporary Residence Cards
1980	106.0	102.7	800.0	106.0	102.7	800.0
1981	116.8	106.8	2 200.0	110.2	104.1	275.0
1982	143.1	113.4	6 333.3	122.5	106.2	287.9
1983	189.5	129.6	12 666.7	132.4	114.3	200.0
1984	236.0	139.2	20 406.7	124.5	107.4	161.1
1985	280.6	153.1	26 860.0	118.9	110.0	131.6
1986	297.9	164.6	28 073.3	106.1	107.5	104.5
1987	367.5	177.9	39 893.3	123.4	108.1	142.1
1988	487.6	192.4	62 000.0	132.7	108.2	155.4
1989	610.0	207.4	84 520.0	125.1	107.8	136.3
1990	642.9	219.6	88 860.0	105.4	105.9	105.1
1991	759.4	234.2	110 206.7	118.1	106.7	124.0
1992	830.6	256.6	120 453.3	109.4	109.6	109.3
1993	939.2	280.5	138 200.0	113.1	109.3	114.7
1994	1 068.2	300.6	161 026.7	113.7	107.2	116.5
1995	1 098.8	317.2	163 973.3	102.9	105.5	101.8
1996	1 141.3	330.7	170 066.7	103.9	104.3	103.7
1997	1 208.7	350.2	180 120.0	105.9	105.9	105.9
1998	1 257.4	366.6	186 906.7	104.0	104.7	103.8
1999	1 289.8	383.4	190 193.3	102.6	104.6	101.8
年平均增长率 Average Annual Growth Rate	**13.6**	**7.0**	**45.9**			

2－3　户籍人口计划生育情况
FAMILY PLANNING OF POPULATION WITH RESIDENCE CARDS
(1999)

指标名称	Item	全市合计 Total	特区 Urban	福田区 Futian	罗湖区 Luohu	盐田区 Yantian	南山区 Nanshan	宝安区 Baoan	龙岗区 Longgang
节育率(%)	Coverage of under Contraception(%)	89.33	90.18	89.92	91.64	89.10	87.91	87.24	88.34
计划生育率(%)	Birth Control Rate(%)	97.36	98.32	98.36	98.35	99.08	98.03	94.75	98.02
一孩率(%)	One－child Rate(%)	81.70	92.72	92.72	92.44	91.44	93.49	68.50	67.73
独生子女领证人数　(人)	Number of Couples with One－child Certificate(person)	93 861	79 468	36 226	25 417	1 762	16 063	6 935	7 458
独生子女领证率(%)	Coverage of One－child Certificate(%)	32.38	41.57	48.80	34.54	22.77	45.14	11.66	18.98
已婚育龄妇女人数(人)	Married Women at Child－bearing Age(person)	289 910	191 152	74 236	73 597	7 737	35 582	59 457	39 301

2－4　社会劳动者人数
NUMBER OF EMPLOYED
(1999)

单位:人　　(person)

项　目	Item	年末社会劳动者合计 Total Employed (year－end)	在岗职工 Staff and Workers	私营个体劳动者 Urban Self－Employment	镇　村劳动者 Laborers of Town and Village	其　他劳动者 Others
总　计	**Total**	**2 950 917**	**925 177**	**740 836**	**1 281 988**	**2 916**
按隶属关系分	**By Administrative Relationship**					
1. 中央属	Central Goverment	95 060	94 697			363
2. 广东省属	Guangdong	15 616	15 551			65
3. 深圳市属	Shenzhen	1 894 009	407 748	740 836	743 954	1 471
4. 其　他	Others	946 232	407 181		538 034	1 017

2－5　按行业分的社会劳动者人数
NUMBER OF EMPLOYED GROUPED BY SECTOR
(1999)

单位:人　　　　(person)

项　目	Item	年末社会劳动者合计 Total Employed (year－end)	在岗职工 Staff and Workers	私营个体劳动者 Urban Self－Employment	镇　村劳动者 Laborers of Town and Village	其　他劳动者 Others
按三次产业分	**Grouped by Industry**					
第一产业	Primary Industry	42 367	9 645	1 559	31 152	11
第二产业	Secondary Industry	1 713 136	506 231	81 776	1 123 807	1 322
第三产业	Tertiary Industry	1 195 414	409 301	657 501	127 029	1 583
按国民经济行业分	**Grouped by Sector**					
1. 农、林、牧、渔业	Farming, Forestry, Animal Husbandry and Fishery	42 367	9 645	1 559	31 152	11
2. 采掘业	Mining and Quarrying	1 567	936	135	496	
3. 制造业	Manufacturing	1 605 059	419 769	80 444	1 104 067	779
4. 电力、煤气及水的生产和供应业	Electricity, Gas and Water Production and Supply	13 717	11 208		2 440	69
5. 建筑业	Construction	92 793	74 318	1 197	16 804	474
6. 地质勘查业、水利管理业	Geological Prospecting and Water Conservancy	1 875	1 841			34
7. 交通运输、仓储及邮电通信业	Transportation, Storage, Post and Telecommunications	66 933	55 886	3 446	7 483	118
#交通运输业	Transportation	34 784	34 480	205		99
8. 批发和零售贸易、餐饮业	Wholesale, Retail Sales and Catering Trade	607 378	97 432	480 864	28 839	243
#零售贸易业	Retail Sales Trade	26 568	26 529			39
餐饮业	Catering Trade	137 811	14 674	123 108		29
9. 金融、保险业	Banking and Insurance	35 893	31 693		4 174	26
10. 房地产业	Real Estate Trade	35 977	34 940		814	223
11. 社会服务业	Social Services	141 582	63 221	68 945	9 323	93
#居民服务业	Resident Services	2 319	2 317			2
12. 卫生、体育和社会福利业	Health Care, Sports and Social Welfare	28 926	24 480		4 185	261
#卫　生	Health Care	21 519	21 264			255
13. 教育、文化艺术和广播电影电视业	Education, Culture, Arts, Radio, Film and Television	41 094	36 841		4 042	211
#教　育	Education	30 978	30 815			163
14. 科学研究和综合技术服务业	Scientific Research and Polytechnical Services	6 254	5 944		57	253
15. 国家机关、政党机关和社会团体	Government Agencies, Party Agencies and Social Organizations	47 460	47 398			62
16. 其他行业	Others	182 042	9 625	104 246	68 112	59

2-6 社会劳动者人数
NUMBER OF EMPLOYED
(1979—1999)

单位:万人　　(10 000 person)

年份 Year	年末社会劳动者合计 Total Employed (year-end)	职工 Staff and Workers	国有单位 State-owned Units	城镇集体单位 Urban Collective-owned Units	其他单位 Other Ownership Units	私营个体劳动者 Urban Self-Employment	镇村劳动者 Laborers of Town and Village
1979	13.95	4.02	3.37	0.65		0.41	9.52
1980	14.89	4.86	4.05	0.81		0.38	9.65
1981	15.36	5.31	4.51	0.80		0.13	9.92
1982	18.49	8.28	7.00	1.28		0.11	10.17
1983	22.37	12.57	10.10	1.22	1.25	0.22	9.58
1984	27.26	18.33	14.14	2.15	2.04	0.50	8.43
1985	32.61	22.66	16.84	2.60	3.22	0.64	9.31
1986	36.04	25.88	18.97	2.68	4.23	0.93	9.23
1987	44.30	32.29	22.04	3.55	6.70	1.10	10.91
1988	54.53	41.74	28.04	4.53	9.17	1.69	11.10
1989	93.65	48.24	30.34	4.85	13.05	2.19	43.22
1990	109.22	55.41	33.85	5.25	16.31	3.36	50.43
1991	127.37	64.89	38.77	6.76	19.36	3.57	58.91
1992	148.98	71.10	38.85	7.99	24.26	9.04	68.84
1993	209.74	78.11	41.45	5.42	31.24	28.53	103.10
1994	223.05	82.29	38.71	8.28	35.30	32.77	107.64
1995	244.92	88.75	40.17	10.75	37.83	45.66	110.04
1996	255.48	89.13	41.07	9.53	38.53	49.33	116.59
1997	272.01	91.18	40.92	8.69	41.57	61.43	119.19
1998	286.37	91.93	33.75	4.25	53.93	69.65	124.50
1999	295.09	92.52	32.94	4.17	55.41	74.08	128.20

2-7　社会劳动者人数指数
INDICES OF NUMBER OF EMPLOYED
(1980—1999)

以上年为100　　(preceding year=100)

年　份 Year	年末社会劳动者合计 Total Employed (year-end)	职　工 Staff and Workers	国有单位 State-owned Units	城镇集体单位 Urban Collective-owned Units	其他单位 Other Ownership Units	私营个体劳动者 Urban Self-Employment	镇　村劳动者 Laborers of Town and Village
1980	106.7	120.9	120.2	124.6		92.7	101.4
1981	103.2	109.3	111.4	98.8		34.2	102.8
1982	120.4	155.9	155.2	160.0		84.6	102.5
1983	121.0	151.8	144.3	95.3		200.0	94.2
1984	121.9	145.8	140.0	176.2	163.2	227.3	88.0
1985	119.6	123.6	119.1	120.9	157.8	128.0	110.4
1986	110.5	114.2	112.6	103.1	131.4	145.3	99.1
1987	122.9	124.8	116.2	132.5	158.4	118.3	118.2
1988	123.1	129.3	127.2	127.6	136.9	153.6	101.7
1989	171.7	115.6	108.2	107.1	142.3	129.6	389.4
1990	116.6	114.9	111.6	108.2	125.0	153.4	116.7
1991	116.6	117.1	114.5	128.8	118.7	106.3	116.8
1992	117.0	109.6	100.2	118.2	125.3	253.2	116.9
1993	140.8	109.9	106.7	67.8	128.8	315.6	149.8
1994	106.3	105.4	93.4	152.8	113.0	114.9	104.4
1995	109.8	107.9	103.8	129.8	107.2	139.3	102.2
1996	104.3	100.4	102.2	88.7	101.9	108.0	106.0
1997	106.5	102.3	99.6	91.2	107.9	124.5	102.2
1998	105.8	102.3	84.6	49.2	130.7	113.4	104.5
1999	103.0	100.6	97.6	98.1	102.7	106.4	103.0
年平均增长率(%) Average Annual Growth Rate(%)	**16.5**	**17.1**	**12.2**	**9.8**	**26.8**	**29.7**	**13.9**

三、工　业

1999 年深圳工业生产情况

一、1999 年工业增长回顾

1. 1999 年深圳工业继续保持快速增长的势头

1999 年,由于国家及市政府实施一系列扩大内需,刺激出口和促进经济发展的政策措施,全市工业生产继续保持快速增长的势头,产销衔接良好。以电子信息类为主体的高新技术产业发展迅速。

(1)工业生产保持快速增长态势

1999 年,全市工业企业生产继续保持快速增长,全市完成工业总产值(按 1990 年不变价格计算)2079.21 亿元,比上年增长 25.2%,比 1998 年增幅高出 6.7 个百分点。在副省级以上城市排列中,增长速度排列第 2 名,工业规模排列第 4 名。

1999 年各季度的工业总产值增长速度呈逐季上升趋势,一季度完成工业总产值 378.86 亿元,比上年同期增长 19.8%,二季度完成工业总产值 480.97 亿元,比上年同期增长 19.6%,三季度完成工业总产值 563.95 亿元,比上年同期增长 26.1%,四季度完成工业总产值 654.32 亿元,比上年同期增长 32.4%,四季度工业增长速度分别比一、二、三季度提高 12.6、12.8、6.3 个百分点。

工业生产快速增长的主要原因有:①市政府加大扶持高新技术产业发展的力度,在 1998 年《关于进一步扶持高新技术产业发展的若干规定》(即"22 条")的基础上,1999 年颁发《关于依靠技术进步推动深圳工业持续发展的若干措施》(即"18 条")和《关于进一步扶持高新技术产业发展的若干规定》(即新"22 条")。同时,深圳成功举办首届中国国际高新技术成果交易会,对推动深圳高新技术产业发展产生深远意义,高新技术产业的快速发展已成为工业发展的第一增长点。②由于深圳投资环境的不断完善,越来越多世界跨国集团如 IBM、希捷、康柏电脑、富士康企业集团等纷纷加大在深圳的投资,国内一些大型企业集团如联想、创维集团等也加大了在深圳的投资,这对全市工业经济增长提供了强大的推动力。③政府和企业加大对工业投资,增强工业发展后劲,1999 年全市基本建设投资中用于工业的投资 61.48 亿元,比上年增长49.8%。④加工贸易出口增长对全市工业发展拉动增强。1999 年全市加工贸易实现出口值 238.6 亿美元,比去年增长 4.8%。

(2)产品结构发生了显著变化,电子信息类产品快速增长,传统产品下降

1999 年,主要电子信息类产品快速增长,程控交换机 1962.38 万门,比上年增长29.5%,半导体集成电路 64231 万块,增长1.68倍,彩色显像管 518.32 万只,增长 11.1%,玻壳 1306.27万只,增长 1.8 倍,微型计算机83.45万部,增长 79.6%,彩色电视机834.13万部,增长 69.6%,液晶显示器件 18734 万件,增长 155.0%,移动通信设备 153.25 万部,增长 138.45%,磁头 12713.6 万只,增长 32.9%,录相机 10.42 万部,增长 60.6%,复印机158.73 万台,增长 129.6%,显示器 527.86 万只,增长 25.2%,半导体分立器件 45952.27 万只,增长 80.0%,组合音响 320.08 万台,增长104.7%,

医疗仪器设备增长38.3%。

增长速度较快的产品还有:自行车210.99万辆,增长34.4%,卷烟18.72万箱,增长24.8%,集装箱536.63万立方米,增长61.0%,食用植物油38.76万吨,增长54.0%。

1999年,深圳一些传统行业的产品产量继续滑坡,降幅较大的产品有:皮鞋3071.1万双,下降40.5%,服装25666.92万件,下降20.1%,录放音机1066.56万台,下降18.6%,电子计算器351.17万部,下降67.5%,照相机1551.8万架,下降33.9%,时钟876.24万个,下降21.7%,手表11593.89万只,下降8.5%,电风扇544.74万台,下降16.3%,软饮料27.83万吨,下降32.3%,电子元件26.20亿只,下降81.1%。

传统行业附加值较高,平均增加值率为28.6%以上。传统行业是财政收入的重要来源,是解决劳动力就业的主要行业。所以,在发展高新技术产品的同时,不能忽视传统行业的发展,应利用高新技术来改造传统工业,开发新产品,提高传统行业产品附加值和技术含量,生产适销对路的新产品,给予传统工业充分发展,有利于工业产业升级和产业结构调整,促进全市工业全面发展。

(3)工业产品产销关系良好

1999年,全市工业产品产销率一直保持较高水平,一季度的产销率为96.7%,二季度的产销率为98.1%,三季度的产销率为98.1%,四季度产销率为98.7%,全年的产销率为98.2%,工业产品产销关系一直保持良好,在全国名列前茅。

工业产品产销率指标完成较好的主要原因是:第一,我市工业外向型程度较高,企业按照市场经济规律运作,实行以销定产的经营策略,生产适销对路的产品,避免产品积压;第二,企业重视产品质量,实施名牌产品战略,搞好产品销后服务,促进产品的销售;第三,企业加大科研的力度,大力开发新产品,加快产品的更新换代,生产符合消费者需求的产品。

2.1999年深圳工业结构变动的主要特点

1999年工业结构的变动具有以下几个特点:

(1)股份制企业增长最快

1999年股份制企业工业总产值151.03亿元,比上年增长131.8%,集体工业完成工业总产值17.7亿元,比上年增长23.7%,股份合作工业总产值186.92亿元,比上年增长39.4%,外商及港澳台投资企业工业总产值1546.97亿元,比上年增长22.8%,国有企业工业总产值91.35亿元,比上年增长2.8%,股份制企业的增长速度分别高于外商及港澳台投资企业和国有企业增速109个百分点和129个百分点。

各种经济类型增长速度的快慢导致了工业所有制结构发生变化。在不变价格的工业产值构成中,比重比上年上升的所有制有:集体企业的比重由上年0.8%上升为0.85%,股份合作企业比重由上年8.1%上升为9.0%,股份制企业比重由上年3.9%上升为7.3%。比重比上年下降的所有制有:国有企业的比重由上年5.4%下降为4.3%,外商及港澳台投资企业比重由上年75.8%下降为74.4%。

在1999年全市工业所有制结构变动中,虽然外商及港澳台投资企业的比重连续2年出现下降趋势,但是,占主导地位的仍然是外商及港澳台投资企业,占全市比重74.4%,股份合作企业异军突起,在全市工业占据第二位,占全市工业比重为9.0%。

(2)轻工业增长略快于重工业

1999年,重工业总产值1154.97亿元,比上年增长22.9%,轻工业产值924.24亿元,比上年增长28.2%。从各季度生产情况看:一季度轻工业增长速度22.2%,比重工业快4.8个百分点;二季度轻工业增长速度29.5%,比重工业快4个百分点;三季度轻工业增长速度28.9%,比重工业高4.9个百分点,四季度轻工业增长速度32.9%,比重工业高12个百分点。轻重工业协调发展是今年轻工业、重工业增长关系的一个新特点。

以1999年轻重工业结构的变化看,在以不变价格计算的工业总产值结构中,轻工业的比重为44.4%,比上年上升1个百分点,重工业的比重为55.5%,比上年下降1.1个百分点,轻重工业的比例系数为1:1.25。

(3)大中型企业发挥了主导作用,支撑了工业的快速增长

1999年,全市大中型企业完成工业总产值1040.62亿元,比上年增长15.8%,占全市工业总产值比重50.1%,工业产品销售产值1020.25亿元,占全市工业销售产值比重为51.0%,产品销售收入904.14亿元,占全市工业产品销售收入比重为44.5%,资产总计1266.05亿元,占全市工业资产总计54.4%,工业增加值257.1亿元,占全市工业增加值比重为45.8%,利润总额94.47亿元,占全市工业利润总额比重为69.2%,应交增值税22.5亿元,占全市工业应交增值税56.8%,利税总额121.8亿元,占全市工业利税总额66.6%。

大中型企业稳步增长的主要原因是:近年来,市政府实施"三个一批"发展战略,扶持发展一批大型企业集团,对原有18家重点企业集团进行调换,按照集中资源,重点倾斜原则进行扶持。另外,还重点抓好工业百强企业,加工贸易出口百强企业的工作,收到实效。

二、1999年工业技术进步回顾

1999年是深圳科技成果大丰收的一年,全市共有142项成果获得市科技进步奖,覆盖电子信息、生物工程、医疗卫生、光机电一体化和新材料领域等多个领域,其中高新技术成果84项目,占获奖总数的59.1%,具有国际水平成果38项,具有国内领先水平成果76项,837名科技工作者获得了表彰奖励,这是深圳建市以来获奖人数和获奖成果最多、获奖项目科技水平最高的一年。

从今年的科技成果水平看,技术水平明显高于往年,其中华为技术有限公司自巳研制开发的"M900/1800数字蜂窝移动通信系统"和中兴通讯股份有限公司研制开发的"MVC3000/3200会议电视系统",达到国家的最高水平。

从行业分布看,这些科技成果覆盖行业有:电子通信占44.7%,新材料占11.9%,用高新技术改造传统行业和机电一体化占9.8%,医疗卫生占12.6%,反映了各行业抓科技,科技兴市深入人心的局面。

从科技成果来源看,66.4%的科技成果来源于企业,有32项是深圳企业与高校或与内地科研单位联合开发的。可以看出深圳坚持进行科技体制改革,建立以企业为主体的科研开发创新体制取得的成效。而以市场为导向开发的科技成果也取得良好的经济效益,据统计,其中80个项目新增产值176亿元,新增利税20亿元。

三、1999年的工业经济效益

1999年,全市工业经济效益综合指数与上年基本持平,全市工业经济效益综合指数147.7%,比上年下降0.2个百分点,以工业增加值、工业全员劳动生产率(按增加值计算)计量的各项效益指标,有不同程度增长。全市工业增加值587.46亿元,比上年增长16.9%,工业全员劳动生产率74379元/人,比上年增长9.9%;以资产贡献率等项指标计量的效益相对量指标则有不同程度下降,各种经济类型企业、各行业的效益状况差异较大,而工业经济效益的总体水平不尽人意。

1. 工业经济效益变动情况

反映全市工业企业经济效益有所好转的主要指标是:工业产品销售率98.3%,上升1.1个百分点;工业全员劳动生产率75927元/人,增长12.8%;工业增加值率为27.5%,上升0.3个百分点;流动资产周转率1.79次,增加0.04次;成本费用利润率7.3%,上升0.1个百分点。另外,企业亏损额下降,比上年下降4.6%。企业亏损面37%,比上年下降5.4个百分点。

工业经济效益下降的主要指标是:工业总资产贡献率9.6%,降低1.5个百分点;工业资产保值增值率108.4%,降低19.7个百分点。

2. 工业经济效益变动的特点

(1)经济效益全年呈逐渐下降之势。全市工业企业经济效益综合指数,一季度167.7%,一至二季度162.9%,一至三季度为156.2%,一至四季度147.7%。

(2)经济效益变动分布不平衡。第一,行业之间不平衡,其中轻工业经济效益综合指数113.4%,重工业经济效益综合指数180.1%,比轻工业高66.6个百分点;第二,经济类型之间不平衡,股份合作企业效益最好,经济效益综合指数221.7%,国有企业经济效益181.5%,外商港澳台投资企业经济效益综合指数141.5%。

3. 工业经济效益水平不高的主要原因

1999年,全市工业经济效益水平不高的主要原因有:一是企业整体管理水平不高,特别是一些小型企业管理混乱,全市产品成本有所增长,产品销售成本增长15.5%,产品销售费用增长20.1%,从而降低企业利润水平。二是市场需求不旺,企业库存积压增加,贷款回笼困难,流动资金紧张,全市工业产成品存货增长11.9%,应收帐款净额增长22.5%。三是国内市场和国际市场竞争日益激烈,那些技术含量低,管理落后的企业经营面临严重困难。

四、2000年工业生产发展趋势

2000年是世纪交替之年,也是"九五"计划实施的最后一年,2000年全市工业生产发展趋势具有承上启下重大意义。2000年,全市工业生产将受到国内消费市场相对疲软和我国即将加入世界贸易组织(WTO)带来一些外部约束和限制等不稳定因素影响,工业生产发展将继续保持稳定增长,但增长速度将有所减缓。

1. 工业生产发展将保持平稳增长

预计全市工业增长速度保持在15%左右,比1999年增长速度有所减缓。实现2000年全市工业平稳增长的有利因素有:第一,高新技术产业已成为全市工业经济健康发展的第一增长点,随着市政府加大对高新技术产业的扶持力度和在深圳成功举办首届中国国际高新技术成果交易会,将会推动深圳高新技术企业继续迅猛发展。高新技术产品产值在全市工业总产值中所占比重有所提高,从而带动全市工业生产保持平稳增长;第二,政府加大抓好结构调整、加速传统产业改造的力度,推动传统行业加快发展;第三,我国即将加入世界贸易组织(WTO),深圳在参与全球性产业结构调整,吸收外资和吸收跨国公司合作等方面具有相对的优势。

2. 工业产品出口将继续保持稳定增长

2000年深圳市工业产品出口将受到我国即将加入世界贸易组织(WTO)带来一些不稳定因素影响,但由于深圳工业外向型程度较高,加工贸易发达,早已成为国际分工中的一个环节,一些大型企业集团提早研究对策,迎接挑战,因此,2000年全市工业产品出口不会出现大起大落,将继续保持平稳增长。

3. 工业经济效益在徘徊之中有上升趋势

2000年,深圳工业经济效益将在徘徊之中有上升的趋势。主要原因有:(1)2000年是国有企业脱困的最后一年,各级部门都抓紧国有企业脱困工作,制定国企改革与脱困方案,从技改扶持、封闭贷款、优惠电价等方面给予有力支持,并进一步落实和争取涉及企业改革的各项政策,继续积极争取更多符合条件的企业享受国家的债转股政策,对已经签定债转股协议的企业抓好组织实施和监督检查,通过这些措施将使深圳许多国有企业卸下沉重负担,轻装上阵,进入良性发展阶段;(2)抓好管理进步,尽快适应我国加入世界贸易组织(WTO)后新形势,是当前工业发展工作迫切需要,我国即将加入世界贸易组织(WTO)必将促使全市许多企业管理水平迈上一个新台阶;(3)深圳许多企业已经走出了企业发展的盲目扩张和原始积累阶段,逐步进入以管理决优劣、市场决胜负的阶段。

五、几点建议

1. 重视并发展高附加值的高新技术产品,提高高新技术产品技术含量。针对深圳高新技术产品制造业附加值偏低,大部分高新技术产品的制造业是属于后序加工和来件装配,拥有自主知识产权的高新技术产品不多等不足之处,深圳应重点发展高附加值的高新技术产品产业,提高高新技术产品的技术含量。

2. 把工业结构调整的重点转向推动产业升级,加强对传统产业技术改造,提高传统产品的技术含量,推动传统产业产品向有实力名牌产品靠拢,使传统产业形成团队力量和整体形象,增创传统产业的规模优势、品牌优势和市场竞争优势。

3. 抓住我国即将加入世界贸易组织(WTO)这一时机,大力开展学习和研究我国加入世界贸易组织的权利和义务活动,切实加强企业管理水平,使全市工业企业和行业管理与国际惯例接轨,把压力变为动力,以此推动全市工业企业管理和行业管理跨上一个新台阶。

(执笔:叶志林)

主要工业产品产量

Production of Main Industrial Products

发电量（亿千瓦小时）
Electricity (100 million kwh)

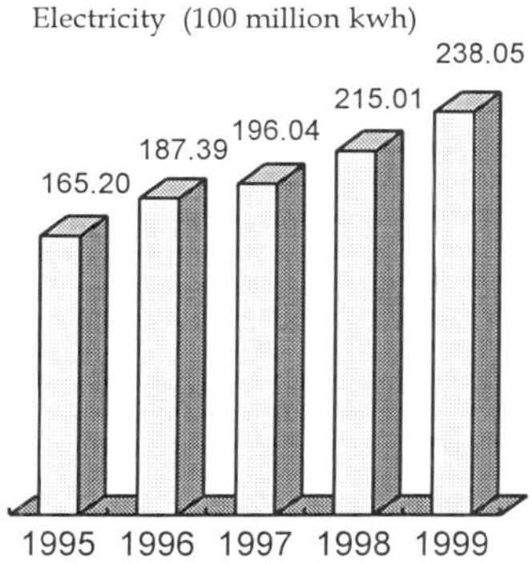

卷烟（万箱）
Cigarettes (10000 cases)

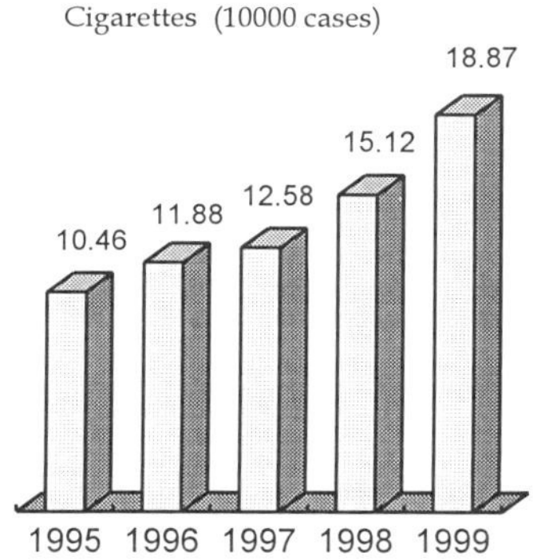

录放音机（万台）
Radio Cassette Players (10000)

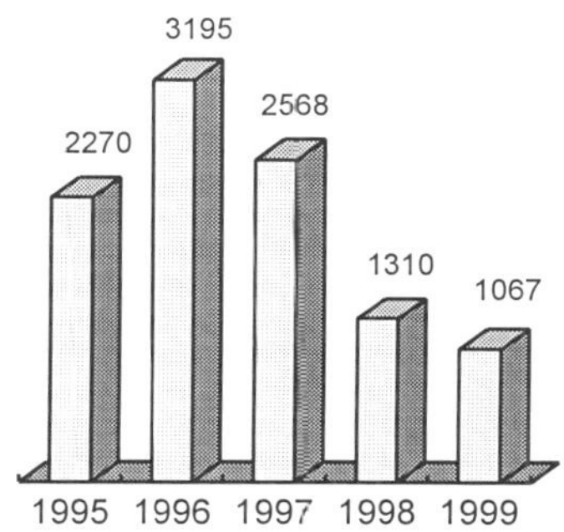

自行车（万辆）
Bicycles (10000)

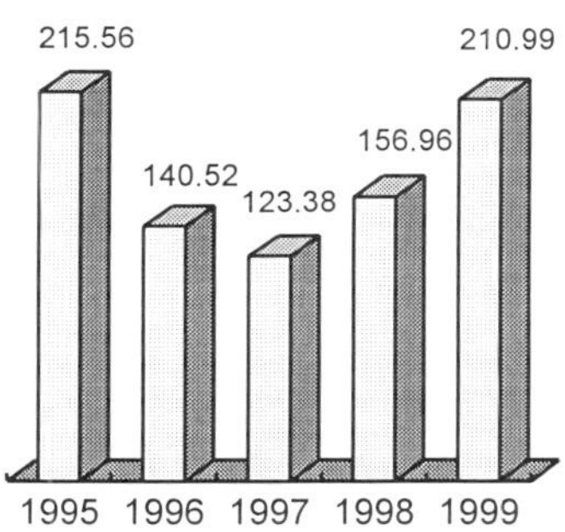

彩色电视机（万台）
Color TV Sets (10000)

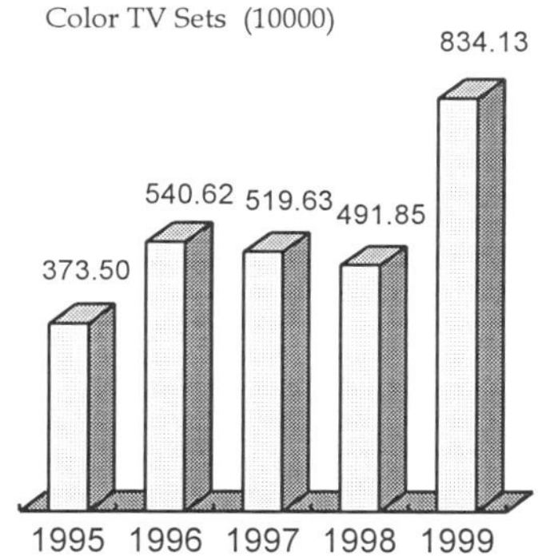

电话机（万部）
Telephone Sets (10000)

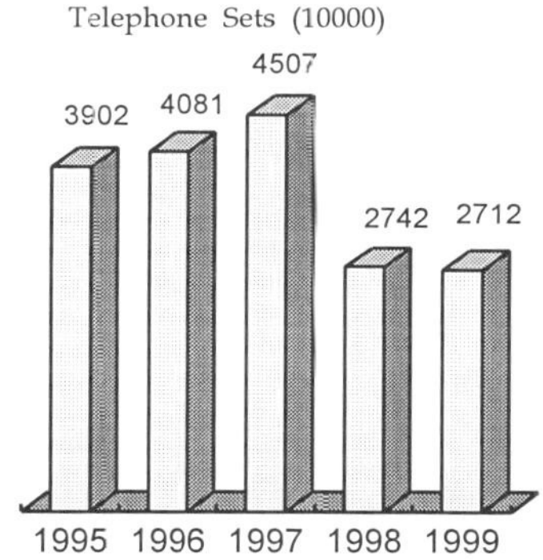

程控交换机（万线）
Telephone Exchanges (10000 lines)

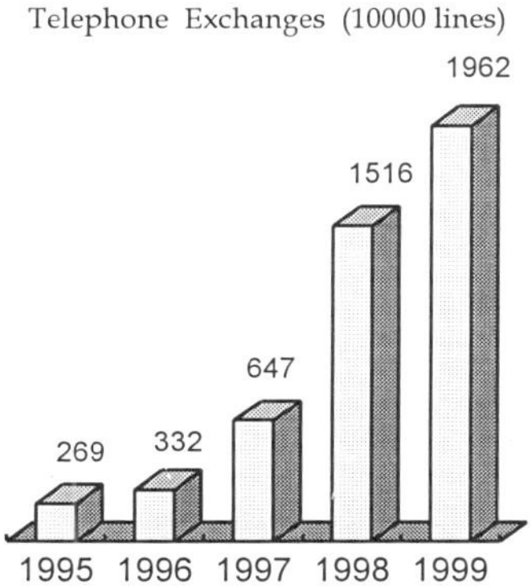

微型计算机（万台）
Personal Computers (10000)

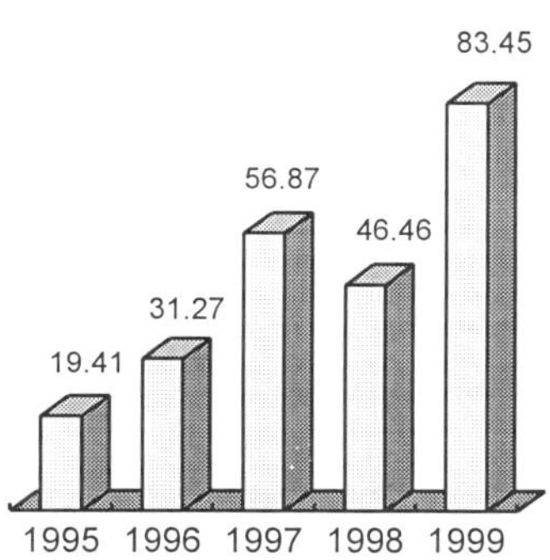

表（万只）
Watches (10000)

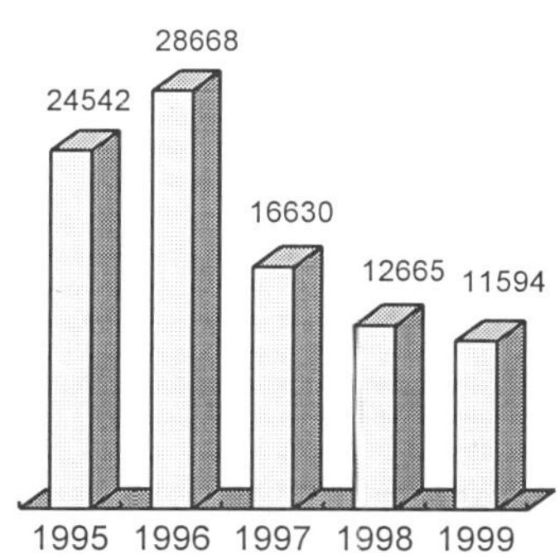

3－1　限额以上工业企业单位数
NUMBER OF INDUSTRIAL ENTERPRISES OVER LEVELS
(1999)

单位:个　　(unit)

项　目	Item	全市 Total	特区 Urban
限额以上工业企业单位数	**Industrial Enterprises over Levels**	**1 932**	**870**
一、按登记注册类型分	Grouped by Registration		
1. 内资企业	Domestic Investment Enterprise	426	277
国有企业	State－owned	158	133
集体企业	Collective－owned	94	15
股份合作企业	Cooperative Shares Enterprise	14	13
联营企业	Joint owned	52	39
有限责任公司	Companies Limited with Liabilities	58	49
股份有限公司	Companies Limited by Shares	29	20
私营企业	Private	21	8
其他内资企业	Others		
2. 港澳台投资企业	Funded by Entrepreneur from Hongkong, Macao and Taiwan	1 231	446
3. 外商投资企业	Foreign Funded	275	147
二、按轻、重工业分	Grouped by Light and Heavy Industry		
1. 轻工业	Light Industry	1 218	447
以农产品为原料	Using Farm Products as Raw Materials	505	235
以非农产品为原料	Using Non－Farm Products as Raw Materials	713	212
2. 重工业	Heavy Industry	714	423
采掘工业	Mining and Quarrying	7	3
原料工业	Raw Materials Industry	75	44
加工工业	Manufacturing Industry	632	376
三、按企业规模分	Grouped by Size of Enterprises		
1. 大型企业	Large	64	53
2. 中型企业	Medium－sized	57	41
3. 小型企业	Small	1 811	776
四、按工业行业分	Grouped by Sector		
煤炭采选业	Coal Mining and Dressing		
石油和天然气开采业	Petroleum and Natural Gas Extraction		
黑色金属矿采选业	Ferrous Metals Mining and Dressing		
有色金属矿采选业	Nonferrous Metals Mining and Dressing		
非金属矿采选业	Nonmetal Minerals Mining and Dressing	6	2
其他矿采选业	Other Minerals Mining and Dressing		

注:限额以上工业指国有及年销售收入在500万元及以上的非国有独立核算工业企业。

Industrial enterprises over levels refer to state－owned enterprises and other enterprises with independent accounting system and whose sales revenue is above 5 000 000 yuan.

3－1续表 continued

项目	Item	全市 Total	特区 Urban
木材及竹材采运业	Logging and Transport of Wood and Bamboo	1	1
食品加工业	Food Processing	22	16
食品制造业	Food Manufacturing	26	13
饮料制造业	Beverage Manufacturing	18	11
烟草加工业	Tobacco Processing	1	1
纺织业	Textile Industry	51	26
服装及其他纤维制品制造业	Garments and Other Fiber Products	154	85
皮革、毛皮、羽绒及其制品业	Leather, Furs, Down and Related Products	65	17
木材加工及竹、藤、棕、草制品业	Timber Processing, Bamboo, Cane, Palm Fiber and Straw Products	7	6
家具制造业	Furniture Manufacturing	37	7
造纸及纸制品业	Papermaking and Paper Products	60	16
印刷业、记录媒介的复制	Printing and Record Medium Reproduction	47	20
文教体育用品制造业	Cultural, Educational and Sports Goods	92	16
石油加工及炼焦业	Petroleum Processing and Coking	3	3
化学原料及化学制品制造业	Raw Chemical Materials and Chemical Products	66	33
医药制造业	Medical and Pharmaceutical Products	24	22
化学纤维制造业	Chemical Fiber	4	2
橡胶制品业	Rubber Products	19	9
塑料制品业	Plastic Products	208	55
非金属矿物制品业	Nonmetal Mineral Products	72	50
黑色金属冶炼及压延加工业	Smelting and Pressing of Ferrous Metals	4	3
有色金属冶炼及压延加工业	Smelting and Pressing of Nonferrous Metals	7	5
金属制品业	Metal Products	138	61
普通机械制造业	Ordinary Machinery	19	10
专用设备制造业	Special Purpose Equipment	26	22
交通运输设备制造业	Transport Equipment	56	16
电气机械及器材制造业	Electric Equipment and Machinery	165	63
电子及通信设备制造业	Electronic and Telecommunications Equipment	341	205
仪器仪表文化办公用机械	Instruments, Meters, Cultural and Office Machinery	76	33
其他制造业	Other Manufacturing	79	25
电力蒸气热水生产供应业	Electric Power, Steam and Hot Water Production and Supply	22	12
煤气的生产和供应业	Gas Production and Supply	4	2
自来水的生产和供应业	Tap Water Production! and Supply	12	2

3-2 限额以上工业企业职工平均人数
AVERAGE ANNUAL NUMBER OF STAFF AND WORKERS IN INDUSTRIAL ENTERPRISES OVER LEVELS (1999)

单位:人　　(person)

项目	Item	全市 Total	特区 Urban
总　计	**Total**	**754 368**	**277 937**
一、按登记注册类型分	Grouped by Registration		
1. 内资企业	Domestic Investment Enterprise	164 594	80 980
国有企业	State - owned	33 472	25 636
集体企业	Collective - owned	48 007	7 226
股份合作企业	Cooperative Shares Enterprise	21 974	21 634
联营企业	Joint owned	8 361	5 385
有限责任公司	Companies Limited with Liabilities	10 430	7 998
股份有限公司	Companies Limited by Shares	35 989	12 669
私营企业	Private	6 361	432
其他内资企业	Others		
2. 港澳台投资企业	Funded by Entrepreneur from Hongkong, Macao and Taiwan	46 1336	136 514
3. 外商投资企业	Foreign Funded	128 438	60 443
二、按轻、重工业分	Grouped by Light and Heavy Industry		
1. 轻工业	Light Industry	507 698	151 177
以农产品为原料	Using Farm Products as Raw Materials	181 252	75 833
以非农产品为原料	Using Non - Farm Products as Raw Materials	326 446	75 344
2. 重工业	Heavy Industry	246 670	126 760
采掘工业	Mining and Quarrying	806	356
原料工业	Raw Materials Industry	13 066	8 665
加工工业	Manufacturing Industry	232 798	117 739
三、按企业规模分	Grouped by Size of Enterprises		
1. 大型企业	Large	79 543	66 896
2. 中型企业	Medium - sized	43 160	28 898
3. 小型企业	Small	631 665	182 143
四、按工业行业分	Grouped by Sector		
煤炭采选业	Coal Mining and Dressing		
石油和天然气开采业	Petroleum and Natural Gas Extraction		
黑色金属矿采选业	Ferrous Metals Mining and Dressing		
有色金属矿采选业	Nonferrous Metals Mining and Dressing		
非金属矿采选业	Nonmetal Minerals Mining and Dressing	606	156
其他矿采选业	Other Minerals Mining and Dressing		

3－2续表 continued

项　目	Item	全市 Total	特区 Urban
木材及竹材采运业	Logging and Transport of Wood and Bamboo	200	200
食品加工业	Food Processing	4 106	3 127
食品制造业	Food Manufacturing	6 160	2 713
饮料制造业	Beverage Manufacturing	4 779	3 007
烟草加工业	Tobacco Processing	398	398
纺织业	Textile Industry	17 872	5 578
服装及其他纤维制品制造业	Garments and Other Fiber Products	70 560	31 566
皮革、毛皮、羽绒及其制品业	Leather, Furs, Down and Related Products	34 965	15 202
木材加工及竹、藤、棕、草制品业	Timber Processing, Bamboo, Cane, Palm Fiber and Straw Products	2 389	2 221
家具制造业	Furniture Manufacturing	8 455	1 129
造纸及纸制品业	Papermaking and Paper Products	11 727	2 168
印刷业、记录媒介的复制	Printing and Record Medium Reproduction	18 748	2 860
文教体育用品制造业	Cultural, Educational and Sports Goods	67 344	6 512
石油加工及炼焦业	Petroleum Processing and Coking	129	129
化学原料及化学制品制造业	Raw Chemical Materials and Chemical Products	6 236	3 045
医药制造业	Medical and Pharmaceutical Products	4 966	4 519
化学纤维制造业	Chemical Fiber	1 056	876
橡胶制品业	Rubber Products	6 579	1 786
塑料制品业	Plastic Products	69 089	9 957
非金属矿物制品业	Nonmetal Mineral Products	18 493	13 903
黑色金属冶炼及压延加工业	Smelting and Pressing of Ferrous Metals	728	428
有色金属冶炼及压延加工业	Smelting and Pressing of Nonferrous Metals	1 555	1 011
金属制品业	Metal Products	36 075	11 290
普通机械制造业	Ordinary Machinery	4 082	933
专用设备制造业	Special Purpose Equipment	6 909	3 719
交通运输设备制造业	Transport Equipment	20 913	3 081
电气机械及器材制造业	Electric Equipment and Machinery	60 325	10 364
电子及通信设备制造业	Electronic and Telecommunications Equipment	195 661	114 705
仪器仪表文化办公用机械	Instruments, Meters, Cultural and Office Machinery	36 495	11 980
其他制造业	Other Manufacturing	27 802	3 642
电力蒸气热水生产供应业	Electric Power, Steam and Hot Water Production and Supply	5 285	3 375
煤气的生产和供应业	Gas Production and Supply	1 212	975
自来水的生产和供应业	Tap Water Production and Supply	2 469	1 382

3－3　工业总产值(按当年价格计算)
GROSS OUTPUT VALUE OF INDUSTRY (AT CURRENT PRICES)
(1999)

单位:万元　　(10 000 yuan)

项　目	Item	全市 Total	特区 Urban
一、限额以下工业总产值	**Enterprises below Levels**	**1 265 579**	**194 008**
二、限额以上工业总产值	**Enterprises over Levels**	**20 368 294**	**13 377 480**
(一)按登记注册类型分	Grouped by Registration		
1. 内资企业	Domestic Investment Enterprise	3 839 872	3 204 532
国有企业	State－owned	1 005 098	873 802
集体企业	Collective－owned	228 628	29 986
股份合作企业	Cooperative Shares Enterprise	996 891	993 976
联营企业	Joint owned	274 909	225 884
有限责任公司	Companies Limited with Liabilities	502 586	455 798
股份有限公司	Companies Limited by Shares	721 186	620 521
私营企业	Private	110 574	4 565
其他内资企业	Others		
2. 港澳台投资企业	Funded by Entrepreneur from Hongkong, Macao and Taiwan	10 827 677	5 847 512
3. 外商投资企业	Foreign Funded	5 700 746	4 325 437
(二)按轻、重工业分	Grouped by Light and Heavy Industry		
1. 轻工业	Light Industry	9 887 732	5 747 828
以农产品为原料	Using Farm Products as Raw Materials	2 874 251	1 603 628
以非农产品为原料	Using Non－Farm Products as Raw Materials	7 013 482	4 144 200
2. 重工业	Heavy Industry	10 480 562	7 629 652
采掘工业	Mining and Quarrying	8 488	4 148
原料工业	Raw Materials Industry	1 667 210	835 399
加工工业	Manufacturing Industry	8 804 864	6 790 106
(三)按企业规模分	Grouped by Size of Enterprises		
1. 大型企业	Large	5 944 615	5 060 506
2. 中型企业	Medium－sized	2 950 450	2 497 517
3. 小型企业	Small	11 473 228	5 819 458
(四)按工业行业分	Grouped by Sector		
煤炭采选业	Coal Mining and Dressing		
石油和天然气开采业	Petroleum and Natural Gas Extraction		
黑色金属矿采选业	Ferrous Metals Mining and Dressing		
有色金属矿采选业	Nonferrous Metals Mining and Dressing		
非金属矿采选业	Nonmetal Minerals Mining and Dressing	7 329	2 989
其他矿采选业	Other Minerals Mining and Dressing		

3－3续表 continued

项　目	Item	全市 Total	特区 Urban
木材及竹材采运业	Logging and Transport of Wood and Bamboo	1 159	1 159
食品加工业	Food Processing	686 301	603 480
食品制造业	Food Manufacturing	122 655	60 679
饮料制造业	Beverage Manufacturing	191 922	149 120
烟草加工业	Tobacco Processing	95 980	95 980
纺织业	Textile Industry	299 039	135 581
服装及其他纤维制品制造业	Garments and Other Fiber Products	525 184	192 053
皮革、毛皮、羽绒及其制品业	Leather, Furs, Down and Related Products	222 394	79 941
木材加工及竹、藤、棕、草制品业	Timber Processing, Bamboo, Cane, Palm Fiber and Straw Products	64 899	60 169
家具制造业	Furniture Manufacturing	117 116	13 067
造纸及纸制品业	Papermaking and Paper Products	242 191	73 780
印刷业、记录媒介的复制	Printing and Record Medium Reproduction	278 532	73 546
文教体育用品制造业	Cultural, Educational and Sports Goods	391 606	94 102
石油加工及炼焦业	Petroleum Processing and Coking	18 619	18 619
化学原料及化学制品制造业	Raw Chemical Materials and Chemical Products	241 596	127 565
医药制造业	Medical and Pharmaceutical Products	270 847	262 725
化学纤维制造业	Chemical Fiber	21 660	20 660
橡胶制品业	Rubber Products	110 078	26 923
塑料制品业	Plastic Products	821 719	210 602
非金属矿物制品业	Nonmetal Mineral Products	447 536	368 968
黑色金属冶炼及压延加工业	Smelting and Pressing of Ferrous Metals	83 926	58 498
有色金属冶炼及压延加工业	Smelting and Pressing of Nonferrous Metals	69 598	54 339
金属制品业	Metal Products	641 314	289 466
普通机械制造业	Ordinary Machinery	45 337	14 878
专用设备制造业	Special Purpose Equipment	132 419	89 401
交通运输设备制造业	Transport Equipment	388 792	30 498
电气机械及器材制造业	Electric Equipment and Machinery	1 107 225	249 944
电子及通信设备制造业	Electronic and Telecommunications Equipment	9 675 259	8 361 965
仪器仪表文化办公用机械	Instruments, Meters, Cultural and Office Machinery	1 178 237	722 798
其他制造业	Other Manufacturing	396 261	148 803
电力蒸气热水生产供应业	Electric Power, Steam and Hot Water Production and Supply	1 333 295	607 594
煤气的生产和供应业	Gas Production and Supply	32 318	16 676
自来水的生产和供应业	Tap Water Production and Supply	105 954	60 911

3－4 限额以上工业总产值(按1990年不变价格计算)
GROSS OUTPUT VALUE OF INDUSTRY OVER LEVELS (AT 1990 CONSTANT PRICES)
(1999)

单位:万元 (10 000 yuan)

项目	Item	全市 Total	特区 Urban
总 计	**Total**	**20 792 146**	**16 017 224**
#出口产品产值	Output Value of Products for Export	9 719 346	6 470 958
(一)按登记注册类型分	Grouped by Registration		
1. 内资企业	Domestic Investment Enterprise	5 322 395	4 840 588
国有企业	State－owned	913 542	813 673
集体企业	Collective－owned	176 976	25 766
股份合作企业	Cooperative Shares Enterprise	1 869 169	1 866 604
联营企业	Joint owned	232 404	192 868
有限责任公司	Companies Limited with Liabilities	528 339	495 581
股份有限公司	Companies Limited by Shares	1 510 250	1 440 646
私营企业	Private	91 716	5 450
其他内资企业	Others		
2. 港澳台投资企业	Funded by Entrepreneur from Hongkong, Macao and Taiwan	9 532 731	6 259 207
3. 外商投资企业	Foreign Funded	5 937 021	4 917 430
(二)按轻、重工业分	Grouped by Light and Heavy Industry		
1. 轻工业	Light Industry	9 242 399	6 208 293
以农产品为原料	Using Farm Products as Raw Materials	2 006 847	1 094 816
以非农产品为原料	Using Non－Farm Products as Raw Materials	7 235 553	5 113 476
2. 重工业	Heavy Industry	11 549 747	9 808 931
采掘工业	Mining and Quarrying	6 572	3 526
原料工业	Raw Materials Industry	516 444	297 021
加工工业	Manufacturing Industry	11 026 730	9 508 385
(三)按企业规模分	Grouped by Size of Enterprises		
1. 大型企业	Large	7 125 865	6 838 158
2. 中型企业	Medium－sized	3 280 369	2 980 055
3. 小型企业	Small	10 385 912	6 199 011
(四)按工业行业分	Grouped by Sector		
煤炭采选业	Coal Mining and Dressing		
石油和天然气开采业	Petroleum and Natural Gas Extraction		
黑色金属矿采选业	Ferrous Metals Mining and Dressing		
有色金属矿采选业	Nonferrous Metals Mining and Dressing		
非金属矿采选业	Nonmetal Minerals Mining and Dressing	5 784	2 738
其他矿采选业	Other Minerals Mining and Dressing		

3－4续表 continued

项　目	Item	全市 Total	特区 Urban
木材及竹材采运业	Logging and Transport of Wood and Bamboo	788	788
食品加工业	Food Processing	389 342	342 238
食品制造业	Food Manufacturing	91 268	51 304
饮料制造业	Beverage Manufacturing	140 325	112 408
烟草加工业	Tobacco Processing	54 729	54 729
纺织业	Textile Industry	202 642	80 527
服装及其他纤维制品制造业	Garments and Other Fiber Products	361 377	135 330
皮革、毛皮、羽绒及其制品业	Leather, Furs, Down and Related Products	183 039	67 414
木材加工及竹、藤、棕、草制品业	Timber Processing, Bamboo, Cane, Palm Fiber and Straw Products	55 986	51 753
家具制造业	Furniture Manufacturing	91 263	10 724
造纸及纸制品业	Papermaking and Paper Products	178 072	56 365
印刷业、记录媒介的复制	Printing and Record Medium Reproduction	244 031	85 479
文教体育用品制造业	Cultural, Educational and Sports Goods	308 646	84 683
石油加工及炼焦业	Petroleum Processing and Coking	14 366	14 366
化学原料及化学制品制造业	Raw Chemical Materials and Chemical Products	363 857	284 854
医药制造业	Medical and Pharmaceutical Products	271 651	265 782
化学纤维制造业	Chemical Fiber	26 036	25 436
橡胶制品业	Rubber Products	97 634	24 249
塑料制品业	Plastic Products	631 238	183 082
非金属矿物制品业	Nonmetal Mineral Products	444 406	372 862
黑色金属冶炼及压延加工业	Smelting and Pressing of Ferrous Metals	71 147	54 280
有色金属冶炼及压延加工业	Smelting and Pressing of Nonferrous Metals	64 323	49 476
金属制品业	Metal Products	558 017	283 975
普通机械制造业	Ordinary Machinery	36 674	15 665
专用设备制造业	Special Purpose Equipment	116 858	82 401
交通运输设备制造业	Transport Equipment	288 228	34 788
电气机械及器材制造业	Electric Equipment and Machinery	933 238	262 472
电子及通信设备制造业	Electronic and Telecommunications Equipment	12 772 043	11 824 134
仪器仪表文化办公用机械	Instruments, Meters, Cultural and Office Machinery	1 143 086	813 878
其他制造业	Other Manufacturing	364 178	168 944
电力蒸气热水生产供应业	Electric Power, Steam and Hot Water Production and Supply	228 654	93 227
煤气的生产和供应业	Gas Production and Supply	32 318	16 676
自来水的生产和供应业	Tap Water Production and Supply	26 905	10 197

3-5 限额以上工业总产值构成
COMPOSITION OF GROSS OUTPUT VALUE OF INDUSTRY OVER LEVELS
(1999)

单位:%　　(%)

项　目	Item	全市 Total	特区 Urban
总　计	**Total**	**100.0**	**65.7**
(一)按登记注册类型分	Grouped by Registration		
1. 内资企业	Domestic Investment Enterprise	18.9	15.7
国有企业	State-owned	4.9	4.3
集体企业	Collective-owned	1.1	0.1
股份合作企业	Cooperative Shares Enterprise	4.9	4.9
联营企业	Joint owned	1.3	1.1
有限责任公司	Companies Limited with Liabilities	2.5	2.2
股份有限公司	Companies Limited by Shares	3.5	3.0
私营企业	Private	0.5	
其他内资企业	Others		
2. 港澳台投资企业	Funded by Entrepreneur from Hongkong, Macao and Taiwan	53.2	28.7
3. 外商投资企业	Foreign Funded	28.0	21.2
(二)按轻、重工业分	Grouped by Light and Heavy Industry		
1. 轻工业	Light Industry	48.5	28.2
以农产品为原料	Using Farm Products as Raw Materials	14.1	7.9
以非农产品为原料	Using Non-Farm Products as Raw Materials	34.4	20.3
2. 重工业	Heavy Industry	51.5	37.5
采掘工业	Mining and Quarrying		
原料工业	Raw Materials Industry	8.2	4.1
加工工业	Manufacturing Industry	43.2	33.3
(三)按企业规模分	Grouped by Size of Enterprises		
1. 大型企业	Large	29.2	24.8
2. 中型企业	Medium-sized	14.5	12.3
3. 小型企业	Small	56.3	28.6
(四)按工业行业分	Grouped by Sector		
煤炭采选业	Coal Mining and Dressing		
石油和天然气开采业	Petroleum and Natural Gas Extraction		
黑色金属矿采选业	Ferrous Metals Mining and Dressing		
有色金属矿采选业	Nonferrous Metals Mining and Dressing		
非金属矿采选业	Nonmetal Minerals Mining and Dressing		
其他矿采选业	Other Minerals Mining and Dressing		

3－5续表 continued

项目	Item	全市 Total	特区 Urban
木材及竹材采运业	Logging and Transport of Wood and Bamboo		
食品加工业	Food Processing	3.4	3.0
食品制造业	Food Manufacturing	0.6	0.3
饮料制造业	Beverage Manufacturing	0.9	0.7
烟草加工业	Tobacco Processing	0.5	0.5
纺织业	Textile Industry	1.5	0.7
服装及其他纤维制品制造业	Garments and Other Fiber Products	2.6	0.9
皮革、毛皮、羽绒及其制品业	Leather, Furs, Down and Related Products	1.1	0.4
木材加工及竹、藤、棕、草制品业	Timber Processing, Bamboo, Cane, Palm Fiber and Straw Products	0.3	0.3
家具制造业	Furniture Manufacturing	0.6	0.1
造纸及纸制品业	Papermaking and Paper Products	1.2	0.4
印刷业、记录媒介的复制	Printing and Record Medium Reproduction	1.4	0.4
文教体育用品制造业	Cultural, Educational and Sports Goods	1.9	0.5
石油加工及炼焦业	Petroleum Processing and Coking	0.1	0.1
化学原料及化学制品制造业	Raw Chemical Materials and Chemical Products	1.2	0.6
医药制造业	Medical and Pharmaceutical Products	1.3	1.3
化学纤维制造业	Chemical Fiber	0.1	0.1
橡胶制品业	Rubber Products	0.5	0.1
塑料制品业	Plastic Products	4.0	1.0
非金属矿物制品业	Nonmetal Mineral Products	2.2	1.8
黑色金属冶炼及压延加工业	Smelting and Pressing of Ferrous Metals	0.4	0.3
有色金属冶炼及压延加工业	Smelting and Pressing of Nonferrous Metals	0.3	0.3
金属制品业	Metal Products	3.1	1.4
普通机械制造业	Ordinary Machinery	0.2	0.1
专用设备制造业	Special Purpose Equipment	0.7	0.4
交通运输设备制造业	Transport Equipment	1.9	0.1
电气机械及器材制造业	Electric Equipment and Machinery	5.4	1.2
电子及通信设备制造业	Electronic and Telecommunications Equipment	47.5	41.1
仪器仪表文化办公用机械	Instruments, Meters, Cultural and Office Machinery	5.8	3.5
其他制造业	Other Manufacturing	1.9	0.7
电力蒸气热水生产供应业	Electric Power, Steam and Hot Water Production and Supply	6.5	3.0
煤气的生产和供应业	Gas Production and Supply	0.2	0.1
自来水的生产和供应业	Tap Water Production and Supply	0.5	0.3

3-6 工业总产值
GROSS OUTPUT VALUE OF INDUSTRY
(1979—1999)

单位:万元　　(10 000 yuan)

年份 Year	按当年价格计算 At Current Prices			按1990年不变价格计算 At 1990 Constant Prices		
	总计 Total	轻工业 Light Industry	重工业 Heavy Industry	总计 Total	轻工业 Light Industry	重工业 Heavy Industry
1979	7 128	6 307	821	8 340	7 379	961
1980	10 632	9 265	1 367	12 439	10 840	1 599
1981	26 692	25 172	1 520	31 230	29 451	1 779
1982	38 833	34 453	4 380	45 435	40 310	5 125
1983	75 993	61 513	14 480	88 912	71 970	16 942
1984	172 132	137 698	34 434	201 395	161 107	40 288
1985	246 662	194 108	52 554	318 832	261 673	57 159
1986	340 227	266 318	73 909	427 658	347 488	80 170
1987	558 311	433 738	124 573	686 604	547 786	138 818
1988	1 012 739	779 258	233 481	1 061 274	817 717	243 557
1989	1 477 470	1 080 785	396 685	1 565 899	1 129 343	436 556
1990	2 202 180	1 657 859	544 321	2 181 298	1 576 658	604 640
1991	3 153 966	2 233 705	920 261	2 966 566	2 060 031	906 535
1992	4 347 007	2 971 348	1 375 659	4 150 227	2 712 118	1 438 109
1993	6 778 008	4 575 096	2 202 912	5 785 416	3 818 374	1 967 042
1994	10 637 396	6 134 019	4 503 377	8 012 802	4 859 275	3 153 527
1995	12 264 893	6 651 811	5 613 082	10 472 223	5 483 887	4 988 336
1996	14 276 969	8 003 206	6 273 763	12 303 185	6 461 208	5 841 977
1997	16 661 359	9 305 416	7 355 943	14 566 747	7 748 306	6 818 441
1998	19 435 244	10 037 199	9 398 045	17 459 605	8 015 532	9 444 073
1999	21 633 873	10 962 134	10 671 739	22 084 302	10 339 439	11 744 863

3－7 限额以上工业总产值
GROSS OUTPUT VALUE OF INDUSTRY OVER LEVELS
(1979—1999)

单位:万元 (10 000 yuan)

年 份 Year	按当年价格计算 At Current Prices			按1990年不变价格计算 At 1990 Constant Prices		
	总 计 Total	轻工业 Light Industry	重工业 Heavy Industry	总 计 Total	轻工业 Light Industry	重工业 Heavy Industry
1979	6 061	5 240	821	7 092	6 131	961
1980	8 444	7 077	1 367	9 879	8 280	1 599
1981	24 282	22 762	1 520	28 410	26 631	1 779
1982	36 212	31 832	4 380	42 368	37 243	5 125
1983	72 041	57 561	14 480	84 288	67 346	16 942
1984	166 803	132 369	34 434	195 160	154 872	40 288
1985	241 213	188 659	52 554	311 789	254 630	57 159
1986	330 454	256 545	73 909	415 374	335 204	80 170
1987	547 722	423 150	124 572	673 582	534 764	138 818
1988	993 775	760 294	233 481	1 041 403	797 846	243 557
1989	1 440 533	1 044 386	396 147	1 526 751	1 090 201	436 550
1990	2 104 696	1 570 896	533 800	2 091 218	1 541 965	549 253
1991	3 077 749	2 156 668	921 081	2 887 972	1 980 792	907 130
1992	4 198 920	2 824 688	1 374 232	4 040 272	2 616 368	1 423 904
1993	6 437 074	4 261 986	2 175 088	5 519 012	3 598 959	1 920 053
1994	9 599 206	5 087 069	4 512 137	7 229 906	4 072 929	3 156 977
1995	10 542 103	5 298 872	5 243 231	9 001 241	4 328 698	4 672 543
1996	12 118 793	5 982 524	6 136 269	10 683 961	4 948 519	5 735 442
1997	13 911 454	6 708 186	7 203 268	12 562 772	5 863 548	6 699 224
1998	18 485 426	9 135 036	9 350 390	16 606 669	7 205 243	9 401 426
1999	20 368 294	9 887 732	10 480 562	20 792 146	9 242 399	11 549 747

注:1979—1997年为镇及镇以上工业总产值,1998－1999年为限额以上工业总产值。

Data in 1979－1997 are gross output value of industry of town level and above. Data in 1998－1999 are gross output value of industry over levels.

3－8　工业总产值指数
INDICES OF GROSS OUTPUT VALUE OF INDUSTRY
(1980—1999)

单位:%　　(%)

年 份 Year	以1979年为100 1979=100			以上年为100 Preceding Year=100		
	总 计 Total	轻工业 Light Industry	重工业 Heavy Industry	总 计 Total	轻工业 Light Industry	重工业 Heavy Industry
1980	149.1	146.9	166.4	149.1	146.9	166.4
1981	374.5	399.1	185.1	251.1	271.7	111.3
1982	544.8	546.3	533.3	145.5	136.9	288.1
1983	1 066.1	975.3	1 763.0	195.7	178.5	330.6
1984	2 414.8	2 183.3	4 192.3	226.5	223.9	237.8
1985	3 822.9	3 546.2	5 947.9	158.3	162.4	141.9
1986	5 127.8	4 709.1	8 342.4	134.1	132.8	140.3
1987	8 232.7	7 423.6	14 445.2	160.5	157.6	173.2
1988	12 725.1	11 081.7	25 344.1	154.6	149.3	175.5
1989	18 775.8	15 304.8	45 427.3	147.6	138.1	179.2
1990	26 154.7	21 366.8	62 917.8	139.3	139.6	138.5
1991	35 570.3	27 917.5	94 332.5	136.0	130.7	149.9
1992	49 762.9	36 754.6	149 647.1	139.9	131.6	158.6
1993	69 369.5	51 746.5	204 686.9	139.4	140.8	136.8
1994	96 076.8	65 852.8	328 150.6	138.5	127.3	160.3
1995	125 566.2	74 317.5	519 077.6	130.7	112.9	158.2
1996	147 520.2	87 562.1	607 906.0	117.5	117.8	117.1
1997	174 661.2	105 004.8	709 515.2	118.4	119.9	116.7
1998	209 347.8	108 626.3	982 733.9	119.9	103.4	138.5
1999	264 799.8	140 119.8	1 222 150.2	126.5	129.0	124.4
年平均增长率 Average Annual Growth Rate	**48.3**	**43.7**	**60.1**			

3-9　主要工业产品产量
PRODUCTION OF MAIN INDUSTRIAL PRODUCTS
(1979—1999)

年　份 Year	自来水生产量(万吨) Tap Water (10 000 ton)	发电量(万千瓦小时) Electricity (10 000 kwh)	小麦粉(吨) Flour (ton)	啤　酒(吨) Beer (ton)	卷　烟(箱) Cigarettes (case)	化学纤维(吨) Chemical Fiber (ton)	布(万米) Cloth (10 000m)
1979		609					
1980		437					
1981		608					
1982		1 152					
1983		1 322					
1984		1 261			5 514		
1985		1 012			9 100		
1986	7 051	3 130			10 445		
1987	8 617	4 408			15 000	3 731	280
1988	13 060	2 508	16 794		50 451	4 190	925
1989	19 962	1 124	17 285		60 765	4 451	380
1990	19 736	31 065	21 155		76 164	5 050	631
1991	24 446	107 727	35 151		86 000	7 694	1 872
1992	23 785	195 007	44 302	57 256	88 500	7 637	30 484
1993	30 335	416 568	72 252	76 715	94 515	14 194	3 907
1994	43 425	1 739 463	75 536	82 128	94 583	19 768	2 674
1995	50 151	1 652 038	92 977	101 425	104 560	22 348	4 413
1996	53 691	1 873 881	219 700	125 302	118 824	17 576	106
1997	60 408	1 960 433	273 300	131 346	125 841	20 243	2 375
1998	62 585	2 150 147	250 000	152 279	151 219	13 271	1 716
1999	66 816	2 380 518	287 400	150 880	188 720	14 543	3 200

3－9 续表 1　continued

年　份 Year	印染布 (万米) Printed and Dyed Fabric (10 000m)	服　装 (万件) Garments (10 000)	磁　带 (亿米) Tapes (100 000 000m)	塑料制品 (吨) Plastic Products (ton)	水　泥 (万吨) Cement (10 000 ton)	水泥制品 (万吨) Cement Products (10 000 ton)	成品钢材 (吨) Steel Products (ton)
1979					2.15		
1980					1.96		
1981					0.94		
1982					2.46		
1983					3.59		
1984	4 321	649			6.82		
1985	5 271	1 004			10.35		
1986	5 731	7 988	45.46	16 419	18.71	4.33	47 556
1987	6 655	8 008	181.03	28 572	24.22	12.01	35 400
1988	6 708	12 828	71.09	44 359	26.25	10.27	10 020
1989	8 344	9 931	71.47	73 945	25.23	7.20	41 667
1990	9 212	29 333	16.61	103 779	22.28	6.14	56 481
1991	14 869	16 437	32 551.00	233 094	28.17	13.14	65 073
1992	16 161	18 857	…	244 000	29.53	12.88	61 300
1993	22 918	27 026	0.09	290 508	31.40	9.89	60 599
1994	7 627	36 314	16.27	375 757	37.53	3.20	86 538
1995	20 991	25 938	13.76	449 183	30.09	3.49	93 090
1996	22 543	38 196	8.33	411 132	25.17	2.33	100 000
1997	18 522	32 089	0.98	387 692	17.48	6.82	73 501
1998	20 191	32 119	0.32	256 327	16.17	9.95	81 635
1999	16 670	25 667		378 099	10.02		194 138

3-9 续表 2　continued

年份 Year	平板玻璃（万重量箱）Plate Glass (10 000 wt. cases)	铝材（吨）Aluminium (ton)	自行车（万辆）Bicycles (10 000)	表（万只）Watches (10 000)	照相机（万架）Cameras (10 000)	电风扇（万台）Electric Fans (10 000)	电话机（万部）Telephone Sets (10 000)
1979							
1980							
1981							
1982							
1983							
1984			2.03	339.68		0.57	9.77
1985			4.31	3 447.58		40.87	123.22
1986		5 566	14.13	11 020.66	160.15	66.60	144.75
1987	58	6 805	41.29	11 688.16	44.24	248.01	498.94
1988	186	6 808	60.39	11 014.49	348.25	368.60	815.76
1989	230	7 399	82.01	8 318.00	159.96	323.31	926.10
1990	207	10 799	128.20	10 060.00	519.95	379.30	1 019.21
1991	238	14 361	257.78	9 646.00	423.12	407.58	1 360.80
1992	269	18 985	272.08	17 593.65	813.76	152.73	1 461.59
1993	265	21 540	288.41	22 875.39	1 247.89	433.59	2 292.50
1994	259	19 618	238.94	27 344.89	1 277.61	1 132.43	2 592.38
1995	272	19 633	215.56	24 542.05	252.57	907.35	3 902.49
1996	272	25 356	140.52	28 667.91	1 636.74	818.76	4 080.80
1997	385	23 874	123.38	16 629.66	1 531.48	845.18	4 506.65
1998	238	19 632	156.96	12 665.44	2 346.95	650.48	2 741.97
1999	273	24 408	210.99	11 593.89	1 551.8	544.74	2 711.82

3-9 续表 3　continued

年　份 Year	微型计算机 (台) Micro Computers	打印机 (万部) Printer	电视机 (万台) TV Sets (10 000)	彩　电 Color TV Sets	玻壳 (万只) Bulb (10 000)	录放音机 (万台) Radio Cassette Players (10 000)	电子计算器 (万台) Calculators (10 000)
1979							
1980							2.06
1981			6.59	0.70		31.95	0.48
1982			3.40	0.62		41.44	3.73
1983	71		3.23	1.23		54.22	3.73
1984	4 357		18.98	18.25		219.92	162.81
1985	1 575		48.10	48.10		324.02	196.60
1986	6 617		75.80	61.39		451.17	189.90
1987	2 728		128.09	101.64		1 707.40	581.58
1988	2 788		182.06	155.90		1 303.73	1 505.22
1989	15 955		157.22	137.38		2 361.00	2 014.00
1990	17 622		259.06	228.67		3 135.00	1 791.00
1991	62 440		308.90	288.08		3 260.00	2 520.00
1992	31 357		301.06	272.12		2 934.00	2 226.81
1993	27 836		317.48	269.33		4 083.47	2 906.56
1994	51 877		274.53	251.42		4 828.24	3 214.58
1995	194 131	194.84	418.12	373.50	413.60	2 270.12	2 313.90
1996	312 687	193.06	587.69	540.62	1 122.82	3 195.43	1 546.18
1997	568 681	433.50	549.29	519.63	754.76	2 568.46	1 703.52
1998	464 614	584.76	515.86	491.85	438.48	1 310.19	1 080.08
1999	834 476	315.68	972.54	834.13	1 306.27	1 066.56	351.17

3－9 续表 4　continued

年　份 Year	电子元件 (万只) Electronic Units (10 000)	硬盘机 (万部) Hard Drives (10 000)	软磁盘 (万片) Floppy Disks (10 000)	集成电路 (万块) Semiconductor Integrated Circuit (10 000)	程控交换机 (万线) Telephone Exchanges (10 000 lines)	通讯电缆 (万公里) Cable (10 000 km)	微电机 (万台) Micro－current Motor
1979							
1980							
1981							
1982							
1983							
1984							
1985							
1986	15 584						
1987	7 823						
1988	73 316						
1989	112 921			512.70			
1990	309 649		5 633.00	997.58			
1991	332 657		10 286.54	1 356.74		0.03	
1992	522 291		13 714.29	1 164.34		1.16	201.18
1993	708 147		15 808.68	1 519.53	105.30	75.21	874.43
1994	1 561 900		23 434.29	2 262.77	209.70	68.83	187.42
1995	9 681 839	199.47	29 629.50	14 558.13	269.13	42.10	4 707.04
1996	1 403 557	440.86	24 000.00	22 471.16	331.74	49.00	356.60
1997	1 491 620	841.39	17 130.30	14 346.26	647.35	39.76	438.62
1998	1 390 107	770.54	12 221.54	23 975.80	1 515.69	18.96	290.70
1999	262 057	699.36	12 766.37	64 231.50	1 962.38	21.50	523.60

3－10 限额以上工业企业主要指标

(1999)

单位:万元

类别	Item	企业单位数(个) Number of Enterprises (unit)	从业人数(人) Employment (person)	工业总产值(现价) Gross Industrial Output Value (at current prices)
总　计	**Total**	**1 932**	**754 368**	**20 368 294**
一、按登记注册类型分	**Grouped by Registration**			
国有企业	State－owned	158	33 472	1 005 098
集体企业	Collective－owned	94	48 007	228 628
股份合作企业	Cooperative Shares Enterprise	14	21 974	996 891
联营企业	Joint owned	52	8 361	274 909
有限责任公司	Companies Limited with Liabilities	58	10 430	502 586
股份有限公司	Companies Limited by Shares	29	35 989	721 186
私营企业	Private	21	6 361	110 574
港澳台投资企业	Funded by Entrepreneur from Hongkong, Macao and Taiwan	1 231	461 336	10 827 677
外商投资企业	Foreign Funded	275	128 438	5 700 746
二、按轻重工业分	**Grouped by Light & Heavy Industry**			
轻工业	Light Industry	1 218	507 698	9 887 732
以农产品为原料	Using Farm Products as Raw Materials	505	181 252	2 874 251
以非农产品为原料	Using Non－Farm Products as Raw Materials	713	326 446	7 013 482
重工业	Heavy Industry	714	246 670	10 480 562
采掘业	Mining and Quarrying	7	806	8 488
原料工业	Raw Materials Industry	75	13 066	1 667 210
加工工业	Manufacturing Industry	632	232 798	8 804 864
三、按企业规模分	**Grouped by Size of Enterprises**			
大型企业	Large	64	79 543	5 944 615
中型企业	Medium－sized	57	43 160	2 950 450
小型企业	Small	1 811	631 665	11 473 228
四、按行业分	**Grouped by Sector**			
煤炭采选业	Coal Mining and Dressing			
石油和天然气开采业	Petroleum and Natural Gas Extraction			
黑色金属矿采选业	Ferrous Metals Mining and Dressing			
有色金属矿采选业	Nonferrous Metals Mining and Dressing			
非金属矿采选业	Nonmetal Minerals Mining and Dressing	6	606	7 329
其他矿采选业	Other Minerals Mining and Dressing			
木材及竹材采运业	Logging and Transport of Timber and Bamboo	1	200	1 159
食品加工业	Food Processing	22	4 106	686 301
食品制造业	Food Manufacturing	26	6 160	122 655
饮料制造业	Beverage Manufacturing	18	4 779	191 922

MAIN INDICATORS OF INDUSTRIAL ENTERPRISES OVER LEVELS

(1999)

(10 000 yuan)

工业销售产值 Sales Value of Industry	工业增加值 Value Added of Industry	实收资本 Effective Capital	外商资本 Foreign Capital	资产总计 Total Assets	流动资产合计 Circulating Funds	流动资产年平均余额 Annual Average Balance of Circulating Funds
20 017 810	**5 610 961**	**5 537 775**	**996 163**	**23 280 122**	**12 181 405**	**11 333 122**
986 273	438 020	367 177	1 491	2 280 203	1 119 058	1 063 655
225 378	91 930	88 573	5 518	374 836	145 720	127 865
981 526	258 762	208 154	1 800	994 040	634 477	544 569
278 376	107 729	85 591	3 868	342 801	215 733	217 057
502 606	143 576	180 049	1 118	824 318	359 354	347 565
680 947	190 832	339 618	17 023	1 376 244	790 138	679 973
111 593	27 462	26 249	14 673	82 744	51 897	48 423
10 494 079	3 037 280	3 175 717	400 141	12 705 091	6 132 592	5 792 629
5 757 032	1 315 369	1 066 649	550 531	4 299 845	2 732 437	2 511 386
9 518 313	2 608 424	2 805 157	443 612	9 880 976	5 868 763	5 461 844
2 741 769	830 117	1 004 293	133 693	3 211 570	1 748 446	1 641 942
6 776 544	1 778 307	1 800 864	309 920	6 669 407	4 120 318	3 819 902
10 499 497	3 002 537	2 732 618	552 550	13 399 145	6 312 641	5 871 278
7 640	3 501	7 055		13 211	7 188	5 720
1 664 559	809 003	868 664	96 539	5 573 466	1 378 170	1 285 205
8 827 298	2 190 033	1 856 899	456 011	7 812 469	4 927 283	4 580 353
5 671 561	1 712 016	1 813 363	253 903	10 454 057	4 402 458	4 016 431
2 895 991	859 054	393 567	63 767	2 206 475	1 600 055	1 431 847
11 450 258	3 039 891	3 330 845	678 493	10 619 590	6 178 891	5 884 844
6 475	3 198	5 905		10 004	5 857	4 700
1 165	303	1 150		3 208	1 331	1 019
555 112	174 598	83 553	13 391	384 201	209 973	203 189
121 411	33 772	29 451	11 302	96 721	47 054	46 779
194450	65 399	157 296	36 372	440 478	137 043	131 567

单位:万元　　3—10 续表 1　continued

类别	Item	企业单位数(个) Number of Enterprises (unit)	从业人数(人) Employment (person)	工业总产值(现价) Gross Industrial Output Value (at current prices)
烟草加工业	Tobacco Processing	1	398	95 980
纺织业	Textile Industry	51	17 872	299 039
服装及其他纤维制品制造业	Garments and Other Fiber Products	154	70 560	525 184
皮革毛皮羽绒及其制品业	Leather, Furs, Down and Related Products	65	34 965	222 394
木材加工及竹藤棕草制品业	Timber Processing, Bamboo, Cane, Palm Fiber and Straw Products	7	2 389	64 899
家具制造业	Furniture Manufacturing	37	8 455	117 116
造纸及纸制品业	Papermaking and Paper Products	60	11 727	242 191
印刷业、记录媒介的复制	Printing and Record Medium Reproduction	47	18 748	278 532
文教体育用品制造业	Cultural, Educational and Sports Goods	92	67 344	391 606
石油加工及炼焦业	Petroleum Processing and Coking	3	129	18 619
化学原料及制品制造业	Raw Chemical Materials and Chemical Products	66	6 236	241 596
医药制造业	Medical and Pharmaceutical Products	24	4 966	270 847
化学纤维制造业	Chemical Fiber	4	1 056	21 660
橡胶制品业	Rubber Products	19	6 579	110 078
塑料制品业	Plastic Products	208	69 089	821 719
非金属矿物制品业	Nonmetal Mineral Products	72	18 493	447 536
黑色金属冶炼及压延加工业	Smelting and Pressing of Ferrous Metals	4	728	83 926
有色金属冶炼及压延加工业	Smelting and Pressing of Nonferrous Metals	7	1 555	69 598
金属制品业	Metal Products	138	36 075	641 314
普通机械制造业	Ordinary Machinery	19	4 082	45 337
专用设备制造业	Special Purpose Equipment	26	6 909	132 419
交通运输设备制造业	Transport Equipment	56	20 913	388 792
电气机械及器材制造业	Electric Equipment and Machinery	165	60 325	1 107 225
电子及通信设备制造业	Electronic and Telecommunications Equipment	341	195 661	9 675 259
仪器仪表文化办公用机械	Instruments, Meters, Cultural and Office Machinery	76	36 495	1 178 237
其他制造业	Other Manufacturing	79	27 802	396 261
电力蒸汽热水生产供应业	Electric Power, Steam and Hot Water Production and Supply	22	5 285	1 333 295
煤气的生产和供应业	Gas Production and Supply	4	1 212	32 318
自来水的生产和供应业	Tap Water Production and Supply	12	2 469	105 954

(10 000 yuan)

工业销售产值 Sales Value of Industry	工业增加值 Value Added of Industry	实收资本 Effective Capital	外商资本 Foreign Capital	资产总计 Total Assets	流动资产合计 Circulating Funds	流动资产年平均余额 Annual Average Balance of Circulating Funds
95 980	57 134	20 488		84 859	51 168	54 774
283 269	90 548	125 714	1 231	378 822	191 420	185 534
532 101	132 630	199 042	37 754	511 259	264 811	258 423
226 911	62 807	64 984	17 001	171 630	109 206	102 917
62 631	14 470	42 260	35 798	95 334	39 219	49 687
112 772	35 932	42 667	578	110 168	65 039	58 672
246 100	60 222	93 059	10 334	269 546	143 968	145 776
275 416	81 422	109 689	15 849	474 155	236 535	233 970
383 871	110 958	172 822	24 835	441 511	258 753	230 048
22 233	5 410	14 181	10 723	36 328	21 595	20 983
235 742	69 183	89 785	28 963	273 285	181 373	173 882
293 377	109 520	182 395	17 731	644 899	432 413	344 796
22 531	3 890	10 355	1 240	19 164	12 462	14 308
110 465	32 126	36 803	2 198	137 166	95 619	87 752
833 867	251 627	362 783	57 223	905 207	455 584	439 133
418 302	134 421	318 955	33 343	1 027 445	470 649	451 213
86 080	12 500	25 920	4 160	73 881	47 003	43 314
67 340	13 290	35 720	1 870	85 775	51 948	49 933
654 802	161 635	215 272	33 757	570 038	341 689	329 735
45 847	11 908	25 560	11 200	66 053	43 644	39 223
136 435	35 884	58 491	3 050	235 986	148 294	140 656
392 795	127 066	169 538	19 991	682 110	455 700	441 412
1 132 899	298 351	315 399	68 126	884 734	540 956	519 533
9 518 141	2 256 878	1 375 629	376 368	7 385 797	5 042 898	4 619 484
1 069 237	286 019	190 087	83 937	894 847	611 560	569 600
420 090	107 527	132 691	13 995	340 046	215 367	188 677
1 326 710	729 744	700 880	23 844	5 099 295	1 126 779	1 027 581
32 318	12 190	10 373		91 574	43 778	44 163
100 937	28 400	118 881		354 596	80 716	80 689

单位:万元　　3—10 续表 2 continued

类 别 Item		固定资产合计 Fixed Assets	固定资产原价 Original Value of Fixed Assets	固定资产净值年平均余额 Annual Average Balance of Net Value of Fixed Assets
总 计	**Total**	**9 120 753**	**12 692 036**	**8 536 175**
一、按登记注册类型分	**Grouped by Registration**			
国有企业	State－owned	880 311	1 177 422	751 466
集体企业	Collective－owned	187 154	219 081	150 460
股份合作企业		212 272	164 243	127 937
联营企业	Joint owned	103 475	140 743	85 618
有限责任公司	Companies Limited with Liabilities	380 872	451 874	423 919
股份有限公司	Companies Limited by Shares	347 837	412 482	251 433
私营企业	Private	23 946	34 369	26 729
港澳台投资企业	Funded by Entrepreneur from Hongkong, Macao and Taiwan	5 594 594	8 177 716	5 516 720
外商投资企业	Foreign Funded	1 390 293	1 914 106	1 201 894
二、按轻重工业分	**Grouped by Light & Heavy Industry**			
轻工业	Light Industry	3 126 386	4 478 059	2 895 794
以农产品为原料	Using Farm Products as Raw Materials	1 127 812	1 624 605	1 057 532
以非农产品为原料	Using Non－Farm Products as Raw Materials	1 998 573	2 853 454	1 838 263
重工业	Heavy Industry	5 994 368	8 213 978	5 640 381
采掘业	Mining and Quarrying	5 479	9 020	5 839
原料工业	Raw Materials Industry	3 719 552	5 297 683	3 709 748
加工工业	Manufacturing Industry	2 269 337	2 907 275	1 924 794
三、按企业规模分	**Grouped by Size of Enterprises**			
大型企业	Large	5 089 577	6 909 989	4 762 442
中型企业	Medium－sized	451 728	681 321	357 734
小型企业	Small	3 579 448	5 100 727	3 415 999
四、按行业分	**Grouped by Sector**			
煤炭采选业	Coal Mining and Dressing			
石油和天然气开采业	Petroleum and Natural Gas Extraction			
黑色金属矿采选业	Ferrous Metals Mining and Dressing			
有色金属矿采选业	Nonferrous Metals Mining and Dressing			
非金属矿采选业	Nonmetal Minerals Mining and Dressing	3 653	7 200	4 016
其他矿采选业	Other Minerals Mining and Dressing			
木材及竹材采运业	Logging and Transport of Timber and Bamboo	1 826	1 820	1 823
食品加工业	Food Processing	156 088	208 496	137 114
食品制造业	Food Manufacturing	46 976	75 298	48 158
饮料制造业	Beverage Manufacturing	239 869	303 325	199 055

(10 000 yuan)

年末负债总计 Total Liabilities (year－end)	流动负债合计 Liquid Liabilities	长期负债合计 Long－Term Liabilities	所有者权益 Creditors' Equity	产品销售收入 Sales Revenue	利润总额 Total Profits	利税总额 Total Pre－tax Profits
12 659 819	**9 311 226**	**2 890 555**	**10 620 303**	**20 323 631**	**1 365 877**	**1 828 630**
1 015 422	826 788	179 123	1 264 781	1 415 996	107 500	147 196
176 534	127 933	24 744	198 302	245 038	16 764	20 765
465 222	413 848	51 365	528 818	970 264	176 750	243 423
186 202	160 013	23 211	156 598	292 894	13 564	66 080
505 791	288 563	165 159	318 527	504 002	58 286	89 632
558 850	404 914	149 774	817 395	635 618	77 696	90 877
44 731	32 940	11 456	38 013	99 034	4 138	4 820
7 220 361	5 072 886	1 994 173	5 484 730	10 278 635	653 942	818 791
2 486 705	1 983 341	291 550	1 813 140	5 882 150	257 237	347 046
5 309 569	4 529 288	485 163	4 571 407	9 328 181	428 076	626 294
1 581 932	1 328 082	222 637	1 629 638	2 758 422	164 113	265 370
3 727 637	3 201 206	262 526	2 941 770	6 569 759	263 963	360 925
7 350 250	4 781 938	2 405 393	6 048 896	10 995 449	937 800	1 202 336
7 650	6 112	1 539	5 561	7 269	917	1 165
3 193 465	1 391 080	1 680 438	2 380 001	2 225 308	375 468	455 257
4 149 135	3 384 747	723 416	3 663 334	8 762 872	561 415	745 914
5 779 624	3 460 058	2 192 385	4 674 433	6 240 767	721 321	925 903
1 081 274	727 334	163 973	1 125 201	2 800 710	223 426	292 187
5 798 921	5 123 834	534 197	4 820 669	11 282 154	421 130	610 541
5 413	5 413		4 591	6 269	908	1 148
2 237	699	1 539	970	1 000	9	17
237 139	216 587	20 552	147 062	584 019	18 615	27 762
65 467	59 995	1 596	31 254	119 328	1 521	5 645
271 331	183 571	87 759	169 147	198 090	16 738	28 216

单位:万元　　3—10 续表 3 continued

类 别	Item	固定资产合 计 Fixed Assets	固定资产原 价 Original Value of Fixed Assets	固定资产净值年平均余额 Annual Average Balance of Net Value of Fixed Assets
烟草加工业	Tobacco Processing	33 035	46 564	21 917
纺织业	Textile Industry	163 846	244 495	160 821
服装及其他纤维制品制造业	Garments and Other Fiber Products	186 143	266 390	177 928
皮革毛皮羽绒及其制品业	Leather, Furs, Down and Related Products	51 358	84 525	53 689
木材加工及竹藤棕草制品业	Timber Processing, Bamboo, Cane, Palm Fiber and Straw Products	50 687	71 088	49 622
家具制造业	Furniture Manufacturing	37 920	54 643	34 261
造纸及纸制品业	Papermaking and Paper Products	113 275	146 278	97 332
印刷业、记录媒介的复制	Printing and Record Medium Reproduction	176 263	278 120	162 043
文教体育用品制造业	Cultural, Educational and Sports Goods	154 028	228 522	142 675
石油加工及炼焦业	Petroleum Processing and Coking	12 130	17 187	12 177
化学原料及制品制造业	Raw Chemical Materials and Chemical Products	79 169	125 550	75 007
医药制造业	Medical and Pharmaceutical Products	98 443	125 482	93 502
化学纤维制造业	Chemical Fiber	6 393	9 877	6 447
橡胶制品业	Rubber Products	33 568	54 908	32 533
塑料制品业	Plastic Products	368 791	576 558	337 282
非金属矿物制品业	Nonmetal Mineral Products	417 920	582 329	385 711
黑色金属冶炼及压延加工业	Smelting and Pressing of Ferrous Metals	23 804	40 929	23 719
有色金属冶炼及压延加工业	Smelting and Pressing of Nonferrous Metals	27 874	44 264	22 089
金属制品业	Metal Products	204 890	298 337	201 312
普通机械制造业	Ordinary Machinery	17 610	28 136	17 656
专用设备制造业	Special Purpose Equipment	67 407	88 822	62 924
交通运输设备制造业	Transport Equipment	178 870	256 744	167 774
电气机械及器材制造业	Electric Equipment and Machinery	283 349	436 171	270 643
电子及通信设备制造业	Electronic and Telecommunications Equipment	1 756 754	213 2805	1 422 490
仪器仪表文化办公用机械	Instruments, Meters, Cultural and Office Machinery	236 723	331 033	200 823
其他制造业	Other Manufacturing	94 762	141 713	81 609
电力蒸汽热水生产供应业	Electric Power, Steam and Hot Water Production and Supply	3 536 463	5 027 409	3 538 974
煤气的生产和供应业	Gas Production and Supply	30 286	38 460	27 087
自来水的生产和供应业	Tap Water Production and Supply	230 578	318 559	265 963

(10 000 yuan)

年末负债总计 Total Liabilities (year－end)	流动负债合计 Liquid Liabilities	长期负债合计 Long－Term Liabilities	所有者权益 Creditors' Equity	产品销售收入 Sales Revenue	利润总额 Total Profits	利税总额 Total Pre－tax Profits
20 522	20 522		64 337	95 980	11 281	55 258
204 112	162 742	41 173	174 710	290 190	26 328	30 052
252 061	210 866	17 421	259 199	509 975	18 786	28 641
91 487	86 889	3 819	80 143	229 625	6 198	8 378
74 599	60 197	14 402	20 735	79 991	－15 100	－12 984
58 407	53 775	3 411	51 762	115 342	3 224	5 097
144 509	121 124	23 385	125 037	258 344	9 373	12 919
236 085	225 265	10 820	238 070	275 748	25 566	32 397
196 842	185 148	11 217	244 669	388 146	34 518	36 690
23 502	23 502		12 826	22 225	－1 576	－715
123 455	118 403	4 684	149 830	250 875	28 078	36 510
204 601	176 628	26 506	440 298	210 296	56 239	70 886
10 103	8 762	1 341	9 061	18 105	－1 420	－1 420
50 952	45 633	1 930	86 214	117 834	12 325	16 412
401 505	341 594	46 765	503 702	832 973	35 263	50 435
542 205	368 578	173 599	485 240	407 512	20 426	31 747
45 458	45 458		28 424	83 522	1 163	1 060
36 110	34 553	1 557	49 666	67 082	4 760	5 903
269 896	255 812	12 123	300 142	650 535	33 633	44 390
26 343	23 332	2 234	39 710	46 283	2 073	2 871
128 934	122 734	6 194	107 052	145 487	4 272	7 189
458 574	422 294	34 557	223 535	406 202	－7 730	6 178
441 011	396 650	38 161	443 723	1 114 355	36 955	51 677
4 205 774	3 694 607	484 010	3 180 023	9 178 064	545 798	719 499
629 261	239 528	146 062	265 586	1 180 167	30 671	38 009
150 012	140 646	3 380	190 034	424 298	16 415	21 878
2 924 183	1 151 843	1 650 508	2 175 112	1 811 347	377 254	444 881
50 323	38 368	11 955	41 251	91 383	3 243	9 002
77 408	69 513	7 894	277 188	113 039	10 071	13 001

3－11　限额以上工业企业主要经济效益指标

MAIN INDICATORS ON ECONOMIC BENEFIT OF INDUSTRIAL ENTERPRISES OVER LEVELS (1999)

指标名称	Item	产品销售率(%) Sales Rate of Products (%)	总资产贡献率(%) General Asset Contribution Rate (%)	成本费用利润率(%) After－Tax Profits/Cost(%)
总　计	**Total**	**98.28**	**9.57**	**7.25**
按登记注册类型分	**Grouped by Registration**			
1. 国有企业	State－owned	98.13	7.15	8.11
集体企业	Collective－owned	98.58	6.14	7.51
股份合作企业	Cooperative Shares Enterprise	98.46	28.86	19.87
联营企业	Joint owned	101.26	19.20	6.07
有限责任公司	Companies Limited with Liabilities	100.00	12.50	12.93
股份有限公司	Companies Limited by Shares	94.42	9.10	12.91
私营企业	Private	100.92	7.32	4.39
其他内资企业	Others			
2. 港澳台投资企业	Funded by Entrepreneur from Hongkong, Macao and Taiwan	96.92	8.45	6.81
3. 外商投资企业	Foreign Funded	100.99	9.22	4.73
按轻、重工业分	**Grouped by Light and Heavy Industry**			
1. 轻工业	Light Industry	96.26	7.49	4.84
以农产品为原料	Using Farm Products as Raw Materials	95.39	9.20	6.37
以非农产品为原料	Using Non－Farm Products as Raw Materials	96.62	6.60	4.21
2. 重工业	Heavy Industry	100.18	11.09	9.37
采掘工业	Mining and Quarrying	90.01	8.23	13.82
原料工业	Raw Materials Industry	99.84	11.01	20.25
加工工业	Manufacturing Industry	100.25	11.16	6.89
按企业规模分	**Grouped by Size of Enterprises**			
1. 大型企业	Large	95.41	11.26	12.80
2. 中型企业	Medium－sized	98.15	14.88	8.54
3. 小型企业	Small	99.80	6.78	3.97

3-11 续表 continued

指标名称	Item	流动资产周转率(次) Turnover Times of Circulating Funds(time)	全员劳动生产率(元/人) Overall Industrial Labor Productivity (yuan/person)	资产负债率(%) Rate of Liabilities to Capital(%)
总计	**Total**	**1.79**	**75 927**	**54.38**
按登记注册类型分	**Grouped by Registration**			
1.国有企业	State-owned	1.33	118 941	44.53
集体企业	Collective-owned	1.92	14 823	47.10
股份合作企业	Cooperative Shares Enterprise	1.78	220 797	46.80
联营企业	Joint owned	1.35	108 925	54.32
有限责任公司	Companies Limited with Liabilities	1.45	144 711	61.36
股份有限公司	Companies Limited by Shares	0.93	111 041	40.61
私营企业	Private	2.05	35 809	54.06
其他内资企业	Others			
2.港澳台投资企业	Funded by Entrepreneur from Hongkong, Macao and Taiwan	1.77	57 963	56.83
3.外商投资企业	Foreign Funded	2.34	106 657	57.83
按轻、重工业分	**Grouped by Light and Heavy Industry**			
1.轻工业	Light Industry	1.71	48 024	53.74
以农产品为原料	Using Farm Products as Raw Materials	1.68	31 978	49.26
以非农产品为原料	Using Non-Farm Products as Raw Materials	1.72	56 200	55.89
2.重工业	Heavy Industry	1.87	134 140	54.86
采掘工业	Mining and Quarrying	1.27	33 633	57.91
原料工业	Raw Materials Industry	1.73	191 796	57.30
加工工业	Manufacturing Industry	1.91	117 814	53.11
按企业规模分	**Grouped by Size of Enterprises**			
1.大型企业	Large	1.55	258 000	55.29
2.中型企业	Medium-sized	1.96	221 296	49.00
3.小型企业	Small	1.92	43 564	54.61

3－12　按行业分的限额以上工业企业全员劳动生产率
OVERALL LABOR PRODUCTIVITY OF INDUSTRIAL ENTERPRISES OVER LEVELS BY SECTOR (1999)

单位:元/人　　(yuan/person)

行业	Sector	全部限额以上工业 Industrial Enterprises over Levels	国有经济工业 State－Owned	集体经济工业 Collective－Owned	外商投资工业 Foreign Funded Enterprises	港澳台投资工业 Enterprises Funded by Entrepreneur From HongKong, Macao and Taiwan
总计	**Total**	**75 927**	**118 941**	**14 823**	**106 657**	**57 963**
煤炭采选业	Coal Mining and Dressing					
石油和天然气开采业	Petroleum and Natural Gas Extraction					
黑色金属矿采选业	Ferrous Metals Mining and Dressing					
有色金属矿采选业	Nonferrous Metals Mining and Dressing					
非金属矿采选业	Nonmetal Minerals Mining and Dressing	41 650	34 477		35 756	36 025
其他矿采选业	Other Minerals Mining and Dressing					
木材及竹材采运业	Logging and Transport of Wood and Bamboo	10 299				10 299
食品加工业	Food Processing	241 233	79 747		67 587	373 973
食品制造业	Food Manufacturing	40 795	54 101	35 731	74 464	26 947
饮料制造业	Beverage Manufacturing	100 056	18 215	64 023	183 249	102 687
烟草加工业	Tobacco Processing	818 546				
纺织业	Textile Industry	34 333	44 238	36 875	33 481	33 463
服装及其他纤维制品制造业	Garments and Other Fiber Products	12 934	885	4 309	10 273	17 218
皮革、毛皮、羽绒及其制品业	Leather, Furs, Down and Related Products	14 784	13 660	37 496	12 001	14 086
木材加工及竹藤棕草制品业	Timber Processing, Bamboo, Cane, Palm Fiber and Straw Products	52 250	22 521		41 055	103 447
家具制造业	Furniture Manufacturing	33 117		10 198	29 356	35 180
造纸及纸制品业	Papermaking and Paper Products	37 758	39 333		41 493	37 647
印刷业、记录媒介的复制	Printing and Record Medium Reproduction	38 050	376 406	3 190	47 986	36 014
文教体育用品制造业	Cultural, Educational and Sports Goods	12 986		3 446	11 741	17 457
石油加工及炼焦业	Petroleum Processing and Coking	323 591			278 560	458 073
化学原料及化学制品制造业	Raw Chemical Materials and Chemical Products	167 083	46 017		236 667	167 405
医药制造业	Medical and Pharmaceutical Products	221 195	164 927		332 730	117 303
化学纤维制造业	Chemical Fiber	44 279				44 279
橡胶制品业	Rubber Products	43 311			317 238	42 493
塑料制品业	Plastic Products	27 978	35 862	14 942	40 375	31 325
非金属矿物制品业	Nonmetal Mineral Products	72 179	27 003	22 405	57 500	61 574
黑色金属冶炼及压延加工业	Smelting and Pressing of Ferrous Metals	145 558	10 761		134 580	251 920
有色金属冶炼及压延加工业	Smelting and Pressing of Nonferrous Metals	78 989			83 338	71 163
金属制品业	Metal Products	38 986	46 261	55 426	23 394	41 956
普通机械制造业	Ordinary Machinery	23 597	8 401	28 684	41 532	49 027
专用设备制造业	Special Purpose Equipment	45 835	－2 657		132 767	41 716
交通运输设备制造业	Transport Equipment	45 043	47 053		82 306	37 967
电气机械及器材制造业	Electric Equipment and Machinery	41 686	46 916	36 512	62 007	37 001
电子及通信设备制造业	Electronic and Telecommunications Equipment	152 266	185 811	12 656	170 726	110 094
仪器仪表文化办公用机械	Instruments, Meters, Cultural and Office Machinery	76 034	39 818	5 669	93 761	87 965
其他制造业	Other Manufacturing	35 544	44 242	16 041	22 757	21 371
电力蒸气热水生产供应业	Electric Power, Steam and Hot Water Production and Supply	236 798	141 669	13 046	247 131	261 692
煤气的生产和供应业	Gas Production and Supply	100 579	100 579			
自来水的生产和供应业	Tap Water Production and Supply	29 209	11 940	104 679		

四、运输、邮电

1999 年深圳交通邮电生产情况分析

1999 年,随着市委、市政府对交通邮电基础建设投资进一步加大,培育新的经济增长点所采取一系列措施的启动,经过管理部门和全市交通邮电、港口企业的共同努力,深圳的“海陆空”生产得到快速发展,交通运输生产又上了新台阶,港口生产再创新高,邮电业务连传喜讯,实现了“稳中有进,有效增长”的目标。全市交通运输市场的良性有序竞争格局初步形成,各种运输方式结构趋向完善。

一、1999 年交通邮电基础建设取得新突破

1. 营造交通环境,求得经济发展

近年来,随着深圳交通邮电基础设施投资不断扩大,到 1999 年年末,深圳公路里程达 1318.3 公里,比上年增长 7.0%,其中高速公路 150.3 公里,比上年增长 15.6%,占全市公路里程的 10.7%;一级公路 401 公里,比上年增长 13%,占全市公路总量的 21%。公路密度为 67.6 公里/百平方公里,高于珠江三角洲的平均密度。已建成的广深、梅观、深惠、深汕等高速公路将深圳与外围各市相连,构成了一个完整畅顺的公路网络。

过去一年,深圳市委、市政府和有关部门投入了大量的人、财、物,进行了部分原有交通基础设施的改造,并着眼于深圳未来经济发展和建立现代化国际大都市的需要,重新规划了道路交通,深圳各种交通设施得到迅速改善,公路四通八达,等级公路网络纵横交错,初步形成了立体交通格局。

2. 客运生产有所增长,货运生产回升

1999 年,深圳交通客货运输发生了运输方式结构的新变化,竞争格局初步形成,改变过去需求居高不下和个别运输方式紧张现象,出现社会各种运输运力供大于求的局面,使深圳交通运输的客货市场旺季较好,淡季一般。

据统计年报资料显示,1999 年深圳全市各种运输方式完成全社会客运总量为 8754 万人,完成全社会客运周转总量为 86.54 亿人公里,分别比上年增长 3.2%和5.2%。其中公路旅客运输仍是社会客运市场的主力军,完成客运量为 7380 万人,完成客运周转量为 41.86 亿人公里,分别比上年增长 2.2%和 2.2%。分别占全社会客运总量和周转量的 84.3%和 48.4%,旅客平均运距比上年有所延长,呈逐年延长的态势(详见表 1)。

(1)快速客运成为公路、铁路客运新特点

随着客运市场的进一步开放,社会客运运输力量给原有的专业运输带来了极大的冲击。专业运输企业一度采用承包方式,将营运工具分散经营,这一经营方式曾给固有的客运企业带来一片生机,也给人们出行带来许多方便。但是,随着人们生活水平的提高,出行追求安全、舒适、快捷。因此,以集团化规模经营为特色的快速客运应运而生,以宝安区宝路华集团合并重组为代表的客运企业,一方面用雄厚的资金作后盾,购置更新豪华运输设备,另一方面不断开辟跨地区客运市场,而且进行集约式管理,统一调度,多线路、多班次、中途不停靠等方式,在速度和服务质量上与短途铁路展开良性激烈竞争,使高速公路客运在 1999 年得到长足发展,已成为深圳公路客运新的主力军和经济增长点。以广深高速线为例,旅客发送和到达量逐年增长,1999 年该线完成客运量 350 万人以上,比上年增长近 17%,发送班次平均密度每 5 分钟/班,极大地方便了人们的出行。高速公路客运的快速发展,增加了公路客运的竞争能力,使得公路客运在各种客运运输方式中继续保持主导地位。

表 1　　深圳客货运量结构表

(单位:%)

	1999 年	1998 年	比上年增　减
1.货运量合计	100	100	
#铁路发送	6.1	6.4	-0.3
公路运输	81.5	79.0	2.5
水路运输	12.3	14.0	-1.7
民航运输	0.1	0.6	-0.5
2.货物周转量合计	100	100	
#铁路发送	1.2	1.3	-0.1
公路运输	13.4	11.4	2
水路运输	85.1	87.1	-2
民航运输	0.3	0.2	0.1
3.客运量合计	100	100	
#铁路发送	11.3	10.2	1.1
公路运输	84.3	85.2	-0.9
水路运输	2.0	2.0	
民航运输	2.4	2.6	-0.2
4.旅客周转量合计	100	100	
其中:铁路发送	18.7	16.1	2.6
公路运输	48.4	49.8	-1.4
水路运输	0.9	1.0	-0.1
民航运输	32.0	33.1	-1.1

1999 年,由于国内国际经济逐渐复苏,粤港间交流日趋紧密,深圳铁路客运市场也逐渐走出了低谷。特别是广州地铁一号线的开通,有力地带动了广深铁路旅客运输。深圳地区完成旅客发送量为 992 万人,完成发送旅客周转量为 16.17 亿公里,分别比上年增长 14.7%和 22.1%。特别是深圳高速铁路客运,比上年增加发送量 83 万人,增长 28.0%。

(2)铁路货源明显不足,外贸运输下降

1999 年,深圳铁路货物运输因受内部的不利因素影响,全年完成货物发送量为 258.5 万吨,完成货物发送周转量为 2.35 亿吨公里,分别比上年下降 0.3%和 12.0%。特别是广深铁路深圳地区完成货物发送量 120 万吨,比上年减少 34.2 万吨,下降 22.2%,完成货物到达量 428.5 万吨,比上年下降 5.8%。深圳铁路货运量在全社会货运总量中的比重再度萎缩。

深圳铁路货运,尤其是国家铁路货运的持续下降原因是多方面的:第一,国内消费市场低靡,对铁路货运有极大的负面影响。部分企业因不景气造成生产减产、减运和调整生产结构布局,使经铁路北上的货源再度下降,导致货运市场的持续疲软。第二,受国家停止化肥类进口的影响,经深圳北站发送的化肥在 1999 年减至零。第三,港口散装货物减少,使经深圳铁路北站发送的建材、石油、化工类分别比上年减少 41.0%、87.0%和 67.4%。

(3)水上客货运输仍然处于萎缩状态

随着四通八达的铁路、公路网络的形成,以及受有关部门"重公轻水"观念的影响,来自公路、铁路和民航的优势竞争分流了部分水上运输客源和货源,使水上运输败下阵来。由于水上运输的客源和货源持续下降,水上运输的运力以及航线、航班越来越少。1999 年,全市水上运输业完成客运量 172 万人,完成水上货运量 526 万吨,分别比上年下降 7.5%和 8.5%,客运周转量和货物周转量也分别比上年下降 5.8%和 9.3%。水上客货运输量占全社会运输总量的比重再度萎缩近 2 个百分点。

3. 港口集装箱吞吐创新高

在深圳诸多优势中,港口是其中重要的一项,发展极有活力,在深圳的经济建设中发挥着越来越重要的作用,也是交通运输行业发展速度较快的行业。

近年来,深圳市委、市政府对深圳港口发展给予高度重视和政策上的大力扶持,经过近 10

年的建设,其发展速度令世人瞩目,无论是港口的“硬件”还是“软件”都取得了可喜的成就。其发展规模与速度在中国港口发展史上极少见,在世界港口建设史上也屈指可数。到1999年底,深圳港口已建成蛇口、赤湾、妈湾、盐田、东角头、下洞、沙渔涌、黄田、内河九个商业港区,从事港口企业近40家,先后建设开发的港口海岸线已超过17公里,建成500吨以上泊位125个,其中万吨级以上经营性深水泊位28个,自1990年以来深圳港口已持续9年进入全国沿海十大港口行列。据统计资料显示,1999年度深圳港口货物吞吐量完成4630万吨,其中集装箱完成298.6万标准箱,双双创历史新高,比上年增长35.4%和53.0%,分别是1988年的6.3倍和295倍,继续位居全国内地沿海港口货物和集装箱吞吐量的第8位和第2位(详见表2,表3)。

表2　1988—1999年深圳港口货物吞吐量表　(单位:万吨)

年份	货物吞吐量	年份	货物吞吐量
1988	734	1994	3002
1989	956	1995	3080
1990	1292	1996	3021
1991	1563	1997	3357
1992	1956	1998	3444
1993	2541	1999	4663

表3　1988—1999年深圳港口集装箱吞吐量表(单位:万标箱)

年份	集装箱吞吐量	年份	集装箱吞吐量
1988	1.0	1994	17.8
1989	1.8	1995	28.4
1990	1.8	1996	58.9
1991	5.1	1997	114.7
1992	10.9	1998	195.2
1993	12.9	1999	298.6

据《国际港口发展》最新资料显示,深圳港口不但跻身于1999年度全球前20名大集装箱吞吐量港口行列,而且以50%以上的增长率成为前20名中的“增长冠军”,连续6年保持高速增长势头。

国际班轮航线的数量和航班的密度是衡量一个港口发展水平和潜力的重要标志,而深圳港口这两项指标均超过了全国其他港口,位居全国同行业之首。1999年度深圳港口新增11条国际航线,挂靠艘次增长近三成。

深圳港口货物和集装箱吞吐量持续快速增长,主要原因有以下几个方面:

第一,深圳市委、市政府对港口发展高度重视,对港口企业给予一些政策性的扶持措施,扩大了港口的固定资产投资规模,使港口企业的设施得到进一步完善,成功地分流了部分原香港和内陆其他货柜码头的货源。

第二,政府和有关部门进一步加强对外贸发展的扶持,先后出台了多项有利于港口发展的措施,使韩国现代集团等一批大型海运企业先后入驻深圳港,从而增强了深圳航运业的竞争能力。

第三,深圳港口的货物和集装箱的货源主要来自珠江三角洲。1999年度,深圳和周边地区保持良好的经济增长势头,为深圳港口的货物和集装箱运输提供了充足的货源。不断增开国际航线,提高航班密度也是港口货物吞吐量快速增长的原因之一。

第四,深圳口岸环境得到进一步改善。1999年,深圳市政府在口岸管理体制方面进行重大改革,包括三检合一、海关通关制度改革、引航体制的改革、边检实行职业化以及电脑化管理等,从而给深圳港口的货物和集装箱运输提供了一个良好环境。

4. 电信业务发展迅猛

1999年,深圳邮电通信业仍保持了快速发展的势头,全年邮电业务量完成98.20亿元,比上年增长28.4%,增幅高于上年3.1个百分点。全市固定电话交换机总容量达208.9万门,比上年增长24.7%,增幅高于上年19.2个百分点。

深圳电信部门还采取不断下调资费,推出多品种、多功能和多种服务方式的电信业务等措施,极大地刺激了市场需求,从而在特区诱发了新一轮开户入网热潮,使深圳特区电话(特别是移动电话)的发展突飞猛进。据统计资料显示,到1999年12月底,深圳市全网电话拥有量已达258.3万户(含移动电话),是1994年的5.7倍,与上年比增长42.6%;深圳市城乡百人电话(含移动电话)普及率达63.6%,比上年提高近18个百分点。深圳市全网移动电话拥有量已达124.3万户,分别是1994年和1995年的23.5倍和8.4倍,与上年相比增长72%。深圳市城乡百人移动电话普及率达到31%,比上年提高了近13个百分点。

深圳电话之所以发展迅速,其原因在于以下几个方面:

第一,深圳市电信部门根据电信市场发展需要,及时调整经营策略,加大对通信设备的资金投入,加快通信设备更新换代,在经营上做到"人无我有,人有我先"。

第二,电话初装费价格下调,有效地刺激了人们消费。

第三,手机持机人员发生了根本性的变化。随着居民收入不断增加,工薪阶层已成为使用移动电话的主力军。

第四,居民消费观念的转变,也是移动电话能够迅速发展的重要原因之一。

二、2000年深圳交通邮电形势分析与展望

2000年是具有特殊历史意义的一年。千年更替,世纪之交,深圳正处于"二次创业"的关健时刻。全市各行各业都在为"争创新优势,更上一层楼"和深圳率先在全国基本实现现代化作贡献。对深圳交通邮电行业而言,既有严峻的挑战,又有发展的机遇。从交通运输条件而言,深圳是全国唯一具有陆海空口岸的城市,并具备了立体交通网络,全国两条纵向公路国道干线和两条铁路复线都在这里与国际金融中心——香港连接。深圳还拥有全国最大的陆路口岸,年出入境旅客占全国的60%以上,出入境交通工具占全国70%以上。深圳要建立现代化国际性大都市和建设经济中心城市,交通运输电信任重而道远,仍需要先行。

由于东南亚金融危机所带来的负面影响还未完全消除,对于一个外向型经济城市和口岸城市而言,社会经济各领域的困难是不言而喻的。但是,也应该看到,面对可能出现的各种困难,深圳市委、市政府和有关部门已经有了清醒的认识和足够重视,并及时制定了进一步加大交通基建投入,培育新的经济增长点等一系列措施。深圳2000年还将进一步加大对交通基础设施投资,特别是对高等级公路、地铁及城市道路等设施的投入。进一步加快完成盐坝高速公路一期和坪西一级公路的前期工作,使盐坝高速公路和坪西一级公路早日成为深圳东部沿海等地区的靓丽风景线。此外,还将加快以下几个重点项目建设:

1. 进一步加速华南国际集装多式联运中心项目的启动和抓紧深港西部通道建设的前期协调工作,创造实施条件。

2. 进一步抓紧做好东湖汽车客运站资金落实工作,尽快动工兴建。在加快地铁一期工程建设的同时,积极推动深圳北铁路客技站工程进展。

3. 进一步认真抓好邮电信息柜中心和交通信息专网建设。

这些重点项目建成后,将对推动深圳交通运输邮电业的增长起到积极作用。

(执笔:黄培添)

1999年深圳车辆拥有量情况分析

1999年,随着市政府和有关部门对交通道路基础建设资金的投入进一步加大,深圳的道路设施日臻完善,交通道路四通八达,从而带动了整个交通运输行业生产迅速发展,为全市的机动车辆拥有量快速增长创造了有利条件。过去的一年,深圳市民用车辆拥有量总体呈增长趋势,特别是私人购车增势较猛,各类车辆结构合理,档次提高。

一、民用车辆呈递增趋势,整体结构更加合理

据统计年报资料显示,到1999年末,深圳机动车辆拥有量已达30.9万辆,民用汽车拥有量达到25.4万辆,分别比上年增长13.7%和16.4%,已形成了逐年快速增长的趋势,其车辆类别结构也逐年向小型化发展,小汽车的拥有量在总计中的比重逐年增大。

随着运输市场在各种运输方式之间以及单一的运输方式内部竞争,民用车辆拥有量的结构发生较大变化。在过去一年,载客汽车、专用载货汽车和其他专用汽车的拥有量分别比上年增长26.0%、10.5%和23.3%。部分车辆拥有量的快速增长,究其原因:一方面,快速客运已成为公路客运业新的特点,公路客运量在总计中的比重逐年加大,从而带动了载客汽车增长。另一方面,深圳港口成功分流了部分原香港和内陆其他货柜码头的货源,使深圳公路集装箱运输生产有所回升,给大吨位集装箱车辆拥有量的增长创造了有利条件,使集装箱联运得到新的发展。

在专用载货汽车发展较快的同时,普通货车只增长3.1%,比上年增长有所减缓。随着有关部门加快对摩托车《报废标准》的实施和对摩托车入户所采取一系列限制措施,使过去的一年深圳摩托车的拥有量只增长2.6%。

深圳机动车辆和民用车辆快速增长,整体结构日趋合理化。究其原因:一是全市经济运行良好,特别是交通运输生产继续保持快速发展,实现了“稳中有进,有效增长”的目标。二是深圳旅游产业的崛起和快速发展,多元化和综合旅游景点不断增加,旅游设施日益完善,服务质量明显提高,有效地促进了旅游业的兴旺。三是深港业务交往趋向多方位、多元化,给运输业带来了新的合作机遇,带动了运输业务的发展。据有关资料显示,1999年持有深圳车牌的香港车辆出入境比上年增长近二成以上。四是随着深圳的交通道路设施日臻完善,并着眼于未来经济发展和建立现代化国际性城市的需要,重新规划了交通道路,使深圳道路更加宽阔畅顺,给深圳车辆拥有量快速增长创造了条件。

二、加大投资力度,改善车容车貌

在深圳民用车辆拥有量快速增长的同时,其车容、车貌也有很大的改善。随着政府和有关部门对交通设备的投资力度进一步加大,使车辆拥有量的增长既有速度也有质量。特别是政府要求美化深圳,减少污染,在1999年,政府投资近5亿元更换中小巴车辆,使其以崭新的车容车貌出现在市民面前和高交会的接待工作上。另外,在深圳各路高速线上营运的客运大巴有90%以上的运具价格在300万元以上,部分高至近400万元。深圳车容、车貌的有效改善,主要有以下原因。其一,近年来国内外汽车工业发展较快,各生产厂家为了推销自己的产

品，纷纷给顾客优惠价格，并大搞促销活动，使汽车价格稳中有降呈逐年下调趋势，从而给全市的各行各业，特别私人购车提供了经济上的有利条件。其二，政府和有关部门进一步树立环保意识，对一些车龄车容残旧，又不能达到环保标准的"更年车"一律不给予年审，并立即作出报废处理，严禁在特区内行驶。其三，深圳交通运具的发展与社会其他行业一样，在迈向现代化城市的发展进程中，更需要引进先进理念和方便快捷豪华型大交通模式。

三、小汽车悄然进入深圳家庭

据统计资料显示，到1999年年末，深圳私人小汽车拥有量已达5.45万辆，分别是1991年和1992年的136倍和45倍，与上年相比增长31.3%。深圳户籍人口百户私人小汽车普及率达15.1%，分别比1991年和1998年提高近15和3个百分点(如下表)。

1991—1999年深圳市私人小汽车拥有量和普及率情况

年份＼指标名称	年末户籍人口户数(万户)	年末私人机动车拥有量(万辆)	私人机动车同比增长率(%)	其中私人小汽车拥有量(万辆)	百户私人小汽车普及率(%)
1991	19.56	1.60	41.59	0.04	0.20
1992	21.81	1.97	23.13	0.12	0.55
1993	24.32	2.40	21.83	0.21	0.86
1994	26.74	3.70	54.17	0.69	2.58
1995	28.67	4.40	18.92	0.76	2.65
1996	30.35	5.70	29.55	2.10	6.92
1997	32.15	7.50	31.58	3.50	10.89
1998	34.07	8.85	18.00	4.15	12.18
1999	36.15	11.02	24.52	5.45	15.08

从表中可以看出，深圳私人购买小汽车呈逐年递增趋势。据1999年深圳市汽车市场调查资料显示，在过去一年里小汽车消费总数中私人购买量已占半壁江山，成为深圳汽车市场消费新的增长点。而今，深圳人在双休日自驾私家车去郊外旅游也不是新鲜事，从而拉动了深圳的"假日经济消费"。深圳市私人小汽车拥有量的迅速发展，百户私人小汽车普及率的不断提高，主要有以下几个方面的原因：

1. 随着改革开放不断深入，深圳国民经济保持快速平稳增长，全市居民的经济收入增加，生活水平显著提高，有能力购买小汽车的家庭不断增加，从而改变了家庭消费观念，使家庭消费档次逐步提高。

2. 近年来，随着深圳市政建设的加快，深圳各种交通条件日益完善，道路畅通，等级公路网络纵横交错，已形成了"蝶"舞鹏城的新景象，从而给广大居民创造了购买私人小汽车的有利条件。

3. 随着国内汽车工业的迅速发展，生产厂家推出优质品牌和多样化的小汽车，其中档次分高、中、低，丰俭由人，而且价格稳中有降，使新的汽车消费进入百姓家庭生活已经不是梦想。

4. 深圳部分银行率先开展受理汽车销售贷款业务，采取先购车后分期付款的方式，大大刺激了私人购车购买力，同时也给一些中等收入阶层过"车瘾"提供了一个有利条件。

(执笔：黄培添)

深圳市网络服务业的现状与对策

随着互联网络在全球的快速发展,网络投资已经成为全球最热门的趋势。作为改革开放前沿地带的深圳,得天时、地利、人和之势,近年来"网络经济"迅猛发展。根据《深圳经济特区信息化建设条例》和《深圳市数据库服务和网络服务资质证书管理办法》,至2000年3月底,由深圳市统计信息局审查批准的从事数据库服务和网络服务的机构130家,按年检规定上报有关资料并合格的机构89家。

一、现状与特点

1. 从经营方式来看,主要有从事ISP接入服务、ICP内容服务、ASP应用软件服务及网络增值服务,如服务器托管、租用、电子商务等。最近从事虚拟主机和主机托管业务出现明显增加。此外不少企业还开展了与数据库服务和网络服务相关的业务,如计算机软件的开发,系统集成及维护,电子产品贸易,网络传呼等。

2. 从网站建设内容来看,主要有金融、证券、财经、科技、纺织、服装、通讯、电子、食品、珠宝、玩具、建材、装饰、能源、航空、企业资讯、旅游、汽车、图书、债权清理、转让及拍卖和置换、社区服务等。大部分网站建站时间较短,知名度不高,处于起步阶段的多,其目的主要是争先注册,以便占领市场先机。

3. 从注册资本来看,平均每户企业为828万元(如果扣除深圳市天威视讯股份有限公司2亿元,则平均为608万元),其中100万元以下36家,100—200万元12家,200—300万元的9家,300—400万元7家,400—500万元1家,500万元以上24家。其中最大的为"深圳市天威视讯股份有限公司",注册资本为2亿元,主要从事广播电视网络的开发建设和利用,证券信息服务是其次要业务。最小的仅为10万元。总的来看是注册资本低,投资规模小,大部分项目缺少资金支撑。

4. 从业人员来看,在年检的89家机构中,总人数5170人,平均每户58人。其中10人以下23户,10—20人26户,20—30人14户,30—40人4户,40—50人5户,50人以上的17户。其中最小的为4人,最多的为"深圳润迅通信发展公司",达2250人,而剔除这一特殊企业(主要从事传呼活动),则平均每户只有33人。

5. 从市场用户来看,由于大部分企业的网站建设时间较短,内容单一、缺少特色,加之受资金等方面的限制,绝大部分企业用户均不足1万家。但较早从事证券为主的"深圳市新德利财经资讯技术有限公司"和"深圳市博经闻资讯技术有限公司"则分别达到40万和32万户。"深圳盛润网络有限公司"及"深圳市巨灵信息产业有限公司"其用户也分别达到25万和10.5万户。特别是新近成立的"全景网络",充分利用现代信息技术与传统传媒优势紧密结合,搞得如火如荼,其知名度愈来愈高,每天的点击页数达300多万。

6. 从盈利状况来看,大部分企业处于微亏或微盈状态。其中亏损28家(计2054万元)占31.5%,盈利37家(计4043万元)占41.6%,其余24家均为持平。盈利超过200万元的有深圳市奥尊电脑有限公司、深圳西风科技发展有限公司、深圳黎明电脑网络有限公司、深圳市万用信息网络有限公司和深圳润迅通信发展公司。据调查这些公司盈利大部分是从软、硬件开发和建设以及系统集成等项目中获取的,而网络服务业务本身大多处于亏损状态,为了维持"生计",它们只好"拆东墙补西壁"。

7. 外资及民间资本十分看好网络服务行业。与全国各大城市一样,外资和民营企业看好网络服务业务,并成为其投资的重要源泉。随着中国加入"WTO"日期的日益逼近,外资十分看好中国市场,特别是互联网市场,他们紧盯大陆这块"唐僧肉",但苦于目前政策因素只得绕道进入。事实上深圳不少网络公司,均或多或少地渗有"外资"的成份,这与处于改革开放前沿的深圳毗邻港澳、华侨众多、与海外华人有着千丝万缕的联系密切相关。现行政策对互联网行业利用外资政策不明,他们就只有通过内地的亲戚朋友的名义"绕道"参与。另方面改革开放20年来,民营企业有了飞速发展,其规模、地位和作用日益重要。近年来由于国内通货紧缩,其投资冲动和效益大为缩减,一些有远见的民营资金纷纷看好这一朝阳产业。从最近申报企业来看,民营企业占80%以上,这是由民营企业资本的本性决定的。

二、存在的主要问题

1. 通讯费用超过企业和网民负担能力。众所周知,我国由于电信部门长期垄断,其费用居全球前列。近年来通讯费用虽然有所下降,但与国外相比仍明显偏高,在大部分信息服务企业处于亏损状态的情况下压力颇大。另方面与网民的收入相比,其负担也过重,这就不可避免地限制了信息服务企业的发展和上网人数的增加,制约上网时间的延长。这是ISP企业步履维艰,纷纷退出此一行业乃至倒闭的主要原因之一。对此,不少企业和网民反映强烈。

2. 企业规模小,资金不足。深圳市89家信息网络机构平均每户注册资本为830多万元,其中100万元以下的占35家。而国内外经验证明,起步阶段的互联网行业是"烧票子"的阶段,迅速发展的前提是需要"注血",需要风险投资这一新兴市场,反之就难于维持生计。深圳市较早从事网络业的万用网、巨灵、博经文、新德利等不少企业均感到资金压力很大,严重地限制事业的发展,不少网络企业寄希望于海外风险投资及上市。事实上这往往是一厢情愿。据统计,被称为创业者乐园的硅谷,每天新成立及倒闭的公司均为50家,只有10%的互联网企业才能上市,对此必须有清醒的认识,切勿一哄而上,人云亦云。

3. 人员素质跟不上发展需要。总的来看深圳市从事数据库服务和网络服务企业人员的状况是数量小、素质差、结构不合理、缺少具备高瞻远瞩、运筹帷幄的经营人才。一些早期从事互联网行业、稍为有经验的人才,由于受从事网络服务行业的迅猛发展而身价看涨,不断"跳槽"。不少企业因此而伤透了脑筋。人才,尤其是如何利用互联网赚钱的经营群体,已经成为网络企业在获得投资后争夺的最重要的资源。

4. 对互联网行业的发展政策不够明确,缺少应有的扶持和帮助。互联网技术的发展日新月异,但国内对其发展的政策和法规则明显滞后。尽管深圳市十分重视高科技产业的发展,制订了一系列优惠政策和措施,但作为服务型的信息网络高科技项目,往往难于达到现有高新技术企业的规模和范畴,阻碍了此一行业发展。如万用网是深圳市著名网络品牌,在全国也有一定的位置,其许多业务和应用都属高科技领域,但就是达不到现有高科技项目和企业的要求,享受不到政策优惠,从而制约其发展。

三、今后工作的几点意见

1. 政策扶持,鼓励发展。深圳市信息委办作为信息产业主管部门将根据全球飞速发展的信息产业的需要,近期准备起草《关于加速深圳市信息化建设的决定》,请求市政府及其有关主管部门在资金投入、信贷规模、税收比率、入股形式、资产折旧以及人员进出、住房分配等方面鼓励互联网产业的发展,使其享受高新技术产业的有关优惠,明确将其列入优先发展的产业。籍此改造传统产业,调整和优化全市产业结构。

2. 参照发达国家经验,建立和完善风险投资机制,设立风险投资基金和科技股票市场。鼓励国家、集体、个人,内资和外资投资信息网络服务业。努力贯彻和执行"谁投资、谁受益"

原则。力争在深交易所首先设立科技板块市场,努力拓展投资渠道,优化投资结构,促进高新技术产业的发展。

3. 积极稳妥地推进电子商务,重点发展企业对企业的电子商务,稳步发展企业对消费者及消费者对消费者的电子商务,开展电子商务示范工程,及时总结加以推广。鼓励采取多种方式解决电子支付及货物配送等问题,鼓励企业从网络营销入手,促进电子商务和企业信息化的发展,争取完成深圳市电子商务安全证书管理中心和密钥管理中心的建设挂牌工作,并在电子商务的应用上有新的突破。

4. 加强法规建设。互联网产业涉及的部门多、行业广、迫切需要政府部门总体上的支持、协调、管理,特别是对于银行、电信、网络、生产企业、商业外贸以及运输等部门的有机联系,对信息安全、版权保护、资费标准等系列问题,应充分应用全国人大赋予深圳的立法权对其行为准则和道德规范以法律的形式固定下来,尽快出台《深圳经济特区信息网络服务机构管理规定》、《深圳经济特区电子商务管理规定》、《深圳经济特区 IC 卡管理规定》等法规。

5. 搞好人才的培养。互联网产业发展的关键在人才,其最大资源也在于人的素质。有关专家指出,中国的互联网市场能否健康、顺利发展,资金、设备、技术以及网站会逐步解决,只有具备高瞻远瞩、运筹帷幄素质的经营群体,才是推动互联网发展的关键。为此,必须加强对专业人才的培训和教育。同时要加大宣传力度,努力提高全民对信息网络的认识水平,使人们深刻地认识到网络业对全球经济和社会发展的重要性,不断提高全民信息化意识和技能,奠定良好的群众基础。

(执笔:李俊文)

全社会货运量 （万吨）

Freight Traffic (10000 tons)

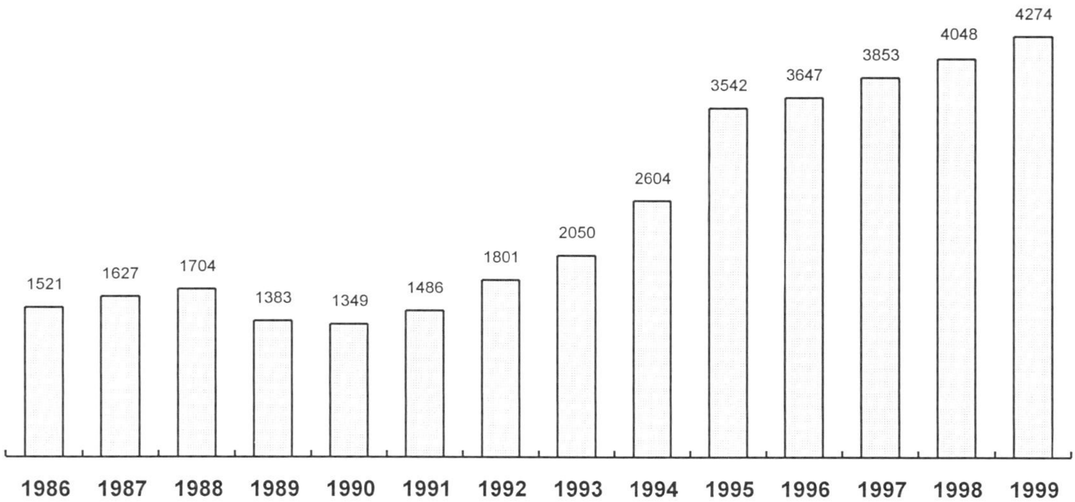

全社会客运量 （万人）

Passenger Traffic (10000 persons)

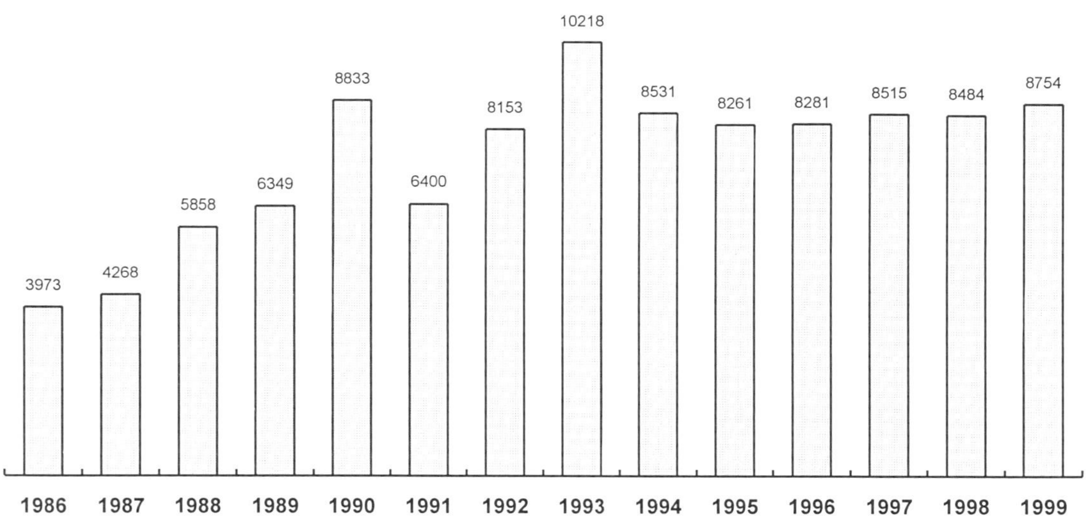

港口货物吞吐量（万吨）

Cargo Handled at Seaports (10000 tons)

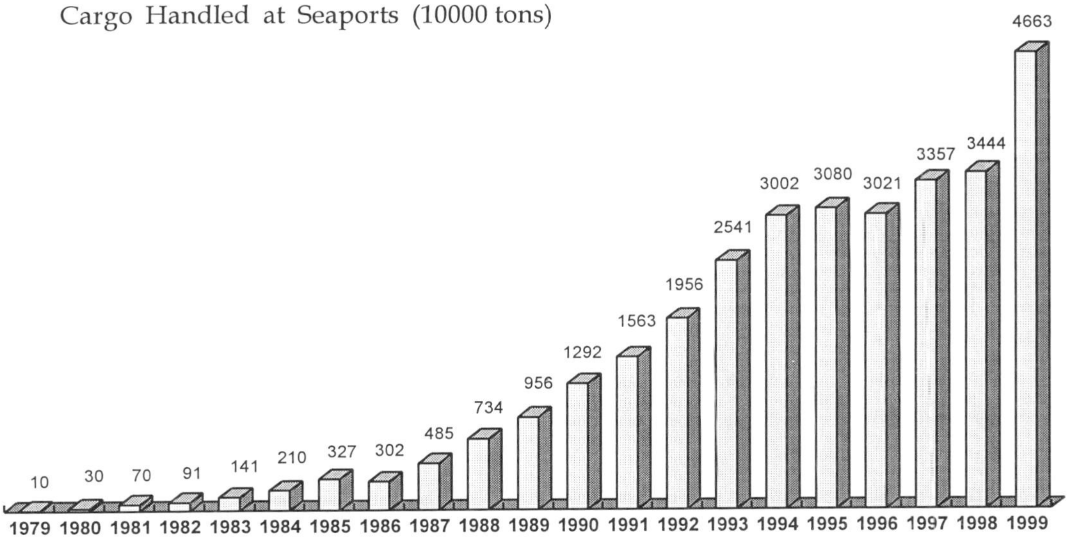

全市固定电话交换机总容量（万门）

Total Capacity of Telephone Exchanges (10000 lines)

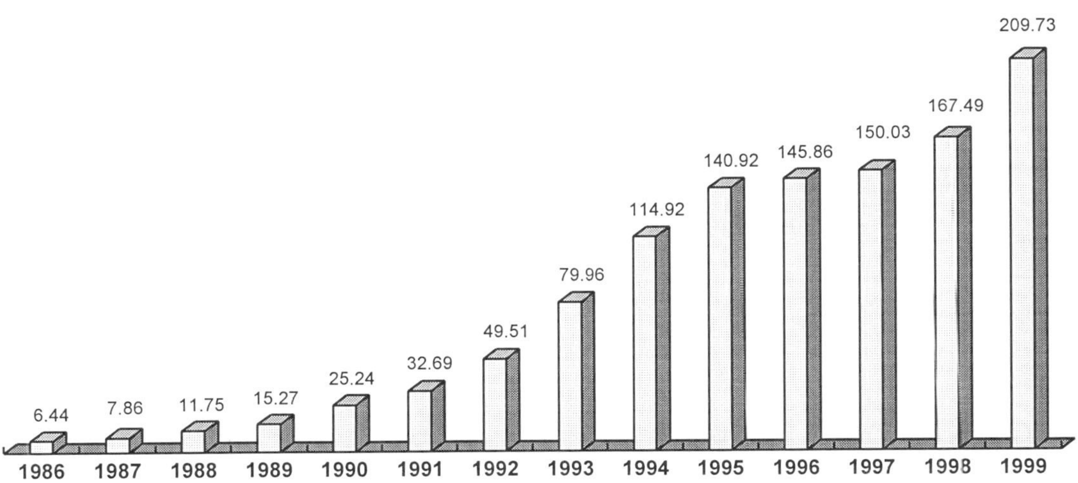

4-1 主要年份全社会客货运输(吞吐)量
PASSENGER AND FREIGHT TRAFFIC IN MAIN YEARS

项　目	Item	1990	1995	1998	1999
一、货运量（万吨）	**Freight Traffic（10 000 tons）**	**1 349**	**3 541.6**	**4 047.9**	**4 273.6**
1. 铁路	Railway	147	220	257.5	258.5
2. 公路	Highway	1 055	2 720	3 212	3 485
3. 水运	Waterway	147	598	575	526
4. 民航	Civil Aviation		3.6	3.4	4.1
二、机场货物吞吐量（万吨）	**Cargo Handled at Airport（10 000 tons）**		**7.9**	**11.7**	**15.5**
三、货物周转量(万吨公里)	**Turnover Volume of Freight Traffic (10 000 ton-km)**	**257 545**	**2 228 384**	**2 127 605**	**1 974 500**
1. 铁路	Railway	1 175	26 635	26 699	23 500
2. 公路	Highway	35 085	207 260	242 320	264 300
3. 水运	Waterway	221 285	1 989 338	1 853 560	1 680 600
4. 民航	Civil Aviation		5 151	5 026	6 100
四、客运量(万人)	**Passenger Traffic（10 000 persons）**	**8 833**	**8 261**	**8 484**	**8 754**
1. 铁路	Railway	803	963	865	992
2. 公路	Highway	7 845	6 890	7 220	7 380
3. 水运	Waterway	185	198	186	172
4. 民航	Civil Aviation		209	213	210
五、机场旅客吞吐量(万人)	**Passenger Departing at Airport (10 000 persons)**		**412**	**515**	**525**
六、旅客周转量(万人公里)	**Turnover Volume of Passenger Traffic (10 000 person-km)**	**267 865**	**820 721**	**822 420**	**865 400**
1. 铁路	Railway	6 424	140 382	132 425	161 700
2. 公路	Highway	252 167	404 860	409 602	418 600
3. 水运	Waterway	9 274	9 080	8 595	8 100
4. 民航	Civil Aviation		266 399	271 798	277 000
七、港口	**Harbor**				
1. 泊位数(个)	Berths (unit)	24	113	125	125
#万吨级	10 000 Ton Class	10	26	33	36
2. 货物吞吐量(万吨)	Cargo Handled at Seaports(10 000 tons)	1 292	3 080	3 444	4 663
#蛇口港	Shekou Seaport	180	1 001	978	1 358
赤湾港	Chiwan Seaport	358	777	596	846
妈湾港	Mawan Seaport	8	149	555	711
盐田港	Yantian Seaport	6	58	554	847

4-2 全社会客货运输和邮电业务量

PASSENGER AND FREIGHT TRAFFIC, REVENUE FROM POSTAL AND TELECOMMUNICATIONS SERVICES (1979—1999)

年份 Year	货运量(万吨) Freight Traffic (10 000 tons)	货物周转量(万吨公里) Turnover Volume of Freight Traffic (10 000 ton-km)	客运量(万人) Passenger Traffic (10 000 persons)	旅客周转量(万人公里) Turnover Volume of Passenger Traffic (10 000 person-km)	港口货物吞吐量(万吨) Cargo Handled at Seaports (10 000 tons)	邮电业务总量(万元) Revenue from Postal and Communications Services (10 000 yuan)
1979					10	138
1980					30	190
1981					70	340
1982					91	420
1983					141	567
1984					210	923
1985					327	1 761
1986	1 521	150 321	3 973	85 129	302	2 633
1987	1 627	141 355	4 268	140 598	485	4 880
1988	1 704	217 165	5 858	188 199	734	14 826
1989	1 383	357 633	6 349	217 832	956	21 293
1990	1 349	257 545	8 833	267 865	1 292	55 356
1991	1 486	435 662	6 400	186 682	1 563	84 927
1992	1 801	545 857	8 153	409 660	1 956	114 492
1993	2 050	743 878	10 218	477 794	2 541	174 045
1994	2 603.7	779 791	8 531	790 097	3 002	259 432
1995	3 541.6	2 228 384	8 261	820 721	3 080	368 945
1996	3 646.9	2 328 753	8 281	827 693	3 021	462 261
1997	3 852.7	2 317 664	8 515	828 352	3 357	610 111
1998	4 047.9	2 127 605	8 484	822 420	3 444	764 658
1999	4 273.6	1 974 500	8 754	865 400	4 663	982 686

4－3　全社会客货运输和邮电业务量指数
INDICES OF PASSENGER AND FREIGHT TRAFFIC, REVENUE FROM POSTAL AND TELECOMMUNICATIONS SERVICES (1980—1999)

(以上年为100)　　(preceding year＝100)

年　份 Year	货运量 Freight Traffic	货物周转量 Turnover Volume of Freight Traffic	客运量 Passenger Traffic	旅客周转量 Turnover Volume of Passenger Traffic	港口货物吞吐量 Cargo Handled at Seaports	邮电业务总量 Revenue from Postal and Communications Services
1980					300.0	137.7
1981					233.3	178.9
1982					130.0	123.5
1983					154.9	135.0
1984					148.9	162.8
1985					155.7	190.8
1986					92.4	149.5
1987	107.0	94.0	93.1	165.2	160.6	185.3
1988	104.7	153.6	137.3	133.9	151.3	303.8
1989	81.2	164.7	108.4	115.7	130.2	143.6
1990	97.5	72.0	139.1	123.0	135.1	151.7
1991	110.2	169.2	72.5	69.7	121.0	153.4
1992	121.2	125.3	127.1	219.4	125.1	134.8
1993	113.8	136.3	125.6	116.6	129.9	152.0
1994	127.0	104.8	81.5	161.2	118.1	149.1
1995	136.0	285.8	96.8	103.9	102.6	142.2
1996	103.0	104.5	100.2	100.8	98.1	125.3
1997	105.6	99.5	102.8	100.1	111.1	132.0
1998	105.1	91.8	99.6	99.3	102.6	125.3
1999	105.6	92.8	103.2	105.2	135.4	128.5

4－4　全社会民用车辆和运输船舶拥有量
NUMBER OF CIVIL MOTOR VEHICLES AND TRANSPORT VESSELS OWNED (1998—1999)

项　目	Item	1998	1999
民用车辆总计(辆)	**Total Civil Motor Vehicles (unit)**	**271 690**	**308 931**
一、民用汽车(辆)	Civil Automobile (unit)	218 008	254 049
1. 载客汽车(辆)	Buses and Cars (unit)	118 436	149 171
载客量(客位)	Number of seats in Buses and Cars(seat)	1 135 742	1 412 755
♯大型(辆)	Large Scales (unit)	9 648	17 402
载客量(客位)	Number of Seats(seat)	336 715	625 590
2. 普通载货汽车(辆)	Ordinary Trucks (unit)	92 476	95 356
载重量(吨位)	Capacity(ton)	382 236	466 291
♯大　型(辆)	Heavy (unit)	47 379	32 572
载重量(吨位)	Capacity (ton)	323 125	245 891
3. 专用载货汽车(辆)	Special Freight Trucks(unit)	1 815	2 006
载重量(吨位)	Capacity (ton)	17 797	20 662
4. 其他专用汽车(辆)	Other Special Motor Vehicles (unit)	3 841	4 737
5. 特种汽车(辆)	Particular Motor Vehicles	1 439	2 779
二、摩托车(辆)	Motorcycle(unit)	53 461	54 855
三、货挂车(辆)	Trailer Trucks(unit)	102	22
四、其他(辆)	Other (unit)	119	5
民用运输船舶总计(艘)	**Total Civil Transport Vessels (unit)**	**151**	**109**
一、机动船艘数(艘)	Motor Vessels (unit)	102	88
载客量(客位)	Number of Seats (seat)	3 373	2 509
净载重量(吨位)	Dead Weight Tonnage (ton)	724 570	445 128
总功率(千瓦)	Total Power (kw)	335 150	216 283
1. 客船艘数(艘)	Passenger Transport Vessels (unit)	17	12
载客量(客位)	Number of Seats (seat)	3 373	2 509
2. 货船艘数(艘)	Freight Transport Vessels (unit)	75	59
净载重量(吨位)	Dead Weight Tonnage (ton)	724 570	445 128
3. 拖船艘数(艘)	Tugboats (unit)	10	17
二、驳船艘数(艘)	Barges (unit)	49	21
净载重量(吨位)	Dead Weight Tonnage(ton)	23 794	12 362

4－5　主要年份邮电业务量
POSTAL AND TELECOMMUNICATIONS SERVICES IN MAIN YEARS

项　目	Item	1990	1995	1998	1999
邮电业务总量(90年不变价)(万元)	Business Volume of Post and Tele－communications (10 000 yuan)	55 356	368 945	764 658	982 686
函　件(万件)	Mail (10 000 pcs)	8 927	20 059	16 262	13 845
特快专递(万件)	Express Mail (10 000 pcs)	37.42	151.78	244.94	291.60
包件(万件)	Parcels (10 000 pcs)	131.12	193.46	209.03	221.43
订销报纸期发数(万份)	Number of Newspapers Circulation (10 000pcs)	30.25	62.12	70.04	88.50
订销报纸累计份数(万份)	Total Copy of Newspapers (10 000 pcs)	6 743	15 563	13 477	21 876
订销杂志期发数(万份)	Number of Magazines Circulation (10 000 pcs)	25.98	44.72	69.32	71.90
订销杂志累计份数(万份)	Total Copy of Magazines (10 000 pcs)	327.51	658.81	848.51	856.00
电　报(万份)	Telegrams (10 000 pcs)	285.52	245.52	196.90	186.03
长途电话(万张)	Number of Long Distance Telephone Calls (10 000 sheets)	5 587	42 739	85 055	100 785
市话年末到达数(户)	Number of Urban Telephone Subscribers (year－end) (subscribers)	97 471	485 374	754 357	915 581
＃住宅电话(户)	Residential (subscribers)	66 842	315 004	495 408	603 320
农话年末到达数(户)	Number of Rural Telephone Subscribers (year－end)(subscribers)	25 337	207 717	334 401	423 630
长话直拨有权用户(户)	Number of Direct Dialling Subscribers (subscribers)	59 254	451 738	1 016 444	833 600
＃直拨国际港澳的(户)	International Direct Dialling Subscribers to Foreign Countries as Well as to Hongkong and Macao (subscribers)	55 725	376 136	548 393	449 059
移动电话用户(户)	Number of Mobile Telephones Subscribers (subscribers)	2 647	148 069	723 459	1 243 060
传真用户(户)	Number of Subscribers of Faxes(subscribers)	2 876	13 654	19 216	19 825
互联网用户(户)	Number of Internet Subscribers			51 560	117 102
邮政储蓄年末收储余额(万元)	Postal Saving Deposit Balance (10 000 yuan)	3 860	108 318	222 318	238 402
集邮业务(万枚)	Philately (10 000pcs)	377.26	1 383.44	3 310.78	3 400.10

4－6　主要年份邮电通讯设施
FACILITIES OF POST AND TELECOMMUNICATIONS IN MAIN YEARS

项　目	Item	1990	1995	1998	1999
邮政局、所(处)	Number of Post and Telecommunications Offices	84	375	566	579
邮路长度(单程)(公里)	Length of Postal Routes (km)	1 707	22 319	24 235	19 831
农村投递线路(单程)(公里)	Length of Rural Delivery Routes (km)	1 391		3 103	4 581
邮运汽车(辆)	Number of Postal Automobiles	26	79	131	115
长话电路(路)	Long Distance Telephone Circuits (line)	3 526	25 240	54 064	88 545
#国际及港澳(路)	International, Hongkong and Macao (line)	999	3 630	4 110	4 110
全市固定电话交换机总容量(门)	Total Capacity of Telephone Exchanges (line)	252 352	1 409 192	1 674 873	2 097 288
#市话交换机总容量(门)	Capacity of Urban Telephone Exchanges (line)	197 721	898 648	1 125 936	1 433 956
#邮电局交换机容量(门)	Capacity of Post and Telecommunications Offices Telephone Exchanges (line)	129 000	1 267 178	1 491 906	1 910 478
全市移动电话交换机容量(门)	Total Capacity of Mobile Telephone Exchanges (line)			1 360 000	1 780 000
全市电话机总数(部)	Number of Telephone Sets	190 077	812 974	1 227 184	1 479 165
#市话话机总数(部)	Number of Urban Telephone Sets	161 566	587 891	868 133	1 030 422

4－7　独立核算运输企业财务状况

MAIN FINANCIAL INDICATORS OF TRANSPORT ENTERPRISES WITH INDEPENDENT ACCOUNTING SYSTEM (1999)

单位:万元　　(10 000 yuan)

指标名称	Item	总计 Total	1.国有经济 State－owned	2.集体经济 Collective－owned	3.其他经济类型 Others
企业个数(个)	Number of Enterprises	92	57	9	26
#亏损企业(个)	Number of Loss－making Enterprises	16	12	1	3
资本金合计	Total Capital	1 196 408	767 153	4 175	425 080
流动资产合计	Circulating Funds	842 828	632 193	7 101	203 534
固定资产合计	Total Fixed Assets	2 203 336	1 535 466	3 490	664 380
固定资产原值合计	Total Original Value of Fixed Assets	2 709 034	1 874 652	7 911	826 471
累计折旧	Accumulated Depreciation of Fixed Assets	521 150	342 554	4 430	174 166
资产合计	Total Assets	3 732 503	2 442 585	11 137	1 278 781
流动负债合计	Liquid Liabilities	717 381	506 336	2 475	208 570
长期负债合计	Long－Term Liabilities	485 007	37 511	436	447 060
所有者权益合计	Creditors' Equity	2 191 104	1 559 727	8 226	623 151
营运业务收入	Business Revenue	964 821	725 813	5 800	233 208
营运业务成本	Business Cost	630 631	530 286	2 969	97 376
营运费用	Business Expenses	26 698	25 758	331	609
营运税金及附加	Business Taxes and Extra Charges	37 473	17 123	206	20 144
营运业务利润	Business Profits	270 020	152 645	2 295	115 080
管理费用	Management Expenses	106 696	63 489	1 261	41 946
#税金	Taxes	1 045	771	7	267
利润总额	Total Profits	193 640	126 438	1 099	66 103

4－8　独立核算邮电企业财务状况

MAIN FINANCIAL INDICATORS OF POSTAL AND TELECOMMUNICATIONS ENTERPRISES WITH INDEPENDENT ACCOUNTING SYSTEM (1997—1999)

单位:万元　　(10 000 yuan)

指标名称	Item	1997	1998	1999
企业个数(个)	Number of Enterprises	4	5	6
资本金合计	Total Capital	99 366	103 709	157 046
流动资产合计	Circulating Funds	341 587	369 590	507 977
固定资产合计	Total Fixed Assets	809 229	933 949	1 281 586
固定资产原值合计	Total Original Value of Fixed Assets	945 566	1 024 943	1 705 812
累计折旧	Accumulated Depreciation of Fixed Assets	297 189	333 523	424 226
资产合计	Total Assets	1 240 320	1 288 639	1 844 448
流动负债合计	Liquid Liabilities	202 296	229 000	263 861
长期负债合计	Long－Term Liabilities	22 278	68 158	67 553
所有者权益合计	Creditors' Equity	1 015 748	931 480	1 513 034
营运业务收入	Business Revenue	613 031	719 497	1 082 778
营运业务成本	Business Cost	231 830	219 798	370 299
营运费用	Business Expenses	73 483	73 632	102 468
营运税金及附加	Business Taxes and Extra Charges	21 606	22 485	33 417
营运业务利润	Business Profits	362 108	371 570	576 594
管理费用	Management Expenses	95 854	59 683	81 839
#税金	Taxes	625	1 331	2 459
利润总额	Total Profits	325 967	315 420	506 439

五、农　业

1999 年深圳农业发展概况

1999 年，深圳农业生产继续稳步增长，全年农业总产值(现价)为 29.97 亿元，按可比价格计算，比上年增长7.9%。农业增加值 16.53 亿元，按可比价格计算，比上年增长7.7%。农村经济总收入达 118.9 亿元，比上年增长 7.4%。农民人均收入达到 8131 元，比上年增长10.6%。

一、农业生产发展的主要情况

1. 种植业产值有较大的增长

1999 年，种植业产值达 9.16 亿元，按可比价格计算，比上年增长 50.3%。水果产量增长较快，全年达 4.32 万吨，增长 25.9%，其中：荔枝获得大丰收，产量达 1.35 万吨，增长 5.6 倍。

2. 鲜活农产品出口略有增长

1999 年鲜活农产品出口为 10.92 亿港元，比上年增长 0.4%。其中：生猪出口量为 15.03 万头，增长 1.2%，活鸡出口量为 1781.9 万只，增长 9.57 倍。目前，基本形成了以蔬菜、水果、畜牧产品、水产品、花卉为主的鲜活产品出口结构。花卉生产已成为深圳农业的一大特色。1999 年花卉的生产面积 6500 多亩，比上年增加 3 成。

3. 水产品产量增加

虽然水产品养殖面积由 1998 年的 13.61 万亩减少至 1999 年的 11.19 万亩，减少了2.42 万亩，减幅为 17.8%。但是，依靠科技进步，确保了水产品产量的增加，水产品产量达到 5.98 万吨，比上年增长 2.6%。同时，在东部大面积海上养蚝和扇贝取得成功，这种养殖方式成本低，不易受病害侵袭，产品品质好。

二、发展农业的主要措施

第一，各级政府加强了对农业和农村工作的扶持和指导，1999 年市政府投入的农业综合开发资金达到 5810 万元，比上年增加了 16.2%，各区对农业的投入也有不同程度的增长。

第二，抓好农业示范区等重点项目建设，推进农业产业化。深圳市承担的农业现代化示范区建设是广东省在珠江三角州地区建立的十大农业示范区之一，规划建设面积一万亩，包括蔬菜、水果、畜牧三个部分，位于公明镇和光明华侨畜牧场，规划建设期为三年，由市、区、镇和有关企业共同投资兴建。

第三，积极组织抗灾复产，确保农业稳定增长。1999 年是深圳农业遭受自然灾害比较严重的一年，第八号、十号、十四号台风和强寒流的袭击，使农业生产遭受了一定的损失。尽管台风登陆次数较多，风力强度大，但由于预防及时，灾后救灾组织得力，所以造成的损失并不严重。

(执笔：黄健梅)

主 要 农 产 品 产 量
Yield of Major Farm Crops

粮食（万吨）
Grain（10000 tons)

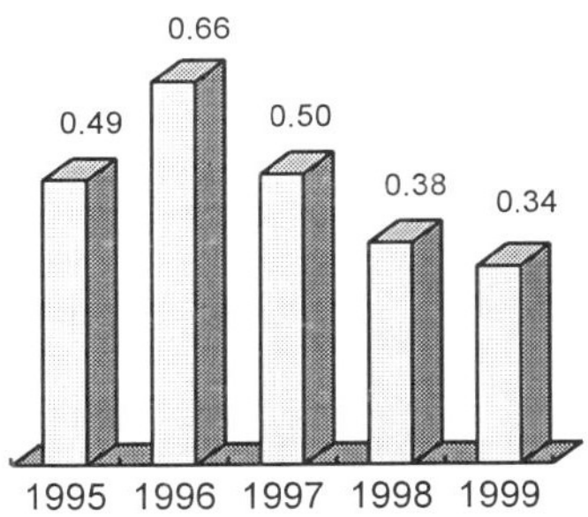

蔬菜（万吨）
Vegetable (10000 tons)

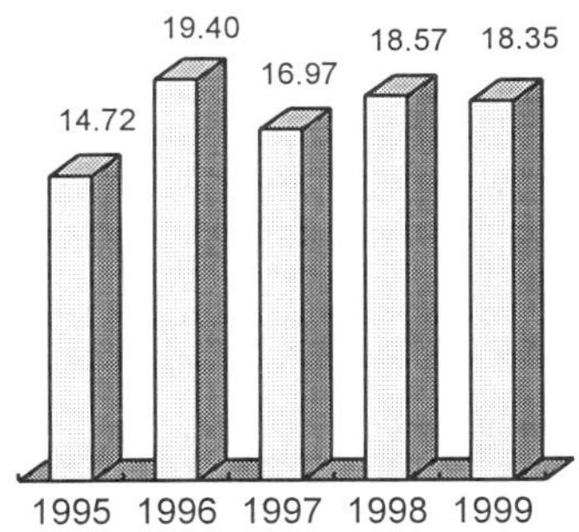

荔枝（吨）
Litcji (tons)

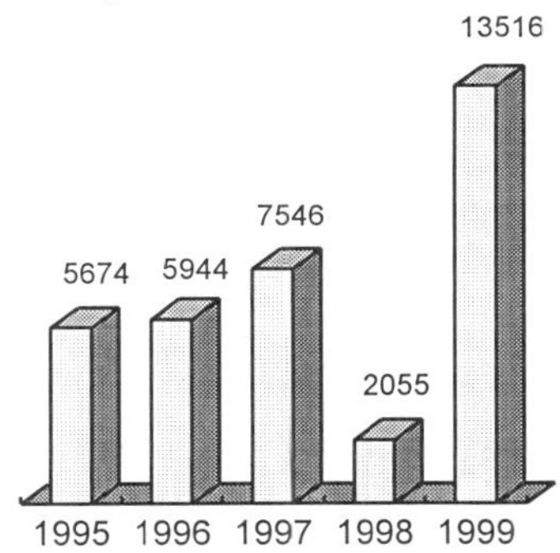

柑桔橙（万吨）
Citrus (10000 tons)

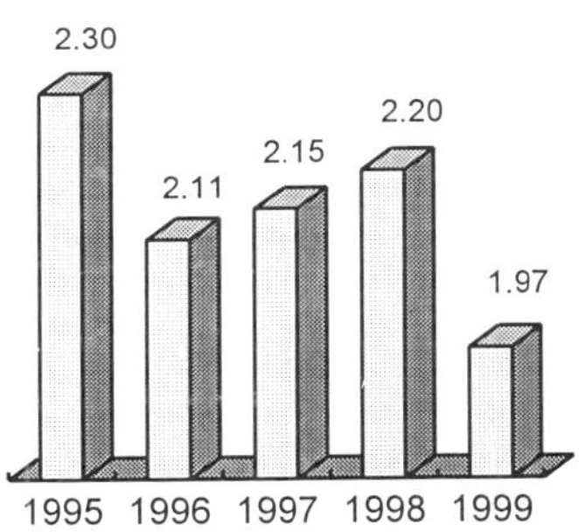

三鸟饲养量（万只）
Poultry (10000)

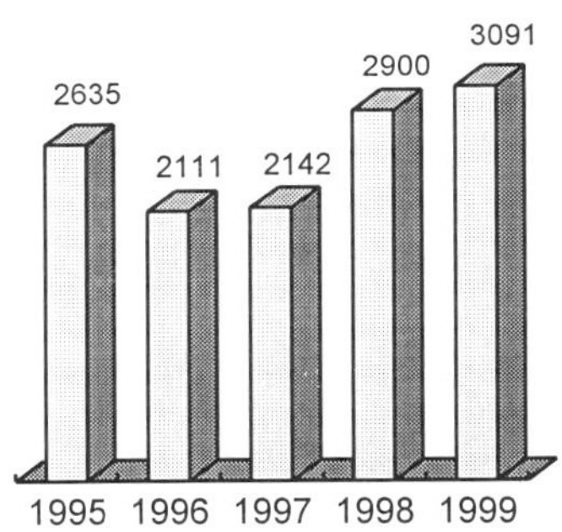

肉猪出栏量（万头）
Hogs (10000)

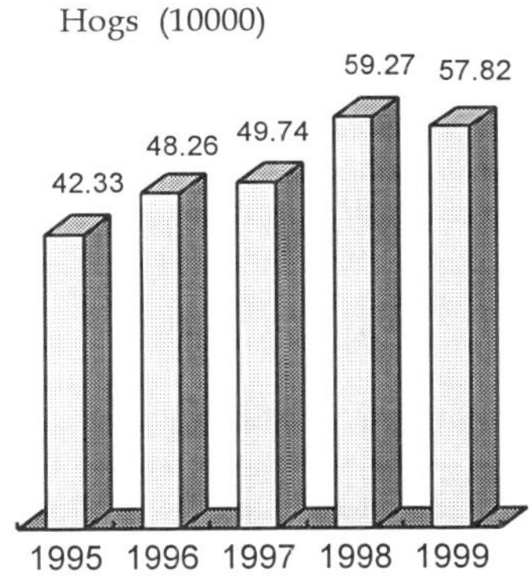

牛奶产量（万吨）
Milk (10000 tons)

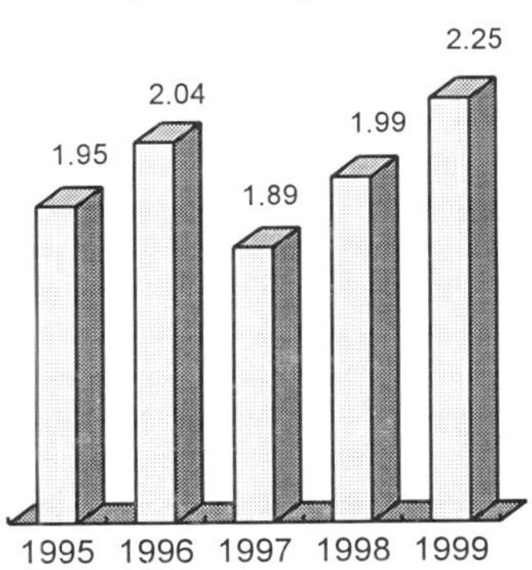

鲜蛋产量（吨）
Eggs (tons)

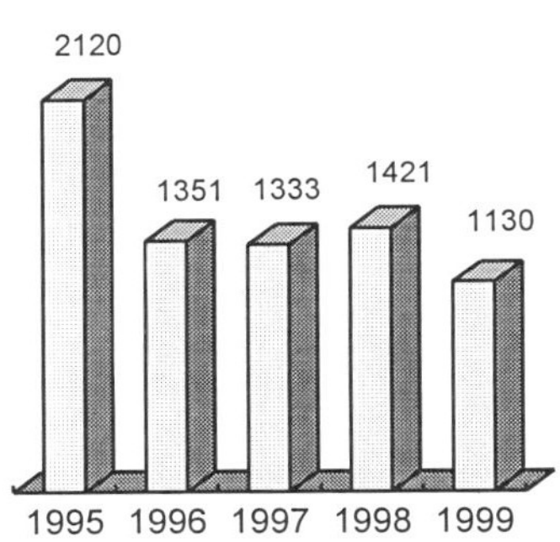

水产品产量（万吨）
Aquatic Products (10000 tons)

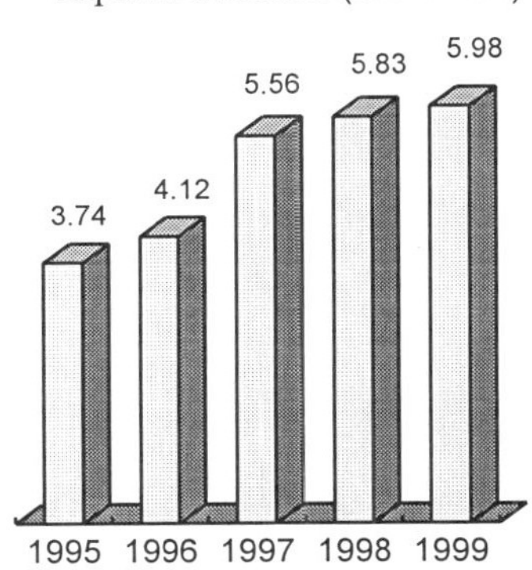

5－1 主要年份农村基本情况
BASIC CONDITIONS IN RURAL AREAS IN MAIN YEARS

项目	Item	1990	1995	1998	1999
一、农村基层组织	**Rural Grass－roots Units**				
镇人民政府(个)	Town Government (unit)	18	18	20	20
村民委员会(个)	Village Committees (unit)	250	204	216	216
二、乡镇户数、人口	**Rural Households and population**				
总户数(户)	Total Households (household)	90 143	123 173	105 560	122 694
#农业户数	Agriculture Households	65 185	66 630	70 503	73 098
总人口(人)	Total Population (person)	342 015	392 002	336 061	360 743
#农业人口	Agriculture Population	252 760	243 881	245 796	253 807
三、农业生产条件	**Conditions of Agricultural Production**				
农业机械总动力(万瓦特)	Total Power of Farm Machinery(10 000 w)	13 456	4 034	6 141	5 780
农村用电量(万千瓦小时)	Electricity Consumption in Rural Areas (10 000 kwh)	24 997	113 348	315 775	369 906
四、乡镇劳动力合计(人)	**Total Rural Labor Force (person)**	**120 381**	**129 359**	**154 802**	**171 180**
1. 按性别分	Grouped by Sex				
男劳动力	Male	53 568	61 080	74 323	83 038
女劳动力	Female	66 813	68 279	80 479	88 142
2. 按行业分	Grouped by Sector				
农　业	Agriculture	50 038	26 950	27 534	25 325
工　业	Industry	36 503	48 032	52 998	53 380
建筑业	Construction	1 605	1 865	2 838	2 478
交通运输和邮电通信业	Transportation, Post and Telecommunications	3 991	5 963	6 179	6 307
商饮业和物资供销仓储业	Commerce, Catering Services, Materials Supply, Marketing and Storage	6 759	8 374	11 890	13 971
其他劳动力	Others	21 485	38 175	53 363	69 719
#外出劳动力	Labor Force Leaving	16 488	8 444	14 121	5 926
五、外来劳动力(人)	**Labor Force from the Outside(person)**		**1 263 040**	**1 432 129**	**1 410 836**

5-2 农业总产值(按当年价格计算)
GROSS OUTPUT VALUE OF AGRICULTURE (AT CURRENT PRICES)
(1979—1999)

单位:万元　　(10 000 yuan)

年份 Year	农业总产值 Gross Output Value of Agriculture	种植业 Planting	林业 Forestry	牧业 Animal Husbandry	副业 Sideline	渔业 Fishery
全市 Total						
1979	13 106	6 494	85	1 598	4 496	433
1980	16 938	6 913	69	2 186	6 686	1 084
1981	24 181	8 515	153	5 677	7 967	1 869
1982	26 929	9 402	281	7 540	6 962	2 744
1983	29 083	10 930	207	7 832	6 714	3 400
1984	40 416	13 931	912	10 346	7 332	7 895
1985	45 821	15 641	1 371	14 444	6 490	7 875
1986	49 552	18 947	1 259	17 132	1 258	10 956
1987	73 772	26 631	1 678	28 869	2 255	14 339
1988	99 404	32 296	1 315	42 202	3 739	19 852
1989	108 015	31 412	1 253	54 389	1 951	19 010
1990	119 205	37 622	1 716	52 550	3 274	24 043
1991	143 063	40 697	4 097	63 117	4 127	31 025
1992	185 297	57 458	5 637	81 532	4 335	36 334
1993	192 880	49 977	3 519	94 969	5 909	38 506
1994	224 776	54 363	2 334	110 150	5 607	52 322
1995	232 653	58 407	2 207	125 623	3 243	43 173
1996	273 246	70 642	2 989	141 464	6 071	52 080
1997	270 889	73 030	3 792	124 140	5 250	64 676
1998	298 174	79 738	6 773	139 244	6 452	65 967
1999	299 662	91 560	5 312	126 799	7 590	68 401
特区 Urban						
1980	5 210					
1981	4 515	2 218	22	1 131	442	702
1982	4 451	2 637	10	557	434	813
1983	4 792	2 752	21	1 255	349	415
1984	5 747	2 587	19	749	104	2 288
1985	5 011	2 092	510	531	307	1 571
1986	7 621	2 650	746	1 130	337	2 758
1987	12 946	5 748	1 028	1 773	450	3 947
1988	17 146	6 452	523	4 600	299	5 271
1989	11 110	3 984	218	3 896	320	2 692
1990	12 703	4 212	284	3 041	1 599	3 567
1991	12 783	3 366	389	3 355	1 913	3 760
1992	16 232	4 142	553	5 398	2 307	3 833
1993	11 498	3 213	176	4 379		3 730
1994	12 537	3 608	287	4 415		4 227
1995	17 293	4 777	95	5 414	77	6 930
1996	45 994	15 819	97	21 555	87	8 436
1997	29 104	6 145	256	7 159		15 544
1998	31 875	6 673	411	7 062		17 729
1999	33 944	9 246	385	5 016		19 297

5-3 农业总产值构成
COMPOSITION OF GROSS OUTPUT VALUE OF AGRICULTURE
(1979—1999)

单位:%　　(%)

年份 Year	总计 Total	种植业 Planting	林业 Forestry	牧业 Animal Husbandry	副业 Sideline	渔业 Fishery
全市 Total						
1979	100.0	49.6	0.6	12.2	34.3	3.3
1980	100.0	40.8	0.4	12.9	39.5	6.4
1981	100.0	35.2	0.6	23.5	33.0	7.7
1982	100.0	34.9	1.0	28.0	25.9	10.2
1983	100.0	37.6	0.7	26.9	23.1	11.7
1984	100.0	34.5	2.3	25.6	18.1	19.5
1985	100.0	34.1	3.0	31.5	14.2	17.2
1986	100.0	38.2	2.6	34.6	2.5	22.1
1987	100.0	36.1	2.3	39.1	3.1	19.4
1988	100.0	32.5	1.3	42.5	3.7	20.0
1989	100.0	29.1	1.2	50.3	1.8	17.6
1990	100.0	31.6	1.4	44.1	2.7	20.2
1991	100.0	28.4	2.9	44.1	2.9	21.7
1992	100.0	31.0	3.0	44.0	2.4	19.6
1993	100.0	25.9	1.8	49.2	3.1	20.0
1994	100.0	24.2	1.0	49.0	2.5	23.3
1995	100.0	25.1	0.9	54.0	1.4	18.6
1996	100.0	25.9	1.1	51.8	2.2	19.0
1997	100.0	27.0	1.4	45.8	1.9	23.9
1998	100.0	26.7	2.3	46.7	2.2	22.1
1999	100.0	30.6	1.8	42.3	2.5	22.8
特区 Urban						
1980						
1981	100.0	49.1	0.5	25.0	9.8	15.6
1982	100.0	59.2	0.2	12.5	9.8	18.3
1983	100.0	57.4	0.4	26.2	7.3	8.7
1984	100.0	45.0	0.4	13.0	1.8	39.8
1985	100.0	41.7	10.2	10.6	6.1	31.4
1986	100.0	34.8	9.8	14.8	4.4	36.2
1987	100.0	44.4	7.9	13.7	3.5	30.5
1988	100.0	37.6	3.1	26.8	1.8	30.7
1989	100.0	35.9	1.9	35.1	2.9	24.2
1990	100.0	33.2	2.2	23.9	12.6	28.1
1991	100.0	26.3	3.0	26.3	15.0	29.4
1992	100.0	25.5	3.4	33.3	14.2	23.6
1993	100.0	27.9	1.5	38.1		32.5
1994	100.0	28.8	2.3	35.2		33.7
1995	100.0	27.6	0.6	31.3	0.4	40.1
1996	100.0	34.4	0.2	46.9	0.2	18.3
1997	100.0	21.2	0.8	24.6		53.4
1998	100.0	20.9	1.3	22.2		55.6
1999	100.0	27.2	1.1	14.8		56.8

5-4 农业总产值及其指数
GROSS OUTPUT VALUE OF AGRICULTURE AND ITS INDICES
(1979—1999)

年　份 Year	农业总产值(万元) Gross Output Value of Agriculture (10 000yuan)		指　数(%) Index (%)	
	当年价格 At Current Prices	1990 年不变价格 At 1990 Constant Prices	以 1979 年为 100 1979 = 100	以上年为 100 Preceding Year = 100
1979	13 106	34 815	100.0	
1980	16 938	29 742	85.4	85.4
1981	24 181	35 434	101.7	119.1
1982	26 929	38 287	110.0	108.1
1983	29 083	37 662	108.2	98.4
1984	40 416	38 518	110.7	102.3
1985	45 821	45 912	131.9	119.2
1986	49 552	53 484	153.7	116.5
1987	73 772	59 791	171.8	111.8
1988	99 404	71 363	205.2	119.4
1989	108 015	79 998	230.0	112.1
1990	119 205	92 121	265.0	115.2
1991	143 063	100 703	289.6	109.3
1992	185 297	99 895	287.3	99.2
1993	192 880	92 772	266.9	92.9
1994	224 776	89 172	256.1	96.1
1995	232 653	90 081	258.7	101.0
1996	273 246	102 873	295.5	114.2
1997	270 889	104 617	300.5	101.7
1998	298 174	109 158	313.5	104.3
1999	299 662	117 754	338.2	107.9
年平均增长率　Average Annual Growth Rate			**6.3**	

5-5 农业总产值(按 1990 年不变价格计算)
GROSS OUTPUT VALUE OF AGRICULTURE (AT 1990 CONSTANT PRICES)
(1999)

项　目	Item	1999 全　市 Total	 特　区 Urban
农业总产值(万元)	**Gross output Value of Agriculture(10 000 yuan)**	**117 754**	**19 282**
种植业	Planting	36 040	6 148
林　业	Forestry	792	130
牧　业	Animal Husbandry	43 547	2 426
副　业	Sideline	4 386	
渔　业	Fishery	32 989	10 578

5-6 耕地面积及其变动情况

INCREASE AND DECREASE OF AREAS UNDER CULTIVATION (1979—1999)

单位:万亩　　(10 000 mu)

年份 Year	年末实有耕地面积 Year-end Areas under Cultivation	水旱田 Paddy Fields	旱地 Dry Fields	平均每个农业人口有耕地(亩) Cultivated Areas per Agricultural Person (mu)	平均每个农业劳动力有耕地(亩) Cultivated Areas per Agricultural Labor(mu)	当年增加的耕地面积 Newly Increased Cultivated Areas	当年减少的耕地面积 Newly Decreased Cultivated Areas
1979	53.21	41.01	12.20				1.19
1980	49.01	37.56	11.45				4.20
1981	45.98	35.08	10.90				2.83
1982	43.91	33.67	10.24				2.69
1983	42.99	32.87	10.12				1.30
1984	40.14	30.66	9.48				2.97
1985	33.94	25.40	8.54				6.30
1986	32.91	24.90	8.01	1.38	5.83	1.41	2.43
1987	30.98	23.48	7.50	1.24	5.50	0.27	2.21
1988	29.46	22.76	6.70	1.17	5.37	0.11	1.62
1989	28.25	21.80	6.45	1.12	5.69	0.16	1.37
1990	28.01	21.75	6.26	1.11	5.60	0.12	0.36
1991	22.67	16.95	5.72	0.84	4.86	0.03	4.93
1992	15.50	10.26	5.24	0.41	1.21	0.03	7.26
1993	9.05	6.06	2.99	0.38	0.77	0.06	6.61
1994	6.86	4.96	1.90	0.28	2.56	0.23	2.42
1995	6.58	4.86	1.72	0.27	2.44	0.13	0.41
1996	7.66	5.46	2.20	0.32	2.82	1.38	0.30
1997	6.36	4.17	2.19	0.27	2.23	0.20	1.49
1998	6.20	4.70	1.50	0.25	2.25	0.21	0.36
1999	6.03	4.63	1.40	0.24	2.38		0.17

5-7　耕地面积指数
INDICES OF AREAS UNDER CULTIVATION
(1980—1999)

单位:%　　(%)

年　份 Year	以1979年为100 1979=100			以上年为100 Preceding Year=100		
	耕地面积 Areas Under Cultivation	水旱田 Paddy Fields	旱　地 Dry Fields	耕地面积 Areas Under Cultivation	水旱田 Paddy Fields	旱　地 Dry Fields
1980	92.1	91.6	93.9	92.1	91.6	93.9
1981	86.4	85.5	89.3	93.8	93.4	95.2
1982	82.5	82.1	83.9	95.5	96.0	93.9
1983	80.8	80.2	83.0	97.9	97.6	98.8
1984	75.4	74.8	77.7	93.4	93.3	93.7
1985	63.8	61.9	70.0	84.6	82.8	90.1
1986	61.8	60.7	65.7	97.0	98.0	93.8
1987	58.2	57.3	61.5	94.1	94.5	93.6
1988	55.4	55.5	54.9	95.1	96.9	89.3
1989	53.1	53.2	52.9	95.9	95.8	96.3
1990	52.6	53.0	51.3	99.2	99.8	97.1
1991	42.6	41.3	46.9	80.9	77.9	91.4
1992	29.1	25.0	43.0	68.4	60.5	91.6
1993	17.0	14.8	24.5	58.4	59.1	57.1
1994	12.9	12.1	15.6	75.8	81.8	63.5
1995	12.4	11.9	14.1	95.9	98.0	90.5
1996	14.4	13.3	18.0	116.4	112.3	127.9
1997	12.0	10.2	18.0	83.0	76.4	99.5
1998	11.7	11.5	12.3	97.5	112.7	68.5
1999	11.3	11.3	11.5	97.3	98.5	93.3
年平均增长率 Average Annual Growth Rate	**-10.3**	**-10.3**	**-10.3**			

5-8 农作物播种面积
TOTAL SOWN AREAS OF FARM CROPS
(1979—1999)

单位:亩　　(mu)

年份 Year	一、农作物总播种面积 Total Sown Areas	1. 粮食作物合计 Grain Crops	稻谷 Rice	薯类 Tubers	2. 经济作物合计 Cash Crops	花生 Peanuts
1979	953 300	758 100	683 701	55 095	165 800	107 148
1980	808 500	646 000	601 200	38 663	125 500	100 186
1981	728 400	576 000	546 383	27 457	119 200	96 606
1982	739 500	536 000	506 264	27 219	125 200	97 152
1983	711 300	536 400	505 800	27 700	95 103	65 700
1984	705 078	507 255	476 623	28 036	91 147	68 523
1985	625 716	379 247	352 631	22 690	85 356	61 095
1986	632 747	363 895	337 810	22 755	89 810	60 765
1987	617 290	331 531	303 047	24 911	84 466	57 508
1988	607 146	284 545	261 966	19 370	77 678	51 331
1989	591 309	280 930	260 163	18 897	71 134	51 120
1990	573 090	261 454	240 736	18 177	67 306	52 035
1991	523 174	194 055	170 960	19 529	63 530	49 146
1992	355 244	103 946	87 880	13 348	31 910	30 545
1993	191 711	21 361	12 131	6 711	12 118	9 579
1994	163 838	16 136	5 265	6 029	5 022	4 544
1995	164 870	16 970	6 513	6 814	5 031	3 965
1996	205 078	19 448	5 886	9 444	6 151	4 675
1997	175 250	14 907	3 705	7 183	5 386	3 854
1998	180 525	11 742	3 123	5 946	6 770	3 224
1999	177 372	10 354	2 228	5 381	5 616	2 680

5-8续表 continued

年 份 Year	3. 其它作物 合 计 Other Crops	蔬 菜 Vegetable	二、 茶园面积 Area of Tea Plantations (year-end)	三、 果园面积 Area of Orchards (year-end)	柑桔橙 Citrus	荔 枝 Litcji
1979	22 813	14 798		55 604	6 248	18 600
1980	28 802	15 712		56 701	8 169	19 760
1981	24 327	17 935		55 353	7 476	21 021
1982	68 296	44 020		56 040	6 331	25 399
1983	72 219	66 048		85 897	15 154	4 687
1984	98 843	86 037		85 567	11 204	39 384
1985	154 494	139 353		108 418	16 889	44 979
1986	172 688	160 467		168 790	38 698	70 782
1987	196 065	185 202		218 396	59 358	91 744
1988	240 104	223 191		236 876	69 972	100 912
1989	235 349	217 929		245 516	71 429	107 979
1990	240 865	231 308		256 110	72 632	109 477
1991	261 772	244 591		254 021	73 350	111 324
1992	217 456	201 422		227 207	60 844	104 390
1993	157 909	144 468		191 838	50 147	92 227
1994	142 640	133 284	460	188 411	44 124	97 613
1995	142 849	135 212	3 003	185 285	36 267	98 358
1996	179 479	167 063	2 976	195 926	32 532	111 332
1997	154 957	145 591	2 968	216 996	26 733	136 123
1998	162 013	153 026	2 440	215 058	26 240	136 006
1999	161 402	152 890	2 435	218 811	22 013	144 201

5-9 主要农业产品产量
YIELD OF MAJOR FARM CROPS
(1979—1999)

单位:吨 (ton)

年份 Year	粮食 Grain	稻谷 Rice	薯类 Tubers	花生 Peanuts	蔬菜 Vegetable	茶叶 Tea	水果 Fruits	柑桔橙 Citrus	荔枝 Litcji
1979	132 584	127 559	4 285	6 877	8 639		2 401	157	742
1980	126 461	123 022	3 003	7 323	14 593		2 280	388	1 127
1981	116 489	114 070	2 310	8 641	22 772		3 245	284	1 534
1982	124 189	121 026	3 046	9 276	34 484		2 866	571	798
1983	126 977	122 936	3 906	5 761	74 251		3 575	1 105	839
1984	126 960	123 205	3 595	6 060	107 820		5 752	1 579	1 829
1985	94 465	90 106	4 026	5 208	162 898		6 420	1 726	1 559
1986	92 495	88 369	3 787	5 894	151 629		13 249	3 467	3 522
1987	85 534	80 110	5 081	5 634	159 937		18 180	5 368	1 336
1988	76 263	72 114	3 850	5 275	182 190		21 324	7 931	2 366
1989	82 215	77 928	3 974	5 777	193 367		23 928	10 910	1 293
1990	81 018	75 380	5 161	6 107	227 346		39 986	23 769	4 184
1991	59 138	52 847	5 418	6 284	238 716		52 392	35 195	2 855
1992	32 906	27 924	4 211	3 874	201 517		59 505	36 082	8 230
1993	6 950	3 838	2 077	1 315	151 421		45 807	31 968	2 791
1994	5 166	1 660	1 676	652	141 899	2	42 744	26 949	4 886
1995	4 887	1 848	1 700	613	147 171	4	40 914	22 973	5 674
1996	6 586	1 801	2 557	735	193 966	4	36 961	21 148	5 944
1997	4 990	954	1 793	595	169 683	5	39 775	21 509	7 546
1998	3 781	743	1 367	496	185 747	8	34 310	22 042	2 055
1999	3 412	555	1 235	444	183 517	9	43 183	19 662	13 516

5-10 农作物亩产量
OUTPUT OF FARM CROPS PER MU
(1979—1999)

单位:千克　　(kg)

年份 Year	粮食 Grain	稻谷 Rice	薯类 Tubers	花生 Peanuts	蔬菜 Vegetable	茶叶 Tea	水果 Fruits	柑桔橙 Citrus
1979	175	187	78	64	584			
1980	196	205	78	73	929			
1981	202	209	84	89	1 269			
1982	232	239	112	95	783			
1983	237	243	141	87	1 124			
1984	251	259	128	88	1 253			
1985	249	256	178	85	1 169			
1986	254	261	166	97	945			
1987	258	264	204	98	864			
1988	268	275	199	103	816			
1989	293	300	210	113	887			
1990	310	313	284	117	983			
1991	305	309	277	128	976			
1992	317	318	315	127	1 000			
1993	325	316	309	137	1 048			
1994	340	324	302	107	1 064	4.76	467	786
1995	288	284	249	155	1 088	6.45	414	765
1996	339	305	271	157	1 161	6.06	345	799
1997	335	257	257	154	1 165	6.30	307	897
1998	322	238	230	154	1 214	3.40	456	840
1999	330	249	230	166	1 200	3.70	322	958

5－11　畜牧业、林业、渔业
ANIMAL HUSBANDRY, FORESTRY AND FISHERY
(1979—1999)

年份 Year	畜牧业 Animal Husbandry					
	牛年末头数(头) Number of Cattle (Year－end)	奶牛 Milk Cows	山羊年末头数(头) Goats (Year－end)	牛奶产量(吨) Milk Output (ton)	生猪饲养量(万头) Raised Hogs (the whole year) (10 000)	生猪年末存栏量(万头) Raised Hogs (Year－end) (10 000)
1979	25 633	465		1 622	22.90	11.69
1980	24 451	2 365		2 876	15.58	8.42
1981	28 917	3 066		5 214	10.69	6.06
1982	31 301	3 233		6 852	15.61	8.51
1983	31 200	3 642		7 411	17.60	9.40
1984	30 716	4 506		9 830	18.59	8.89
1985	28 474	5 352		10 815	20.34	9.58
1986	27 685	6 204	302	12 837	25.41	12.29
1987	26 587	6 460	278	14 237	36.02	16.94
1988	24 759	6 764	164	13 720	52.20	21.90
1989	24 618	7 384	305	16 729	65.28	24.45
1990	24 105	7 715	109	18 887	59.37	22.58
1991	20 660	7 380	30	20 566	64.23	22.07
1992	16 451	7 059		20 592	61.36	20.89
1993	11 460	7 107		20 255	62.39	20.77
1994	9 780	7 235		20 080	64.49	23.38
1995	9 960	7 955		19 475	68.09	25.76
1996	9 509	8 152		20 420	75.61	27.35
1997	8 900	7 478		18 857	80.26	30.52
1998	8 625	7 575		19 851	89.36	30.09
1999	8 881	7 990	86	22 480	85.98	28.16

5－11续表1　continued

年　份 Year	畜　牧　业 Animal Husbandry					造林面积（万亩） Areas of Forestation (10 000 mu)
	肉猪全年出栏量(万头) Slaughtered Fattened Hogs (10 000)	三鸟饲养量（万只） Raised Poultry (10 000)	上市量 On Market	鲜　蛋（吨） Fresh eggs (ton)	当年出售肉类总产量(吨) Total Output of Meat Sold (ton)	
1979	11.21	99.59	69.71	57	6 726	1.84
1980	7.16	160.90	112.63	88	4 296	1.65
1981	4.63	321.84	257.42	119	2 778	1.38
1982	7.10	578.61	506.31	265	4 260	2.62
1983	8.20	786.79	586.40	1 352	4 920	2.37
1984	9.70	857.31	686.27	1 137	12 648	1.78
1985	10.76	1 305.20	944.32	1 085	22 932	16.85
1986	13.12	1 548.94	1 115.77	1 169	25 323	4.01
1987	19.08	1 955.78	1 371.76	805	33 935	15.38
1988	30.30	2 634.80	1 892.70	1 335	47 449	13.32
1989	40.83	3 101.80	2 291.00	1 212	65 300	5.33
1990	36.79	3 330.80	2 445.20	1 895	62 513	5.92
1991	42.16	3 522.27	2 964.39	3 462	79 022	13.10
1992	40.47	4 063.21	2 911.96	4 172	74 081	0.62
1993	41.62	3 534.32	2 668.70	2 472	77 254	0.15
1994	41.11	2 988.07	2 280.63	2 100	67 043	1.10
1995	42.33	2 635.46	2 015.59	2 120	70 277	1.85
1996	48.26	2 111.72	1 633.59	1 351	64 280	3.74
1997	49.74	2 142.36	2 142.36	1 333	65 911	6.27
1998	59.27	2 900.24	2 462.97	1 421	82 947	4.93
1999	57.82	3 090.74	2 616.25	1 130	77 608	3.44

5－11续表2　continued

年份 Year	渔业 Fishery							
	水产品生产总量(吨) Total Output of Aquatic Products(ton)	1. 海水产品 Seawater Aquatic Products	鱼类 Fish	2. 淡水产品 Freshwater Aquatic Products	鱼类 Fish	养殖面积(万亩) Cultured Areas of Aquatic (10 000 mu)	1. 海水面积 Seawater	2. 淡水面积 Freshwater
1979	7 039	6 068		971				1.13
1980	7 667	5 315		2 352				3.27
1981	7 410	5 048		2 362				3.54
1982	10 406	6 128		4 278				4.24
1983	12 303							
1984	16 086							4.68
1985	16 762	4 485		12 277				8.84
1986	23 654	5 595	3 716	18 059		19.33	7.88	11.45
1987	26 889	17 363		9 526		21.16	13.40	7.76
1988	31 535	20 923	16 515	10 612	6 860	20.92	7.53	13.39
1989	32 148	20 153	16 454	11 995	11 995	21.36	14.18	7.18
1990	38 587	24 239	18 420	14 348	13 793	21.88	14.73	7.15
1991	41 740	12 076	8 402	29 664	29 664	16.91	7.81	9.10
1992	44 349	27 558	18 488	16 791	15 836	18.77	13.64	5.13
1993	31 104	11 527	8 423	19 577	19 577	11.77	5.90	5.87
1994	28 196	10 661	6 733	17 535	17 535			
1995	37 394	30 041	26 438	7 353	7 353			
1996	41 183	21 957	17 718	19 226	19 188	16.00	13.60	2.40
1997	55 569	47 687	32 229	7 882	7 773	13.47	10.82	2.65
1998	58 315	50 352	32 371	7 963	7 962	13.61	10.52	3.09
1999	59 764	52 410	34 888	7 354	7 334	11.19	8.16	3.03

5－12　农村经济收益及其指数
ANNUAL INCOME AND ITS INDICES IN RURAL AREA
(1979—1999)

年　份 Year	农村经济总收入(万元) Total Income of Rural Area (10 000 yuan)	农民纯收入总额(万元) Total Net Income of Rural Residents (10 000 yuan)	农民人均纯收入(元) Per Capita Net Income of Rural Residents (yuan)	劳平纯收入(元) Net Income Per Rural Laborer (yuan)	以上年为100 Preceding Year＝100			
					农村经济总收入(%) Total Income of Rural Area (%)	农民纯收入总额(%) Total Net Income of Rural Residents (%)	农民人均纯收入(%) Per Capita Net Income of Rural Residents (%)	劳平纯收入(%) Net Income Per Rural Laborer (%)
1979	8 617	3 469	152	350				
1980	11 196	4 650	208	482	129.9	134.0	136.8	137.7
1981	17 753	5 196	230	524	158.6	111.7	110.6	108.7
1982	22 121	8 964	393	882	124.6	172.5	170.9	168.3
1983	31 572	10 982	469	1 146	142.7	122.5	119.3	129.9
1984	55 913	15 370	656	1 573	177.1	140.0	139.9	137.3
1985	87 188	17 648	750	1 777	155.9	114.8	114.3	113.0
1986	102 522	20 786	894	2 110	117.6	117.8	119.2	118.7
1987	141 944	25 565	1 097	2 552	138.5	123.0	122.7	120.9
1988	193 185	31 016	1 317	3 040	136.1	121.3	120.1	119.1
1989	247 496	38 394	1 622	3 678	128.1	123.8	123.2	121.0
1990	297 194	46 124	1 954	4 335	120.1	120.1	120.5	117.7
1991	376 185	54 342	2 270	4 934	126.6	117.8	116.2	113.8
1992	513 527	69 252	2 833	6 041	136.5	127.4	124.8	122.4
1993	604 519	63 047	3 050	6 287	117.7	91.0	107.7	104.1
1994	689 319	81 861	3 692	7 025	114.0	129.8	121.0	111.7
1995	813 398	101 777	4 517	7 868	118.0	124.3	122.3	112.0
1996	904 268	124 269	5 415	10 761	111.2	122.1	119.9	136.8
1997	1 005 883	138 898	6 256	9 129	111.2	111.8	115.5	84.8
1998	1 107 365	162 450	7 350	10 494	110.1	117.0	117.5	115.0
1999	1 189 015	176 456	8 131	10 308	107.4	108.6	110.6	98.2
年平均增长率 Average Annual Growth Rate					**27.9**	**21.7**	**22.0**	**18.4**

5－13　农村经济收益分配情况
DISTRIBUTION OF ANNUAL INCOME IN RURAL AREA
(1999)

单位:万元　　(10 000 yuan)

年　份	Year	合　计 Total	宝　安 Baoan	龙　岗 Longgang
一、镇村经济总收入	**Total Income of Rural Area**	**1 189 015**	**595 307**	**593 708**
1.农　业	Agriculture	82 354	39 561	42 793
2.工　业	Industry	703 892	321 706	382 186
3.建筑业	Construction	34 404	10 700	23 704
4.交通运输业	Transportation	36 360	23 874	12 486
5.商业、饮食业	Commerce and Catering Trade	86 408	58 377	28 031
6.服务业	Services	65 685	37 199	28 486
7.其　他	Others	179 912	103 890	76 022
二、镇村经济总费用	**Total Expenditure of Rural Area**	**777 771**	405 736	**372 035**
#生产费	Productive Expenditure	465 568	238 867	22 6701
管理费	Management Expenditure	139 862	78 519	61 343
三、镇村可分配净收入总额	**Net Income of Rural Area Available for Distribution**	**411 244**	**189 571**	**221 673**
#国家税金	Taxes	31 223	13 597	17 626
企业各项留利	Profits	83 290	23 633	59 657
乡村集体所得	Collective Income	130 943	91 339	39 604
农民经营所得	Income from Household Business Operation	130 163	62 442	67 721
四、农民从集体再分配收入	**Income of Rural Residents from Collective Redistribution**	**46 114**	**32 764**	**13 350**
五、农民纯收入总额	**Total Net Income of Rural Residents**	**176 456**	**95 385**	**81 071**
六、农民人均纯收入(元)	**Per Capita Net Income of Rural Residents(yuan)**	**8 131**	**8 500**	**7 742**
七、劳平收入(元)	**Net Income per Rural Laborer(yuan)**	**10 308**	**11 059**	**9 546**
八、户平收入(元)	**Net Income per Rural Household (yuan)**	**24 139**	**24 197**	**24 072**

六、固定资产投资

1999年深圳固定资产投资概况

固定资产投资是保持国民经济持续、快捷、健康发展的重要推动力之一。1999年,深圳市按照"加大投资力度,优化投资结构"的原则,加强了投资管理,加大固定资产的投资力度。基础设施、高新技术产业和推动精神文明建设等项目投资得到加强,同时注重了投资效益,促进了深圳经济稳定增长。

一、固定资产投资运行概况及特点

1999年,深圳市全社会固定资产完成投资额569.59亿元,比上年增长18.6%,投资率为39.7%。其中:基本建设投资272.49亿元,增长13.7%;更新改造投资27.47亿元,增长36.3%;房地产开发投资215.25亿元,增长28.5%;集体经济投资39.75亿元,增长4.1%;私人建房投资10.69亿元,下降18.5%。从全年来看,投资的波动幅度不大,全社会固定资产投资增长速度高出GDP增长速度4.5个百分点,既形成了投资对经济增长的拉动力,避免因投资需求不足导致经济增长乏力,又有效地控制了物价的涨幅,实现了宏观调控的目标。

1.基本建设投资结构改善,资金投向相对集中

(1)加大高新技术产业的投入,带动了基本建设投资整体增长加快。1999年完成工业投资61.48亿元,较上年增长49.8%,占基本建设投资的比重为22.6%,比上年提高5.5个百分点。工业投资上升的原因,主要是安排今年的重点建设项目中,重点安排了40个工业项目,其中84%属于高新技术工程项目。目前,富士康21世纪资讯科技园(二期)、"909"工程集成电路设计中心、超大后工序二期扩建、全数字彩电等高新技术项目进展情况顺利。工业投资的快速增长,带动了基本建设投资整体增长加快。进一步确保以电子及通讯设备制造为主的高新技术产业成为经济第一增长点。

(2)加大城市基础设施的投入,进一步完善了城市功能与投资环境。近年,深圳市以建设区域性经济中心城市为目标,在努力提高城市管理水平的同时,继续加大城市基础设施建设力度,不断完善城市功能。全年完成基础设施投资140.22亿元,比上年增长4.2%。市政道路、立交桥、水源开发、环境保护、交通、地铁、电力、交通邮电等基础设施建设得到加强。在基础设施投资中,市政投资完成85.75亿元,比上年增长37.2%,所占比重比上年上升了5.1个百分点。资金来源大部分为政府投资,包括市财政、国土基金、增容费等资金。这部分资金的及时到位,保证了基础设施建设的顺利进行,并发挥了政府投资的引导作用,完善了投资环境,为全市经济的持续发展奠定了坚实的基础。

(3)加快商贸、旅游等行业的投资,积极推动第三产业发展。1999年,批发和零售贸易餐饮业完成投资5.82亿元。区域性物流中心建设步伐加快,各类市场项目的建设进展顺利,主要有续建平湖生产物资物流中心、新建和筹建华南集装箱联运中心、商品订货系统深圳配送中心、会议展览中心、大型百货商场等项目。同时,高起点、高标准建设东门步行街、华强北商业街改造工程。东部黄金海岸、西部田园风光等旅游项目的规划建设进展顺利。

(4)加大各项社会事业投资,促进经济、社会同步协调发展。1999年,有计划地抓好社会发展和精神文明项目的建设。在文化、教育、卫生、体育及科研等方面,完成投资17.11亿元,比上年增长7.9%。资金来源多为政府财政投资。市中心图书馆、音乐厅、电视中心、少年宫等四大文化设施全面开工,20余所小学得到新建及扩建,中心医院、部分医院门诊等项目已投入使用。

2. 更新改造投资持续增长,投资技术含量提高

1999年更新改造完成投资27.47亿元,比上年增长36.3%,生产性设备购置完成投资15.76亿元,所占比重为57.4%。工业行业投资19.84亿元,比上年增长23.7%。主要投向电子及通讯设备制造业技术更新上。技术改造投资科技含量比重的上升,将是今后技改投资的发展趋势。

更新改造投资占全社会固定资产投资的比重由1998年的4.3%上升到了1999年的4.8%。从投资用途角度观察,增产投资7.58亿元,提高产品质量投资10.93亿元,增加品种投资5.21亿元。

3. 房地产开发投资持续快速增长,房地产市场渐趋活跃

1999年,房地产开发完成投资215.25亿元,比上年增长28.5%,增幅比广东省平均水平高16.3个百分点,比全国高17.5个百分点。已竣工商品房销售面积263.13万平方米,楼花预售面积263.21万平方米,比上年增长54.8%。

二、重点建设项目进展情况

1999年重点建设项目“以完善城市功能、改善投资环境、提高环境质量的基础设施项目;促进产业升级的高新技术项目;推进精神文明建设与社会发展的项目为重点”,安排项目77个,年度计划投资150.32亿元,其中:按建设阶段分,本年竣工项目16项,本年度计划27.81亿元,跨本年度续建项目23项,本年度计划61.38亿元,新开工项目38项,年度计划61.12亿元。按行业分,农林水利项目5个,计划投资4.20亿元,占年度投资的2.8%;工业项目40个,计划投资79.45亿元,占年度投资的52.9%;运输邮电项目6个,计划投资23.61亿元,占年度投资的15.7%;商贸项目8个,计划投资8.24亿元,占年度投资的5.51%;文教卫项目5个,计划投资1.4亿元,占年度投资的0.9%;城建项目10个,计划投资30.32亿元,占年度投资的20.2%;旅游项目3个,计划投资3.10元,占年度投资的2.1%。投资资金来源计划为:银行贷款61.72亿元,企业自筹37.84亿元,利用外资22.36亿元,市政府自筹16.51亿元,国家投资1.29亿元,其它投资10.60亿元。

77个重点项目完成投资87.88亿元,完成本年度计划的58.5%,其中竣工项目完成80.8%,续建项目完成65.7%,新开工项目完成41.0%。大屏幕彩色显像管、科健系列移动电话、海洋世界、滨海大道、机荷高速公路西段等项目竣工。

三、对投资运行的建议

投资不仅是构成现实最终需求的一个重大要素,而且投资将形成新的生产力。多年的实践证明,投资是结构调整的关键环节。优化投资结构和提高投资效益是投资领域的一项长期任务。为此,一是要把住资金的投向,把投资集中于结构调整中有带动作用的优势行业、优强项目,以增量促进存量结构的调整与优化;二是集中资金保重点,坚决克服一哄而上、撒胡椒面等投资分散的现象,继续发展高新技术产业,增强经济发展活力。

1. 从资金源头管理入手,进一步优化投资结构,加强对预算外资金和部门、企业自有自筹资金的规范和引导,加大结构调整力度,培育新的经济增长点。基本建设项目安排和资金配置,要向重点行业、重点产业和重点区域倾斜,要优先考虑高新技术产业以及科学、教育、文化等建设,继续坚持“保重点、保竣工、保投产 ”的原则,集中投资,保证技术领先、经济规模的发展优势,为全市的经济发展注入新的活力。

2. 在投资规模总体结构上,少新建、多改造,加大工业技术改造投资比重,积极组织建设一批技术含量高、规模经济效益显著、能够带动产业结构优化升级的大型技改项目。同时储备和组织一批适应市场需求,带动结构优化的高新技术项目,为优化产业结构,建设"以高新技术为先导,以先进工业为基础,以第三产业为支柱"现代化的国际城市奠定坚实的基础。

3. 对建设项目重新进行筛选,对那些符合市场需求但由于能力配套,外部条件不落实等原因影响正常投产和发挥效益的项目,要逐个研究解决办法,作出适当处置;对规模不经济、技术落后、投产后必然出现产品积压,严重亏损的在建项目坚决停建;对已批准立项或可行性研究但尚未开工的项目也要清理,凡属国内生产能力过剩的低水平重复建设的项目要撤销立项,属于资金不落实、建设条件不具备的项目要予以冻结。

4. 要进一步研究房地产投资总量控制和结构调整以及房屋销售的措施。重点搞活房地产二级市场,调整房地产发展方向,加快普通居民住宅建设和住宅商品化改革,将房地产开发和物业管理及配套行业发展有机地结合起来,带动相关产业的发展。

5. 要结合企业改革,通过存量资产的重组和增量资产的优化配置,逐步解决"大而全"、"小而全"等问题。研究出台鼓励企业发展的一些政策措施,重点扶持一批拥有主导产业、企业和品牌产品的具有国际竞争力的企业集团。同时实施加快支柱产业成长,促进电子信息等高新技术产业化的政策措施,带动产业结构的升级。

6. 妥善安排政府投资。抓好资金的统筹平衡,争取资金支持,资金投向要向重大基础设施项目、精神文明硬件项目倾斜,重点保收尾和续建项目,严格审批和压缩新建项目,继续停建各类机关办公楼、培训中心,限制事业单位新上基建项目。抓好为民办实事项目,认真抓好环境综合治理,继续建设社区健康服务中心,继续推广天然气汽车技术,切实解决人民生活中的热点难点问题。

(执笔:甘腾芳)

1999 年深圳房地产市场回顾

1999 年,在国家把房地产业做为新的经济增长点的背景下,伴随国民经济的稳步快速增长,房地产市场呈现健康良性的发展趋势。

一、1999 年房地产市场回顾

1. 基本情况

(1)房地产开发投资持续高速增长。1999 年全市房地产开发完成投资 215.25 亿元,比上年增长 28.5%,增幅比广东省高 16.3 个百分点,比全国平均水平高 17.5 个百分点。房地产投资增长指数已接近 1995 年以来的最高点。在房地产开发投资中:商品房建设投资 167.98 亿元,增长 25.3%;土地开发投资 11.18 亿元,增长84.8%;土地购置费 32.88 亿元,增长 36.0%。1995 年以来,房地产开发投资指数曲线图如下:

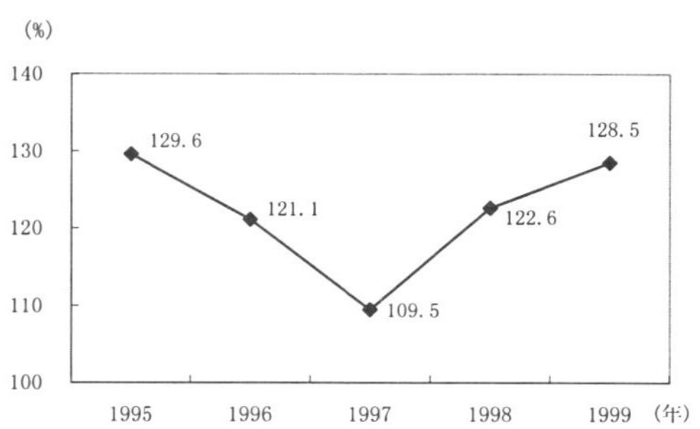

(2)商品房建设规模继续扩大,住宅仍是房地产开发建设的重头戏。1999 年全市商品房施工面积在 1998 年快速增长的基础上,继续呈现较快的增长势头,全年商品房施工面积达 1834.13 万平方米,比上年增长 10.7%,其中住宅施工面积 1355.62 万平方米,增长 18.2%,住宅施工面积占商品房施工面积的比重也由去年的 69.2%上升到 73.9%,上升了 4.7 个百分点。商品房新开工面积 580.56 万平方米,比上年猛增 40.2%,其中住宅新开工面积 492.81 万平方米,增长 47.9%。

(3)房地产二级市场交投活跃,各类商品房价格因市场需求不同有涨有跌。统计数据显示,1999 年全市已竣工商品房销售面积 263.12 万平方米,比上年下降9.4%;楼花预售面积 263.21 万平方米,比上年增长54.8%。现楼销售下降,楼花销售增长,说明二级市场购房者信心增强,心理和行为已发生质的变化。这一方面取决于房地产市场的规范和成熟发展;另一方面取决于发展商的不断努力,新的好的楼盘不断涌现,满足了消费者不同层次的需求。全市各类商品房平均售价 5503 元/米,比上年下降 7.2%,各类商品房销售、预售及价格详见表 1。

从表 1 数据可见,1999 年全市商品房销售市场仍以住宅为主,住宅销售面积占全部销售面积的九成以上;其他各类商品房交投仍不活跃。

从市场表现看,关外楼盘,中心区楼盘和后海片区楼盘成为年度亮点,这些楼盘在营销上均突出以人为本,人与自然的协调,设计上既满足了目标客户的整体需求,又满足个体客户的独特要求,既有产品的创新又有服务的独到。如位于坂田的万科四季花城,自去年 9 月开盘以来,目前一期 769 套已售出 750 多套;位于中心区的深业花园首期 155 套,仅内部认购就高达 95%;位于后海片区的蔚蓝海岸,首期内部认购取得了较好的成绩。

表 1 各类商品房销售、预售及价格

	已竣工商品房销售面积(万平方米)			楼花预售面积(万平方米)			价　格(元/平方米)	
	1998 年	1999 年	增长%	1998 年	1999 年	增长%	1999 年	增长%
住宅	251.31	240.09	-4.5	153.99	242.72	57.6	5004	-3.6
写字楼	25.51	12.45	-51.2	6.29	7.96	26.6	10502	-12.4
商业用房	9.38	10.23	9.1	8.56	9.32	8.9	11194	9.3
其他	4.15	0.36	-91.3	1.23	3.21	161.0	3747	7.9
合计	290.35	263.13	-9.4	170.06	263.21	54.8	5503	-7.2

(4)空置面积大幅度下降。1999 年商品房在连续两年供应量持续增长的情况下,空置面积仍呈下降趋势,全年商品房空置面积 249.6 万平方米,下降 15.9%,其中空置一年以上的商品房面积 71.78 万平方米,仅占全部空置面积的 28.8%。住宅空置面积 139.6 万平方米,占全部空置面积的 56.8%,比上年上升 3.3 个百分点。

2. 存在问题

(1)商品房供应量过大。1999 年商品房供应量在 1998 年高速增长的基础上,再创历史新高。尤其住宅供应量更是快速增长。全年商品房竣工面积 502.15 万平方米,比上年增长 8.4%,其中,住宅竣工面积 412.46 万平方米,增长 15.8%,商业用房和写字楼供应量则大幅度下降。

(2)商品物业跟风与炒作现象仍然存在。一些发展商忽视住宅的居住功能刻意制造出各种卖点,营造各种概念,楼盘设计缺乏个性和远见。

(3)房地产开发企业规模小且过于分散,没有形成规模优势。1999 年全市施工规模前 20 名企业仅占市场份额的 39.4%,与上年基本持平;房地产开发投资额前 20 名企业占全部投资额的 39.4%,比上年上升 7.6 个百分点;利润总额前 20 名企业占 66.7%,比上年上升 9.2 个百分点。因此可以看出,深圳房地产市场 还存在项目过于分散,成片开发大规模开发项目不多等问题,而从利润的集中程度看,市场竞争汰弱留强的规则尽显无遗。

纵观 1999 年房地产市场,深圳的房地产商在历经多年市场的磨练之后,投资行为更加成熟和规范,在产品的设计,开发,销售过程中,不仅注意精品的塑造,并将产品形象的塑造和企业文化的积淀溶于一体,企业具备了较强的营销推广能力,个性化营销得到市场的广泛认同。

二、2000 年房地产市场预测

从 1992 年房地产市场的迅猛发展,到宏观调控时期的迅速降温,以及 1996 年以来的稳步增长,均无可争辩地证实,深圳房地产市场对宏观经济的依赖程度和敏感程度。因此分析和研判 2000 年房地产市场走势需综合考虑以下几方面的因素。

从宏观经济面分析:今后几年,加大住宅投资力度把住宅消费培育成我国持续的新的经济增长点仍是我国经济工作的重点之一;1999 年全市个人住房按揭贷款 245 亿元,比上年增长 66.7%,房地产开发投资贷款 59.59 亿元,比上年增长 8.3%,预计 2000 年金融业对房地产业的支持力度还将进一步加强,对房地产开发的贷款还将呈增长趋势。随着市政府扶持高新技术产业措施的到位,二十一世纪初深圳产业结构和人口结构将进一步优化,GDP 仍将保持稳定高速的增长趋势。

从市场情况分析:自 1995 年以来,房地产开发投资额连续 5 年保持高速增长,商品房施工面积和新开工面积也屡创新高,虽然政府已采取措施减少土地供应量,1999年统计数据也表明,土地购置面积比上年下降34.8%,但由于以往年度批出土地过大,1999年企业尚有318.85万平方米待开发土地面积,再考虑1999年末还有249.6万平方米的空置面积需消化,因此2000年商品房销售市场将会面临较大的压力。

从消费需求分析:①1999年深圳外销商品房比例8%左右,比例偏低。深圳与香港仅一河之隔,但两地楼价相差悬殊,如能进一步简化过关手续,提高楼盘素质,外销市场的潜力还很大。1999年香港和黄地产进军深圳,说明港商看好深圳房地产市场,也将进一步增强港人在深置业的信心;②1999年深圳商品住宅个人购房比例达85.3%,随着国家各方面政策的到位和深入,如《深圳市国家机关事业单位住房制度改革若干规定》的具体实施,个人购房比重还将进一步上升,房地产市场仍将保持一定的购买力;③世界银行的研究表明,住宅需求与人均GDP的水平有关。当一个国家的人均GDP在300美元时,住宅产业开始起步;在600－800美元时,进入高速发展期;到1300美元时,进入稳定的快速增长期;8000美元时,进入住宅产业平稳发展期;超过13000美元时,住宅产业开始衰退。到1999年,深圳人均GDP4336美元,显示房地产业已进入稳定快速发展时期。

鉴于以上各方面因素的推动和制约作用,预计2000年深圳房地产市场仍将保持稳步发展的态势。全年房地产开发投资额将达260亿元,比上年增长20.4%;与1999年相比,二级市场在供应量过大的情况下,结构性过剩和阶段性过剩的矛盾将更为突出,商品房空置面积呈增长趋势;住宅仍是市场的主导,福田中心区,后海片区和关外一部分规模大、质量好、品牌硬的项目仍是2000年的销售热点,写字楼和商业营业用房的销售仍疲弱;市场竞争将更加激烈,规模化、品牌化、专业化是发展商在市场上取胜的必由之路;2000年在供需矛盾突出的环境下,商品房价格尤其商品住宅价格还将呈下降趋势。

(执笔:朱青)

固定资产投资（亿元）

Total Investment in Fixed Assets (100 million yuan)

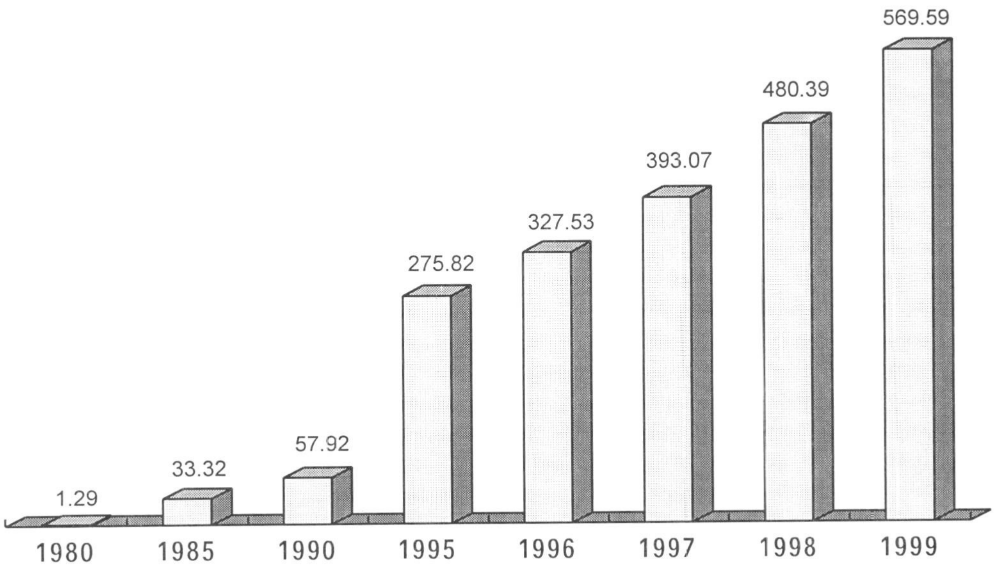

竣工住宅建筑面积（万平方米）

Floor Space of Residence Completed (10000 sq.m)

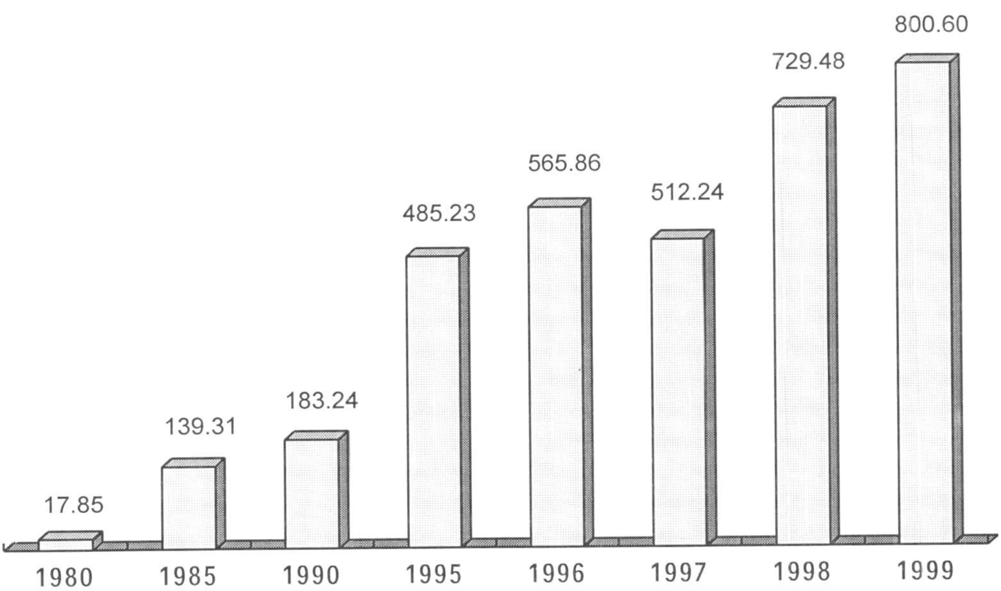

6-1 全社会固定资产投资额
TOTAL INVESTMENT IN FIXED ASSETS
(1979—1999)

单位:万元　　　　(10 000 yuan)

年份 Year	全社会固定资产投资额 Total Investment in Fixed Assets	基本建设 Capital Construction	更新改造 Technical Updates and Transformation	房地产开发 Investment in Commodity Houses	集体经济单位 Collective-owened Units	城乡私人建房 Buildings Construction by Individuals
1979	5 938	4 988	90		860	
1980	13 801	12 487	390		924	
"六五"时期 The Sixth Five-year Plan Period	**739 561**					
1981	29 684	27 039			1 137	1 508
1982	73 750	63 265	515		2 709	7 261
1983	108 320	88 593	2 450		8 474	8 803
1984	194 572	155 466	700		23 696	14 710
1985	333 235	276 125	2 105		39 015	15 990
"七五"时期 The Seventh Five-year Plan Period	**2 049 076**					
1986	248 551	191 490	10 140		32 840	12 311
1987	285 193	215 701	3 009		47 277	15 078
1988	436 191	347 307	2 572		49 678	32 840
1989	499 919	435 438	9 140		30 465	15 405
1990	579 222	427 134	24 661	67 842	25 914	20 943
"八五"时期 The Eighth Five-year Plan Period	**9 222 065**					
1991	793 620	528 725	36 949	136 896	59 741	31 309
1992	1 410 128	741 573	44 678	342 706	223 405	57 766
1993	1 950 507	1 222 146	20 794	500 332	151 916	55 319
1994	2 309 567	1 281 065	66 191	794 754	119 369	48 188
1995	2 758 243	1 401 235	70 484	1 030 368	185 967	70 189
"九五"时期 The Ninth Five-year Plan Period						
1996	3 275 270	1 569 208	113 836	1 248 251	262 762	81 213
1997	3 930 657	2 015 620	167 033	1 366 545	279 365	98 459
1998	4 803 901	2 395 732	201 514	1 674 854	381 675	131 038
1999	5 695 878	2 724 871	274 707	2 152 541	397 505	106 857
累计 Total	**29 736 147**	**16 125 208**	**1 051 958**	**9 315 089**	**2 324 694**	**825 187**

6-2 全社会固定资产投资指数
INDICES OF TOTAL INVESTMENT IN FIXED ASSETS
(1980—1999)

(以上年为100)　　　　(preceding year=100)

年 份 Year	全社会固定资产投资额 Total Investment in Fixed Assets	基本建设 Capital Construction	更新改造 Technical Updates and Transformation	房地产开发 Investment in Commodity Houses	集体经济单位 Collective-owened Units	城乡私人建房 Buildings Construction by Individuals
1980	232.4	250.3	433.3		107.4	
1981	215.1	216.5			123.1	
1982	248.5	234.0			238.3	481.5
1983	146.9	140.0	475.7		312.8	121.2
1984	179.6	175.5	28.6		279.6	167.1
1985	171.3	177.6	300.7		164.6	108.7
1986	74.6	69.3	481.7		84.2	77.0
1987	114.7	112.6	29.7		144.0	122.5
1988	152.9	161.0	85.5		105.1	217.8
1989	114.6	125.4	355.4		61.3	46.9
1990	115.9	98.1	269.8		85.1	135.9
1991	137.0	123.8	149.8	201.8	230.5	149.5
1992	177.7	140.3	120.9	250.3	374.0	184.5
1993	138.3	164.8	46.5	146.0	68.0	95.8
1994	118.4	104.8	318.3	158.8	78.6	87.1
1995	119.4	109.4	106.5	129.6	155.8	145.7
1996	118.7	112.0	161.5	121.1	141.3	115.7
1997	120.0	128.4	146.7	109.5	106.3	121.2
1998	122.2	118.9	120.6	122.6	136.6	133.1
1999	118.6	113.7	136.3	128.5	104.1	81.5

6-3 全社会新增固定资产
NEWLY INCREASED FIXED ASSETS
(1979—1999)

单位:万元 (10 000 yuan)

年份 Year	合计 Total	基本建设 Capital Construction	更新改造 Technical Updates and Transformation	房地产开发 Investment in Commodity Houses	集体经济单位 Collective owened Units	城乡私人建房 Buildings Construction by Individuals
1979	3 201	2 243	98		860	
1980	7 753	6 654	175		924	
"六五"时期 The Sixth Five-year Plan Period	**482 682**					
1981	19 032	16 387			1 137	1 508
1982	42 369	31 756	643		2 709	7 261
1983	81 902	62 576	2 049		8 474	8 803
1984	149 020	110 087	527		23 696	14 710
1985	190 359	134 696	658		39 015	15 990
"七五"时期 The Seventh Five-year Plan Period	**1 410 599**					
1986	192 016	151 486	5 359		22 860	12 311
1987	185 758	133 910	2 602		33 745	15 078
1988	269 475	191 734	1 752		44 083	31 906
1989	384 183	332 699	5 350		29 876	15 405
1990	379 167	260 718	10 749	68 252	15 949	20 943
"八五"时期 The Eighth Five-year Plan Period	**5 443 591**					
1991	573 793	387 315	31 324	83 594	40 251	31 309
1992	682 768	332 281	22 055	126 174	144 492	57 766
1993	1 010 590	633 055	2 711	212 568	106 937	55 319
1994	1 542 090	937 960	84 681	342 361	117 441	59 647
1995	1 634 350	729 913	36 725	652 570	144 953	70 189
"九五"时期 The Ninth Five-year Plan Period						
1996	2 549 663	939 154	107 401	1 246 877	175 018	81 213
1997	2 997 015	1 458 695	174 104	1 044 707	219 911	98 459
1998	3 865 634	1 600 634	153 238	1 676 557	289 173	131 038
1999	4 556 303	1 930 945	227 149	1 894 736	378 444	106 857
累计 Total	**21 316 441**	**10 384 898**	**869 350**	**7 348 396**	**1 839 948**	**835 712**

6-4 全社会房屋施工建筑面积
FLOOR SPACE OF BUILDINGS UNDER CONSTRUCTION
(1979—1999)

单位:万平方米　(10 000 sq.m)

年 份 Year	合 计 Total	基本建设 Capital Construction	更新改造 Technical Updates and Transformation	房地产开发 Investment in Commodity Houses	集体经济单位 Collective-owened Units	城乡私人建房 Buildings Construction by Individuals
1979		29.26				
1980		52.36				
1981		96.88				
1982		250.71				
1983		368.40				
1984		644.59				
1985		1 030.94				
1986	940.39	771.29	7.00		93.21	68.89
1987	887.21	642.48	2.10		152.09	90.54
1988	1 161.77	888.29	1.51		174.69	97.28
1989	1 088.02	926.36	9.83		103.68	48.15
1990	772.42	408.71	22.29	228.39	57.20	58.83
1991	1 128.70	533.66	14.96	339.33	139.96	100.79
1992	1 494.09	532.45	0.93	630.35	183.91	146.45
1993	1 848.31	566.70	0.34	925.35	248.91	107.01
1994	1 998.73	704.15	0.93	932.71	267.84	93.10
1995	2 733.57	951.68	47.07	1 371.04	260.04	103.74
1996	2 878.53	965.41	9.66	1 495.27	301.92	106.27
1997	2 775.82	847.14	9.25	1 454.17	336.10	128.91
1998	3 218.81	862.96	6.64	1 656.65	508.69	170.47
1999	3 369.43	829.19	2.05	1 834.13	530.03	149.03

6－5　全社会房屋竣工建筑面积
FLOOR SPACE OF BUILDINGS COMPLETED
(1979—1999)

单位:万平方米　　(10 000 sq.m)

年 份 Year	合 计 Total	基本建设 Capital Construction	更新改造 Technical Updates and Transformation	房地产开发 Investment in Commodity Houses	集体经济单位 Collective－owened Units	城乡私人建房 Buildings Construction by Individuals
1979		13.01				
1980		34.63				
1981		54.59				
1982		92.67				
1983		146.86				
1984		266.63				
1985		320.94				
1986	453.07	297.27	4.17		82.74	68.89
1987	464.69	240.58	0.63		132.94	90.54
1988	567.38	321.99			148.11	97.28
1989	563.01	419.52	3.32		92.02	48.15
1990	347.33	142.90	2.99	97.32	45.29	58.83
1991	504.81	166.58	4.60	116.05	116.79	100.79
1992	635.21	189.92	0.53	151.32	146.99	146.45
1993	672.89	212.91	0.34	173.28	179.35	107.01
1994	676.84	222.06	0.16	204.32	157.20	93.10
1995	838.46	262.02	19.55	311.55	141.60	103.74
1996	964.52	294.65	3.77	394.32	165.51	106.27
1997	942.91	303.29	1.89	327.04	181.53	128.91
1998	1 211.89	266.63	4.96	463.31	302.02	170.47
1999	1 267.00	307.22	1.28	502.15	302.16	149.03

6－6　全社会竣工房屋价值
VALUE OF BUILDINGS COMPLETED
(1979—1999)

单位:万元　　(10 000 yuan)

年　份 Year	合　计 Total	基本建设 Capital Construction	更新改造 Technical Updates and Transformation	房地产开发 Investment in Commodity Houses	集体经济单位 Collective－Owened Units	城乡私人建房 Buildings Construction by Individuals
1979		1 207				
1980		4 607				
1981		9 189				
1982		20 865				
1983		37 164				
1984		79 318				
1985		103 970				
1986	157 701	112 918	1 557		30 915	12 311
1987	151 670	92 746	214		43 632	15 078
1988	348 453	263 936			51 677	32 840
1989	276 535	229 764	1 450		29 916	15 405
1990	210 323	97 015	2 455	66 676	23 234	20 943
1991	308 940	108 924	13 586	99 649	55 472	31 309
1992	601 150	169 894	267	160 027	213 196	57 766
1993	640 545	228 558	490	237 913	118 265	55 319
1994	784 100	287 106	299	333 945	114 562	48 188
1995	1 343 491	359 878	20 502	753 927	138 995	70 189
1996	1 825 063	409 095	9 607	1 135 867	189 281	81 213
1997	1 745 964	552 222	3 353	914 166	177 407	98 459
1998	2 416 223	544 777	8 700	1 465 010	257 198	131 038
1999	2 670 993	524 501	2 536	1 474 413	277 717	105 809

6-7 全社会住宅投资
INVESTMENT IN RESIDENTIAL HOUSING
(1979—1999)

单位:万元　　(10 000 yuan)

年 份 Year	合 计 Total	基本建设 Capital Construction	更新改造 Technical Updates and Transformation	房地产开发 Investment in Commodity Houses	集体经济单位 Collective-owened Units	城乡私人建房 Buildings Construction by Individuals
1979		914				
1980		2 838				
1981		6 428				
1982		19 021				
1983		27 640				
1984		38 372	34			
1985		64 827	36			
1986	46 940	32 656	15		2 918	11 351
1987	54 629	36 269	88		4 228	14 044
1988	114 993	78 522			4 745	31 726
1989	123 617	101 466	189		7 478	14 484
1990	164 518	92 429	20	50 554	1 663	19 852
1991	315 480	173 346	425	100 094	11 704	29 911
1992	703 879	342 331	519	268 007	40 464	52 558
1993	582 283	161 494	100	337 090	33 836	49 763
1994	616 790	177 141		359 373	38 907	41 369
1995	795 949	187 993	2 296	487 022	53 108	65 530
1996	859 803	153 068	6 220	544 541	85 575	70 399
1997	1 135 054	146 509	1 766	855 049	47 015	84 715
1998	1 500 548	261 719	4 800	998 850	107 458	116 617
1999	1 874 853	259 989	1 065	1 413 106	84 424	101 817

6-8 全社会住宅施工建筑面积
FLOOR SPACE OF RESIDENTIAL HOUSING UNDER CONSTRUCTION
(1979—1999)

单位:万平方米　　(10 000 sq. m)

年份 Year	合计 Total	基本建设 Capital Construction	更新改造 Technical Updates and Transformation	房地产开发 Investment in Commodity Houses	集体经济单位 Collective-owened Units	城乡私人建房 Buildings Construction by Individuals
1979		13.41				
1980		27.81				
1981		43.34				
1982		128.30				
1983		155.68				
1984		258.52				
1985		362.70				
1986	366.59	284.92	0.37		12.46	68.84
1987	339.69	228.10	0.15		24.30	87.14
1988	447.03	342.03			18.04	86.96
1989	434.43	364.58	0.99		23.78	45.08
1990	359.73	133.49	0.03	158.86	10.13	57.22
1991	604.58	190.63	8.77	252.61	54.70	97.87
1992	920.04	200.16	0.79	480.23	105.72	133.14
1993	1 032.92	231.73	0.20	640.19	65.82	94.98
1994	1 090.32	324.46		614.40	64.72	86.74
1995	1 443.72	406.46	8.33	844.17	86.94	97.82
1996	1 474.14	325.21	2.33	940.61	107.50	98.49
1997	1 465.45	285.19	1.29	966.19	102.35	110.43
1998	1 866.76	400.22	0.65	1 146.97	149.25	159.73
1999	1 944.88	274.59	0.10	1355.62	157.23	143.95

6-9 全社会住宅竣工建筑面积
FLOOR SPACE OF RESIDENTIAL HOUSING COMPLETED
(1979—1999)

单位:万平方米 (10 000 sq.m)

年 份 Year	合 计 Total	基本建设 Capital Construction	更新改造 Technical Updates and Transformation	房地产开发 Investment in Commodity Houses	集体经济单位 Collective-owened Units	城乡私人建房 Buildings Construction by Individuals
1979		5.26				
1980		17.85				
1981		23.41				
1982		45.57				
1983		62.42				
1984		123.76				
1985		139.31				
1986	197.15	116.73	0.21		11.37	68.84
1987	199.09	89.58	0.15		22.22	87.14
1988	245.10	143.83			14.31	86.96
1989	236.98	169.86	0.99		21.05	45.08
1990	183.24	55.77	0.03	62.87	7.35	57.22
1991	301.08	64.25	4.60	87.13	47.23	97.87
1992	405.75	65.27	0.39	120.34	86.61	133.14
1993	371.75	110.50	0.20	128.14	37.93	94.98
1994	373.77	112.48		141.44	33.11	86.74
1995	485.23	116.87	4.43	216.38	49.73	97.82
1996	565.86	156.14	2.33	250.51	58.39	98.49
1997	512.24	102.00	0.40	243.19	56.22	110.43
1998	729.48	120.01	0.65	356.30	89.09	159.73
1999	800.60	140.18		412.46	103.64	143.95

6－10　全社会住宅竣工价值
VALUE OF RESIDENTIAL HOUSING COMPLETED
(1979—1999)

单位:万元　　(10 000 yuan)

年　份 Year	合　计 Total	基本建设 Capital Construction	更新改造 Technical Updates and Transformation	房地产开发 Investment in Commodity Houses	集体经济单位 Collective－owened Units	城乡私人建房 Buildings Construction by Individuals
1979		449				
1980		2 440				
1981		4 322				
1982		9 873				
1983		15 043				
1984		37 418				
1985		38 341				
1986	54 880	40 169	44		3 316	11 351
1987	46 707	26 261	83		6 319	14 044
1988	88 625	52 663			4 236	31 726
1989	109 242	87 117	317		7 324	14 484
1990	105 056	31 272	15	50 915	3 002	19 852
1991	180 594	34 811	13 586	83 039	19 247	29 911
1992	256 111	37 275	159	130 010	36 109	52 558
1993	351 941	104 136	140	168 939	28 963	49 763
1994	432 365	121 501		234 568	34 927	41 369
1995	754 577	137 462	3 810	498 207	49 568	65 530
1996	918 088	180 532	6 291	597 390	63 476	70 399
1997	879 347	132 583	600	598 621	62 828	84 715
1998	1 426 708	165 262	1 900	1 044 859	90 590	116 617
1999	1 604 378	208 863		1 191 097	102 501	101 817

6－11 基本建设投资财务拨款额

FINANCIAL APPROPRIATION OF INVESTMENT IN CAPITAL CONSTRUCTION (1990—1999)

单位:万元 (10 000 yuan)

年 份 Year	财务拨款额 Financial Appropriation	国家预算内资金 State Budgetary Appropriations	国内贷款 Domestic Loans	债券 Securities	利用外资 Foreign Investment	自筹资金 Fund－Raising	其他投资 Others
全市 Total							
1990	499 843	2 635	115 044		164 068	181 413	36 683
1991	586 178	2 000	192 603		123 358	211 958	56 259
1992	768 887	500	230 860		87 252	370 673	79 602
1993	1 239 162		246 153	21 049	156 054	673 895	142 011
1994	1 326 714		175 767	10 339	174 809	830 151	135 648
1995	1 390 619		167 510		230 560	909 593	82 956
1996	1 524 924		190 060		324 436	931 551	78 877
1997	2 029 449		157 498		522 576	1 287 817	61 558
1998	2 144 748	4 730	192 894		128 538	1 737 315	81 271
1999	2 543 350	48 750	294 627		224 075	1 847 630	128 268
特区 Urban							
1990	492 538	2 635	114 615		163 164	176 224	35 900
1991	573 837	2 000	191 610		122 950	202 711	54 566
1992	761 456	500	230 445		86 842	364 067	79 602
1993	1 067 651		213 199		150 588	575 632	128 232
1994	1 042 383		103 446	10 339	145 663	686 971	95 964
1995	1 019 322		78 113		191 926	715 233	34 050
1996	1 257 467		168 846		266 390	773 917	48 314
1997	1 631 868		119 532		391 015	1 083 581	37 740
1998	1 740 273	4 430	138 844		78 945	1 463 438	54 616
1999	1 955 931	48 250	253 740		92 981	1 510 639	50 321

6－12　基本建设投资构成

COMPOSITION OF INVESTMENT IN CAPITAL CONSTRUCTION BY USE OF FUNDS

(1990—1999)

单位:万元　　(10 000 yuan)

年　份 Year	一、投资额 Total	按　构　成　分 By Use of Funds			二、新增固定资产 Newly Increased Fixed Assets
		建筑安装工程 Construction and Installation	设备、工器具购置 Purchase of Equipment and Instruments	其他费用 Others	
全市　Total					
1990	427 134	244 356	133 757	49 021	260 718
1991	528 725	362 110	118 015	48 600	387 315
1992	741 573	506 693	160 723	74 157	332 281
1993	1 222 146	912 874	225 947	83 325	633 055
1994	1 281 065	946 734	220 847	113 484	937 960
1995	1 401 235	1 008 297	195 853	197 085	729 913
1996	1 569 208	1 131 817	295 631	141 760	939 154
1997	2 015 620	1 416 486	437 057	162 077	1 458 695
1998	2 395 732	1 718 382	403 771	273 579	1 600 634
1999	2 724 871	2 010 298	411 764	302 809	1 930 945
特区　Urban					
1990	420 711	238 759	133 006	48 946	255 155
1991	517 746	351 884	117 571	48 291	376 766
1992	733 745	499 264	160 480	74 001	325 775
1993	1 100 934	828 645	200 003	72 286	596 437
1994	1 100 463	800 770	193 679	106 014	818 910
1995	1 035 169	765 994	176 131	93 044	556 018
1996	1 269 179	883 331	281 894	103 954	823 988
1997	1 579 435	1 109 331	345 936	124 168	1 202 614
1998	1 935 309	1 384 057	357 263	193 989	1 344 609
1999	2 108 336	1 500 123	375 829	232 384	1 570 964

6－13　按国民经济行业分的基本建设投资

(1979—1999)

单位:万元

年　份 Year	合　计 Total	农、林、牧渔业 Farming, Forestry, Animal Husbandry and Fishery	采掘业 Mining and Quarrying	制造业 Manufac－turing	电力、煤气及水的生产和供应业 Electric Power, Gas and Water Production and Supply	建筑业 Construction	地质勘查业水利管理业 Geological Prospecting and Water Conservancy
1979	4 988	976		824	768	125	451
1980	12 487	657		5 112	267	248	
1981	27 039	717		6 270	311	107	
1982	63 265	2 006		6 464	327	373	170
1983	88 593	642		10 271	520	1 261	287
1984	155 466	1 666		18 319	10 937	3 979	61
1985	276 125	3 740	1 350	42 003	15 702	9 682	146
1986	191 490	2 361	381	43 535	4 423	2 962	273
1987	215 701	3 153	1 140	48 257	7 568	1 827	10 655
1988	347 307	3 956	1 472	107 970	16 243	3 771	125
1989	435 438	3 507		107 977	16 081	27 549	918
1990	427 134	2 406		150 215	89 188	8 907	4 300
1991	528 725	3 441		106 253	92 008	3 334	3 657
1992	741 573	6 797		170 753	113 037	8 758	8 651
1993	1 222 146	10 015	1 218	164 678	173 144	41 103	4 990
1994	1 281 065	9 807	750	144 517	139 951	76 569	9 449
1995	1 401 235	5 853	400	150 054	172 412	41 884	23 106
1996	1 569 208	9 780		187 407	225 157	11 608	27 241
1997	2 015 620	13 981		332 142	199 653	23 626	46 149
1998	2 395 732	16 010		313 269	97 153	49 719	110 285
1999	2 724 871	27 308		552 816	62 005	59 999	124 673
累计　Total	**16 125 208**	**128 779**	**6 711**	**2 669 106**	**1 436 855**	**377 391**	**375 587**

INVESTMENT IN CAPITAL CONSTRUCTION OF STATE-OWNED UNITS BY SECTOR (1979—1999)

(10 000 yuan)

交通运输仓储和邮电通信业 Transportation, Storage, Post and Telecommunications	批发零售贸易和餐饮业 Wholesale & Retail Trade and Catering Services	金融、保险业 Banking and Insurance	房地产业 Real Estate Trade	社会服务业 Social Services	卫生体育和社会福利业 Health Care, Sports and Social Welfare	教育、文化艺术和广播电影电视业 Education, Culture, Arts, Radio, Film and Television	科学研究和综合技术服务事业 Scientific Research and Polytechnical Services	国家机关、政党机关和社会团体 Government Agencies, Party Agencies and Social Organizations	其他行业 Others
286	489	36					15		1 018
1 500	1 176	77		989	192	296	40	1 331	602
587	2 191	142	2 331	10 816	226	576	35	1 496	1 234
2 795	7 563	263	4 201	19 490	544	1 482	173	3 476	13 938
6 931	11 526	492	6 006	27 864	1 151	1 333	232	6 032	14 045
10 021	24 201	1 728	30 344	18 006	2 336	10 917	611	11 358	10 982
21 838	41 200	4 955	56 781	33 693	6 500	10 794	620	12 842	14 279
15 317	19 578	7 178	25 700	20 673	3 038	14 029	994	11 417	19 631
17 084	11 480	5 205	59 009	11 053	2 688	7 592	1 210	12 061	15 719
32 798	22 418	245	72 845	33 854	3 889	7 766	95	28 995	10 865
63 069	16 240	3 824	73 884	24 975	4 742	17 502	95	10 821	64 254
75 331	8 260	227	12 380	19 758	3 769	12 140	296	6 145	33 812
115 710	14 301	602	14 014	77 257	6 497	17 296		18 207	56 148
190 132	22 706	510	19 650	75 044	14 145	19 238	313	7 880	83 959
230 905	16 528	7 228	114 582	353 058	9 355	18 607	265	16 248	60 222
369 072	23 262	8 335	76 900	280 180	9 875	25 315	9 486	42 191	55 406
309 199	74 717	18 831	86 193	295 644	19 453	42 366	6 585	78 328	76 210
362 857	108 689	25 269	91 997	251 501	33 664	60 704	14 605	88 310	70 419
491 385	52 870	5 521	120 121	418 091	43 321	116 075	1 696	109 640	41 349
513 641	58 976	2 700	249 892	625 062	37 230	121 344	2 101	146 819	51 531
347 448	58 224	4 300	196 445	866 929	37 602	133 467	8 316	126 093	119 246
3 177 906	**596 595**	**97 668**	**1 313 275**	**3 463 937**	**240 217**	**638 839**	**47 783**	**739 690**	**814 869**

6－14　基建投资主要经济效益指标

(1990—1999)

年　份 Year	一、建设项目投产率(%) Rate of Construction Projects Completed and Put into Use (%)	施工建设项目数(个) Number of Projects Under Construction (unit)	建成投产项目数(个) Number of Projects Completed and Put into Use (unit)	二、建设项目平均建设周期(年) Average Time Taken by Construction Projects (year)	施工项目计划总投资(万元) Investment Planning of Construction Projects (10 000 yuan)	完成投资额(万元) Investment in Construction Projects (10 000 yuan)
全市　Total						
1990	41.76	352	147	3.20	1 368 562	427 134
1991	41.76	376	157	3.18	1 679 975	528 725
1992	34.70	415	144	2.88	2 135 561	741 573
1993	36.44	365	133	2.84	3 469 534	1 222 146
1994	39.03	433	169	3.53	4 519 880	1 281 065
1995	27.86	384	107	4.59	6 437 126	1 401 235
1996	38.58	394	152	4.72	7 403 125	1 569 208
1997	39.42	449	177	4.03	8 131 400	2 015 620
1998	39.52	463	183	4.39	10 528 602	2 395 732
1999	44.16	428	189	3.90	10 635 512	2 724 871
特区　Urban						
1990	37.74	310	117	3.22	1 355 798	420 711
1991	39.77	347	138	3.21	1 663 653	517 746
1992	33.25	397	132	2.90	2 126 139	733 745
1993	37.74	318	120	2.56	2 822 448	1 100 934
1994	38.48	369	142	3.28	3 610 047	1 100 463
1995	28.66	314	90	4.61	4 767 014	1 035 169
1996	40.48	336	136	4.87	6 176 993	1 269 179
1997	39.73	375	149	4.38	6 917 303	1 579 435
1998	40.87	389	159	4.70	9 094 214	1 935 309
1999	47.26	328	155	4.05	8 544 971	2 108 336

MAIN ECONOMIC EFFICIENCY INDEXES OF INVESTMENT IN CAPITAL CONSTRUCTION

(1990—1999)

三、固定资产交付使用率(%) Rate of Fixed Assets Put into Use (%)	完成投资额(万元) Investment in Fixed Assets (10 000 yuan)	新增固定资产(万元) Newly Increased Fixed Assets (10 000 yuan)	房屋建筑面积竣工率(%) Rate of Floor Space of Buildings Completed (%)	施工房屋面积(万平方米) Floor Space of Buildings Under Construction (10 000 sq. m)	竣工房屋面积(万平方米) Floor Space of Buildings Completed (10 000 sq. m)
61.04	427 134	260 718	34.96	408.71	142.90
73.25	528 725	387 315	31.21	533.66	166.58
44.81	741 573	332 281	35.67	532.45	189.92
51.80	1 222 146	633 055	37.57	566.70	212.91
73.21	1 281 065	937 960	31.54	704.15	222.06
52.09	1 401 235	729 913	27.53	951.68	262.02
59.85	1 569 208	939 154	30.52	965.41	294.65
72.37	2 015 620	1 458 695	35.80	847.14	303.29
66.81	2 395 732	1 600 634	30.90	862.96	266.63
70.86	2 724 871	1 930 945	37.05	829.19	307.22
60.65	420 711	255 155	33.74	390.34	131.69
72.77	517 746	376 766	29.60	498.85	147.67
44.40	733 745	325 775	34.32	514.14	176.45
54.18	1 100 934	596 437	35.97	491.97	176.94
74.42	1 100 463	818 910	26.92	592.05	159.38
53.71	1 035 169	556 018	23.44	850.33	199.32
64.92	1 269 179	823 988	30.31	877.90	266.12
76.14	1 579 435	1 202 614	34.18	728.50	248.99
69.48	1 935 309	1 344 609	30.28	706.37	213.92
74.51	2 108 336	1 570 964	35.80	673.38	241.04

6-15　房地产开发投资
INVESTMENT IN REAL ESTATE DEVELOPMENT
(1990—1999)

单位:万元　　(10 000 yuan)

年　份 Year	一、合计 Total	住宅 Residential Housing	按构成分 Grouped by Use of Funds 建筑安装工程 Construction and Installation	设备、工器具购置 Purchases of Equipment and Instruments	其他费用 Others	二、新增固定资产 Newly Increased Fixed Assets
1990	67 842	50 554	61 822	3 515	2 505	68 252
1991	136 896	100 094	118 855	4 116	13 925	83 594
1992	342 706	268 007	248 303	14 136	80 267	126 174
1993	500 332	337 090	453 047	23 207	24 078	212 568
1994	794 754	359 373	634 953	53 323	106 478	342 361
1995	1 030 368	487 022	793 170	67 516	169 682	652 570
1996	1 248 251	544 541	922 172	123 803	202 276	1 246 877
1997	1 366 545	855 049	984 052	63 593	318 900	1 044 707
1998	1 674 854	998 850	1 157 899	73 471	443 484	1 676 557
1999	2 152 541	1 413 106	1 502 564	104 667	545 310	1 894 736

6-16　房地产开发投资财务拨款额
FINANCIAL APPROPRIATION OF INVESTMENT IN REAL ESTATE DEVELOPMENT
(1990—1999)

单位:万元　　(10 000 yuan)

年　份 Year	财务拨款额 Financial Appropriation	国家预算内资金 State Budgetary Appropriations	国内贷款 Domestic Loans	债券 Securities	利用外资 Foreign Investment	自筹资金 Fund-Raising	其他投资 Others
1990	89 493		16 165		34 398	23 604	15 326
1991	185 497		34 199		54 700	74 049	22 549
1992	407 607		124 784		49 374	152 201	81 248
1993	674 001		130 387		66 859	321 156	155 599
1994	774 549		141 764		159 588	368 531	104 666
1995	1 478 346		314 292	20	281 422	494 097	388 515
1996	1 491 019		294 547		283 050	454 877	458 545
1997	1 681 137		309 060		201 470	611 982	558 625
1998	2 230 372		550 266		93 078	803 217	783 811
1999	2 528 811		595 875		46 407	833 132	1 053 397

6－17 更新改造投资财务拨款额
FINANCIAL APPROPRIATION OF INVESTMENT IN INNOVATION
(1986—1999)

单位:万元 (10 000 yuan)

年 份 year	财务拨款额 Financiam Appropriation	国家预算内资金 State Budgetary Appropriations	国内贷款 Domestic Loans	债券 Securities	利用外资 Foreign Investment	自筹资金 Fund－Raising	其他投资 Others
全市 Total							
1986	10 140	773	6 931		716	1 446	274
1987	3 009	250	1 613		92	1 054	
1988	2 572		156			2 416	
1989	9 140		4 296		1 577	3 267	
1990	24 661		2 955		4 699	13 383	3 624
1991	38 380	70	7 119			31 191	
1992	42 817		11 295		65	19 651	11 806
1993	11 090		5 434			5 656	
1994	66 417		50 674			12 243	3 500
1995	70 309		9 501		2 908	51 815	6 085
1996	109 989		16 995		38 553	41 855	12 586
1997	146 263		40 736		22 712	79 715	3 100
1998	199 432	58	48 406		24 120	121 968	4 880
1999	260 557	680	23 266		27 037	206 874	2 700
特区 Urban							
1986	6 296	773	3 087		716	1 446	274
1987	3 009	250	1 613		92	1 054	
1988	1 847		74			1 773	
1989	7 399		2 789		1 577	3 033	
1990	24 661		2 955		4 699	13 383	3 624
1991	38 380	70	7 119			31 191	
1992	42 817		11 295		65	19 651	11 086
1993	7 041		4 634			2 407	
1994	9 152		100			9 052	
1995	45 503		1 353			44 150	
1996	67 728		13 798		24 125	25 855	3950
1997	118 853		34 175		21 584	59 994	3 100
1998	189 927	58	46 156		24 120	114 713	4 880
1999	223 351	680	18 701		27 037	175 733	1 200

6－18　更新改造投资

(1986—1999)

单位:万元

年　份 Year	合计 Total	一、按国民经济行业分 Grouped by Main Sectors						
		1. 农业 Farming	2. 工业 Industry	3. 交通运输 Transportion	4. 商业 Commerce	5. 文化教育和卫生事业 Culture, Education and Health	6. 房地产业、社会服务业 Real Estate Management and Social Services	7. 其他行　业 Others
全市　Total								
1986	10 140		10 140					
1987	3 009		3 004			5		
1988	2 572		1 819	655	98			
1989	9 140		6 806	1 295			289	750
1990	24 661		4 313	14 903	17			5 428
1991	36 949	1 029	5 110	29 802		30	794	184
1992	44 678		11 605	6 338			24 563	2 172
1993	20 794		2 607	14 520			3 317	350
1994	66 191		13 435	52 756				
1995	70 484		36 741	13 704			20 039	
1996	113 836		78 350	26 318	2 000	1 326	5 842	
1997	167 033		128 191	20 141	6 411	4 808	3 233	4 249
1998	201 514		160 362	10 513	4 903	365	23 413	1 958
1999	274 707	10 490	198 359	30 435	7 074	5 515	18 629	4 205
特区　Urban								
1986	6 296		6 296					
1987	3 009		3 004			5		
1988	1 847		1 819	28				
1989	7 399		5 065	1 295			289	750
1990	24 661		4 313	14 903	17			5 428
1991	36 949	1 029	5 110	29 802		30	794	184
1992	44 678		11 605	6 338			24 563	2 172
1993	5 894		2 227				3 317	350
1994	9 430		9 430					
1995	45 428		35 998	6076			3 354	
1996	68 794		59 126	500	2 000	1 326	5 842	
1997	138 577		116 756	3 120	6 411	4 808	3 233	4 249
1998	190 865		157 255	4 705	4 903	365	21 679	1 958
1999	240 999		190 572	22 360	7 074	3 385	16 703	905

INVESTMENT IN INNOVATION

(1986—1999)

(10 000 yuan)

二、按构成分 Grouped by Use of Funds			三、按工程用途分 Grouped by Use of Projects					新增固定资产 Newly Increased Fixed Assets
建筑安装工程 Construction and Installation	设备、工器具购置 Purchases of Equipment and Instruments	其他费用 Others	1. 农林牧渔业用 Farming, Forestry, Animal Husbandary and Fishery	2. 工业、建筑业用 Industry and Construction	3. 商业、运输邮电业用 Commerce, Tran－sportation, Post and Telecommunications	4. 住宅 Residential Housing	5. 其他 Others	
2 786	7 277	77						5 359
513	2 261	235						2 602
1 038	1 406	128						1 752
3 251	5 481	408						8 350
14 960	9 448	253						10 749
23 038	13 023	888						31 324
42 640	881	1 157						22 055
16 233	2 033	2 528						2 711
52 376	12 351	1 464		13 349	52 756		86	84 681
36 092	30 232	4 160		35 941	19 560	2 296	12 687	36 725
43 489	57 289	13 058	9 522	69 599	26 818	6 220	1 677	107 401
47 243	116 611	3 179		133 618	21 178	1 766	10 471	174 104
62 541	122 179	16 794	4 000	151 446	23 607	4 800	17 661	153 238
88 322	157 619	28 766	6 378	209 472	36 004	1 065	21 788	227 149
2 618	3 601	77						5 258
513	2 261	235						2 602
988	761	98						1 101
2 610	4 381	408						4 049
14 960	9 448	253						10 749
23 038	13 023	888						31 324
42 640	881	1 157						22 055
2 791	1 853	1 250						2 331
213	9 068	149		9 344			86	8 693
15 965	29 203	260		35 498	4 380	2 196	3 354	15 126
14 691	47 253	6 850	9 522	50 375	1 000	6 220	1 677	87 323
23 887	111 711	2 979		122 183	4 157	1 766	10 471	125 988
55 730	119 227	15 908	4 000	148 339	16 065	4 800	17 661	147 297
71 765	145 875	23 359	2 948	197 307	25 799	1 065	13 880	207 706

6－19 房地产开发房屋建筑面积、价值、造价
FLOOR SPACE, VALUE AND COST OF COMMERCIAL HOUSES (1999)

项目	Item	合计 Total	住宅 Residential Housing	别墅、高档公寓 Villas and Flats	办公楼 Office Building	商业营业用房 Commerce	其他 Others
施工房屋建筑面积（万平方米）	Floor Space of Buildings Under Construction (10 000 sq. m)	1 834.13	1 355.62	24.26	137.58	201.34	139.59
竣工房屋建筑面积（万平方米）	Floor Space of Buildings Completed (10 000 sq. m)	502.15	412.46	6.21	16.89	37.06	35.74
竣工房屋价值（万元）	Value of Buildings Completed(10 000 yuan)	1 474 413	1 191 097	17 636	79 618	115 167	88 531
竣工房屋造价（元/平方米）	Cost of Buildings Completed(yuan/sq. m)	2936.20	2 887.79	2 839.94	4 713.91	3 107.58	2 477.08

6－20 房地产开发房屋实际销售面积、销售额、平均价格
FLOOR SPACE, SALES AND AVERAE PRICES OF COMMERCIAL HOUSES SOLD (1999)

项目	Item	合计 Total	住宅 Residential Housing	别墅、高档公寓 Villas and Flats	办公楼 Office Building	商业营业用房 Commerce	其他 Others
实际销售面积（万平方米）	Floor Space (10 000 sq. m)	263.13	240.09	4.16	12.45	10.23	0.36
实际销售额（万元）	Total Sales (10 000 yuan)	1 447 942	1 201 324	17 871	130 755	114 514	1 349
实际销售平均价格（元/平方米）	Average Prices (yuan/sq. m)	5 502.76	5 003.64	4 295.91	10 502.41	11 193.94	3 747.22

七、商业、物价

1999年深圳商业发展情况简析

1999年,深圳商业呈现快速平稳发展的良好格局。全年社会消费品零售总额达467.45亿元,比上年增长11.4%,增幅之高近年少见。现就1999年商业发展状况简析如下。

一、商品零售市场快速增长

1999年,随着深圳经济的快速稳步发展,居民购买力不断提高,极大地促进了商业的发展,商品零售市场人气旺盛。全年社会消费品零售总额达467.45亿元,扣除物价因素的影响,实际增长15.9%,实际增幅比上年提高6.4个百分点。在零售总额中,批发零售贸易业、饮食业零售额都保持15%以上的增幅。由于农产品价格下跌等因素的影响,全年农民对非农业居民零售额下降6%。

商品零售市场保持快速增长的原因,一是1999年国家对外贸出口实行扶持政策,出口退税率不断提高,有些商品退税率高达17%,加上亚洲金融危机的影响渐趋缓解,国际市场形势好转,深圳外贸出口再创新高。1999年,全市外贸出口282.08亿美元,其中一般贸易出口26.91亿美元,比上年增长11.4%。外贸出口的大幅度增长,直接促进了商品市场销售额的增长。二是旅游市场升温。1999年,全市宾馆、酒店接待过夜游客504.89万人,比上年增长3.3%。其中国际游客158.08万人,增长6.5%。这是自1993年以来深圳国际游客首次出现较大的增长。来深游客的不断增加,对商业的发展起了积极作用。三是商业旺区的建设带活了市场,促进了零售业的增长。四是随着人们收入水平的提高,消费观念的转变,以及消费信贷等各种鼓励消费政策的出台,信息产品和私人汽车等新的消费热点逐渐形成,成为市场的带动力量。五是随着闲暇时间的增多,消闲购物、出外用餐已成为越来越多的居民在公休日和节假日的生活常态。

二、商业企业购销两旺

随着深圳市场经济体制逐步完善,市场供给货源充足,商贸企业活力增强,呈现购销两旺的良好局面。1999年,全市商品销售总额662.63亿元,比上年增长19.6%,其中批发销售总额增长22.3%,扭转了上年购销不畅,销售疲软的现象。

1999年,深圳商业业态水平进一步提高,零售商业在激烈的市场竞争中已进入理性成长期。全市相继有8家零售企业进入全国大型零售企业行列,其中万佳百货1999年营业额超过10亿元人民币,居广东省零售企业之首。1999年新开业的5000平方米以上的大中型百货、购物广场、超市共12家。至1999年末,全市大型商场共达52家,比1998年增加了3成。与此同时,连锁商业稳步发展。全市连锁企业共85家,门店已达1100家,比上年增长23%。

1999年,深圳成功地进行了东门商业步行街和华强北商业街的改造。东门老街首期投资3.5亿元,华强北商业街一期改造投资4 500万元。两个老街区的成功改造,使深圳形成近百万平方米的两大商业旺区,带来显著的社会效益和经济效益。

三、未来深圳商业发展的对策与建议

1. 加快建设“物流中心”

"物流中心"主要包括商贸、交通运输、信息三个方面。商贸是物流的源泉与动力,信息是物流的先导,交通运输是物流的保证。深圳毗邻香港,是国内市场与国际市场的连接部,这一区位优势决定深圳建设物流中心既有必要也有可能。深圳要建成高新技术开发和产业化基地,必须有大量的技术与设备引进、原材料购买、产品对外销售等商贸活动,庞大的物资流动将随之发生,对信息传递、交通运输的要求也相应提高。深圳是我国外贸进出口基地,外向型经济十分发达,这也要求深圳大力加强物流中心建设。

2. 积极关注我国加入 WTO 对深圳商贸的影响

最近,我国政府和美国等多个国家政府已达成协议,2000 年我国将加入世界贸易组织。对深圳来说,是利大于弊,对深圳商业发展也带来了新的机遇。我国加入 WTO,必将进一步开放市场和降低关税,这将吸引大量的外资投入和更多物美价廉的商品流入,使深圳商业获得更多的发展空间。

但是,中国加入 WTO,以开放市场为前提。由于降低关税,扩大开放,外国资本大量进入中国,对中国市场也会产生一定的冲击和压力,特别是当前商业市场竞争日趋激烈,外资的大量涌入无疑会加重这一状况。因此要从根本利益的战略高度出发,对我国"入世"的意义得出一个正确的认识。就深圳来说,应通过引进外资,吸收国外先进的经营管理技术,提高整个商业行业的管理水平和服务水平,促进商业迈向国际化。同时,利用外商的资金优势和海外联系,吸纳更多的名优产品,使深圳成为全面开放、商品种类齐全、万商云集的国际性商业市场。

3. 加强宏观调控力度,规范商业市场行为

当前深圳商贸企业依然存在很多问题,一些商业企业无视国家政策规定,滥发购物卡,甚至管理人员携款潜逃的事件时有发生,严重损害了广大供货商和消费者的利益。尽管深圳大力打击制假贩假的活动,但制假贩假的行为依然屡禁不止,对商贸市场造成了严重冲击。另一方面流动无证小贩剧增,乱摆卖现象严重,对市容和市场管理带来了难度,有关部门应采取有力措施,加大打击力度,并联合各相关部门,争取标本兼治,净化深圳商贸市场。

(执笔:梁达军)

1999 年深圳物价形势回顾

1999 年,面对复杂的国内外政治、经济环境,全市各级部门认真贯彻落实中央以扩大内需为目的的积极财政政策和稳健货币政策,使国民经济保持了持续快速发展,实现了年初提出的预期目标。与此同时,市场物价仍呈下降走势,与上年比,居民消费价格下降 0.7%,降幅与 1998 年相同;商品零售价格下降 3.9%,降幅比 1998 年仍低 1.4 个百分点,是 1990 年以来的新低点。

一、全年物价变动情况及特点

1. 物价总水平在低位徘徊

继上年物价总水平呈单边下降走势,1999 年初,物价回升仍显不足。一季度虽有两大传统节日,市场上购销两旺,但价格仍稳中有降。居民消费价格和商品零售价格比上年同期分别下降 0.4%和 4.2%。二季度更是全年物价总水平的最低点。三季度受强台风多次袭击,鲜活商品价格短期内明显上扬,牵动了物价总水平略有上升,居民消费价格 8、9 月比上年同期略升 0.2%和 0.5%,商品零售价格仍呈下降趋势,但降幅减缓。由于物价总水平上升乏力,四季度仍有所回落。商品零售价格全年均呈负增长,居民消费价格除 8、9 月略升外,其余各月均在低位徘徊,6 月份的物价指数是全年的最低点,消费价格和商品零售价格分别比上年同期下降 2.3%和 6%。各月走势见右图。

2. 零售物价降幅大、降价商品面广

1999 年的零售价格降幅是自 1980 年计算物价指数以来降幅最大的一年。从编入零售价格指数中的十四大类商品看,下降的有十大类商品,占 71%。具体商品价格升跌互见,但升少降多,变动面较大。

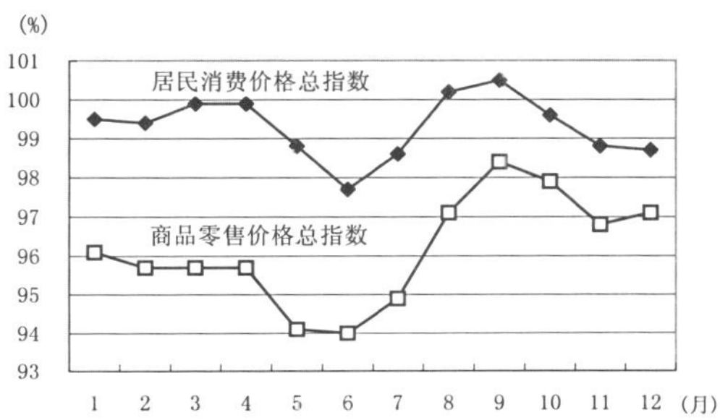

1999年物价总指数（同比）走势图

二、物价变动的成因

1. 食品供应充裕,价格一直低迷,成为拉动全年总指数下跌的龙头

由于食品在居民日常消费中占较大比重,其价格的波动对总指数有明显的影响。近年来,由于粮食连年丰收,国家储备丰富,使整个食品类价格走弱,在商品零售价格和居民消费价格中,粮食价格比去年有较大下降,降幅为 5.2%左右。粮食价格下跌在很大程度上降低了相关农产品成本,更有利于农副产品市场化、产业化、规模化生产。肉禽蛋价格也一跌再跌,比上年跌近一成。鲜活商品除 8、9 月强台风袭击我市受到影响,其价格有上扬外,其它月份也稳中有降。全年鲜菜、鲜果和水产品分别比上年下降 5.9%、7.1%和 2.4%,其中鲜果中的南岭果王——荔枝因正遇丰收大年,其价格处在不断的跌市之中,比上年下跌了五至六成,北果哈密瓜也大量上市,其价格比上年下降了二成多。烟草类、饮食业、酒和饮料类也比上年分别下降了 2.9%、6%和 6.2%。由于食品类中仅

有糕点、奶及奶制品和调味品类略有上升,其它十四类均为负增长,使整个食品类价格下降5.5%,是八大类中降幅较大的类别,成为拉动全年总指数下跌的主要因素。食品类下跌也表明了我国生产力得到极大的提高,总供给状况明显改善,居民经济受益颇大。

2. 工业消费品供大于求的格局未变,多数商品价格继续保持稳中有降的态势

随着近年来科学技术的不断进步,工业生产技术飞速发展,不少工业消费品在产量大幅度提高的同时,生产成本也有了明显下降,为商品价格创造了下跌空间。加上近年来养老保险、医疗保险、住房商品化、子女培养、个人素质教育等众多投资消费方式正逐步取代了传统消费模式,在一定程度上削弱了商品即期需求。居民"持币择物"心理增强。虽然1999年国家出台了调高行政事业人员工资和征收利息税,但一时还难改变消费紧缩的市道。面对淡静的市场,商家为了经营竞争,只得削价促销。因此价格走低也在所难免。如一般家庭常用的耐用消费品中的洗衣机、热水器、煤气炉、抽油烟机等价格比去年下降4—8%。这也反映深圳居民耐用品拥有量已趋饱和,购买量也相应减少。床上用品类也下降4.1%,是受毛毯、被面、棉胎、多件套装枕被等价格有不同程度下跌影响所致。家庭日用杂品类受下岗人员开设的低租摊档的"一元店"、"二元店"的冲击,超市中的日用杂品也实行薄利多销,其价格比上年下降3.5%。通讯工具下降7.4%,主要是BP机、电话机、手机等通讯工具在上年有较大跌幅的同时,1999年仍继续下降。文娱用耐用消费品中的彩电、照相机、音响、录放像机、摄像机等价格也一跌再跌,使整个文娱用耐用消费品类下降13.4%。1999年上升的类别仅有教材及参考书类上升1.5%,西药上升1.1%。

3. 服务项目价格升幅居首位

1999年服务项目价格比上年上升7.7%,影响总指数上升1.1%,是居民消费价格指数中八大类升幅之冠。其原因主要是本年度国家和地方有关部门出台了电讯费、邮费、飞机票和医疗保健费等收费项目,其中汇费、平信和飞机票调幅较大,分别调升了83.3%、50%和21.7%;市内电话费、包裹费也比上年升23.8%、8.4%;年末还调高了挂号费、注射费、手术费和理疗费等价格,使其医疗保健服务收费比上年上升6.9%;一些自行订价的卡拉OK票、手表检洗和家电维修费等也自发上涨。由于居民消费价格指数中的服务项目收费仍然处于不断理顺、上调之中,因而造成1999年居民消费价格总水平降幅小于商品零售价格。

三、2000年物价走势预测

改革开放以来,经过多年经济高速发展,长期困扰我国的短缺问题在相当程度上得到解决,随之而来的宏观经济结构不合理,产品结构单一,产品技术含量低等问题又日益成为阻碍经济发展的主要矛盾。反映到市场物价上,几年之间市场买卖双方地位发生了巨大变化,买方市场取代卖方市场,物价涨幅也由几年前的高位上涨逐步回落。1999年承上年的物价跌势又再度走低。物价总水平持续下降,反映通货紧缩趋势出现,对经济生活产生了多方面的不利影响。促使企业效益收入和城镇居民增幅减缓或绝对收入下降,从收入和心理两个方面抑制了消费需求的扩大,降低投资收益的预期,并使投资风险增大,从而抑制了投资的扩张,加剧生产经营者价格大战,不利于企业的正常生产经营。为数众多的缺乏竞争力的产品,在各种局部利益驱动下推向市场,不仅浪费了宝贵的资源和资金,而且加剧了市场的恶性竞争,对经济的发展产生不利影响。针对产品结构不够合理,改造和提高传统名优产品,利用高交会的科研成果,开发高新技术产品,刺激消费显得非常必要。1999年物价总水平的回落,是由国内外环境及经济运行自身规律决定的,也反映了市场物价与我国经济增长的相互关系,同时也是前几年价格不太正常上涨的回调。随着我国经济发展逐渐进入成熟期,物价波动大起大落的情况将会减少,将进入稳中略升的过程。

1999年国家已在抑制通货紧缩中采取积极得力措施,主要着力点是刺激消费、扩大投

资、拉动增长、减税降息、增加流通中货币、改变企业和居民心理预期等方面入手,逐步缓解通货紧缩的压力。随着党的十五届四中全会关于推动国企改革各项重大政策举措的出台,将对明年工业生产的增长产生重大的促进作用,有利于增强企业的竞争力和对市场的适应能力,政府宏观调控技巧更趋娴熟。特别是在新的市场环境下,对如何更有效的运用积极的财政政策来扩大需求、促进经济增长方面,积累了一些宝贵的经验。但我们也看到,2000 年的经济发展中,进一步扩张需求还存在许多障碍,消费方面,住房、医疗、教育等方面的支出压力并未减轻,社会保障体系还未健全,居民收入差距依然较大。投资方面,投资前景仍不乐观,企业技术水平较低下。出口方面,国际市场竞争将会更趋激烈,对外贸易面临的环境并不宽松。综合上述因素,2000 年物价总水平将维持小幅度变动,总水平将略高于 1999 年,预计深圳消费价格将上升 1%左右,零售物价将基本持平。

(执笔:谭慧芹)

社会消费品零售总额（亿元）

Total Retail Sales of Consumer Goods (100 millon yuan)

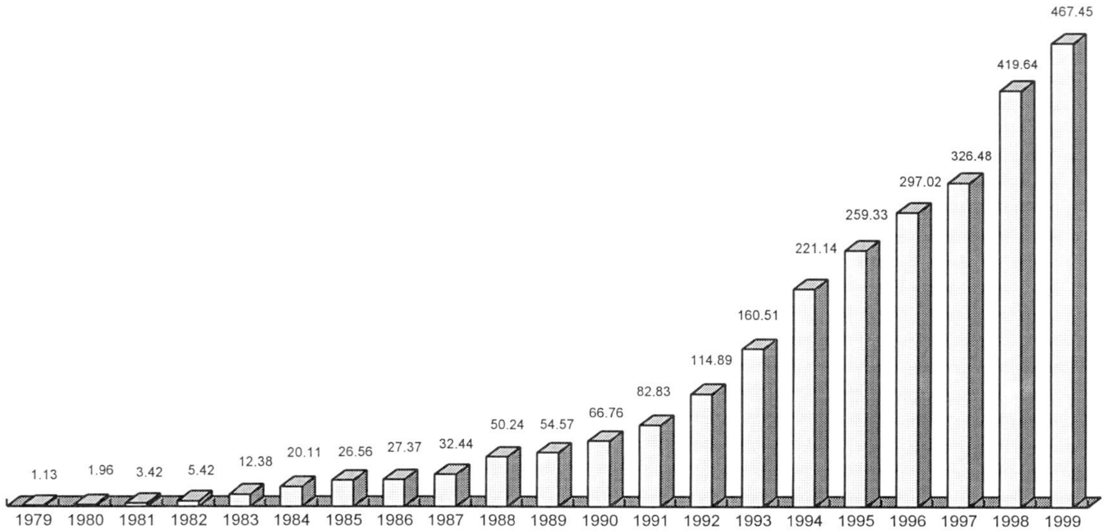

物价指数（以上年为100）

Price Indices (preceding year =100)

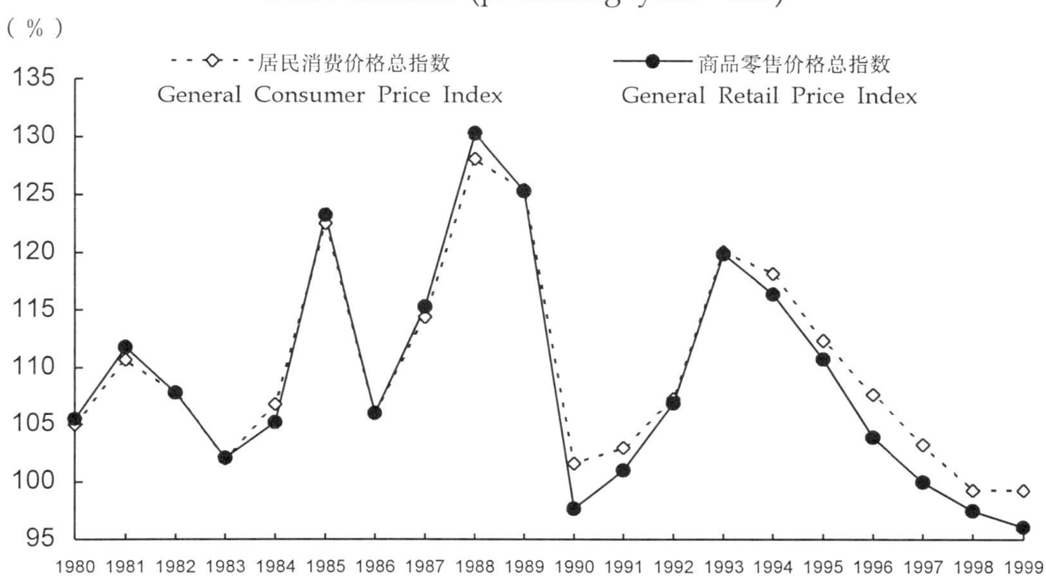

7-1 批发零售贸易业商品购销存总额
TOTAL PURCHASES, SALES AND INVENTORY IN WHOLESALE AND RETAIL SALE TRADES (1999)

单位:万元 (10 000 yuan)

项目	Item	总计 Total	国有批发零售贸易业 State-Owned	限额以上批发零售贸易业 Enterprise over Levels
一、商品购进总额	**Total Goods Purchase**	**7 233 963**	**4 772 674**	**5 200 053**
1. 从生产者购进	From Producers	3 568 891	2 678 303	2 873 360
#农副产品购进	Farm and Sideline Products	152 489	73 551	122 770
2. 从批发零售贸易业购进	From Wholesale and Retail Sale Trade	2 791 595	1 375 443	1 523 896
3. 进口	Import	813 679	681 608	756 617
4. 其他	Others	59 798	37 320	46 180
二、商品销售总额	**Total Sales**	**7 707 346**	**5 111 547**	**5 565 257**
1. 批发合计	Total Wholesale	4 945 129	4 126 265	4 059 471
①对生产经营者的批发	To Units of Production Management	1 539 292	1 320 306	1 325 649
#对农民农业生产资料批发	Wholesale of Agricaltural Producer Goods to Peasants	675	411	569
②对批发零售贸易业批发	To Wholesale and Retail Sale Trade	2 489 010	2 129 154	1 948 581
③出口	Export	916 827	676 805	785 241
2. 对居民和社会集团消费品零售	Total Retail Sales	2 762 217	985 282	1 505 786
三、年末库存额	**Inventory (year-end)**	**595 391**	**411 371**	**453 702**

7-2 批发零售贸易业商品分类销售和库存总额
TOTAL SALES AND INVENTORY IN WHOLESALE AND RETAIL SALE TRADES GROUPED BY CATEGORY OF COMMODITIES (1999)

单位:万元 (10 000 yuan)

项目	Item	批发额 Value in Wholesale Trade	零售额 Value in Retail Sale Trade	年末库存 Inventory (year-end)
总 计	**Total**	**4 945 129**	**2 762 217**	**595 391**
食品、饮料、烟酒类	Food, Beverage, Tobacco and Liquor	1 137 883	780 846	149 861
针、纺织品类	Knitted Goods and Textiles	182 005	39 023	24 888
服装、鞋帽类	Garments, Shoes and hats	116 253	285 733	28 126
化妆品类	Cosmetics	7 330	39 531	5 790
日用品类	Articles for Daily Use	114 994	226 843	26 851
五金、电工器具类	Hardwares, Electric Appliances	17 585	24 455	5 564
生活电器及音像器材类	Household Electric Appliances and Sound and Photo Appliances	60 045	320 054	36 767
体育、娱乐用品类	Sports and Recreational Articles	11 462	16 165	3 243
文化、办公用品类	Articles For Culture and Office Use	43 052	33 502	11 400
金银珠宝类	Jewelry	66 220	71 660	10 471
家具类	Furnitures	10 942	21 083	2 052
中西药品类	Medicines	387 199	107 107	61 039
书报杂志类	Books and Newspapers	1 549	63 685	9 483
建筑材料类	Building Materials	32 860	8 136	4 512
木材类	Timber	14 789	5 559	1 752
化工材料及制品类	Chemical Materials and Products	210 011	4 882	12 274
黑色金属材料类	Ferrous Metal Matterials	117 926	1 290	6 466
有色金属材料类	Nonferrous Metal Materials	86 149		10 151
机电设备及零件类	Mechanical and Electrical Products and Accessories	198 692	59 322	36 293
煤炭及制品类	Coal and Coal Products	8 719	127	388
石油及制品类	Petroleum and Petroleum Products	1 379 599	315 129	69 056
种子饲料类	Seeds and Forage	33 973	788	2 634
棉麻、土畜产品类	Cotton, Fiber, Local and Livesstock Products	11 482		
其他类	Others	694 410	337 297	76 330

7－3　限额以上批发零售贸易业商品分类销售和库存

TOTAL SALES AND INVENTORY OF ENTERPRISES OVER LEVELS IN WHOLESALE AND RETAIL SALE TRADES GROUPED BY CATEGORY OF COMMODITIES (1999)

单位:万元　(10 000 yuan)

项　目	Item	批发额 Value in Wholesale Trade	零售额 Value in Retail Sale Trade	年末库存 Inventory (year－end)
总　计	**Total**	**4 059 471**	**1 505 786**	**453 702**
食品、饮料、烟酒类	Food, Beverage, Tobacco and Liquor	978 640	393 592	114 198
针、纺织品类	Knitted Goods and Textiles	156 534	19 670	18 965
服装、鞋帽类	Garments, Shoes and hats	99 984	144 026	21 433
化妆品类	Cosmetics	6 304	19 926	4 412
日用品类	Articles for Daily Use	98 901	114 342	20 461
五金、电工器具类	Hardwares, Electric Appliances	15 124	12 327	4 240
生活电器及音像器材类	Household Electric Appliances and Sound and Photo Appliances	51 642	161 326	28 017
电子出版物及音像制品类	Electronic Publications and Sound and Photo Products	1 200	6 849	3 910
体育、娱乐用品类	Sports and Recreational Articles	9 858	8 148	2 471
文化、办公用品类	Articles For Culture and Office Use	37 027	16 887	8 687
金银珠宝类	Jewelry	56 953	36 121	7 986
家具类	Furnitures	9 411	10 627	1 564
中西药品类	Medicines	333 012	53 988	46 513
书报杂志类	Books and Newspapers	1 332	32 101	7 226
通讯器材类	Telecommunications Appliances	340 433	21 785	13 363
建筑材料类	Building Materials	28 261	4 101	3 438
木材类	Timber	12 719	2 802	1 335
化工材料及制品类	Chemical Materials and Products	180 621	2 461	9 353
黑色金属材料类	Ferrous Metal Matterials	101 423	650	4 927
有色金属材料类	Nonferrous Metal Materials	74 093		7 735
机电设备及零件类	Mechanical and Electrical Products and Accessories	170 886	29 902	27 656
煤炭及制品类	Coal and Coal Products	7 499	64	296
石油及制品类	Petroleum and Petroleum Products	992 925	272 310	52 622
种子饲料类	Seeds and Forage	29 219	722	2 007
棉麻、土畜产品类	Cotton, Fiber, Local and Livesstock Products	9 875		
其他类	Others	255 595	141 059	40 887

7－4　限额以上国有批发零售贸易业商品分类销售和库存

TOTAL SALES AND INVENTORY OF STATE－OWNED ENTERPRISES IN WHOLESALE AND RETAIL SALE TRADES GROUPED BY CATEGORY OF COMMODITIES (1999)

单位:万元　　(10 000 yuan)

项　目	Item	批发额 Value in Wholesale Trade	零售额 Value in Retail Sale Trade	年末库存 Inventory (year－end)
总　计	**Total**	**2 770 726**	**753 281**	**198 292**
食品、饮料、烟酒类	Food, Beverage, Tobacco and Liquor	716 831	218 882	36 175
针、纺织品类	Knitted Goods and Textiles	65 621	6 540	6 831
服装、鞋帽类	Garments, Shoes and hats	65 480	33 436	7 379
化妆品类	Cosmetics	5 053	4 828	2 073
日用品类	Articles for Daily Use	61 803	27 563	10 789
五金、电工器具类	Hardwares, Electric Appliances	8 889	1 808	1 898
生活电器及音像器材类	Household Electric Appliances and Sound and Photo Appliances	23 934	25 109	6 068
电子出版物及音像制品类	Electronic Publications and Sound and Photo Products	859	3 602	3 245
体育、娱乐用品类	Sports and Recreational Articles	4 119	4 048	1 588
文化、办公用品类	Articles For Culture and Office Use	32 922	1 581	2 568
金银珠宝类	Jewelry	25	25 574	3 488
家具类	Furnitures	8 756	87	33
中西药品类	Medicines	168 053	37 996	20 402
书报杂志类	Books and Newspapers	1 082	29 659	6 123
通讯器材类	Telecommunications Appliances	300 796	15 824	10 630
建筑材料类	Building Materials	25 641	1 499	3 006
木材类	Timber	11 043	2 802	978
化工材料及制品类	Chemical Materials and Products	61 770	1 228	4 824
黑色金属材料类	Ferrous Metal Matterials	93 842	650	4 641
有色金属材料类	Nonferrous Metal Materials	65 932		7 219
机电设备及零件类	Mechanical and Electrical Products and Accessories	128 041	28 528	25 326
煤炭及制品类	Coal and Coal Products	7 086		207
石油及制品类	Petroleum and Petroleum Products	725 216	224 204	14 681
种子饲料类	Seeds and Forage	12 520	361	367
棉麻、土畜产品类	Cotton, Fiber, Local and Livesstock Products	9 382		
其他类	Others	166 030	57 472	17 753

7－5　限额以上批发零售贸易企业主要商品销售及库存数量
TOTAL SALES AND INVENTORY OF PRINCIPAL GOODS OF ENTERPRISES OVER LEVELS IN WHOLESALE AND RETAIL SALE TRADES (1999)

项　目	Item	批发额 Value in Wholesale Trade	零售额 Value in Retail Sale Trade	年末库存 Inventory (year－end)
粮　食(吨)	Grain (ton)	382 292	75 196	102 533
食用植物油(吨)	Edible Vegetable Oil(ton)	9 496	5 770	3 372
食　糖(吨)	Sugar (ton)	1 528	7 042	1 789
卷烟(箱)	Cigarettes (case)	535 309	39 041	25 439
酒(吨)	Liquor (ton)	15 409	1 747	2 252
服装(千元)	Garments (1 000 yuan)	613 644	1 004 433	148 494
摩托车(辆)	Motorcycle		974	457
汽车(辆)	Automobiles	1 923	6 834	1 198
寻呼机(部)	Pager	29 550	100	278
移动电话机(部)	Mobile Telephone Sets	1 206 136	60 313	42 820
电话机(部)	Telephone Sets	43 652	104 452	2 996
影碟机(台)	Video－CD Players	17 313	41 617	2 657
摄像机(台)	Pickup Camera	84	3 494	13 640
电视机(台)	TV Sets	243 403	92 589	4 668
微型计算机(台)	Microcomputers	2 907	294	1 169
录相机(台)	Video Recorders	2 203	4 212	15 366
组合音响(台)	Hi－Fi Stereo Component Players	252	17 086	515
热水器(台)	Water Heater	2 175	6 458	1 189
房间空调器(台)	Household Air Conditioners	7 493	54 579	5 913
家用洗衣机(台)	Household Washing Machines	995	43 067	4 519
家用电冰箱(台)	Household Refrigerators	1 593	45 845	4 842
微波炉(台)	Microwave Ovens	135	28 261	3 831
煤　炭(吨)	Coal (ton)	414 375	2 300	10 630
汽　油(吨)	Petrol (ton)	1 048 220	257 932	50 703
柴　油(吨)	Diesel Oil (ton)	2 229 660	341 176	107 334
化学肥料(吨)	Chemical Fertilizers(ton)	263 308	8 309	6 089
化学农药(吨)	Chemical Pesticide (ton)	9 706	55	476
木材(立方米)	Timber (cu. m)	9 482	17 342	2 318
铜(吨)	Copper (ton)	2 033		1 198
铝(吨)	Aluminium (ton)	21 166		
铅(吨)	Lead (ton)	4 283		5 828
锡(吨)	Tin (ton)	2 865		600
锌(吨)	Zinc (ton)	80 345		
钢　材(吨)	Steel (ton)	394 278	3 054	16 590
水　泥(吨)	Cement (ton)	280 388	1 325	36 256

7-6 限额以上国有批发零售贸易企业主要商品销售及库存数量

TOTAL SALES AND INVENTORY OF PRINCIPAL GOODS OF STATE-OWNED ENTERPRISES OVER LEVELS IN WHOLESALE AND RETAIL SALE TRADES (1999)

项目	Item	批发额 Value in Wholesale Trade	零售额 Value in Retail Sale Trade	年末库存 Inventory (year-end)
粮　食(吨)	Grain (ton)	14 254	4 279	11 776
食用植物油(吨)	Edible Vegetable Oil(ton)	553	1 329	39
食　糖(吨)	Sugar (ton)	539	41	2
卷烟(箱)	Cigarettes (case)	408 927	21 243	17 531
酒(吨)	Liquor (ton)	3 661	101	474
服装(千元)	Garments (1 000 yuan)	383 425	240 929	33 666
摩托车(辆)	Motorcycle		327	176
汽车(辆)	Automobiles	1 913	5 003	911
寻呼机(部)	Pager	29 550		200
移动电话机(部)	Mobile Telephone Sets	1 043 884	54 443	36 317
电话机(部)	Telephone Sets	43 630	15 421	1 268
影碟机(台)	Video-CD Players	6 179	7 764	396
摄像机(台)	Pickup Camera		250	39
电视机(台)	TV Sets	197 608	12 278	917
微型计算机(台)	Microcomputers	317	189	
录相机(台)	Video Recorders	2 020	1 480	
组合音响(台)	Hi-Fi Stereo Component Players		1 672	77
热水器(台)	Water Heater		617	274
房间空调器(台)	Household Air Conditioners	184	6 051	342
家用洗衣机(台)	Household Washing Machines		5 272	200
家用电冰箱(台)	Household Refrigerators		6 150	227
微波炉(台)	Microwave Ovens		2 540	180
煤　炭(吨)	Coal (ton)	402 954		10 000
汽　油(吨)	Petrol (ton)	717 136	144 289	24 640
柴　油(吨)	Diesel Oil (ton)	1 613 163	110 640	28 722
化学肥料(吨)	Chemical Fertilizers(ton)	2 539		
化学农药(吨)	Chemical Pesticide (ton)	3 888		
木材(立方米)	Timber (cu. m)	8 991	17 243	2 288
铜(吨)	Copper (ton)	1 811		1 198
铝(吨)	Aluminium (ton)	21 140		
铅(吨)	Lead (ton)	4 283		5 828
锡(吨)	Tin (ton)	2 865		600
锌(吨)	Zinc (ton)	8 783		
钢　材(吨)	Steel (ton)	375 063	2 934	16 590
水　泥(吨)	Cement (ton)	268 504		36 249

7－7　社会消费品零售总额

TOTAL RETAIL SALES OF CONSUMER GOODS

(1979—1999)

单位:万元　　(10 000 yuan)

年　份 Year	社会消费品零售总额 Total Retail Sales of Consumer Goods	按行业分 By Sector				
		批发零售贸易业 Wholesale and Retail Sale Trades	餐饮业 Catering Trade	制造业 Manufacturing	其他行业 Others	农民对非农业居民零售额 Farmer to Non－Agriculture Household
全市　Total						
1979	11 259	9 912	833	30	484	174
1980	19 615	16 067	2 221	106	1 221	1 002
1981	34 229	29 013	2 410	609	2 197	1 913
1982	54 185	46 547	4 877	656	2 105	1 501
1983	123 794	102 693	6 909	1 802	12 390	3 401
1984	201 107	153 129	13 579	6 306	28 093	11 437
1985	265 642	208 702	20 014	4 406	32 520	13 166
1986	273 712	204 076	22 145	4 901	42 590	20 215
1987	324 364	253 039	32 773	7 462	31 090	31 090
1988	502 430	407 426	45 476	6 519	43 009	43 009
1989	545 741	411 647	59 489	6 817	67 788	67 788
1990	667 580	477 206	74 720	6 330	109 324	109 324
1991	828 341	560 044	100 147	10 999	157 151	157 151
1992	1 148 908	724 861	145 209	15 827	263 011	263 011
1993	1 605 130	1 004 775	195 970	17 351	387 034	387 034
1994	2 211 404	1 239 285	283 581	17 804	670 734	611 435
1995	2 593 269	1 376 569	312 059	22 787	881 854	759 349
1996	2 970 159	1 589 765	405 002	35 620	939 772	856 157
1997	3 264 806	1 793 106	512 675	36 058	922 967	893 731
1998	4 196 424	2 382 672	800 301	39 535	973 916	940 753
1999	4 674 483	2 762 217	922 934	44 105	945 227	883 765
特区　Urban						
1980	11 762	8 813	2 065	106	778	559
1981	23 433	19 015	2 244	609	1 565	1 281
1982	44 086	37 220	4 682	656	1 528	924
1983	107 887	92 380	6 909	1 802	6 796	2 381
1984	170 973	138 168	13 579	6 306	12 920	7 090
1985	217 273	179 393	19 217	4 361	14 302	8 105
1986	220 426	164 745	20 323	4 901	30 457	12 445
1987	267 843	209 980	30 124	7 462	20 277	20 277
1988	426 630	353 690	41 099	6 519	25 322	25 322
1989	452 166	346 595	52 419	6 817	46 335	46 335
1990	552 311	395 434	66 881	6 330	83 666	83 666
1991	692 703	471 756	89 497	10 999	120 451	120 451
1992	956 606	593 630	131 012	15 805	216 159	216 159
1993	1 285 330	793 182	162 383	16 575	313 190	313 190
1994	1 808 564	1 001 057	266 760	17 404	523 343	473 517
1995	2 078 803	1 113 478	282 768	20 043	662 514	533 511
1996	2 481 130	1 303 607	336 117	31 026	810 380	680 680
1997	2 683 531	1 441 451	463 583	31 942	746 555	737 203
1998	3 311 322	1 811 425	659 455	34 462	805 980	767 345
1999	3 658 839	2 099 974	760 506	38 446	759 913	723 486

注:1998年社会消费品零售总额采用新口径统计数,不能与上年直接对比。

Total retail sales of consumer goods in 1998 is estimated by new method and can not be compared with preceding year directly.

7-8　社会消费品零售总额指数
INDICES OF TOTAL RETAIL SALES OF CONSUMER GOODS
(1979—1999)

年份 Year	社会消费品零售总额(万元) Total Retail Sales of Consumer Goods (10 000 yuan)	社会消费品零售总额指数(%) Retail Sales Indices(%)	
		以1979年为100 (1979=100)	以上年为100 (Preceding year=100)
1979	11 259	100.0	
1980	19 615	174.2	174.2
1981	34 229	304.0	174.5
1982	54 185	481.3	158.3
1983	123 794	1 099.5	228.5
1984	201 107	1 786.2	162.5
1985	265 642	2 359.4	132.1
1986	273 712	2 431.1	103.0
1987	324 364	2 880.9	118.5
1988	502 430	4 462.5	154.9
1989	545 741	4 847.2	108.6
1990	667 580	5 929.3	122.3
1991	828 341	7 357.1	124.1
1992	1 148 908	10 204.4	138.7
1993	1 605 130	14 256.4	139.7
1994	2 211 404	19 641.2	137.8
1995	2 593 269	23 032.9	117.3
1996	2 970 159	26 380.3	114.5
1997	3 264 806	28 997.3	109.9
1998	4 196 424	30 940.1	106.7
1999	4 674 483	34 467.3	111.4
年平均增长率　Average Annual Growth Rate		**33.9**	

7－9　限额以上批发零售贸易业主要财务指标

MAIN FINANCIAL INDICATORS OF ENTERPRISES OVER LEVELS IN WHOLESALE AND RETAIL SALE TRADES (1997—1999)

单位:万元　　(10 000yuan)

项　目	Item	1997	1998	1999
资本金合计	Total Capital	724 345	783 382	
流动资产年末合计	Total Circulating Funds (year－end)	2 085 810	2 382 600	2 435 021
＃存　货	Inventory	405 304	500 511	462 622
流动资产年平均余额	Annual Average Balance of Circulating Funds	2 158 420	2 234 205	
固定资产合计	Total Fixed Assets	975 014	939 068	1 007 855
固定资产原价合计	Original Value of Fixed Assets	989 132	982 287	1 146 591
累计折旧	Depreciation of Fixed Assets	235 613	247 102	289 737
无形及递延资产合计	Intangible and Deferred Assets	129 123	125 086	229 816
资产总计	Total Assets	3 722 030	4 053 546	4 400 829
流动负债	Liquid Liabilities	2 295 117	2 488 896	2 524 706
长期负债	Long－Term Liabilities	158 038	276 837	367 168
负债合计	Total Liabilities	2 456 300	2 769 885	2 892 410
所有者权益	Creditors' Equity	1 265 730	1 283 661	1 508 419
商品销售收入	Sales Revenue	3 967 493	3 711 310	5 326 005
商品销售成本	Cost of Sales	3 477 927	3 193 980	4 744 442
商品销售税金及附加费	Sales Tax and Extra Charges	10 547	7 912	9 262
商品销售利润	Sales Profits	258 478	237 832	318 642
管理费用	Management Expenses	255 458	231 220	261 771
＃税金	Taxes	4 611	5 615	6 817
利润总额	Total Profits	74 450	65 283	113 417
本年应付工资	Total Wages Payable in the Year	99 687	92 451	111 950
本年应付福利费	Welfare Expenses payable in the Year	12 108	10 272	11 205
本年应交增值税	Value Added Tax Payable in the Year	66 803	65 034	56 963

7－10　限额以上国有批发零售贸易业主要财务指标

MAIN FINANCIAL INDICATORS OF STATE－OWNED ENTERPRISES OVER LEVELS IN WHOLESALE AND RETAIL SALE TRADES (1997—1999)

单位:万元　　(10 000yuan)

项　目	Item	1997	1998	1999
资本金合计	Total Capital	412 304	666 847	
流动资产年末合计	Total Circulating Funds (year－end)	1 499 414	2 078 161	1 220 260
＃存　货	Inventory	257 084	402 443	230 716
流动资产年平均余额	Annual Average Balance of Circulating Funds	1 510 669	1 788 787	
固定资产合计	Total Fixed Assets	588 188	810 581	450 579
固定资产原价合计	Original Value of Fixed Assets	633 850	835 266	486 221
累计折旧	Depreciation of Fixed Assets	166 587	211 690	129 940
无形及递延资产合计	Intangible and Deferred Assets	72 333	90 666	115 927
资产总计	Total Assets	2 511 262	3 523 036	2 161 809
流动负债	Liquid Liabilities	1 592 880	2 141 232	1 291 798
长期负债	Long－Term Liabilities	108 082	233 103	143 943
负债合计	Total Liabilities	1 702 131	2 374 887	1 435 763
所有者权益	Creditors' Equity	809 131	1 148 149	726 047
商品销售收入	Sales Revenue	2 880 151	2 978 433	2 838 310
商品销售成本	Cost of Sales	2 571 824	2 553 300	2 601 649
商品销售税金及附加费	Sales Tax and Extra Charges	6 426	6 616	3 296
商品销售利润	Sales Profits	160 795	197 821	137 267
管理费用	Management Expenses	153 834	176 095	124 190
＃税金	Taxes	3 287	4 083	3 391
利润总额	Total Profits	67 094	64 603	51 776
本年应付工资	Total Wages Payable in the Year	66 746	70 731	48 128
本年应付福利费	Welfare Expenses payable in the Year	8 175	8 391	6 035
本年应交增值税	Value Added Tax Payable in the Year	49 175	54 447	22 764

7-11 物价指数
PRICE INDICES
(1979—1999)

年份 Year	以上年价格为100 Preceding Year=100 居民消费价格总指数 General Consumer Price Index	食品类 Food	服务项目 Services	商品零售价格总指数 General Retail Price Index	以1979年价格为100 1979=100 居民消费价格总指数 General Consumer Price Index	食品类 Food	服务项目 Services	商品零售价格总指数 General Retail Price Index
1979	100.0	100.0	100.0	100.0	100.0	100.0	100.0	100.0
1980	105.0	108.3	100.7	105.5	105.0	108.3	100.7	105.5
1981	110.7	117.9	101.6	111.8	116.2	127.7	102.3	117.9
1982	107.8	116.6	108.7	107.8	125.3	148.9	111.2	127.1
1983	102.0	105.9	100.9	102.1	127.8	157.7	112.2	129.8
1984	106.8	106.6	119.3	105.2	136.5	168.1	133.9	136.6
1985	122.5	128.5	117.2	123.2	167.2	216.0	156.9	168.3
1986	106.1	108.1	106.9	106.0	177.4	233.5	167.7	178.3
1987	114.4	118.7	107.4	115.3	203.0	277.1	180.1	205.6
1988	128.1	133.7	112.2	130.3	260.0	370.5	202.1	267.9
1989	125.4	126.6	125.7	125.3	326.0	469.1	254.1	335.7
1990	101.6	95.4	127.7	97.7	331.2	447.5	324.4	328.0
1991	103.0	99.2	115.4	101.0	341.2	443.9	374.4	331.3
1992	107.3	109.2	109.4	106.9	366.1	484.8	409.6	354.2
1993	120.1	122.6	120.9	119.9	439.7	594.3	495.2	424.6
1994	118.2	120.2	118.1	116.4	519.7	714.4	584.8	494.3
1995	112.4	116.7	118.1	110.8	584.1	833.7	690.6	547.7
1996	107.7	105.2	110.7	103.9	629.1	877.1	764.5	569.1
1997	103.3	100.2	118.2	100.0	649.9	878.9	903.6	569.1
1998	99.3	97.2	105.3	97.5	645.4	854.3	951.5	554.9
1999	99.3	94.5	107.7	96.1	640.9	807.3	1024.8	533.3

7－12　居民消费价格总指数
GENERAL CONSUMER PRICE INDEX
(1999)

以上年价格为100　　　　(preceding year＝100)

项　目	Item	指数 Index
居民消费价格总指数	**General Consumer Price Index**	99.3
一、食　品	Food	94.5
1. 粮食	Grain	94.8
＃细粮	Flour and Rice	94.9
2. 油脂类	Oil or Fat	97.1
3. 肉禽及其制品	Meal, Poultry and Their Products	91.4
4. 蛋类	Eggs	90.9
5. 水产品类	Aquatic Products	97.6
6. 菜类	Vegetable	94.0
＃鲜菜	Fresh Vegetable	94.1
7. 调味品	Flavoring	104.9
8. 糖类	Carbohydrate	97.2
＃食糖	Sugar	101.4
9. 烟草类	Tobacco	97.1
10. 酒和饮料	Liquor and Beverages	93.9
11. 干鲜瓜果类	Dried and Fresh Melons and Fruits	92.6
＃鲜果	Fresh Melons and Fruits	92.9
12. 糕点类	Cake	106.9
13. 奶及奶制品	Milk and Its Products	100.4
14. 其他食品	Other Food	99.1
15. 饮食业	Catering Trade	94.0
二、衣着类	Clothing	104.4
1. 服装	Garments	105.7
2. 衣着材料	Clothing Material	106.3

项　目	Item	指数 Index
三、家庭设备及用品	Household Facilities and Articles	98.8
1. 耐用消费品	Durable Consumer Goods	99.3
2. 家庭日用杂品	Daily Use Household Articles	97.5
四、医疗保健	Medicine and Medical Services	100.2
五、交通和通讯工具	Means of Transportation and Communication	99.2
1. 交通工具	Means of Transportation	100.1
2. 通讯工具	Means of Communication	92.6
六、娱乐教育文化用品	Recreation, Education and Culture Articles	92.8
1. 文娱耐用消费品	Durable Consumer Goods for Recreational Use	86.6
2. 文化娱乐用品	Recreation and Culture Articles	101.5
七、居住	Residence	103.4
1. 住房	Housing	99.5
＃房租	Rent	99.8
2. 水、电、燃料	Water, Electricity and Fuels	111.5
八、服务项目	Services	107.7
1. 电讯费	Telecommunication	106.4
2. 邮费	Postage	149.0
3. 交通费	Traffic	103.7
4. 洗理美容费	Bathing and Haircut	96.6
5. 文娱费	Recreation	108.3
6. 学杂保育费	Tuition and Child Care	113.7
7. 修理及其他服务费	Repair and Other Services	100.2
8. 医疗保健服务	Medical and Health Care Services	106.9

7－13 商品零售价格总指数
GENERAL RETAIL PRICE INDEX
(1999)

以上年价格为100 (preceding year＝100)

项 目	Item	指 数 Index
商品零售价格总指数	**General Retail Price Index**	96.1
一、食品类	Food	93.1
1.粮食	Grain	94.3
2.油脂类	Oil or Fat	97.1
3.肉禽蛋	Meal, Poultry and Eggs	87.8
4.水产品	Aquatic Products	98.7
5.鲜菜	Fresh Vegetables	94.1
6.干菜	Dried Vegetables	96.7
7.鲜果	Fresh Fruits	91.4
8.干果	Dried Fruits	91.3
9.其他食品类	Other Food	101.0
10.饮食业	Catering Trade	93.1
二、饮料、烟酒类	Liquor, Beverages and Tobacco	96.4
三、服装、鞋帽类	Garments, Shoes and Hats	101.9
四、纺织品类	Textiles	101.5
五、中、西药品类	Traditional Chinese and Western Medicines	99.5
六、化妆品类	Cosmetics	96.4
七、书报、杂志类	Newspaper and Magazines	102.9
八、文化体育用品类	Stationery and Sports Goods	97.7
九、日用品类	Daily Use Articles	97.0
十、家用电器类	Household Appliances	94.2
十一、首饰类	Jewelry	96.9
十二、燃料类	Fuels	101.1
十三、建筑装璜材料类	Building Decoration Materials	98.5
十四、机电产品类	Mechanical and Electrical Products	98.8

7－14 集市贸易价格指数
PRICE INDICES OF FREE MARKETS
(1980—1999)

以上年价格为100 (preceding year＝100)

年 份 Year	总指数 General Index	1. 粮食 Grain	2. 食油 Edible Oil	3. 鲜菜 Fresh Vegetable	4. 干菜 Dried Vegetable	5. 肉禽蛋 Meal, Poultry and Eggs	6. 水产品 Aquatic Products	7. 鲜果 Fresh Fruits
1980	108.8							
1981	121.0	122.2		134.8		113.6	123.5	104.2
1982	111.6			133.3		110.0	115.5	110.8
1983	101.6			96.1	114.8	104.0	104.6	95.2
1984	90.0	173.6		75.2		99.3	86.9	108.4
1985	114.4	100.4	109.2	124.1	102.2	109.9	113.6	124.1
1986	104.1	122.8	101.3	112.2	115.7	101.2	101.6	102.6
1987	120.1	122.2	98.5	143.9	119.3	116.4	119.4	117.0
1988	135.6	150.2	118.2	129.6	134.9	137.2	140.4	130.2
1989	122.7	143.9	128.7	124.8	116.4	104.3	113.3	127.0
1990	92.7	75.0	94.4	95.6	106.5	92.8	90.2	95.3
1991	98.3	92.6	102.4	109.0	102.0	93.6	101.8	103.1
1992	110.3	99.9	99.5	127.7	104.4	107.0	111.3	105.9
1993	123.7	118.5	134.7	133.0	122.9	113.6	143.5	130.2
1994	110.7	138.8	143.1	99.3	104.7	116.9	114.6	106.2
1995	113.8	119.9	110.0	112.1	104.8	113.8	111.1	116.7
1996	102.7	104.7	107.3	99.7	107.4	104.8	104.5	97.4
1997	96.6	97.3	106.2	103.2	98.8	96.4	93.4	92.4
1998	91.2	93.7	99.7	91.5	93.8	90.4	90.3	92.8
1999	91.1	94.2	97.1	92.2	100.7	89.3	97.3	89.2

八、能　　源

1999年深圳工业能源消费情况

能源是国民经济发展的基础,也是工业生产的重要物质条件,它的供应与消费直接关系到国民经济稳定发展和生产经济效益。

在过去一年,深圳市各行各业的生产经营活动得到稳步发展,作为整个工业生产经营过程中不可缺少的能源消费,为深圳工业生产的有效增长作出了积极的贡献。

1999年,深圳工业生产保持较快增长,其生产规模迅速扩大,生产结构进一步得到改善,行业布局渐趋合理。随着高新技术不断发展,工业生产能源消费弹性系数呈下降趋势。在过去一年,深圳市工业部门以较低的综合能耗获得了工业产值的增长。

一、工业产值增长与能源消费

据统计年报资料显示,1999年,深圳全部国有工业企业及年产品销售收入在500万元以上的非国有工业企业有1932家,共完成工业总产值2079.21亿元(90年不变价,下同),比上年增长25.2%。综合能源消费总量为579.50万吨标准煤,比上年消费总量增加71.6万吨标准煤,增长14.1%,比工业产值增长率低11.1个百分点。1999年工业产值每万元能耗为0.28吨标准煤,比上年的每万元产值能耗0.31吨标准煤下降 了0.03个百分点,总节能量达62.43万吨标准煤。

电力能源消费仍占工业生产消费的主导地位,占工业生产综合能源消费总量的三成以上。其次是煤炭、柴油、燃料油、液化石油气和热力,分别占工业生产综合能源消费总量的28.9%、23.3%、14.0%、1.0%和0.4%。

二、工业生产的间接与直接节能

在过去的一年,深圳市以低能源消费,支撑了工业产值的高速增长,其节能可分为间接与直接两种。间接节能主要表现为工业企业调整生产结构,加强生产管理,进一步提高产品产量等。直接节能主要表现为相关部门继续贯彻执行国家资源开发与节约并举的方针,把节能放在首位,提高资源利用率,建立适应市场经济体制的宏观节能管理体系,逐步制定完善相关配套法规、标准和经济政策。同时,工业企业通过加强能源管理,加大节能投资力度,对主要高耗能低产值生产设备进行更新换代和技术改造,积极发展高新技术产业,不断推出新的工艺和设备,不断加快产品更新换代的速度,使部分工业企业的产品出现低能耗、高产值的新局面。

三、工业行业结构趋向节能发展

1999年全市工业总产值2079.21亿元,其中轻工业产值为924.24亿元,占全部产值的44.5%;重工业产值为1154.97亿元,占全部产值的55.5%。单从工业产值结构看,1999年的重工业产值比重比上年下降1.1%。

再从工业产品产量结构来看,1999年高耗能产品的增幅缓慢,有些还是负增长,如印染布、水泥、啤酒、人造板、汽车外胎分别比上年下降17%、38%、0.6%、30%和37%。这表明,深圳工业产品产量结构发生了变化,为以较低的能耗保持工业产值高速增长创造了有利条件。

四、重点工业企业能耗特点

1999年,全市工业企业年耗能一万吨标准煤以上和有能源加工转换的重点企业共59家,其中火力发电企业17家,纺织印染8家,水泥制造业2家,核电企业1家,其他14个行业共30家。全年完成工业产值234.42亿元,占全市工业总产值的11.3%,全年消费能源124.30万吨标准煤,占全市工业生产能源消费总量的21.5%。重点耗能企业的产值和能源消费分别比上年增长16.9%和9.6%,产值增长高于能源消费增长近7个百分点。重点耗能企业万元产值能耗为0.53吨标准煤,比上年下降0.03个百分点,但比全部工业万元产值耗能高出0.25个百分点。重点能耗企业全年节能量为9.3万吨标准煤,略低于工业生产节能水平。

1999年,全市重点耗能工业企业能源消费124.30万吨标准煤,其中工业生产消费122.43吨标煤,占全部消费总量的98.5%,非工业生产消费1.9万吨标煤,占全部消费总量的1.5%。

在综合能源消费量中,用于转换二次能源的投入量96.3万吨标准煤,占全部综合能源消费量的77.5%。其中转换加工能源投入煤炭发电量41.4万吨标准煤(扣除重复计算),占消费总量的33.3%,非金属矿物制造业投入24.1万吨标准煤,占消费总量的19.5%,纺织印染业、自来水生产和供应业、木材加工业也分别投入17.4、3.9和3.7万吨标准煤,占消费总量的14%、3.1%和3.0%。

从重点耗能企业分行业来看,消费量较大的行业依次为:电力和蒸汽的生产与供应业、非金属矿物制造业、纺织印染业、自来水供应业、木材加工业、电子及通信设备制造业和塑料制造业等,这些行业共消费110.7万吨标准煤,占全部消费量的89%。

(执笔:黄培添)

8-1　主要能源按工业行业分组消费量
CONSUMPTION OF MAIN ENERGY BY SECTOR
(1999)

单位:吨　　(ton)

项　目	Item	原　煤 Coal	原　油 Crude Oil	汽　油 Gasoline	煤　油 Kerosene
总　计	**Total**	**2 341 866**	**12 868**	**17 906**	**3 608**
#有色金属矿采选业	Nonferrous Metals Mining and Dressing				
非金属矿采选业	Nonmetal Minerals Mining and Dressing			56	
食品加工业	Food Processing			236	
食品制造业	Food Manufacturing	2 354		52	34
饮料制造业	Beverage Manufacturing	32 617		518	
烟草加工业	Tobacco Processing			45	
纺织业	Textile Industry		550	193	
服装及其他纤维制品制造业	Garments and Other Fiber Products		551	1 016	108
皮革毛皮羽绒及其制品业	Leather, Furs, Down and Related Products			1 056	61
木材加工及竹藤棕草制品业	Timber Processing, Bamboo, Cane, Palm Fiber and Straw Products			134	
家具制造业	Furniture Manufacturing			337	
造纸及纸制品业	Papermaking and Paper Products		2 384	485	
印刷业	Printing			486	3
文教体育用品制造业	Cultural, Educational and Sports Goods			339	2
石油加工及炼焦业	Petroleum Processing and Coking			2	
化学原料及化学制品制造业	Raw Chemical Materials and Chemical Products	945		641	15
医药制造业	Medical and Pharmaceutical Products			345	5
化学纤维制造业	Chemical Fiber			40	
橡胶制品业	Rubber Products			13	12
塑料制品业	Plastic Products	225		1 630	1 459
非金属矿物制品业	Nonmetal Mineral Products	17 182	1 402	653	44
黑色金属冶炼及压延加工业	Smelting and Pressing of Ferrous Metals		7 981	51	
有色金属冶炼及压延加工业	Smelting and Pressing of Nonferrous Metals			177	
金属制品业	Metal Products	24		813	719
普通机械制造业	Ordinary Machinery			113	
专用设备制造业	Special Purpose Equipment			580	57
交通运输设备制造业	Transport Equipment			202	
电气机械及器材制造业	Electric Equipment and Machinery	96		775	55
电子及通信设备制造业	Electronic and Telecommunications Equipment	125		4 549	93
仪器仪表文化办公用机械	Instruments, Meters, Cultural and Office Machinery			757	15
其他制造业	Other Manufacturing			636	926
电力蒸气热水生产供应业	Electric Power, Steam and Hot Water Production and Supply	2 288 298		556	
自来水的生产和供应业	Tap Water Production and Supply			420	

8－2续表　continued

项　目	Item	柴　油 Diesel	燃料油 Fuel Oil	液　化 石油气 Liquefied Petroleum Gas	电　力 (万千瓦时) Electricity (10 000 kwh)
总　计	**Total**	**930 785**	**572 696**	**33 893**	**502 156**
#有色金属矿采选业	Nonferrous Metals Mining and Dressing				
非金属矿采选业	Nonmetal Minerals Mining and Dressing	1 469			594
食品加工业	Food Processing	6 397	4 665		8 480
食品制造业	Food Manufacturing	8 452	71	1 765	3 480
饮料制造业	Beverage Manufacturing	8 128	13 468	1	6 276
烟草加工业	Tobacco Processing	981			650
纺织业	Textile Industry	11 953	97 747	2 742	10 988
服装及其他纤维制品制造业	Garments and Other Fiber Products	19 258	367	14	15 519
皮革毛皮羽绒及其制品业	Leather, Furs, Down and Related Products	8 296	20	115	6 830
木材加工及竹藤棕草制品业	Timber Processing, Bamboo, Cane, Palm Fiber and Straw Products	1 394			3 251
家具制造业	Furniture Manufacturing	3 095		800	3 935
造纸及纸制品业	Papermaking and Paper Products	9 378	9 583	1 813	5 328
印刷业	Printing	14 259	2 426	357	7 481
文教体育用品制造业	Cultural, Educational and Sports Goods	31 833	30	390	18 229
石油加工及炼焦业	Petroleum Processing and Coking	61			191
化学原料及化学制品制造业	Raw Chemical Materials and Chemical Products	5 362		1 144	5 406
医药制造业	Medical and Pharmaceutical Products	3 061			3 478
化学纤维制造业	Chemical Fiber	422			1 472
橡胶制品业	Rubber Products	8 798	3 669		5 411
塑料制品业	Plastic Products	94 861	4 092	321	45 803
非金属矿物制品业	Nonmetal Mineral Products	11 821	98 967	8 583	29 183
黑色金属冶炼及压延加工业	Smelting and Pressing of Ferrous Metals	3 277			2 319
有色金属冶炼及压延加工业	Smelting and Pressing of Nonferrous Metals	6 138			3 907
金属制品业	Metal Products	21 311		1 952	18 463
普通机械制造业	Ordinary Machinery	1 967			1 666
专用设备制造业	Special Purpose Equipment	4 016		13	4 458
交通运输设备制造业	Transport Equipment	24 928	5	2 508	11 579
电气机械及器材制造业	Electric Equipment and Machinery	41 848	923	1 813	23 837
电子及通信设备制造业	Electronic and Telecommunications Equipment	62 313	1 922	7 261	96 584
仪器仪表文化办公用机械	Instruments, Meters, Cultural and Office Machinery	21 189	339	157	14 944
其他制造业	Other Manufacturing	9 158	635	2 144	11 210
电力蒸气热水生产供应业	Electric Power, Steam and Hot Water Production and Supply	482 546	333 767		107 580
自来水的生产和供应业	Tap Water Production and Supply	2 815			23 626

九、财政、金融

1999年深圳财政金融与保险

一、财政

1999年,在世界经济逐步向好,亚洲经济开始复苏,国内加大实施积极财政政策和适度货币政策的力度,努力扩大内需的宽松环境下,深圳国民经济快速稳定增长,社会发展取得巨大成就。与此同时,深圳财政收入保持与经济同步增长,并且通过实施积极的地方财政政策,有力地支持了全市经济结构调整、产业升级、和经济社会全面进步。

(一)基本态势

1999年,全市累计完成地方预算内财政收入184.79亿元,比上年增长12.1%;全年累计完成预算内财政支出211.72亿元,比上年增长19.6%。全年财政全部收入减去全部支出,结余额超过上年结余水平,连续19年实现了财政收支平衡略有结余。

在财政收入中,增长最快的是个人所得税,全年个人所得税完成22.92亿元,比上年增长45.9%;增长绝对量最大的项目是营业税,营业税完成71.57亿元,比上年增长了8.4亿元,增幅为13.3%。其余增长较快的项目主要有增值税、房产税、城市建设维护税和证券交易印花税,增幅分别为21.1%、21.2%、18.9%和13.2%,其中增值税和房产税增幅分别比上年高出4.9和6.9个百分点。在财政支出中,增幅最大的是社会保障补助支出和科技三项费用,年内社会保障补助支出完成3.0亿元,比上年增长193.2%,科技三项费用完成支出4.2亿元,比上年增长126.7%,增幅高出上年113个百分点。增长绝对量最大的是基建支出,达到72.66亿元,为深圳建市以来政府基建支出之最,比上年增支13.56亿元,增幅为23.0%。其余增长较快的支出项目主要有科学事业费支出,比上年增长21.3%。

在年度预算执行过程中,财政收入中的“企业所得税”项首次出现负增长,1999年比上年减收1.02亿元,减幅为2.8%,并且仅完成年度预算的97.3%,短收近3个百分点。减收部分是国内企业所得税,年内国内企业所得税完成19.84亿元,比上年减收2.46亿元,减幅为11.0%,这与同期全国、广东省企业所得税的正常增长完全相悖。近年来,深圳财政以借款、注资、优化资本结构等多种方式不断增加对国有企业尤其是国有大型企业的投入,从投入产出和财政的效益原则而言,企业所得税未实现适度增长应引起足够的重视。这也从一个侧面反映了财政预算过程中存在的一个问题,即财政对一般竞争性领域的投资过多。1999年,财政直接用于企业投入的各类资金为15.4亿元,占预算内财政支出的7.4%,尽管这一支出对于优化企业资本结构,防范化解金融风险,扶持国有企业有一定作用,但不利于企业在激烈竞争中确立自己应有的地位。

(二)运行特点

1.税收收入占财政收入比重上升,财政收入趋于平稳增长

1999年,在预算内财政收入中,地方税收收入占地方预算内财政收入的比重为88.3%,分别比1997年和1998年高3.4和1.4个百分点,非税收入的比重下降。另一方面,尽管各项

税收收入增长了13.7%,但在税收收入中比重较大的主体税种年内都出现了增幅回落。营业税年内增幅为13.3%,而1997、1998年的增幅分别为29.6%和24.9%;增值税年内增幅为20.6%,而1997、1998年的增幅分别为25.0%和16.3%;企业所得税年内增幅为-2.8%,而1997、1998年的增幅分别为50.2%和23.5%。因此,从财政收入增幅看,深圳财政收入呈现平稳增长的态势。

2.进一步落实国家和市政府的各项扶持政策,支持经济结构的调整和发展

1999年,为支持高新技术企业的发展,深圳大幅增加科技三项费用支出,成功举办首次"高交会",及时出台"新22条",年内减免高新技术企业所得税3.8亿元,这些措施均为高新技术企业开辟了更为有利的发展环境,促进了深圳高新技术企业的发展。1999年,全市完成高新技术产品产值819.79亿元,占工业总产值的40.5%,比重较上年提高5.1个百分点。高新技术企业的快速发展不仅推动了产业升级和国民经济快速增长,而且也成为中央、地方两级财政收入的主要增长点。

1999年,深圳继续落实扶持外贸企业、鼓励外贸出口的各项财政政策,全年增设外贸发展基金3000万元,出口贴息支出5000万元,增加外贸专项借款4亿元,出口商品退税13.29亿元,有力地支持了外贸出口的增长,全年全市外贸出口累计282.08亿美元,比上年增长6.9%,高出上年增幅3.9个百分点。

3.努力扩大有效需求,财政支出快速增长

1999年,为迅速扩大有效需求,加大政府投资力度,深圳年内财政支出增长幅度高于财政收入增幅7.5个百分点。在新的城市基础设施建设中,市政府动用财政结余的规模之大为历年之最,建设性支出规模进一步扩大,基建支出规模达72.66亿元,超额完成预算的14.1%。在政府加大投资力度的带动下,全市固定资产投资规模迅速扩大,全年共完成固定资产投资569.59亿元,比上年增长18.6%。同时,随着收入分配政策的贯彻实施,行政事业性支出相应增长,但增幅低于建设性支出的增幅。

4.大力压缩一般性财政支出,保证对重点项目的政策倾斜

在全年预算执行过程中,在财政支出方面扩大了政府采购的覆盖面,采购项目从日常办公用品向更广的范围不断延伸,采购资金由预算内资金向预算外资金和事业收入不断拓展。严格执行"八不准"规定,从源头控制人、车、会、话等一般性支出,全市全年会议经费和出国经费开支比上年下降了10%。另一方面,教育支出完成20.34亿元,占全市预算内财政支出的9.6%,市本级科技三项费用完成3.43亿元,比上年增长1.8倍,占预算内财政支出的2.5%,保证了市委市政府科教兴市战略的落实。

(三)2000年展望

1.财政收入

2000年,是九五计划的最后一年,深圳制定的国民经济增长目标为12%,仍处于快速增长期。前20年深圳GDP现价年均增长39.1%,与此同时财政收入年均增长41.8%。自1991年以来,GDP现价年均增长25.3%,同期财政收入年均增长27.0%。1995年以来,GDP现价年均增长15.9%,同期财政收入年均增长20.4%,财政收入仍维持在平稳增长的区间。根据建市以来财政收入平均增量分析和与GDP的相关分析,2000年深圳预算内财政收入将冲击200亿元大关,实现财政收入与GDP的同步增长或略低于GDP的增长。因此,要加大财政收入的征管力度,寻找新财源,消化政策性减收因素对财政收入的影响,以保证财政收入增长目标的实现。

2.财政支出

当前,随着世界经济发展中结构调整力度加大,科技进步突飞猛进,全球经济一体化趋势日益明显,以及我国加入WTO步伐的加快,深圳经济从九十年代中期开始进行的结构调整,已经到了一个关键时期。这一时期重大项目的启动、基础设施的建设、科教兴市战略的实施、宏观调控手段的运用和各项社会改革的进行等都将产生巨大的资金需求,财政支出的压力是

前所未有的。因此,要进一步优化支出结构,逐步建立公共财政框架,大力压缩一般性支出,以确保实现财政收支平衡略有结余的目标。

二、金融保险

1999年,深圳金融保险业大力贯彻央行推出的减息、降低法定准备金率、加强对中小企业的扶持等一系列货币信贷政策,配合积极财政政策的实施,在防范化解金融风险的同时全力支持全市经济的发展,货币政策作用初见成效,金融改革、整顿、监管和发展取得较大成绩,金融保险业持续平稳运行。

(一)基本情况

1.各项存款稳定增长,外汇存款转降为升

1999年末,深圳市金融机构人民币存款余额2558.99亿元,比年初增加321.81亿元,在全国大中城市排名中位居第四位,增幅为14.4%,比上年回落6.9个百分点。其中居民储蓄存款余额951.99亿元,比年初增长10.5%,增幅比上年回落11.3个百分点。企业存款余额1353.83亿元,比年初增长12.6%,增幅回落8.5个百分点。年末全市国内金融机构外汇存款余额73.65亿美元,比年初增加4.19亿美元,增幅为6.0%,外汇存款持续下降的势头得到了控制。其中,活期外汇存款比年初增长318.2%,定期存款比年初增长4.5%,居民储蓄存款28.57亿美元,比年初增长25.7%。

2.现金呈现巨量投入,资金流动性加快

1999年全市国内金融机构现金净投放量达到103.55亿元,比上年多投放101.36亿元,增长了46.1倍,这是深圳建市以来现金净投放首次出现的超百亿现象。从现金投放渠道看,主要是储蓄现金全年累计投放179.07亿元,比上年多投放106.78亿元,其原因主要在于银行代发工资业务发展迅速,年末已达245.33亿元。

3.人民币贷款持续快速增长,外汇贷款逐步萎缩

1999年末,全市金融机构人民币贷款余额1848.16亿元,比年初增加343亿元,按可比口径计算比年初增长22.8%,其在全国大中城市的排名位居第四,比1998年上升了一位。在贷款余额中,中期流动资金与中长期贷款的增幅超过短期流动资金贷款增幅,私营个体贷款出现了较大幅度的增长,增幅为82.6%。年末全市国内金融机构外汇贷款余额为63.29亿美元,比上年末减少8.02亿美元,减幅11.2%,其中减幅较大的是外汇短期贷款,减少21.5%,进出口贸易融资也减少了22.1%。

4.货币市场活跃,交易量巨量增长

1999年,深圳市国内金融机构全年拆借资金累计发生1448.77亿元,比上年增长2.2倍,其中拆入资金589.85亿元,比上年增长1.2倍,拆出资金858.92亿元,比上年增长2.6倍。与此同时,票据市场发展迅速,商业汇票的承兑和贴现量均达到历史最高水平。承兑业务余额为84.13亿元,累计承兑总额达到159亿元,分别比上年增长48%和45%。贴现业务累计发生额逐年增加,已达133亿元,比上年增长28%,再贴现业务余额达18.5亿元,累计办理49亿元。货币资金市场的巨量增长,反映出深圳市场资金环境宽松、经济极为活跃的特征。

5.外汇交易大幅下降,银行结售汇实现顺差

1999年,外汇交易大幅下降,全年累计成交7.5亿美元,比上年交易金额减少了38亿美元,降幅为83.5%。银行结售汇在继续实施严厉打击企业逃套汇措施下,扭转了持续四年的结售汇逆差,全年银行结汇收入67.6亿美元,比上年下降2.9%,银行售汇支出63.49亿美元,比上年下降28.0%,实现结售汇顺差4.11亿美元。其中贸易结售汇实现14.63亿美元顺差,资本项下逆差明显下降,全年累计逆差7.22亿美元,同比下降43.1%,但非贸易项下结售汇由顺差转为逆差,逆差达2.8亿美元。

6.证券市场继续扩容,股市成交活跃

1999年,深圳证券市场新上市公司52家,新上市股票50只,比上年上市新股少2只,新增发行股本263.7亿股,比上年增长24.8%,新增市价总值3010.97亿元,比上年增长33.9%。年内新上市基金6只,新增基金发行

187.96 亿个基金单位,比上年增加 3.9 倍,新增基金市价总值 204.28 亿元,比上年增长 3.1 倍。全年深市股票成交 14353.82 亿元,比上年增长 28.6%。基金全年累计成交 1119.66 亿元,比上年增长 1.7 倍,占深市全部成交金额比重比上年提高产量 3.4 个百分点。国债累计成交 790.50 亿元,占全部市场成交额 4.9%,比上年增长 1.2 倍,其中国债回购增长最快,增幅为 1.2 倍,在全部成交金额中的比重比上年提高 1.8 个百分点。年末深市综合指数以402.18 点收市,较上年末上涨 58.3 个百分点。

7. 保险市场稳定发展,市场规模继续扩大

1999 年,国家允许保险资金通过购买证券投资基金间接进入证券市场,为保险公司经营带来了利好,减少了利益损失,增强了竞争实力,提高了保险产品的竞争能力。深圳保险业务承保金额 8939.71 亿元,比上年增长 3.5%。保费收入 34.67 亿元,比上年增长 2.7%。保险赔付金额支出 9.83 亿元,比上年增长8.4%。

(二)运行特点

1. 信贷增量持续高增长,积极支持扩大总需求的实现

继 1998 年贷款增量增大到 349 亿元后,1999 年贷款增量又达到 343 亿元。贷款增量的投入,首先是配合深圳积极的地方财政政策,投向基础设施和重点项目。1999 年对基础设施新增贷款 26 亿元,对 22 个市重点建设项目新增贷款 34 亿元。其次是投向个人消费信贷,年内各商业银行在原有个人住房贷款基础上,新推出了汽车、教育、装修等个人消费信贷业务,年末消费信贷余额达 254 亿元,占全国消费信贷总量的 1/4,比年初增加了 105 亿元,有力刺激了消费的增长。再次是投向中小企业。1999 年对私营企业和个体工商户贷款比上年增加了 3 亿元,使其贷款规模扩大至 6.63 亿元,促进了私营企业和个体工商户加速发展。

2. 人民币存贷增量呈贷差,外币存贷仍呈存差

1999 年国内金融机构人民存款增量比同期贷款增量小 21.19 亿元,这是自 1996 年以来,深圳存贷款增量首次出现贷差,其主要原因是连续七次降低存贷款利息,和开征利息税导致的结果。与此相反,外币存贷款仍表现为存差。外币存差的成因一是外币利率高于人民币利率,市场普遍预期外币利率上涨,居民储蓄存款中分流出来的一部分被通过各种形式换成了外币储蓄存款,导致 1999 年居民外币存款比 1998 年增加了 5.84 亿美元。二是企业因外贸形势好转而结余的外币使企业外币存款比 1998 年增加了 2.53 亿美元。而外币贷款因人民币融资成本低,外币贷款融资成本高,企业采取压缩外币贷款比例增加人民币贷款的方式进行融资,外币贷款需求下降。

3. 对外金融开放程度加深,外资金融机构快速发展

1999 年,深圳加快金融对外开放步伐,继 1998 年四家外资银行获准经营人民币业务试点后,又有两家外资银行获得人民币业务试营权。截止到 12 月底,该六家外资银行人民币存款余额为 7.27 亿元,贷款余额为 10.30 亿元,同业拆借量超过 7 亿元。此外,年内还有两家外资银行登陆深圳金融市场,两家外资保险公司加盟深圳保险市场,截止到年底,深圳市共有外资金融机构 29 家,比上年增加 4 家。

4. 证券市场增资扩容,股市运作向成熟市场发展

1999 年,国家大力扶持证券市场,正式颁布实施了《证券法》,规范券商的运作,同时允许保险金和三类企业入市,并对券商进行增资扩容,使证券市场获得了必要的资金量,保证了证券市场增容,支持了国有企业通过市场融资,促进了证券市场的发展。截止到年末,在深交所上市的公司已达 463 家,新上市股票 50 只,其中工业类股票 40 只,公用事业类 3 只,综合企业类 6 只。深市股票的流通市值总值为 3964.28亿元,比上年增长 41.7%。股票投资者开户数达 2200.86 万户,比上年增长15.1%,其中个人投资者 2189.39 万户,比上年增长 15.1%,机构投资者 11.47 万户,比上年增长 23.1%。股票成交量大增,成交金额比上年增

长3195.68亿元。年内证券市场上缴股票交易印花税111亿元,比上年增长13.3%。

1999年,深圳金融保险业,在自身防范化解风险的稳健经营中,积极进行金融改革和金融创新,为深圳经济提供了相对宽松的资金环境,支持了深圳经济的快速发展。但仍存在一些问题:一是银行的不良贷款仍偏高;二是银行业因多次调息而导致利润滑坡;三是中小银行竞争力有待加强。

(三)2000年展望

根据中央经济工作会议精神,刺激投资、扩大内需的积极财政政策和货币政策将在2000年内进一步延续,深圳的金融保险业仍将在深圳经济发展中扮演重要角色。

随着1999年四家国有商业银行资产管理公司相继成立,剥离银行不良贷款将在2000年全面完成,经过剥离的国有商业银行将轻装上阵,加强管理,为深圳的重点项目和企业提供全方位的金融服务。同时,随着我国加入WTO的临近,深圳的银行业必将大力改进服务,积极进行金融创新,以适应金融开放的需要。深圳的保险业在1999年面临外资保险公司的冲击后,同样要在加强监管的同时,不断增加新的保险品种,增强自身的竞争能力,保险市场规模将继续扩大,成为深圳资本市场的重要角色。深圳证券市场双向扩容仍将继续,市场规模将进一步扩大,并配合政府的有关市场政策和快速发展的经济形势,在完善市场运作规则、营造理性投资环境中稳定地发展。

(执笔:陈蓉)

地 方 预 算 内 财 政 收 支（亿元）

Local Financial Revenue and Expenditure (100 million yuan)

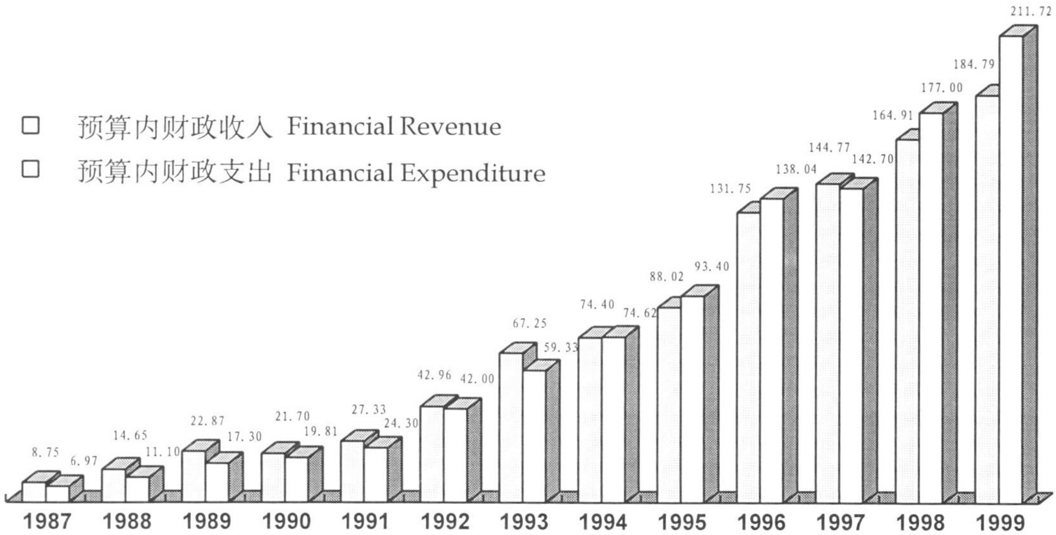

城 乡 居 民 储 蓄 存 款 余 额（亿元）

Saving Deposits of Urban and Rural Residents (100 million yuan)

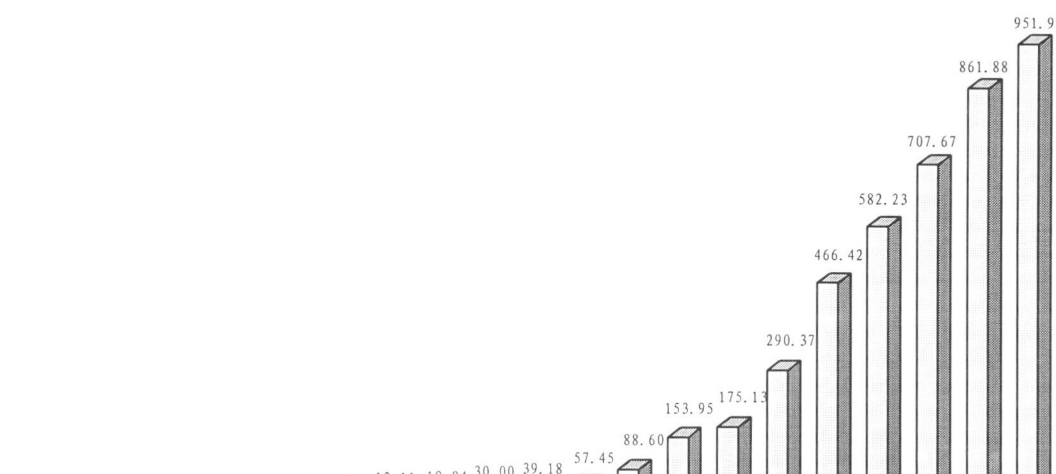

9-1　地方预算内财政收支
LOCAL FINANCIAL REVENUE AND EXPENDITURE IN BUDGET
(1999)

单位:万元　　(10 000 yuan)

项　目	Item	1999
地方预算内财政收入	**Local Financial Revenue in Budget**	**1 847 908**
#一般预算收入	General Revenue	1 842 085
#各项税收	Taxes	1 646 838
企业收入	Income from Enterprises	15 100
行政性收费收入	Collect Fee	21 232
罚没收入	Penalty	83 967
专项收入	Special Revenue	32 596
基金预算收入	Funds Revenue	5 823
地方预算内财政支出	**Local Financial Expenditure in Budget**	**2 117 164**
#一般预算支出	General Expenditure	2 108 978
#基本建设支出	Expenditure for Capital Construction	726 575
企业挖潜改造资金	Expenditure for Innovation Enterprises	103 078
科技三项费用	Expenditure for Science and Technology Promotion	42 000
教育事业费	Expenditure for Education	167 359
科学事业费	Expenditure for Science	8 493
卫生事业费	Expenditure for Public Health	78 922
行政事业单位离退休经费	Pension for Retires of Administrative Units and Institutions	38 091
行政管理费	Expenditure for Government Administration	100 642
公检法支出	Expenditure for public Security Agency, Procuratorial Agency and Court of Justice	170 540
城市维护费	Expenditure for City Maintenance	90 776
专项支出	Special Expenditure	30 367
基金预算支出	Funds Expenditure	8 186

9-2　地方预算内财政收支指数
INDICES OF LOCAL FINANCIAL REVENUE AND EXPENDITURE IN BUDGET
(1979—1999)

年　份 Year	收　入 (万元) Financial Revenue (10 000 yuan)	指　数(%) Index(%)		支　出 (万元) Expenditure (10 000 yuan)	指　数(%) Index(%)	
		以1979年为100 1979=100	以上年为100 Preceding Year=100		以1979年为100 1979=100	以上年为100 Preceding Year=100
1979	1 721	100.0		2 971	100.0	
1980	3 043	176.8	176.8	4 003	134.7	134.7
1981	8 787	510.6	288.8	8 411	283.1	210.1
1982	9 163	532.4	104.3	8 815	296.7	104.8
1983	15 605	906.7	170.3	15 025	505.7	170.4
1984	29 435	1 710.3	188.6	27 954	940.9	186.0
1985	62 894	3 654.5	213.7	58 651	1 974.1	209.8
1986	74 160	4 309.1	117.9	68 073	2 291.2	116.1
1987	87 521	5 085.5	118.0	69 688	2 345.6	102.4
1988	146 521	8 513.7	167.4	110 992	3 735.8	159.3
1989	228 668	13 286.9	156.1	173 007	5 823.2	155.9
1990	217 037	12 611.1	94.9	198 073	6 666.9	114.5
1991	273 291	15 879.8	125.9	243 012	8 179.5	122.7
1992	429 599	24 962.2	157.2	420 035	14 137.8	172.8
1993	672 507	39 076.5	156.5	593 327	19 970.6	141.3
1994	743 992	43 230.2	110.6	746 181	25 115.5	125.8
1995	880 174	51 143.2	118.3	934 041	31 438.6	125.2
1996	1 317 490	76 553.7	149.7	1 380 376	46 461.7	147.8
1997	1 447 709	84 119.7	109.9	1 426 983	48 030.4	103.4
1998	1 649 067	95 820.3	113.9	1 770 007	59 576.1	124.0
1999	1 847 908	107 374.1	112.1	2 117 164	71 261.0	119.6
年平均增长率 Average Annual Growth Rate		**41.8**			**38.9**	

9－3　银行现金收支、信贷情况
CASH INCOME AND EXPENDITURE AND CREDIT FUNDS OF BANKS
(1979—1999)

单位:万元　　(10 000 yuan)

年　份 Year	现金收入 Cash Income	现金支出 Cash Expenditure	现金净投放、回笼(—) Currency Issuance and Cash Withdrawn(—)	各项存款余额 Deposits	企业存款 Depoits of Enterprises	城乡居民储蓄 Saving Deposits of Urban and Rural Residents
金融机构　**Banking System**						
1979	24 252	33 793	9 541	10 125	2 756	3 713
1980	32 700	39 685	6 985	20 284	7 033	5 338
1981	50 125	53 313	3 188	43 713	20 040	10 294
1982	60 275	67 995	7 720	63 707	31 403	15 149
1983	84 654	116 047	31 393	112 554	64 283	23 993
1984	160 574	244 273	83 699	349 763	243 853	54 176
1985	272 742	315 403	42 661	302 567	183 833	79 989
1986	313 736	343 439	29 703	551 112	349 895	121 122
1987	544 866	561 471	16 605	808 545	492 704	188 403
1988	1 200 579	1 118 715	－81 864	1 317 381	770 617	300 003
1989	1 637 542	1 639 552	2 010	1 376 310	685 986	391 787
1990	2 945 381	2 831 142	－114 239	1 946 923	951 490	574 474
1991	4 243 982	3 917 119	－326 863	3 009 164	1 633 636	885 995
1992	10 755 638	10 492 935	－262 703	5 504 616	2 957 816	1 539 518
1993	14 414 432	14 412 911	－1 522	6 573 461	3 664 320	1 751 290
1994	15 638 047	15 377 602	－260 445	9 333 699	5 582 300	2 903 733
1995	22 162 733	21 446 876	－715 857	12 029 322	6 379 138	4 664 222
1996	34 870 719	34 313 589	－557 130	15 334 600	8 416 900	5 822 300
1997	40 537 482	40 230 805	－306 677	18 227 000	10 011 600	7 076 700
1998	40 618 223	40 640 124	21 901	22 383 700	12 060 900	8 618 800
1999	45 116 712	46 152 181	1 035 469	25 589 900	13 538 300	9 519 900
国家银行　**State Banks**						
1980				19 966	7 033	1 901
1981				42 583	20 040	3 563
1982				61 851	31 403	5 707
1983				108 659	64 283	10 901
1984				333 141	243 853	28 667
1985				275 003	183 833	47 598
1986				505 702	349 895	74 602
1987				690 881	478 457	122 262
1988				1 061 106	716 885	205 716
1989				1 105 386	631 638	282 450
1990				1 507 176	864 835	426 551
1991				2 502 907	1 436 818	676 974
1992				4 487 424	2 637 735	1 197 599
1993				4 944 444	2 852 245	1 303 110
1994				6 425 486	3 972 846	2 194 776
1995				8 188 465	4 292 692	3 507 298
1996				10 167 500	5 539 300	4 214 300
1997				12 437 200	6 578 500	5 154 600
1998				13 619 400	6 846 900	6 100 400
1999				15 573 100	7 928 500	6 754 000

9－3续表　continued

年 份 Year	各 项 贷款余额 Loans	短期贷款 Short－Term Loans	工业贷款 Loans to Industrial Enterprises	商业贷款 Loans to Commercial Enterprises	农业贷款 Agricultural Loans	中长期贷款 Medium－Term & Long－Term Loans
金融机构 Banking System						
1979	7 523	5 791	498	5 037	892	73
1980	13 452	7 934	653	6 927	1 189	1 532
1981	23 944	12 643	1 725	10 156	1 472	909
1982	63 013	36 341	3 987	29 277	3 121	19 634
1983	119 471	67 102	9 808	49 377	5 745	41 816
1984	451 034	260 024	33 469	182 795	15 165	120 253
1985	537 014	296 576	70 433	183 211	17 220	159 084
1986	730 855	381 567	86 937	248 711	19 793	174 208
1987	1 065 176	683 521	201 257	408 106	26 067	189 612
1988	1 536 202	1 023 309	288 212	575 205	34 303	228 242
1989	1 789 834	1 225 462	455 387	641 693	39 139	230 507
1990	2 386 157	1 609 682	657 037	815 850	48 054	273 450
1991	2 797 500	2 064 682	846 623	992 634	52 804	306 051
1992	3 707 067	2 741 451	1 120 337	1 232 889	58 475	344 234
1993	5 015 868	3 513 610	1 432 355	1 585 883	48 482	393 662
1994	6 421 390	4 388 553	1 761 125	1 344 986	35 428	560 216
1995	7 863 364	5 530 853	2 075 856	1 627 228	40 344	926 411
1996	9 652 000	6 424 600	2 343 300	1 921 200	47 500	1 164 100
1997	12 025 800	9 735 700	2 772 400	2 324 600	48 200	1 394 300
1998	15 503 700	11 621 900	2 976 800	2 965 400	59 500	1 980 300
1999	18 481 600	13 451 700	2 683 700	3 171 800	58 300	2 312 000
国家银行 State Banks						
1980	12 921	7 815	653	6 927	777	1 532
1981	22 868	12 297	1 725	10 156	742	909
1982	60 527	35 558	3 987	29 277	1 418	19 634
1983	114 780	65 364	9 808	49 377	2 792	41 816
1984	432 952	249 271	33 469	182 795	7 836	120 253
1985	479 998	280 909	70 433	183 211	8 322	159 084
1986	634 543	361 574	86 937	248 711	10 054	174 208
1987	883 864	599 713	183 644	373 807	15 208	184 854
1988	1 212 622	892 117	247 840	527 985	24 774	201 857
1989	1 404 266	1 065 658	415 409	572 291	28 164	206 348
1990	1 790 938	1 375 207	591 455	706 225	31 945	255 347
1991	2 180 306	1 713 068	736 740	838 919	32 145	290 722
1992	2 822 180	2 241 049	1 023 854	1 001 913	35 098	329 043
1993	3 516 287	2 554 486	1 217 336	1 157 861	24 806	380 168
1994	4 228 382	2 997 502	1 410 066	813 394	29 927	543 609
1995	4 989 605	3 780 767	1 683 029	1 038 359	35 918	725 706
1996	5 888 000	4 429 200	1 938 300	1 240 900	36 700	806 500
1997	7 887 300	6 843 600	2 448 100	1 637 300	33 700	866 000
1998	8 974 800	7 335 200	2 520 800	2 043 200	29 700	1 113 900
1999	10 860 300	8 492 800	2 213 800	2 316 800	32 300	1 684 100

十、对外经济贸易和旅游

1999 年深圳利用外资情况

1999 年,随着我国出于开发中西部战略目标的需要,投资政策也由沿海向西部倾斜,全国招商引资的竞争日趋激烈,对深圳市招商引资工作带来新的困难和挑战。但由于深圳经济依然保持平稳快速发展,投资环境和基础设施日益完善,加上国际经济环境有所好转,亚洲金融危机的影响逐步消退,利用外资工作取得了一定的成效。1999 年,全市实际利用外资达27.54亿美元,比上年增长 7.9%,超额完成与上年持平的计划目标。

一、1999 年利用外资特点

1. 协议利用外资项目与金额大幅度下降。1999 年新签合同项目与合同外资金额分别比上年下降 18.6%和 18.8%,其中的外商直接投资部分降幅更高达 42.7%和 40.5%。从协议投资的分国别(地区)情况来看,香港、新加坡、台湾等国家和地区协议投资额的降幅较大,分别为 27.1%、53.5%和 34.3%,由于这些国家和地区占深圳外商投资比重较大,是协议投资额大幅度减少的主要因素,也必然对今后的实际利用外资工作带来不利影响。

2. 利用外资依然以外商直接投资为主,但比重有所下降。1999 年外商直接投资中,协议利用外资 12.1 亿美元,实际利用外资 17.78 亿美元,分别占全市协议利用外资和实际利用外资金额的 54.3%和 64.6%。而对外借款、加工装配等外商投资方式则呈现不同程度的增长,所占比重也有所增大。其中加工装配协议利用外资增长 30.8%,对外借款协议利用外资增长 52.2%,所占比重也分别达到了 17%和 28.7%。

3. 外商投资依然以工业为主。1999 年,工业协议利用外资 20.78 亿美元,实际利用外资 19.55 亿美元,分别占总额的 93.2%和71.0%,比上年提高 5 个和 22.9 个百分点。第三产业则出现大幅度下降。1999 年第三产业协议利用外资 1.52 亿美元,实际利用外资 7.89 亿美元,分别比上年下降 82.2%和 12.3%。第一产业利用外资再次取得突破性进展,1999 年协议利用外资 1049 万美元,比上年增长145.1%。

4. 从利用外资来源地来看,香港是深圳外资的主要来源地。尽管 1999 年香港对深圳的投资出现大幅度下降,但来自香港的实际利用外资额占深圳全部实际利用外资额的比重仍高达 52.3%。而来自日本、台湾、新加坡、韩国等的实际利用外资额出现大幅度增长,所占比重呈现上升趋势,特别是日本,由于经济出现复苏的迹象,日元不断升值,对外投资的能力大大加强,和 1999 年形成鲜明对比。

5. 在吸收外资中,现有外商投资企业连年增资,成为深圳引进外资的重要增长点。由于深圳软硬环境的建设日趋完善,对外商的吸引力不断增强。1999 年全市共 355 家外商投资企业增资,合同外方增资 6.31 亿美元,增资占本期批准外商直接投资合同外资金额的 46.1%。其中,仅增资 500 美元以上的项目就有 30 个,合同外方增资 4.72 亿美元。增资 1000 万美元以上项目 17 个,合同外方增资 3.79亿美元。

6. 跨国公司的踊跃投资,也成为深圳利用外资新的增长点。1999年是对外开放以来跨国公司投资深圳数量最多的年份之一,共有沃尔玛、朗讯、太平洋技术风险投资公司、马士基集团、日绵、铃木、汤姆逊、三星、荷兰贝特尔、奥地利查德·费尔辛格国际沥青集团、置业、富士康、伟创力等25家知名跨国公司来深新设立企业。此外,受市政府引导和鼓励发展高新技术产业优惠政策,以及高新技产业形成规模、配套环境不断优化的影响,外商投资高新技术项目明显增多。全年新批准的高技术含量项目近400项,合同外资金额4.63亿美元,占直接投资的38.2%。

二、深圳引进外资的未来发展趋势及建议

由于深圳经济的外向型程度较高,繁荣与发展在很大程度上也取决于吸收外资的规模和水平。截止1999年底,深圳共引进外资项目2.36万个,实际利用外资200.46亿美元,协议利用外资额298.39亿美元,其中外商直接投资项目1.74万个,协议利用外资264.3亿美元,实际利用外资138.15亿美元.1999年深圳实际利用外资额在全国大中城市中名列第五。至1999年底,深圳市实有外商投资企业1.2多万家,投资总额超千万美元的有736家,在全市工业总产值中,外资企业占80 %以上,进出口总额中占53.6%。大力引进外资,是深圳经济发展的需要,也是走向国际,建设国际化城市的重要条件。

但是从当前的形势来看,深圳利用外资工作有一定的困难,特别是1999年协议利用外资的下降,直接影响到下年实际利用外资工作。为此,应把招商引资作为经济发展的重要环节认真对待,进一步加大招商引资力度。当前应突出以下几件事。

1.有效调整引资结构。深圳的利用外资结构较为单一,实际利用外资额中,港资虽然有所下降,但比重依然高达50%以上。从今后的工作来看,香港依然还是深圳市引进外资的主要地区。而美国、日本和西欧等当今资本输出的重点国家和地区所占比重只有不到20%。由于目前深圳对港招商引资的难度日益增大,全市的引资工作应相应进行结构性调整,实现三个转移:一是由点到面的转移,在继续积极引进港资的同时,转移到全方位上来,把引资的触角伸向世界各地,把美国、日本和西欧作为引资的重点对象,力争使这些国家和地区在深圳的投资有较快的增长。二是由一般向重点的转移,把引进跨国集团作为引资的重中之重,努力扩大同世界前500家跨国公司的合作,争取吸引更多的跨国公司来深设立机构。迄今为止,已有100多家跨国公司、国际知名大企业在深投资。三是加快产业结构调整和升级的步伐,由劳动密集型向资金和技术密集型转变,明显提升投资档次。同时充分利用优惠政策,大力引进外国的高新技术,推动深圳高新技术产业发展。四是由生产领域向其它领域转移。除按产业政策引进生产型项目外,还要加大金融·旅游、商贸、农业、科技、教育等领域的引资力度。特别要利用试办外资银行经营人民币业务的良机,加快吸引外资银行的步伐。

2.完善招商引资的方法。在全球经济过剩的大趋势下,外商跨国投资相当慎重,为坚定外商在深投资的信心,要加大宣传力度,充分利用各种渠道,介绍深圳的投资环境、经济地理位置、区域市场需求潜力、人力资源状况和当地政府对外商投资的服务水平,使世界著名财团和跨国公司知道深圳,了解深圳。同时千方百计建立起与世界著名跨国公司沟通的渠道,及时掌握他们的投资动态,有的放矢地做好引资工作,做到一举两得。

3.积极关注中国加入WTO对深圳的影响。目前,我国政府已经和多个国家政府达成协议,2000年内我国可望进入世界贸易组织。中国加入WTO,对外向型程度较高的深圳引进外资工作也带来了新的机遇。可以利用外国资金、技术改造传统产业,加快高新技术产业和服务业的发展,进一步提升深圳产业发展的整体水平。

(执笔:梁达军)

1999 年深圳外贸出口状况分析

1999 年,随着东南亚金融危机的逐步减缓和消退,亚洲各国经济逐步复苏与回升,在国家及本市有关政策措施的大力扶持及各企业努力下,深圳外贸出口表现了强劲的增长势头。全年外贸出口额 282.08 亿美元,比上年增长 6.9%,按可比口径计算,实际增长 5.8%,超额完成 1999 年计划 2%的增幅。全年出口总额再创历史新高,并继续在全国大中城市中保持第一。

一、1999 年外贸出口的主要特点

1. 外贸出口呈逐月回升的趋势

1999 年,深圳外贸出口累计增幅呈逐月上升的势态,由 1 月份下降 18.4%,逐步回升至全年增长 6.9%,表明外贸出口后劲十足。深圳外贸出口增势加强和国际市场变化密切相关。东南亚各国及香港、台湾、日本等国经济开始复苏,对深圳外贸出口产生积极作用。从深圳出口市场来看,香港、美国、日本分别占据前三位。1999 年,深圳对香港出口保持强劲增长,全年累计出口 85.22 亿美元,增长 19.1%,已超过美国排在了第一大出口市场的位置。由于日本经济出现反复,特别是汇率先降后升,摇摆不定,使深圳对日出口有较大下滑,下降了 12.4%。对东南亚各国出口,除了马来西亚以外都有不同程度的增长。其中泰国增长 25.4%,新加坡增长 10.5%,印尼增长50.2%。在欧洲市场,对欧盟各国除了法国以外均保持较大的增幅。其中对德国出口增长 16.2%,对英国出口增长 4.5%。近几年来,美国经济保持强劲增长势头,市场容量扩大,深圳对美出口额也增长了 6.9%。

2. 一般贸易出口增长较快,进料加工贸增长缓慢

1999 年,国家为扭转外贸出口的不利形势,已先后多次调高出口退税率,部分出口商品如服装、机电产品等出口退税率已达 17%。这一举措对深圳一般贸易出口产生了积极的影响。1999 年,深圳一般贸易出口达 26.91 亿美元,比上年增长 11.4%,一举扭转了 1998 年一般贸易出口不断下滑的局面。出口退税政策对加工贸易出口影响不大,而 10 月 1 日以后实行的加工贸易分类政策则对加工贸易企业产生重大影响,特别是对那些出口额较大、报送较为频繁的企业。全年深圳加工贸易企业比上年增加 4.8%,但进料加工贸易出口增幅反而降至 2%,和当前外贸发展趋势不符。

3. 初级产品增长缓慢,机电产品保持较高增幅

东南亚金融危机造成东南亚各国货币不同程度贬值,使我国初级产品的价格优势削弱。1999 年深圳农副产品出口仅增长 1.6%,在全部产品出口中所占比重已不足 6%。另一方面,近几年来,深圳大力发展高新技术产业,出口产品结构已不断优化,保证了外贸出口的后劲。1999 年深圳机电产品出口额为 166.37 亿美元,比上年增长 8.3%。目前深圳已形成了以通讯设备、电脑及零配件、电子器材及音像制品、光学及钟表、玩具为主的出口产品结构,在国际市场上具有一定的知名度和市场占有率。

4. 远洋贸易出口发展迅猛

近年来,市政府出台了一系列政策措施,以各种形式鼓励并协助企业调整市场结构,实施

多元化战略,使深圳企业开拓远洋贸易的步伐不断加快。1999年,全市远洋贸易出口额达51.68亿美元,比上年增长41.5%。

二、当前影响深圳外贸出口的各种因素

1. 国家政策的影响

众所周知,国家政策对外贸出口的影响是巨大的。目前对我市外贸出口影响较大的有以下几点:一是出口退税政策。改革开放以来,为鼓励企业多出口创汇,国家对出口企业实行出口退税政策,极大地促进了我国外贸的发展。1999年,国家不断提高出口退税率,部分商品已达17%。就深圳而言,占有较高比重的机电、信息产品及服装、鞋、钟表、玩具等商品的退税率已达到或超过13%,对深圳外贸出口发展起到促进作用。二是"免、抵、退"税收政策的影响。根据财税字[1998]184号文,国家对1994年1月1日前及以后设立的外商投资企业分别于2001年及1997年开始实行"免、抵、退"税收政策。实行这一政策,进料加工企业增加增值税赋约6－8%,无疑加重企业成本,不利于产品在国际市场上的竞争。三是加工贸易分类政策的影响。根据这一政策实行的分类管理,将占用企业一部分流动资金,进而影响企业的资金周转。

2. 中国即将加入世界贸易组织的影响

1999年11月15日,中美双方签署了中国加入世界贸易组织(WTO)的双边协议,从而为中国加入这一国际贸易组织扫除了最大障碍。这将给深圳外贸行业带来新的机遇和挑战。加入WTO,有利于扩大深圳产品的国际贸易空间,减少非关税壁垒对出口的影响,消除贸易歧视,并有利于深圳企业在国际大舞台的较量中成长壮大。但是,WTO也将在一定时期内对深圳外贸的一些领域产生冲击。最主要的是对深圳的外贸经营管理体制提出了严峻挑战。深圳外贸体制虽然经过多次改革,但目前外贸经营权仍以审批制度为主。改革这一与WTO的自由贸易原则相悖的制度,对所有企业的外贸经营权实行由审批制过渡到登记制仍需一段时间。即使外贸经营权放开,一批新加入外贸领域的企业也有一个对国际市场的了解和适应过程。另外,目前采取的一些非关税措施如进口产品的许可证和数量配额等制度的取消,将对外贸的宏观管理产生较大影响。

3. 国际市场的变化

从国际经济形势来看,东盟国家经济复苏,对其出口可以增加,但东盟复苏了,对深圳的竞争也加强了。况且,深圳与东盟国家激烈争夺的发达国家市场已出现低迷之势。美国经济虽然保持较高的增长速度,但对我国的贸易限制也在增加。日本经济则表现极不稳定,对其扩大出口可能性不大。

三、发展深圳外贸业的对策建议

1. 进一步完善扶持政策,并保持政策的稳定性

1998年深圳出台扶持外贸出口的二十条政策措施,极大地调动了企业的积极性,保证了出口任务的顺利完成,但也存在着一些有待改进的地方。如在政策中,有利于一般贸易企业的多于加工贸易企业,特别是在资金供应、出口贴息方面。此外,还有一些政策有待进一步落实。对此有关部门应进行调查研究,对有关政策进行调整,没有到位的政策督促落实,切实解决企业存在的困难和问题。

2. 大力发展高新技术,同时做好合理的产业布局与规划

大力发展高新科技,是深圳进行产业结构调整,促进产业优化和升级,适应国际化大发展的重要措施。但就目前经济发展的实际状况来看,有一定基础的传统行业和"三来一补"企业,已构成了深圳经济体系的一个重要组成部分,也不能排斥。因此,可在产业布局上进行科学规划,在特区内以发展高新技术为主,在特区外或偏远地区发展"三来一补"企业,各自突出重点,互不影响。

3. 增强服务意识,提高政府办事效率

政府工作人员要切实树立为企业服务的思想,努力提高自身的业务素质和水平,进一步提高办事效率,公开办事程序和内容,减少工作上的失误。

4．扩大招商的范围和力度，调整引资结构

深圳外向型经济发达，对外依存度较高，外贸出口的后劲取决于引进外资的数量和质量，因此必须把招商引资工作作为首要任务来抓。首先要调整引进外资结构。在深圳实际利用外资额当中，港资占将近70%。因此，在继续吸引港资的同时，应进一步扩大引资范围，把美国、西欧和日本作为引资重点，力争这些国家在深圳的投资规模有所突破。二是完善招商方法，加大宣传力度。特别是利用举办"高交会"的机会，将世界各国的大公司、大财团请到深圳来，向他们介绍深圳的投资环境、人力资源和服务水平，让更多的跨国公司知道深圳，了解深圳。

5．积极面对加入WTO带来的冲击，准备好应对措施

当前要加强对WTO各项规则的研究和宣传，加强管理和业务人员的培训，找出我们的优势和劣势所在，以便兴利除弊。要按照WTO的要求，结合实际加快改革外贸经营管理体制，放宽外贸经营权限制，特别是加快私营企业外贸经营权的授予，增加外贸经营主体。要充分利用WTO对幼稚工业的保护规则来制定我们的新产业发展政策，确定出口主导产品，充分运用灵活关税或差别关税保护民族工业，提高企业在新的环境中自我生存和发展的能力。建立起具有强大的技术创新能力、产业升级能力和市场开拓能力的、开放的、可持续发展的国民经济产业体系。

(执笔:梁达军)

深圳旅游业发展现状及对策

经济全球化趋势使旅游业迎来了新的春天。随着新世纪即将到来,由于科学技术不断进步,生产力大幅提高,世界产品经济逐步由供求平衡转变为产品过剩,产品市场竞争日益激烈,发展受到很大制约,而以服务业为主的第三产业则取得了迅猛发展,成为经济发展新的增长点。作为第三产业重要支柱的旅游业,也随着人们生活质量的不断提高,取得了更大的发展空间。在当今国际上,旅游业不仅是一项有着良好发展前景的"朝阳产业",而且发展规模和影响日益扩大。据世界旅游理事会有关资料,目前全世界直接从事旅游业的人员已超过2.2亿人,年产值超过3000亿美元。到2005年,旅游的年增加值将占世界国内生产总值的11%,从业人员达3亿人。

一、深圳旅游业的发展状况

深圳是中国最早改革开放的经济特区,也是对外经济文化交流的窗口和中介点。经过20多年的努力开拓,深圳旅游业取得了日新月异的发展,吸引了国内外无数游客前来观光、度假,以及从事投资、商贸等活动,在国际上的知名度不断提高,已成为最具发展潜力的产业和第三产业的重要支柱。至1999年底,全市旅游业拥有固定资产近100亿元,从业人员近5万人,宾馆酒店接待国内外游客488.8万人,其中海外游客148.47万人,国际旅游外汇收入5亿美元,深圳也不断推陈出新,推出了具有自身特色、融东西方文化于一体的人造旅游景区,如世界之窗、锦绣中华、野生动物园、欢乐谷等,已成为旅游业的拳头产品,对旅游业的发展具有举足轻重的作用。宾馆、酒店和各类中西餐厅等旅游设施日益完善,各种娱乐设施齐全。1998年底,深圳在全国首次优秀旅游城市评比中获第一名,成为全国重点旅游城市之一,接待国际旅游人数和旅游外汇收入也在全国大中城市中位居前列。

1999年,深圳旅游业止住近几年的下滑势头,开始出现回升迹象。全年全市宾馆酒店接待过夜游客504.89万人,比上年增长3.3%。其中国际游客158.08万人,比上年增长6.5%。客房开房率达58%,比上年提高2.5个百分点。随着亚洲金融危机逐步消退,旅游国际市场出现回升势头,来深外国游客不断增多。1999年深圳接待外国游客35.49万人,比年增长15.1%。

二、当前深圳旅游业存在的问题

尽管深圳旅游业开始出现复苏迹象,未来发展趋势也较为乐观,但依然存在一系列问题,对旅游业发展不利,亟待解决。

一是旅游业经济效益有待提高。近几年来,随着国家经济实现"软着陆",发展趋缓,国际市场风云变幻,加剧了日趋激烈的竞争势态,旅游部门间竞争加剧,经济效益有待提高。

二是游客结构不尽合理。尽管深圳每年接待一百多万国际游客,但大多数是来自邻近深圳的港澳地区同胞,外国游客仅占20%左右。在外国游客当中,除了与深圳有着重要经贸关系的美国之外,大多数来自日本、韩国、东南亚这些周边国家,游客结构不尽合理。

三是旅游资源有待进一步开发。特别是当前深圳各大旅游景点已成老化趋势,接待游客数量有所下降,亟待开发新的项目。

三、进一步发展深圳旅游业的对策与建议

总的来看,由于受各种因素的影响特点是国际环境的变化,1999年深圳旅游业仍未完全摆脱低迷状态。但是,应当看到,作为全国重点旅游城市之一,深圳有较强的优势,旅游业处在较高的发展水平。未来,深圳旅游行业应充分发挥优势,积极探索开拓市场,力争打开新的局面。

1.大力发展商务旅游

就自然风光和历史名胜而言,深圳的旅游资源并不丰富。但深圳依然凭借自身的商业影响和经济实力,每年吸引数以百万计的海内外游客前来观光、度假、投资、招商。深圳发达的商业、信息业、金融业和高科技产业,不断完善的交通运输网络和邮电通讯设施,科学的城市规划,优美的城市环境,构成了独特的资源。从这一意义上来说,商务旅游是深圳发展旅游业的重点。

发展商务旅游,首先要利用交通运输枢纽的优势,通过组建物流中心来实现商贸中心的目标。发达的商贸业,必定吸引八方客商。二是充分利用毗邻香港这一地理上的优势,采取积极措施,吸引赴港游客前来。三是大力发展展览业和批发业,加快建设国际性展览中心,多争取一些国际展览和会议,吸引国内外供货商和批发商。就此而言,1999年首次成功举办的高交会是一个很好的例证。高交会期间,有87家展团,共计二千多家企业和机构前来参展,遍及全国各省市、港澳台地区以及美国、日本等27个国家的数万名海内外商家和科研人员前来深圳从事经贸和考察活动,不仅带来了大批资金、项目及先进技术,在深圳期间的住宿、餐饮、娱乐等活动,也为各旅游部门带来了可观的收入,直接推动了旅游业的发展。尽管在深圳只有短短的五天,但深圳优美的环境和优质的服务也给参展代表留下了深刻的印象,极大地提高了深圳的城市形象和知名度。在高交会举办的10月份,深圳接待的海内外游客达43.57万人,其中外国游客3.4万人,均比上年同月有较大的增长。

2.努力树立城市新形象

九十年代以来,在国内旅游需求兴旺、城市经济日渐开放和发达的背景下,各大城市不约而同地重新审视旅游这一极具潜力和活力的行业,试图将之纳入城市经济的动力机制。深圳根据自身的特点和条件,制定了以人工景点、招商引资、会议展览等商务旅游为特点的旅游战略,并以迈向国际性旅游中心为发展目标。

1998年,深圳首次获得“中国优秀旅游城市”称号,这代表深圳总体旅游水平、城市风貌和投资环境有了新的提高。但是,深圳在宣传树立城市形象时,也存在种种不足。尽管近年来经济突飞猛进,但深圳旅游业并未相应同步增长。在推广方面,国内各市积极推动一系列节庆活动,如大连服装节、珠海航展、昆明园艺博览会、上海电影节等,而深圳尚未创办国际上较为知名的节庆活动。在宣传方面,深圳在国际上的知名度依然有待提高。因此,深圳有关部门应通过政府主导,以城市的繁荣兴旺为依托,充分挖掘地方文化特色和旅游市场心理需求,确定新的独特、鲜明的城市形象,保持旅游业的长久魅力。

3.开发新的旅游项目

人造旅游景点作为深圳引进的重要旅游项目,一度在全国引起轰动效应,对于自然风光和历史名胜资源相对贫乏的深圳来说,是一次巨大的成功。但人造旅游景点也存在其致命弱点,一是很容易被模仿,优势难以长期保存。二是以“走马观花”式的观赏为主要特点,缺乏深层次文化依托,难以吸引回头客。当前全国遍地“人造景观”,并且投资越来越大,景色越新越奇,已对深圳造成较大的冲击。

对此,应集思广益,积极探索,不断推出更多的旅游项目,真正做到人无我有,人有我优。对观光型景点,要做进一步的调整和更新,提高内涵质量,大力开拓特种旅游产品和专项旅游产品,使深圳在景点项目方面的优势始终领先于全国。目前,华侨城再次发挥了表率作用,他们先后兴建了“欢乐谷”和“未来时代”,将游览项目由过去的单纯观赏性转变为游客参与性,

增加了游乐的乐趣,有利于吸引游客多次前往。这些做法,为发展深圳旅游业作出了新的有益的尝试。

4. 加强行业管理,确保经济效益

当前旅游市场客源紧张,各旅游企业竞争日益激烈,为争夺客源而进行的“价格大战”是其必然结果。过度的价格竞争会导致旅游企业总体收入减少,经济效益下降,1998 年全市宾馆、酒店全面亏损便是一例。旅游主管部门应加大管理力度,采取积极措施,尽力扭亏增盈。如制定全行业保护价,对违规企业加重处罚等,并尽力促使位置相近、经营相似的企业合并,以提高整体效益,如已进行的迎宾馆和新园大酒店、艺苑宾馆和海景酒店、南山宾馆和太子宾馆的合并等。对于一些以提高服务质量和水平为准则,坚持不参与削价竞争的旅游企业,应进行表彰并推广其成功经验。

(执笔:梁达军)

实际利用外资金额(亿美元)

Amount of Foreign Capital Actually Used (USD 100 million)

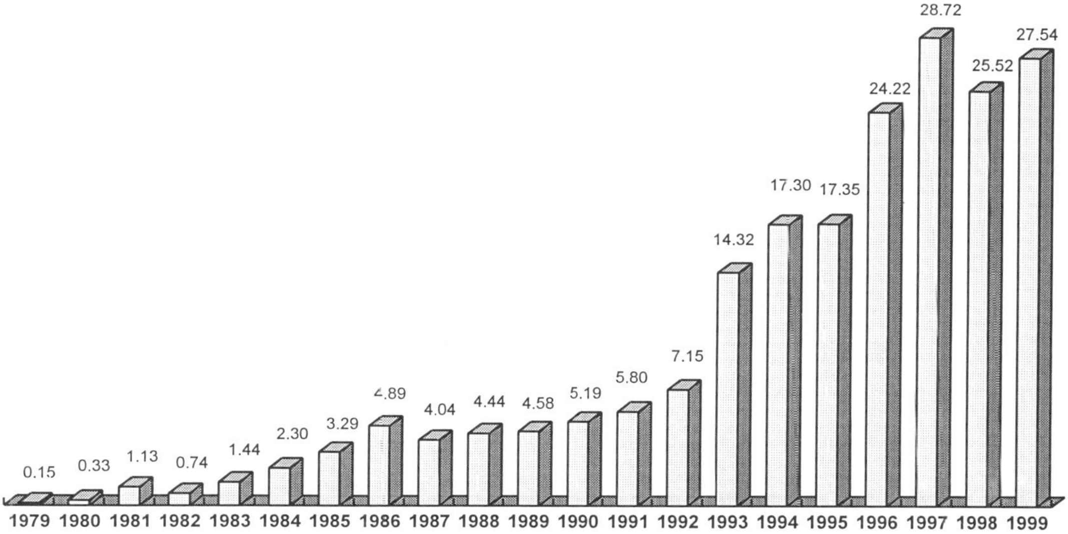

出口贸易总额(亿美元)

Total Exports (USD 100 million)

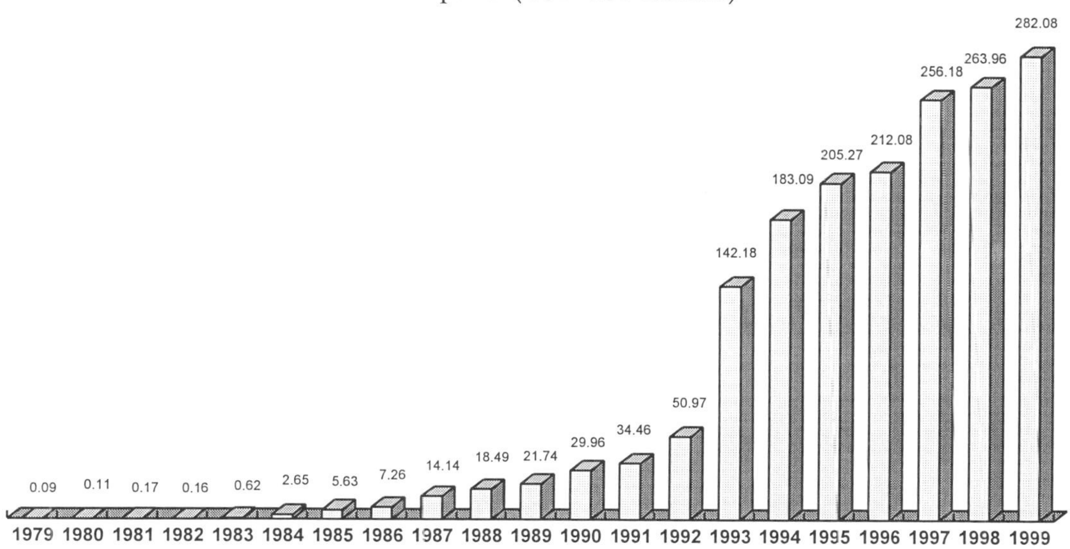

接待过夜国际旅游人数（万人）

Total Number of International Tourists (10000 persons)

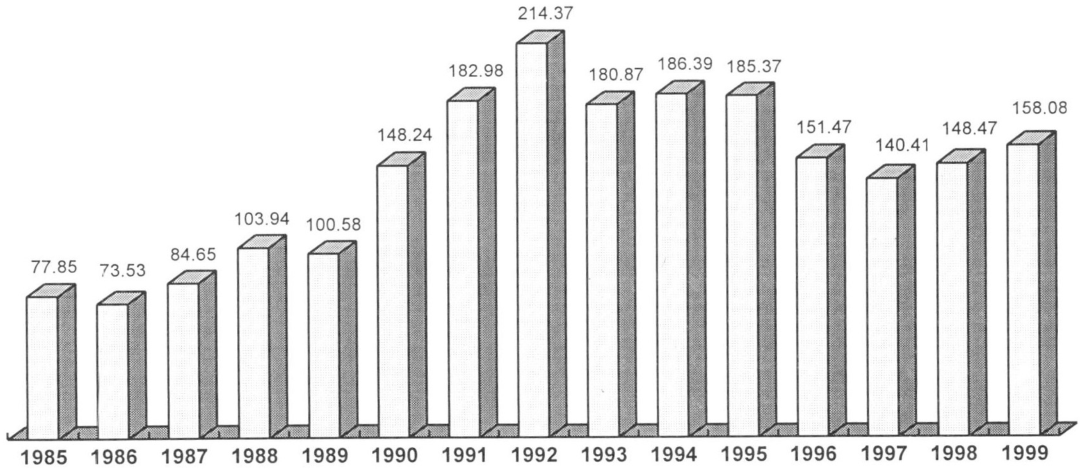

宾馆、酒店、度假村开房率 (%)

Room Occupancy Rate of Hotels and Holiday Countries (%)

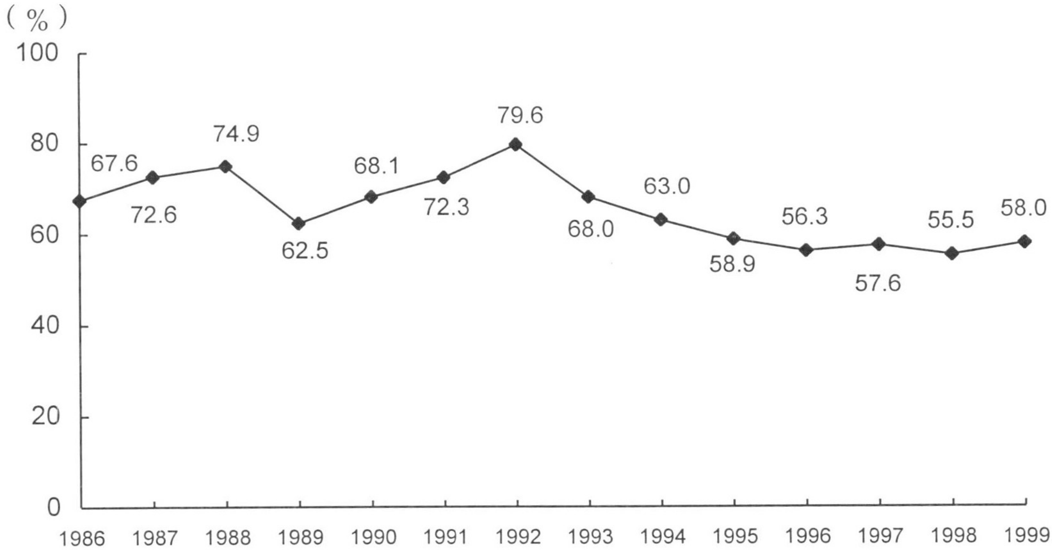

10－1　利用外资签订协议(合同)项目

NUMBER OF THE SIGNED AGREEMENTS AND CONTRACTS FOR UTILIZATION OF FOREIGN CAPITAL (1979—1999)

单位:项　　(unit)

年份 Year	总计 Total	一、按投资方式分 Grouped by Investment Mode					
		对外借款 Foreign Loans	外商直接投资 Direct Foreign Investments	合资经营 Joint Ventures	合作经营 Cooperative Operation	外商独资 Solo－Foreign Enterprises	外商其他投资 Other Foreign Investments
1979	169		37	7	30		132
1980	303		33	4	24	5	270
1981	578		70	13	39	18	508
1982	577		66	11	47	8	511
1983	878		253	92	149	12	625
1984	988	5	334	188	134	12	649
1985	1 203	40	282	192	73	17	881
1986	454	31	224	152	64	8	199
1987	334	13	310	231	62	17	11
1988	694	4	591	443	93	55	99
1989	711	5	647	473	94	80	59
1990	796	6	757	434	100	223	33
1991	986	6	951	534	122	295	29
1992	1 561	1	1 553	822	227	504	7
1993	3 257	2	3 255	1 735	358	1 162	
1994	2 223	2	2 221	1 049	208	964	
1995	1 638	5	1 633	764	109	760	
1996	999		999	491	38	470	
1997	1 786		957	454	30	471	829
1998	1 915		1 391	513	31	844	524
1999	1 558		797	321	15	461	761
累计　Total	**23 608**	**120**	**17 361**	**8 923**	**2 047**	**6 386**	**6 127**

10－1续表1　continued

年份 Year	二、按国民经济行业分 Grouped by Sector						
	农、林、牧、渔水利业 Farming, Forestry, Animal Husbandry and Fishery	工　业 Industry	地质勘查业 Geological Prospecting	建筑业 Construction	交通运输、邮电通讯业 Transportation, Postal and Telecommunications Services	商业、饮食业、物资供销仓储业 Commerce, Catering Services, Materials Supply, Marketing and Storage	房地产业、社会服务业 Real Estate Management and Social Services
1979	6	112			3	5	3
1980	8	243			4	10	14
1981	9	321			5	5	28
1982	3	457			1	25	8
1983	19	714			15	87	21
1984	14	148			15	117	31
1985	10	164			8	84	15
1986	6	172		3	1	20	14
1987	7	303				1	10
1988	5	646		4	5	12	11
1989	5	666			3	12	10
1990	3	766		2	3	6	3
1991	5	908		3	6	22	30
1992	6	1 464		2	8	20	51
1993	10	2 836	4	18	23	115	205
1994	6	1 815	1	20	16	168	135
1995	5	1 377		10	15	104	59
1996	10	858		7	8	53	30
1997	8	1 526		4	13	89	138
1998	5	1 401		3	12	65	286
1999	3	1 351		3	7	28	157
累计　Total	**153**	**18 248**	**5**	**79**	**171**	**1 048**	**1 259**

10－1续表2　continued

年份 Year	二、按国民经济行业分 Grouped by Sector					
	卫生、体育和社会福利事业 Health Care, Sports and Social Welfare	教育、文艺和广播、电影、电视事业 Education, Culture and Arts, Radio, Film and Television	科研和综合技术服务业 Scientific Research and Polytechnical Services	金融、保险业 Banking and Insurance	国家机关、政党机关、社会团体 Government Agencies, Party Agencies and Social Organizations	其他行业 Others
1979						40
1980						24
1981						210
1982						83
1983						22
1984						663
1985						922
1986	1	2	1	1		233
1987				7		6
1988				4		7
1989		4	4			7
1990	1		5			7
1991		2	2	6		2
1992		4	4	1		1
1993	6	1	5	1		33
1994	5	8	33	1		15
1995	19	4	31	1		13
1996	8	3	11	2		9
1997	1		7			
1998	1	1	138			3
1999			9			
累计 Total	**42**	**29**	**250**	**24**		**2 300**

10－1 续表 3 continued

年份 Year	三、按国别(地区)分 Grouped by Country (Territory)							
	香港、澳门 HongKong and Macao	台湾 Taiwan	新加坡 Singapore	韩国 Korea Rep.	日本 Japan	泰国 Thailand	澳大利亚 Australia	马来西亚 Malaysia
1986	387		6		28	1	1	
1987	284		8		25	2	2	
1988	610	8	10		24			3
1989	630	25	2		16	1	2	
1990	699	45	5		12	2	2	1
1991	885	36	8	3	17	3	1	
1992	1 330	88	20	5	16	8	6	3
1993	2 834	154	24	8	27	15	14	5
1994	1 885	124	29	8	25	8	7	3
1995	1 288	100	26	14	36	11	9	6
1996	760	85	15	11	15	4	6	6
1997	1 576	85	14	9	13	3	5	5
1998	1 614	119	19	7	12	1	4	2
1999	1 355	45	14	7	8		2	

10－1 续表 4 continued

年份 Year	三、按国别(地区)分 Grouped by Country (Territory)							
	美国 United States	加拿大 Canada	德国 Germany	法国 France	英国 United Kingdom	瑞士 Switzerland	荷兰 Netherlands	其他 Others
1986	12	2	1	5	5	1	2	3
1987	10			1	1			1
1988	31	1	2	1	2			2
1989	16	2	1	9			1	6
1990	16	2		1	2	3		6
1991	18	2	2	3	2	1	1	4
1992	57	8	1	2	5		1	11
1993	104	22	2	4	16	2	3	23
1994	74	10	5	3	19		1	22
1995	71	9	3	1	18	2	4	40
1996	42	7	3	4	14	1	2	24
1997	35	8	2	3	5	3		20
1998	58	4	5	1	4	1	3	61
1999	37	12	3		4		1	70

10－2　协议利用外资额

AMOUNT OF FOREIGN CAPITAL TO BE UTILIZED IN THE SIGNED AGREEMENTS AND CONTRACTS (1979—1999)

单位:万美元　　(USD 10 000)

年份 Year	总计 Total	一、按投资方式分 Grouped by Investment Mode					
		对外借款 Foreign Loans	外商直接投资 Direct Foreign Investments	合资经营 Joint Ventures	合作经营 Cooperative Operation	外商独资 Solo－Foreign Enterprises	外商其他投资 Other Foreign Investments
1979	2 984		1 790	851	939		1 194
1980	27 122		23 966	1 021	13 966	8 979	3 156
1981	86 360		86 360	442	72 636	13 282	
1982	18 028		17 546	643	14 498	2 405	482
1983	33 451		29 355	8 052	17 605	3 698	4 096
1984	64 564	1 962	53 342	21 240	31 704	398	9 260
1985	102 647	19 320	79 323	18 544	58 046	2 733	4 004
1986	51 360	22 474	24 396	9 776	13 189	1 431	4 490
1987	64 893	7 812	56 675	10 993	7 370	38 312	406
1988	48 739	4 500	43 021	25 163	9 310	8 548	1 218
1989	48 904	576	46 945	25 120	11 501	10 324	1 383
1990	69 344	1 062	67 899	18 869	16 099	32 931	383
1991	115 158	5 038	108 611	35 419	23 072	50 120	1 509
1992	251 774	1 188	249 496	75 010	65 597	108 889	1 090
1993	497 737	800	496 937	211 828	71 588	213 521	
1994	298 649	15 521	283 128	92 731	47 632	142 765	
1995	359 654	13 347	346 307	125 589	63 561	157 157	
1996	168 000		168 000	99 879	26 192	41 929	
1997	176 896		135 387	63 177	10 224	59 657	41 509
1998	274 571	42 093	203 475	78 016	8 484	115 293	29 003
1999	223 018	64 077	121 017	16 345	7 242	96 585	37 924
累计 Total	**2 983 853**	**199 770**	**2 642 976**	**938 708**	**590 455**	**1 108 957**	**141 107**

10－2续表1　continued

年份 Year	二、按国民经济行业分 Grouped by Sector						
	农、林、牧、渔水利业 Farming, Forestry, Animal Husbandry and Fishery	工　业 Industry	地质勘查业 Geological Prospecting	建筑业 Construction	交通运输、邮电通讯业 Transportation, Postal and Telecommuni－cations Services	商业、饮食业、物资供销仓储业 Commerce, Catering Services, Materials Supply, Marketing and Storage	房地产业、社会服务业 Real Estate Management and Social Services
1979	119	1 163			537	179	538
1980	1 085	10 577			4 883	1 628	4 883
1981	3 454	33 680			15 545	5 182	15 675
1982	213	6 269			3 245	1 082	3 245
1983	1 345	13 145			5 978	2 085	6 042
1984	214	16 936			1 933	27 152	6 349
1985	439	56 558			3 935	13 510	4 928
1986	187	12 197		3 849	102	3 773	4 075
1987	359	54 644				13	2 065
1988	273	36 686		149	899	2 403	3 568
1989	120	37 885			643	3 499	4 939
1990	99	55 931		138	378	5 197	3 802
1991	888	77 756		3 839	1 665	5 742	17 197
1992	2 878	176 536		1 180	8 321	4 724	51 153
1993	378	292 842	293	3 646	37 086	48 641	77 660
1994	263	177 967	7	1 264	1 585	37 774	59 615
1995	438	243 725		4 468	21 376	21 903	51 630
1996	763	123 973		11 905	1 827	12 443	9 200
1997	481	129 826		2 671	4 864	7 977	29 839
1998	1 417	184 011		3 678	16 008	11 323	44 075
1999	89	207 778		225	－2 439	2 359	16 108
累计　Total	**15 502**	**1 950 085**	**300**	**37 012**	**128 371**	**218 589**	**416 586**

10－2续表2　continued

年份 Year	二、按国民经济行业分 Grouped by Sector					
	卫生、体育和社会福利事业 Health Care, Sports and Social Welfare	教育、文艺和广播、电影、电视事业 Education, Culture and Arts, Radio, Film and Television	科研和综合技术服务业 Scientific Research and Polytechnical Services	金融、保险业 Banking and Insurance	国家机关、政党机关、社会团体 Government Agencies, Party Agencies and Social Organizations	其他行业 Others
1979						448
1980						4 066
1981						12 824
1982						3 974
1983						4 856
1984						11 980
1985						23 277
1986	19	16	4	129		27 009
1987				6 000		1 812
1988				4 500		261
1989		300	108			1 410
1990	2 574		123			1 102
1991		669	240	5 038		2 124
1992		3 239	97	1 188		2 458
1993	991	2 900	94	2 100		31 106
1994	628	6 552	1 393	29		11 572
1995	8 625	1 250	1 103	2 170		2 966
1996	2 664	1 750	487	2 301		687
1997	161		426			651
1998	1 584	36	8 043	4 911		－515
1999	－5 037		579			3 356
累计　Total	**12 209**	**16 712**	**12 697**	**28 366**		**147 424**

10－2续表3 continued

年份 Year	三、按国别(地区)分 Grouped by Country (Territory)							
	香港、澳门 HongKong and Macao	台湾 Taiwan	新加坡 Singapore	韩国 Korea Rep.	日本 Japan	泰国 Thailand	澳大利亚 Australia	马来西亚 Malaysia
1986	23 953		5 014		8 790	59	1 285	
1987	16 431		427		10 336	112	85	
1988	33 363	1 407	1 735		6 762			41
1989	40 214	986	328		1 131	2 585	48	
1990	54 729	4 839	3 134		1 058	1 092	550	17
1991	98 476	2 652	693	264	7 987	67	480	
1992	206 231	10 814	2 151	1 174	5 843	416	3 198	1 679
1993	411 673	21 908	2 132	665	7 491	5 284	7 934	392
1994	260 535	12 075	6 996	384	2 692	1 421	184	114
1995	274 815	7 344	7 940	1 926	20 914	978	227	2 024
1996	80 115	3 376	1 847	50 895	1 120	347	340	210
1997	98 839	4 951	1 874		2 517	59		293
1998	153 002	6 375	10 002	343	15 184	1 030		
1999	111 587	2 965	6 569	7	15 842		32	－154

10－2续表4 continued

年份 Year	三、按国别(地区)分 Grouped by Country (Territory)							
	美国 United States	加拿大 Canada	德国 Germany	法国 France	英国 United Kingdom	瑞士 Switzerland	荷兰 Netherlands	其他 Others
1986	1 049	1 202	134	3 364	3 649	2 500	11	350
1987	779			300	23			36 400
1988	3 441	100	1 162	22	603			103
1989	2 290	63	48	249			562	400
1990	1 253	115		8	772	809		968
1991	981	34	210	392	1 700	83	819	320
1992	4 764	4 067	31	111	5 373		5	5 917
1993	18 289	7 245	368	534	7 352	500	175	5 795
1994	8 010	921	222	78	2 421		25	2 571
1995	17 020	426	1 995	3 900	3 641	6	6 315	10 183
1996	3 876	368	357	227	2 493	15	2 659	19 755
1997	2 177	553	1 365	182		128	1 061	62 897
1998	10 759	215	3 077	21 270	7 489		4 142	41 683
1999	22 954	144	2 367	23 561	8 543	－17	2 853	25 765

10－3　实际利用外资额
AMOUNT OF FOREIGN CAPITAL ACTUALLY USED
(1979—1999)

单位:万美元　　(USD 10 000)

年份 Year	总计 Total	一、按投资方式分 Grouped by Investment Mode					
		对外借款 Foreign Loans	外商直接投资 Direct Foreign Investments	合资经营 Joint Ventures	合作经营 Cooperative Operation	外商独资 Solo－Foreign Enterprises	外商其他投资 Other Foreign Investments
1979	1 537		548	192	356		989
1980	3 264		2 755	252	1 891	612	509
1981	11 282		8 618	1 073	5 427	2 118	2 664
1982	7 379		5 771	1 114	3 823	834	1 608
1983	14 394		11 316	1 906	6 077	3 333	3 078
1984	23 013	1 962	18 640	8 008	5 990	4 642	2 411
1985	32 925	13 585	17 989	6 993	10 316	680	1 351
1986	48 933	10 860	36 450	5 124	30 241	1 085	1 623
1987	40 449	12 436	27 379	8 489	17 826	1 064	634
1988	44 429	14 430	28 716	9 644	10 085	8 987	1 283
1989	45 809	15 563	29 252	16 852	7 182	5 218	994
1990	51 857	12 360	38 994	26 849	4 917	7 228	503
1991	57 988	17 184	39 875	27 330	5 185	7 360	929
1992	71 539	25 808	44 879	20 554	8 716	15 609	852
1993	143 217	43 762	98 900	48 165	15 097	35 638	555
1994	172 959	47 367	125 046	49 312	21 388	54 346	546
1995	173 545	42 556	130 989	33 120	28 003	69 866	
1996	242 242	37 177	205 065	89 228	26 776	89 061	
1997	287 168	57 095	166 112	53 271	20 771	92 070	63 961
1998	255 222	55 717	166 357	73 762	22 354	67 561	33 148
1999	275 422	64 077	177 839	74 848	18 954	82 556	33 506
累计　Total	**2 004 573**	**471 939**	**1 381 490**	**556 086**	**271 375**	**549 868**	**151 144**

10－3续表1　continued

年份 Year	二、按国民经济行业分 Grouped by Sector						
	农、林、牧、渔水利业 Farming, Forestry, Animal Husbandry and Fishery	工　业 Industry	地质勘查业 Geological Prospecting	建筑业 Construction	交通运输、邮电通讯业 Transportation, Postal and Telecommuni－cations Services	商业、饮食业、物资供销仓储业 Commerce, Catering Services, Materials Supply, Marketing and Storage	房地产业、社会服务业 Real Estate Management and Social Services
1979	30	645			31	200	553
1980	65	1 371			65	424	1 175
1981	226	4 738			226	1 467	4 061
1982	148	3 099			148	959	2 656
1983	216	6 013			273	1 809	5 124
1984	57	8 235			881	5 251	4 412
1985	73	6 549			1 457	1 221	7 976
1986	138	31 874		13	416	974	2 965
1987	232	25 216		239	432	387	454
1988	383	28 645		45	917	1 069	4 652
1989	200	27 406		53	1 071	1 530	4 744
1990	28	32 306		6	440	858	5 576
1991	143	34 869		12	894	831	10 835
1992	55	44 056		122	300	807	9 503
1993	94	74 851		54	18 514	3 216	31 664
1994	626	113 192			18 900	6 798	14 220
1995	433	121 125			17 195	2 305	15 982
1996		193 141		30	6 944	11 852	16 970
1997	64	222 822		3 195	26 095	3 318	14 372
1998	428	156 925		7 906	35 333	7 715	31 208
1999	1 049	195 450		412	10 182	8 794	48 992
累计　Total	**4 688**	**1 332 528**		**12 087**	**140 714**	**61 785**	**238 094**

10－3续表2　continued

年份 Year	二、按国民经济行业分 Grouped by Sector					
	卫生、体育和社会福利事业 Health Care, Sports and Social Welfare	教育、文艺和广播、电影、电视事业 Education, Culture and Arts, Radio, Film and Television	科研和综合技术服务业 Scientific Research and Polytechnical Services	金融、保险业 Banking and Insurance	国家机关、政党机关、社会团体 Government Agencies, Party Agencies and Social Organizations	其他行业 Others
1979						78
1980						164
1981						564
1982						369
1983						959
1984						4 177
1985						15 649
1986		6		8 948		3 599
1987	6	39		10 247		3 197
1988	161	30	20	4 168		4 339
1989		33		10 666		106
1990		34		5 913		6 696
1991	35			9 837		532
1992	13	17		14 008		2 658
1993	500			254		14 070
1994	234	1 445	132	5 751		11 661
1995	10 921	625		4 327		632
1996	1 236	68	550	9 339		2 112
1997	1 750	470	17	6 638		8 427
1998	831	548	234	12 021		2 073
1999	4 659	441	3 383			2 060
累计 Total	**20 346**	**3 756**	**4 336**	**102 117**		**84 122**

10－3续表3　continued

年份 Year	三、按国别(地区)分 Grouped by Country (Territory)							
	香港、澳门 HongKong and Macao	台湾 Taiwan	新加坡 Singapore	韩国 Korea Rep.	日本 Japan	泰国 Thailand	澳大利亚 Australia	马来西亚 Malaysia
1986	38 587		11		7 009	13	16	
1987	25 632		247		9 291	32	29	
1988	28 198	316	146		14 567		10	
1989	28 729	1 006	1 177		10 004		166	
1990	26 291	371	897		17 257		723	
1991	32 375	216	339	125	14 265		700	
1992	46 134	475	475		15 806	914	323	117
1993	92 455	4 532	1 197	170	20 822	1 577	155	
1994	125 890	10 671	1 270		18 740	102	645	
1995	105 172	6 954	845		32 067		520	
1996	150 126	13 665	7 525	7 094	29 860	3 381	340	2 024
1997	203 035	6 732	2 502	309	17 616	1 133	19	750
1998	182 956	3 479	1 089	352	8 959	257	56	45
1999	144 214	3 842	9 855	11 133	18 666	1 047	145	64

10－3续表4　continued

年份 Year	三、按国别(地区)分 Grouped by Country (Territory)							
	美国 United States	加拿大 Canada	德国 Germany	法国 France	英国 United Kingdom	瑞士 Switzerland	荷兰 Netherlands	其他 Others
1986	2 560	200		499	15			23
1987	3 101	899	18	1 194	6			
1988	294	150	201	501	5			41
1989	1 143	16		3 399	112			57
1990	4 011		35	1 112	235	500	337	88
1991	6 963	5		1 668	457		819	56
1992	2 029			3 225	1 109	84	633	155
1993	14 531	450		3 153	64	510	3 511	90
1994	3 371	628	130	2 206	6 662		2 520	124
1995	14 145	194	250	8 963	1 099	2 623		713
1996	10 576	162	911	2 985	1 820	794	125	10 854
1997	24 306	215	1 365	182	3 888	6		25 110
1998	4 326	364	505	24 610	9 002	188	1 601	17 433
1999	688	22 111	650	23 933	9 291	170	5 721	23 892

10-4 利用外资合同、协议金额、实际利用外资额指数

INDICES OF FOREIGN CAPITAL USED

(1979—1999)

年 份 Year	签订合同项目(项) Number of the Signed Agreements Contracts (unit)	指 数(以上年为100) Index (preceding year=100)	协议利用外资额(万美元) Amount of Foreign Capital to be Utilized in the Signed Agreements & Contracts	指 数(以上年为100) Index (preceding year=100)	实际利用外资额(万美元) Foreign Capital Actually Used (USD 10 000)	指 数(以上年为100) Index (preceding year=100)
1979	169		2 984		1 537	
1980	303	179.3	27 122	908.9	3 264	212.4
1981	578	190.8	86 360	318.4	11 282	345.6
1982	577	99.8	18 028	20.9	7 379	65.4
1983	878	152.2	33 451	185.6	14 394	195.1
1984	988	112.5	64 564	193.0	23 013	159.9
1985	1 203	121.8	102 647	159.0	32 925	143.1
1986	454	37.7	51 360	50.0	48 933	148.6
1987	334	73.6	64 893	126.3	40 449	82.7
1988	694	207.8	48 739	75.1	44 429	109.8
1989	711	102.4	48 904	100.3	45 809	103.1
1990	796	112.0	69 344	141.8	51 857	113.2
1991	986	123.9	115 158	166.1	57 988	111.8
1992	1 561	158.3	251 774	218.6	71 539	123.4
1993	3 257	208.6	497 737	197.7	143 217	200.2
1994	2 223	68.3	298 649	60.0	172 959	120.8
1995	1 638	73.7	359 654	120.4	173 545	100.3
1996	999	61.0	168 000	46.7	242 242	139.6
1997	1 786	178.8	176 896	105.3	287 168	118.5
1998	1 915	107.2	274 571	155.2	255 222	88.9
1999	1 558	81.4	223 018	81.2	275 422	107.9

10－5 进出口总额
TOTAL IMPORTS AND EXPORTS
(1979—1999)

单位:万美元　　(USD 10 000)

年份 Year	进出口总额 Total Imports and Exports	出口总额 Total Exports	进口总额 Total Imports	进出口差额 Balance
1979	1 676	930	746	184
1980	1 751	1 124	627	497
1981	2 807	1 745	1 062	683
1982	2 534	1 597	937	660
1983	78 642	6 230	72 412	－66 182
1984	107 247	26 539	80 708	－54 169
1985	130 632	56 340	74 292	－17 952
1986	184 696	72 552	112 144	－39 592
1987	255 784	141 354	114 430	26 924
1988	344 277	184 949	159 328	25 621
1989	375 259	217 428	157 831	59 597
1990	1 570 136	815 165	754 971	60 194
1991	1 947 635	986 240	961 395	24 845
1992	2 357 562	1 200 019	1 157 543	42 476
1993	2 820 392	1 421 776	1 398 616	23 160
1994	3 498 281	1 830 921	1 667 360	163 561
1995	3 876 960	2 052 736	1 824 224	228 512
1996	3 905 342	2 120 781	1 784 561	336 220
1997	4 500 921	2 561 844	1 939 077	622 767
1998	4 527 417	2 639 611	1 887 806	751 805
1999	5 042 750	2 820 811	2 221 939	598 872

10－6　进出口总额指数

INDICES OF TOTAL IMPORTS AND EXPORTS

(1980—1999)

单位:%　　(%)

年　份 Year	以上年为100 Preceding Year＝100			以1979年为100 1979＝100		
	进出口总额 Total Imports and Exports	出口总额 Total Exports	进口总额 Total Imports	进出口总额 Total Imports and Exports	出口总额 Total Exports	进口总额 Total Imports
1980	104.5	120.9	84.0	104.5	120.9	84.0
1981	160.3	155.2	169.4	167.5	187.6	142.4
1982	90.3	91.5	88.2	151.2	171.7	125.6
1983	3 103.5	390.1	7 728.1	4 692.2	669.9	9 706.7
1984	136.4	426.0	111.5	6 399.0	2 853.7	10 818.8
1985	121.8	212.3	92.1	7 794.3	6 058.1	9 958.7
1986	141.4	128.8	151.0	11 020.0	7 801.3	15 032.7
1987	138.5	194.8	102.0	15 261.6	15 199.4	15 339.1
1988	134.6	130.8	139.2	20 541.6	19 887.0	21 357.5
1989	109.0	117.6	99.1	22 390.2	23 379.4	21 157.0
1990	145.8	137.8	156.8	32 643.8	32 213.0	33 180.8
1991	124.0	121.0	127.3	40 478.3	38 977.7	42 239.2
1992	121.0	121.7	120.4	48 978.8	47 435.9	50 856.0
1993	119.6	118.5	120.8	58 578.6	56 211.5	61 434.0
1994	124.0	128.8	119.2	72 637.5	72 400.5	73 229.3
1995	110.8	112.1	109.4	80 482.3	81 160.9	80 112.9
1996	100.7	103.3	97.8	81 045.7	83 839.2	78 350.4
1997	115.3	120.8	108.7	93 445.7	101 277.8	85 166.9
1998	100.6	103.0	97.4	94 006.4	104 316.1	82 952.6
1999	111.4	106.9	117.7	104 706.7	111 477.0	97 634.8
年平均增长率 Average Annual Growth Rate				**41.6**	**42.0**	**41.1**

10－7　进出口总额
TOTAL IMPORTS AND EXPORTS
(1998—1999)

单位:万美元　　(USD 10 000)

项目	Item	1998 全市 Total	1998 特区 Urban	1999 全市 Total	1999 特区 Urban
进出口总额	**Total Imports and Exports**	**4 527 417**	**2 202 772**	**5 042 750**	**2 491 677**
#用外汇收付贸易	Transaction in Foreign Exchange	2 947 538	1 902 722	3 250 209	2 184 096
一、出口总额	**Total Exports**	**2 639 611**	**1 227 126**	**2 820 811**	**1 273 093**
#用外汇交易贸易出口	Transaction in Foreign Exchange	1 742 051	1 104 746	1 793 119	1 153 490
按隶属关系分类:	Grouped by Administrative Relationship				
1.深圳市属企业	Shenzhen	1 008 474	230 003	1 203 792	291 279
2.中央、省属企业	Central Government and Guangdong	105 531	104 672	103 693	103 319
3."三资"企业	Foreign Investment Enterprises	1 525 606	892 451	1 513 326	878 495
按贸易方式分类:	Grouped by Form of Trade				
1.一般贸易	Original Trade	241 453	236 624	269 099	262 241
2.补偿贸易	Compensation Trade	1 031		946	
3.来料加工装配贸易	Processing and Assembly Trade	870 336	96 225	1 007 574	100 431
4.进料加工贸易	Processing Trade for Imported Material	1 406 596	775 587	1 377 868	747 681
5.出料加工贸易	Processing Trade for Exported Material	60	23		
6.易货贸易	Transaction in Kind				
7.其　他	Others	120 133	118 667	165 324	162 740
二、进口总额	**Total Imports**	**1 887 806**	**975 646**	**2 221 939**	**1 218 584**
#用外汇交易贸易进口	Transaction in Foreign Exchange	1 205 487	797 976	1 457 090	1 030 606
按隶属关系分类:	Grouped by Administrative Relationship				
1.深圳市属企业	Shenzhen	699 094	209 745	870 100	337 584
2.中央、省属企业	Central Government and Guangdong	59 063	58 329	106 854	105 654
3."三资"企业	Foreign Investment Enterprises	1 129 649	707 572	1 244 985	775 346
按贸易方式分类:	Grouped by Form of Trade				
1.一般贸易	Original Trade	173 690	167 652	380 125	368 853
2.补偿贸易	Compensation Trade	50		42	
3.来料加工装配贸易	Processing and Assembly Trade	531 238	71 446	567 790	72 191
4.进料加工贸易	Processing Trade for Imported Material	938 244	538 044	988 845	553 562
5.以工缴费补偿期进口的设备	Imported Equipment Compensated With the Processing and Assembling Costs	30 412	1 947	38 555	4 098
6.租赁贸易	International Leasing	33 214	33 214	13 812	13 812
7.外商投资企业作为投资进口的设备	Imported Equipment and Materials as Investment of Foreign Investment Enterprises	70 020	53 675	80 693	54 639
8.外商投资企业进口供加工内销产品的料、件	Imorted Materials and Parts of Foreign Investment Enterprises for Processing and Sold Inside Country				
9.易货贸易	Transaction in Kind				
10.其　他	Others	110 936	109 668	152 077	151 429

10－8　深圳市同主要国家(地区)进出口总额

SHENZHEN'S FOREIGN TRADE WITH MAIN RELATED COUNTRIES AND TERRITORIES (1998—1999)

单位:万美元　　(USD 10 000)

国(地区)别 Country (Territories)		1998			1999		
		合计 Total Imports and Exports	出口总额 Exports	进口总额 Imports	合计 Total Imports and Exports	出口总额 Exports	进口总额 Imports
香港	Hongkong	855 842	737 862	117 980	981 666	859 667	121 999
日本	Japan	796 400	310 141	486 259	798 863	269 795	529 068
美国	United States	959 881	767 216	192 665	1 027 240	818 503	208 737
法国	France	78 428	47 305	31 123	93 219	43 919	49 300
德国	Germany	140 237	106 364	33 873	163 346	122 228	41 118
泰国	Thailand	79 758	16 476	63 282	88 206	21 135	67 071
新加坡	Singapore	205 051	92 456	112 595	194 619	103 022	91 597
韩国	Korea Rep.	140 499	18 656	121 843	178 466	19 964	158 502
台湾	Taiwan	430 103	72 864	357 239	111 375	70 612	40 763
澳门	Macao	832	759	73	879	811	68
澳大利亚	Australia	51 763	33 317	18 446	96 860	28 293	68 567
印度尼西亚	Indonesia	36 722	8 609	28 113	53 108	13 464	39 644
马来西亚	Malaysia	53 964	8 704	45 260	65 547	7 800	57 747
英国	United Kingdom	117 218	97 978	19 240	128 802	102 020	26 782
意大利	Italy	36 579	22 073	14 506	47 512	24 168	23 344
巴西	Brazil	17 058	11 324	5 734	17 780	9 381	8 399
加拿大	Canada	42 156	32 795	9 361	49 106	36 360	12 746

10－9　主要商品进口数量
MAIN IMPORT COMMODITIES IN VOLUME
(1998—1999)

项目	Item	1998 全市 Total	1998 特区 Urban	1999 全市 Total	1999 特区 Urban
1. 汽车(辆)	Motor Vehicles	2 695	3 703	2 229	2 214
2. 摩托车(辆)	Motorcycles				
3. 录像、放像机(台)	Vedio Recorders	5 396	2 372	2 394	2 394
4. 收录音机及组合音响(万台)	Radio Cassette Players and Hi－Fi Stereo Component System(10 000)	34.72	34.54	15.63	5.59
5. 家用冰箱(台)	Household Refrigerators	662	620	137	122
6. 家用洗衣机(台)	Household Washing Machines	182	165	481	475
7. 照相机(架)	Cameras	5 592	1 590	79	73
8. 复印机(台)	Duplicators	1 259	1 238	7 367	7 310
9. 计算机(台)	Computers	43 197	42 199	117 086	87 415
10. 彩色电视机(万台)	Color TV Sets (10 000)	28 051	28 031	264.42	264.42
11. 成品油(万吨)	Oil Products (10 000 ton)	143.16	123.32	100.03	90.01
12. 水泥(万吨)	Cement (10 000 ton)	2.97	2.92	0.30	0.21
13. 钢材(万吨)	Rolled－Steel(10 000 ton)	160.80	61.69	223.40	84.44
14. 谷物(吨)	Rice(ton)	334 937	325 761	164 530	152 419
15. 食糖(吨)	Sugar(ton)	8 237	1 423	5 536	936
16. 肥料(吨)	Fertilizer(ton)	967 407	966 927	1 362 494	1 361 610

10－10　主要商品出口数量
MAIN EXPORT COMMODITIES IN VOLUME
(1998—1999)

项　目	Item	1998 全市 Total	1998 特区 Urban	1999 全市 Total	1999 特区 Urban
1. 肉用活猪(万头)	Live Hogs(10 000 heads)	14.34	11.21	6.71	4.05
2. 活家禽(万只)	Live Poultry (10 000 heads)	1 806	1 504	1 897	1 603
3. 活鲜鱼(吨)	Live Fish (ton)	24 607	6 396	20 711	7 537
4. 棉纱线(吨)	Cotton Yarn (ton)	4 536	2 789	4 961	3 311
5. 棉布(万米)	Cotton Cloth (10 000m)	21 921	21 038	23 709	21 412
6. 涤棉布(万米)	Polyester Cotton Cloth (10 000m)	3 272	2 712	3 804	3 408
7. 服装(万美元)	Garments (USD 10 000)	119 109	46 361	118 705	47 616
8. 彩色电视机(万台)	Color TV Sets(10 000)	152.1	55.0	160.1	102.5
9. 收录音机及组合音响(万台)	Radio Cassette Players and Hi－Fi Stereo Component System(10 000)	7 166.2	2 157.4	5 354.3	1 875.6
10. 电话机(万部)	Telephone Sets (10 000)	4 537	1 755	4 736	1 694
11. 自行车(万辆)	Bicycles(10 000)	419	122	608	201
12. 鲜虾(吨)	Fresh Shrimps (ton)	234	225	304	295
13. 沙石(万吨)	Sand and Stone(10 000 ton)	150.5	128.5	122.2	104.8

10－11　对外承包工程和劳务合作
CONTRACTED PROJECTS AND LABOR COOPERATION WITH FOREIGN COUNTRIES OR TERRITORIES
(1999)

项　目	Item	合计 Total	承包工程 Contracted Projects	劳务合作 Labor Cooperation	设计咨询 Design Consultancy
合同份数(份)	Number of Contracts	91	23	65	3
合同金额(万美元)	Contracted Value(USD 10 000)	20 508	19 822	576	110
营业额(万美元)	Value of Business Fulfilled (USD 10 000)	6 054	5 595	362	97
派出人次(人次)	Persons Sent Abroad(person－times)	496	280	216	
年末在国外人数(人)	Persons in Abroad (year－end)	721	98	623	

10－12　对外承包工程和劳务合作分国别(地区)统计
CONTRACTED PROJECTS AND LABOR COOPERATION WITH FOREIGN COUNTRIES OR TERRITORIES (BY COUNTRY OR TERRITORY) (1999)

国　别(地区)	Country (Territory)	合同份数(份) Number of Contracts	合同额(万美元) Contracted Value (USD 10 000)	营业额(万美元) Value of Business Fulfilled (USD 10 000)	派出人次(人次) Persons Sent Abroad (person－times)	年末在外人数(人) Persons in Abroad (year－end) (person)
合　计	**Total**	**91**	**20 508**	**6 055**	**496**	**721**
一、承包工程	**Contracted Projects**	**23**	**19 822**	**5 595**	**280**	**98**
1. 香　港	Hongkong	6	10 526	3 093	128	14
2. 美　国	United States	1	12		8	3
3. 孟加拉国	Bangladesh	1	294	206	25	11
二、劳务合作	**Labor Cooperation**	**65**	**576**	**362**	**216**	**623**
1. 香　港	Hongkong	46	248	133	55	298
2. 新加坡	Singapore			13		6
3. 马来西亚	Malaysia	1	66	25	53	53
4. 日　本	Japan	4	16	36	15	25
5. 汤　加	Tonga					
6. 美　国	United States					
7. 澳　门	Macao	2	44	23	40	67
8. 阿联酋	United Arab Emirates			9	1	3
9. 荷　兰	Netherlands					
10. 坦桑尼亚	Tanzania					
11. 孟加拉国	Bangladesh					
12. 越　南	Viet Nam	1	1			1
13. 波　兰	Poland					
14. 老　挝	Laos					
15. 韩　国	Korea Rep.			16		16
16. 加拿大	Canada					
17. 其　它	Others	11	201	107	52	154
三、设计咨询	**Design Consultancy**	**3**	**110**	**97**		

10－13　旅游业基本情况
BASIC CONDITIONS OF TOURISM
(1990—1999)

年　份 Year	过夜国际旅游人数(万人) Total Number of International Tourists (10 000 persons)	外国人 Foreigners	华　侨 Overseas Chinese	港澳同胞 Compatriots from Hongkong and Macac	台　胞 Compatriots Form Taiwan
1990	148.24	9.32	0.68	131.94	6.30
1991	182.98	10.84	1.66	163.74	6.74
1992	214.37	16.98	1.29	183.14	12.96
1993	180.87	20.41	2.73	144.42	13.31
1994	186.39	31.07	2.58	139.75	12.99
1995	185.37	35.32	1.10	131.41	17.54
1996	151.47	30.91	1.37	101.48	17.71
1997	140.41	32.00	0.75	89.49	18.17
1998	148.47	30.83	0.72	97.52	19.41
1999	158.08	35.49	1.45	101.03	20.11

10－13　续表　continued

年　份 Year	过夜国内旅游人数(宾馆部分)(万人) Domestic Tourists (10 000 persons)	旅游外汇收入(万美元) Total Foreign Exchange Earnings from International Tourism (USD 10 000)	商品性收入 Commodities	劳务性收入 Services	宾馆、酒店、度假村开房率(%) Room Occupancy Rate of Hotels and Holiday Countries (%)
1990	314.97	20 933	11 389	9 544	68.1
1991	442.41	20 911	9 410	11 501	72.3
1992	497.77	39 100	14 774	24 326	79.6
1993	435.79	39 128	15 068	24 060	68.0
1994	373.32	48 821	17 483	31 338	63.0
1995	357.27	63 633	20 574	43 059	58.9
1996	360.55	58 384	21 489	36 895	56.3
1997	341.11	53 225	17 176	36 049	57.6
1998	488.80	59 025	18 413	40 612	55.5
1999	504.89	62 186	19 743	42 443	58.0

10－14 按国别分的外国旅游者人数
NUMBER OF FOREIGN TOURISTS BY COUNTRY
(1990—1999)

单位:人 (person)

国 别	Country	1990	1991	1992	1993	1994	1995	1996	1997	1998	1999
合 计	**Total**	**93 175**	**108 379**	**169 818**	**204 104**	**310 751**	**353 152**	**309 126**	**320 076**	**308 279**	**354 911**
日 本	Japan	28 203	32 503	38 747	60 851	80 336	89 555	83 203	78 264	74 275	93 172
菲律宾	Philippines	2 553	1 946	2 116	3 157	3 661	3 167	3 134	3 338	4 266	5 042
新加坡	Singapore	6 443	8 727	18 034	19 115	20 891	17 151	19 024	19 266	24 264	29 337
泰 国	Thailand	3 962	6 570	7 179	5 791	5 711	6 901	8 550	6 176	4 536	4 613
印度尼西亚	Indonesia	1 617	2 367	9 175	8 280	9 439	8 467	12 688	14 329	5 779	6 217
英 国	United Kingdom	5 209	6 064	8 058	9 931	13 772	13 361	10 820	9 043	10 007	12 242
法 国	France	3 277	1 954	4 425	3 253	4 241	3 439	4 265	4 826	6 524	6 765
德 国	Germany	1 496	1 360	2 063	1 938	3 504	3 026	5 234	4 720	6 549	7 842
意大利	Italy	1 271	766	1 621	1 804	3 312	2 390	2 163	2 399	3 043	3 636
美 国	United States	13 374	14 963	23 075	26 486	46 760	47 217	39 173	32 771	39 490	49 130
加拿大	Canada	3 809	3 753	6 855	5 376	7 000	6 297	6 939	6 208	8 476	9 217
澳大利亚	Australia	1 985	2 326	4 311	3 981	5 906	5 242	6 205	5 441	6 851	10 124
新西兰	New Zealand	430	364	552	812	1 274	750	993	804	1 397	1 642
俄罗斯	Russia	367	795	708	466	814	432	656	2 084	874	893
韩 国	Korea Rep.		951	4 277	5 129	7 078	10 899	32 015	30 885	18 696	20 133
马来西亚	Malaysia		3 032	12 220	15 723	11 909	19 081	24 430	23 269	43 931	50 554
其他	Others	19 179	19 938	26 402	32 011	85 143	115 777	49 634	76 253	49 321	44 352

10－15 旅游部门主要财务指标
MAIN FINANCIAL INDICATORS OF TOURISM
(1999)

单位:万元 (10 000yuan)

指 标	Item	合计 Total	旅行社 Travel Services	宾馆、酒店 Hotels	旅游点 Tourist Spots
营业收入	Business Revenue	601 677	115 126	393 388	93 163
营业成本	Business Cost	214 874	97 301	96 156	21 417
营业费用	Business Expenses	195 338	8 741	170 324	16 273
营业税金及附加	Business Taxes and Extra Charges	25 633	890	20 903	3 840
经营利润	Operating Profits	165 832	8 195	106 005	51 633
管理费用	Management Expenses	156 498	7 188	113 566	35 744
财务费用	Financial Expenses	26 788	381	16 907	9 499
营业利润	Business Profits	－17 453	625	－24 468	6 390
投资收益	Earnings of Investment	6 411	1 022	5 130	260
营业外收支差	Non－operating Net Revenue or Expenditure	3 767	277	2 593	897
利润总额	Total Profits	－7 275	1 924	－16 746	7 547
年末固定资产原值	Original Value of Fixed Assets(year－end)	1 420 621	101 682	1 021 027	297 912
年末固定资产净值	Net Value of Fixed Assets (year－end)	885 993	82 212	602 935	200 846
年末职工人数(人)	Number of Staff and Workers (year－end)(person)	48 739	2 484	42 203	4 052

10-16　主要宾馆(酒店)设施情况
FACILITIES OF MAIN TOURIST HOTELS
(1999)

宾馆(酒店)名称 Name	客房数 (间) Number of Dining Rooms	床位数 (张) Number of Beds	开房率(%) Room Occupancy Rate
合　计　Total	**24 424**	**48 477**	**58.0**
五星级　Five - Star	**2 336**	**3 819**	**71.0**
阳光酒店	371	514	75.66
富临大酒店	500	840	72.79
香格里拉大酒店	522	1 022	80.99
富苑酒店	351	423	62.03
南海酒店	372	620	68.04
骏豪酒店	220	400	57.12
四星级　Four - Star	**1 334**	**2 460**	**65.0**
新都酒店	428	840	62.80
晶都酒店	364	596	67.68
深圳湾大酒店	308	648	67.33
都之都大酒店	234	376	62.65
三星级　Three - Star	**7 353**	**14 038**	**62.7**
金碧酒店	311	588	68.65
粤海酒店	225	355	85.54
竹园宾馆	189	334	62.47
名都酒店	293	458	64.89
格兰云天大酒店	187	316	76.47
罗湖大酒店	230	455	57.12
雅园宾馆	96	168	68.82
银湖旅游中心	196	398	61.40
东湖宾馆	95	166	56.79
长安大酒店	181	382	65.80
永安大酒店	74	126	53.76
帝豪酒店	145	236	68.58
京鹏宾馆	212	417	67.63
环宇大酒店	242	455	57.95
友谊酒店	126	252	76.69
长城大酒店	138	285	52.51
国宾酒店	235	451	73.17
丰园大酒店	120	240	72.78
三九大酒店	170	300	53.13

10－16 续表 1 continued

宾馆(酒店)名称 Name	客房数 (间) Number of Dining Rooms	床位数 (张) Number of Beds	开房率(%) Room Occupancy Rate
迎宾馆	526	975	63.39
丽都酒店	265	458	66.51
远东大酒店	292	476	70.44
香蜜湖渡假村	218	410	44.55
西丽湖度假村	276	546	33.64
海景酒店	430	860	74.50
小梅沙旅游中心	156	736	47.45
联城酒店	92	180	68.74
海燕大酒店	259	485	58.68
石岩湖渡假村	300	600	67.98
西丽大酒店	209	418	75.03
港龙大酒店	59	99	49.71
晶都城酒店	67	134	33.31
恒丰服务中心	108	216	83.53
凯悦大酒店	161	283	80.07
宝城华都酒店	82	181	55.39
凯利莱酒店	230	329	45.14
国王大酒店	80	120	25.75
沙田酒店	78	150	0.47
二星级　Two－Star	**4 223**	**8 448**	**61.1**
航空大酒店	102	175	60.40
广信酒店	172	380	63.89
华中国际酒店	168	323	45.84
蔡屋围大酒店	96	186	72.97
新安酒店	131	256	56.55
漓江春宾馆	87	163	51.98
太子宾馆	260	575	71.09
罗湖宾馆	70	137	77.05
西湖宾馆	71	150	44.89
深圳酒店	68	132	76.32
芙蓉宾馆	145	255	67.56
上海宾馆	144	279	91.93
北方宾馆	82	155	78.01

10－16续表2 continued

宾馆(酒店)名称 Name	客房数 (间) Number of Dining Rooms	床位数 (张) Number of Beds	开房率(%) Room Occupancy Rate
迪富宾馆	159	318	69.50
深铁大酒店	166	355	55.92
兴华宾馆	160	352	70.88
和平酒店	75	150	57.78
四川宾馆	154	331	52.89
广深宾馆	149	327	73.33
航运宾馆	145	277	64.93
河东宾馆	109	220	60.97
凯利宾馆	180	350	62.00
南油酒店	128	248	77.48
云鹏大酒店	64	152	67.19
华侨旅行社	196	388	64.00
南洋大酒店	184	365	66.40
新地酒店	84	164	64.71
洪岭大酒店	236	400	13.63
新京华酒店	42	82	96.37
天地宾馆	50	95	47.90
江南酒店	125	280	55.70
罗芳大酒店	38	70	57.81
佳豪酒店	59	115	39.32
银都酒店	54	108	52.08
帝都酒店	70	135	50.72
一星级　One－Star	**125**	**262**	**46.5**
大江南酒店	105	210	48.41
金得宾馆	20	52	42.37
其它　Others	**9 053**	**19 450**	**49.6**
新王朝大酒店	135	280	44.25
南方国际大酒店	203	344	74.71
西苑宾馆	78	160	70.85
鸿雁大酒店	50	104	81.84
海洋宾馆	100	193	62.60
宝华园宾馆	45	83	70.40
建设宾馆	90	170	68.55

10－16 续表 3 continued

宾馆(酒店)名称 Name	客房数 (间) Number of Dining Rooms	床位数 (张) Number of Beds	开房率(%) Room Occupancy Rate
贝岭居宾馆	120	250	42.05
穆斯林宾馆	70	146	63.47
中兴酒店	38	84	58.18
锦湖宾馆	65	155	67.75
核电宾馆	65	130	37.14
深运大酒店	48	99	65.12
华登宾馆	34	63	63.11
振兴宾馆	65	119	81.12
润南酒店	65	130	58.20
杏花村酒家	11	48	56.23
湖北宾馆	35	70	67.18
金都大酒店	50	76	39.59
荔花村宾馆	127	245	64.42
龙凤宾馆	27	54	31.17
新世界宾馆	52	124	46.46
天池宾馆	61	122	43.27
湛江宾馆	40	120	50.22
沈阳宾馆	72	182	65.47
望族酒店	40	70	70.40
江南春酒店	100	224	49.65
红岭宾馆	105	230	59.47
华洋宾馆	110	218	58.73
华联宾馆	65	120	70.11
荔山宾馆	46	89	25.48
君悦酒店	26	57	51.17
森林酒店	14	29	47.57
梅州大酒店	84	158	59.01
嘉宝酒店	15	18	32.23
新侨宾馆	36	55	59.08
明华中心	139	270	70.25
洲际大酒店	213	400	61.39
华通酒店	61	120	62.06
华强宾馆	78	170	58.79

10－16续表4 continued

宾馆(酒店)名称 Name	客房数 (间) Number of Dining Rooms	床位数 (张) Number of Beds	开房率(%) Room Occupancy Rate
三星酒店	22	50	37.37
富麟酒店	16	20	68.28
上南酒店	22	39	33.46
龙岗长鸿酒店	40	102	47.73
坪山怡兴酒楼	26	40	21.17
松乔酒店	80	95	29.74
坑梓百福楼饭店	26	33	9.22
汇都大酒店	46	87	51.91
南澳酒店	17	30	27.29
南澳大酒店	78	147	33.74
亨梓大酒店	30	70	28.05
横岗大厦	58	105	18.32
鹏星酒店	45	75	32.41
岭南酒店	18	35	19.50
横岗宾馆	69	128	12.42
深圳青少年渡假营	60	110	21.31
东南国际大酒店	160	320	28.13
深圳溪冲核电专家村	116	232	24.82
名士酒店	30	54	62.15
锦龙酒店	45	81	20.83
坪山帝王酒店	64	106	36.93
濠江酒店	29	62	57.91
外经宾馆	23	46	15.35
新业酒店	36	72	29.61
西山大酒店	60	120	67.23
泰兴酒店	14	20	33.15
宝都酒店	122	228	40.01
平湖金寿酒店	30	60	6.82
银都酒店	50	111	10.42
新雅大酒店	16	24	59.75
龙都酒店	60	110	32.15
龙岗三阳宾馆	22	40	24.70
龙岗金龙酒店	75	125	26.66

10－16 续表 5 continued

宾馆(酒店)名称 Name	客房数 (间) Number of Dining Rooms	床位数 (张) Number of Beds	开房率(%) Room Occupancy Rate
龙岗青叶大饭店	28	38	74.60
龙岗唐宫娱乐城	34	68	18.00
龙岗金鼎大酒店	25	35	42.34
溪冲工人休养度假村	86	200	50.54
大鹏皇都酒店	13	21	25.49
龙岗南天阁酒店	26	49	10.66
龙岗华深酒店	40	80	33.67
嘉旅宾馆	60	120	69.61
依迪宾馆	63	114	72.74
锦苑酒店	107	233	59.40
田心酒店	98	204	58.68
闽江宾馆	60	112	61.66
金儿岛酒店	56	104	53.78
永通宾馆	90	180	46.71
金峰大酒店	146	300	56.61
金山酒店	24	68	43.43
利达酒店	30	60	49.38
新世纪酒店	247	400	78.35
金祥富酒店	90	160	61.53
大都会娱乐城	32	32	13.56
双溪威大酒店	236	366	44.90
东江大酒店	46	89	51.27
东华宾馆	12	24	25.77
天虹酒店	25	50	27.34
平茂宾馆	32	70	39.31
国旅酒店	110	210	81.82
金山酒店	19	31	18.67
美仑山庄	21	45	59.40
天鹅宾馆	40	78	28.92
下沙湾旅游中心	34	57	12.74
金详大酒店	44	55	13.03
群益酒店	49	90	23.18
岭南宾馆	18	30	21.70

10－16续表6 continued

宾馆(酒店)名称 Name	客房数(间) Number of Dining Rooms	床位数(张) Number of Beds	开房率(%) Room Occupancy Rate
金沙湾大酒店	113	200	36.85
玉皇宾馆	18	32	40.72
五洲宾馆	156	285	62.56
富丽华大酒店	208	406	84.33
龙岗青湖酒店	22	44	29.76
名星酒店	11	17	14.88
葵涌假日酒店	24	45	10.94
南澳福源宾馆	65	125	25.83
龙岗区干部疗养院	99	159	31.54
龙岗潮味酒店	45	79	22.83
庐山酒店	188	376	75.20
麒麟山庄	139	200	38.06
龙之都酒店	23	40	43.48
文乐酒店	65	104	58.75
龙岗坂田酒店	66	94	49.00
世纪假日酒店	285	474	55.78
龙岗好世界酒店	30	40	39.39
蛇口久申宾馆	46	150	60.00
南航富豪酒店	62	124	65.02
沙头角宾馆	89	171	50.00
江苏宾馆	78	2 418	80.00
马峦山庄	24	34	10.19
沙穗酒店	10	20	30.00
沙井南洋酒店	10	20	36.48
丰乐园大酒店	78	168	51.26
求水山度假村	75	129	26.90
宝安嘉上旅酒店	30	36	33.00
温莎酒店	50	120	41.60
滨海明珠大酒店	92	176	72.20
天云酒店	30	60	45.00
金都娱乐城	30	55	84.06
中油酒店	284	566	38.00
名兰苑酒店	77	140	46.18

十一、劳动工资

1999 年深圳城镇职工劳动工资情况

1999 年,深圳职工就业人数继续增加,职工工资收入稳步提高。到 1999 年末,全市城镇在岗职工人数为92.52万人,比上年增长0.6%;在岗职工工资总额为189.03亿元,比上年增长12.9%;在岗职工年平均工资 20714 元,比上年增长 12.7%。

一、职工就业

1. 在岗职工人数保持增长势头

近几年来,深圳职工就业稳定增长。在全国大部分城市城镇职工人数减少的情况下,深圳职工人数一直保持增长势头。到 1999 年末,全市城镇在岗职工人数达 92.52 万人,比上年增加 5888 人,增长 0.6%,但增幅有所减缓。这主要是受统计口径有关规定的影响。按国家统计局以独立核算法人单位为基本统计调查单位的在地统计原则,1999 年部分驻深建筑公司由法人单位改为非法人分支机构后,职工人数改由其总公司所在地统计,使深圳统计范围的职工人数减少。另外,一些单位外迁,也使职工人数减少。近几年在岗职工增长情况详见表 1。

表 1　在岗职工人数增长情况表

指标＼年份	1997 年	1998 年	1999 年
年末人数(人)	900614	919289	925177
比上年增加(人)	16559	18675	5888
增长幅度(%)	1.9	2.3	0.6

2. 国有、集体单位职工人数持续减少

在职工队伍不断扩大的同时,国有、集体单位职工人数持续减少。这主要是这几年企业在改革、重组、调整中登记注册类型不断发生变化而形成的。我国企业类型划分配合所有制结构的变化从 1998 年采用新的统计分组(按登记注册类型划分),使得在统计上国有、集体单位职工人数减少,其他单位职工人数增加。因为在新的分组里,国有联营和国有独资有限责任公司从国有企业中划出而归为其他单位,集体联营和原属集体的股份合作企业也不再划入集体,加上按公司登记条例注册的单位和外商投资单位不断增加,使其他单位职工人数比重不断增大。全市在岗职工人数按单位类型分组情况详见表 2。

表 2　各单位类型在岗职工人数比重表

(单位:%)

单位类型＼时间	1997 年	1998 年	1999 年
合　计	100	100	100
1. 国有单位	44.9	36.7	35.6
2. 集体单位	9.5	4.6	4.5
3. 其他单位	45.6	58.7	59.9
#股份合作	—	3.1	2.8
联营企业	—	2.6	2.9
有限责任公司	—	6.1	6.3
股份有限公司	—	10.5	10.7
港澳台投资企业	24.8	21.8	22.6
外商投资企业	11.4	14.5	14.5
其　他	—	0.1	0.1

3．第三产业职工人数增长明显

1999年，全市第一、二、三产业在岗职工人数分别为9645人、506231人和409301人，分别比上年减少931人、6257人和增加13076人，增幅分别为－8.8%、－1.2%和3.3%(详见表3)，三次产业职工人数结构比为1:55:44，与上年(1:56:43)相比，第三产业比重有所上升，第二产业比重下降。第二产业人数减少的主要原因是前述统计口径规定所造成的建筑业职工人数减少。

表3　三次产业在岗职工人数情况表

(单位：人)

	1998年	1999年	比上年增加	比上年增减%
总计	919289	925177	5888	0.6
第一产业	10576	9645	－931	－8.8
第二产业	512488	506231	－6257	－1.2
第三产业	396225	409301	13076	3.3

4．职工在国民经济各行业的分布进一步优化

随着深圳优化产业结构，实施"科教兴市"，改善投资环境，加快第三产业发展等一系列措施的落实，职工在国民经济各行业间的分布进一步优化，从事高新技术产业、第三产业的职工人数增长较快。①高新技术产业发展迅速。深圳近几年采取引进和创新相结合的发展道路，建立以企业为主体的开发研究体系和新的企业制度，政府则发挥产业引导、政策扶持、环境营造等作用，使高新技术产业发展很快，特别是电子及通信行业。1999年，深圳电子及通信设备制造业在岗职工已达152990人，比上年增长10.5%，是近几年来保持较快发展速度的一个行业。②基础设施建设进一步加强，整体投资环境良好，带动了房地产业的发展。1999年，深圳在城市基础设施、交通邮电通信、金融等方面都有较大的投入，相应行业发展迅速，职工人数增幅均大于全市职工增长速度。同时，由于整体环境良好，促进了房地产业的发展，从事房地产业的人数明显增加，年末在岗职工人数达34940人，比上年增长10.2%。③教育、文化、卫生和体育事业持续发展。1999年，从事教育、文化艺术和广播电影电视业的在岗职工36841人，增长10.6%，在十六大行业中增幅最大。卫生、体育和社会服务业也有较好的发展，在岗职工分别为24480人和63221人，增长3.6%和6.9%。

二、职工劳动报酬

1．职工工资总额增长为近年最低点，增幅低于全市经济增长

近两年，市政府加大对工资总额增长宏观管理的力度，强调企业工资增长应在"两个低于"的原则下进行，使企业工资增长的盲目性得到有效控制，全市工资总额增幅逐年下降，并且增幅低于国内生产总值的增幅。1999年深圳城镇职工工资总额增幅为12.9%，比上年增幅下降了0.9个百分点(详见表4)。

表4　职工工资总额增长情况

(单位：%)

项目	1996年	1997年	1998年	1999年
职工工资总额增幅	19.4	15.2	13.8	12.9
国内生产总值增幅	16.4	16.0	14.5	14.2

2．内资企业职工工资水平最高，增长最快

从企业登记注册类型来看，内资企业、港、澳、台商投资企业和外商投资企业职工的工资水平都有不同程度的增长。内资企业在岗职工工资水平增幅最大，为15.9%；其次是港、澳、台商投资企业，增幅12.0%；最慢的是外商投资企业，增幅只有3.9%(详见表5)。

表5　各类型企业在岗职工年平均工资情况

登记注册类型组别	年平均工资(元)	比上年增长%
1. 内资企业	21112	15.9
#国有企业	21453	11.6
集体企业	13221	17.5
股份合作企业	10095	11.2
联营企业	17888	9.5
有限责任公司	22851	29.1
股份有限公司	26379	17.6
其他企业	30509	23.5
2. 港、澳、台商投资企业	17515	12.0
3. 外商投资企业	18221	3.9

3. 除农业外,各行业的工资水平普遍提高

1999年,深圳继续建立和强化企业内部动力机制,在市属国有企业推行经营者年薪制,部分国有企业实行内部员工持股试点,大大提高了职工的积极性。从国民经济行业分组来看,在岗职工工资水平普遍提高。其中,增幅快于全市平均增幅的行业有其它行业、地质勘查水利管理业、交通运输仓储及邮电通信业、电力煤气及水的生产供应业,其增幅分别为21.8%、20.4%、16.1%和13.7%。而农、林、牧、渔业职工工资水平出现负增长,是由于受部分工资水平相对较高的单位调整行业归属的影响,属于调整性下降而非实际下降。如原来属畜牧兽医服务业的动植物检疫局与卫检、商检"三检合一"后变成行政机关,使相应的几个行业都有人数和工资水平的变化(详见表6)。

表6　各行业在岗职工年平均工资增长情况

国民经济行业组别	在岗职工年平均工资(元/年)	比上年增减%
合　计	20714	12.7
1. 农、林、牧、渔业	12404	-11.2
2. 采掘业	18164	7.5
3. 制造业	17298	12.7
4. 电力、煤气及水的生产和供应业	33898	13.7
5. 建筑业	16000	8.1
6. 地质勘查业、水利管理业	21743	20.4
7. 交通运输、仓储及邮电通信业	26500	16.1
8. 批发和零售贸易、餐饮业	17669	9.0
9. 金融、保险业	40271	12.7
10. 房地产业	22927	12.2
11. 社会服务业	21756	12.6
12. 卫生、体育和社会福利事业	27746	12.1
13. 教育、文化艺术和广播电影电视业	28464	10.0
14. 科学研究和综合技术服务业	30065	10.1
15. 国家机关、政党机关和社会团体	27560	10.0
16. 其它行业	27487	21.8

(执笔:陈利萍)

年末职工人数（万人）

Number of Staff and Workers (10000 persons)

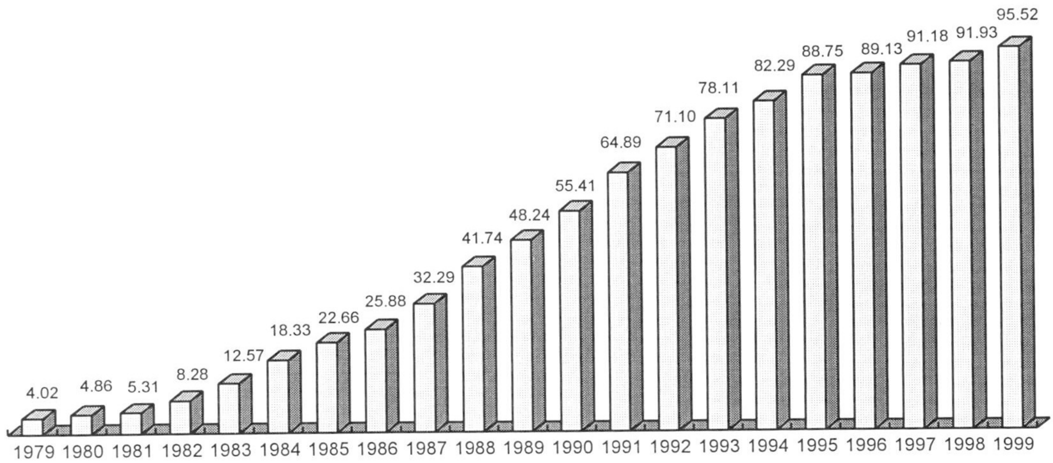

职工工资总额（亿元）

Total Wages of Staff and Workers (100 million yuan)

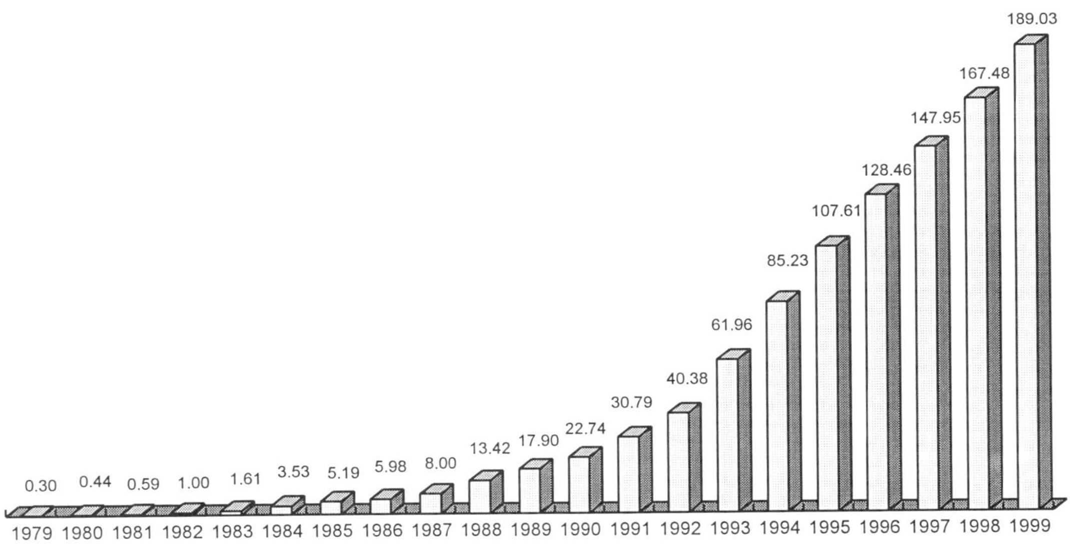

11-1　职工人数、工资总额及平均工资
NUMBER, TOTAL WAGES AND AVERAGE WAGE OF STAFF AND WORKERS (1979—1999)

年份 Year	年末职工人数(万人) Number of Staff and Workers Year-end (10 000persons)	国有单位 State-owned Units	工资总额(万元) Total Wages (10 000yuan)	国有单位 State-owned Units	年平均工资(元) Average Yearly Wages (yuan)	国有单位 State-owned Units
全市 Total						
1979	4.02	3.37	2 952	2 505	769	785
1980	4.86	4.05	4 366	3 691	979	990
1981	5.31	4.51	5 930	5 046	1 132	1 119
1982	8.28	7.00	10 000	8 477	1 366	1 358
1983	12.57	10.10	16 142	12 976	1 545	1 571
1984	18.33	14.14	35 306	28 642	2 179	2 257
1985	22.66	16.84	51 912	38 465	2 418	2 427
1986	25.88	18.97	59 773	44 324	2 452	2 476
1987	32.29	22.04	80 013	54 333	2 677	2 637
1988	41.74	28.04	134 218	87 607	3 388	3 269
1989	48.24	30.34	179 042	114 650	3 858	3 917
1990	55.41	33.85	227 392	140 935	4 304	4 339
1991	64.89	38.77	307 950	175 169	5 016	4 908
1992	71.10	38.85	403 790	226 079	5 931	6 026
1993	78.11	41.45	619 647	356 949	8 145	8 854
1994	82.29	38.71	852 332	445 286	10 572	11 632
1995	88.75	40.17	1 076 083	545 013	12 276	13 709
1996	89.13	41.07	1 284 558	679 349	14 507	16 625
1997	91.18	40.92	1 479 515	744 781	16 531	18 515
1998	91.93	33.75	1 674 771	707 004	18 381	21 161
1999	92.52	32.94	1 890 338	775 020	20 714	23 602
特区 Urban						
1980	2.65	2.65	2 697	2 697	1 133	1 133
1981	3.85	3.85	4 603	4 603	1 196	1 196
1982	6.68	6.08	8 296	7 361	1 408	1 366
1983	10.67	8.70	13 689	10 770	1 610	1 610
1984	15.45	11.78	30 705	24 902	2 266	2 363
1985	19.31	14.00	46 070	33 553	2 524	2 558
1986	22.13	15.64	53 625	38 826	2 568	2 624
1987	27.35	17.72	71 027	46 596	2 798	2 789
1988	35.79	22.94	119 989	75 667	3 543	3 455
1989	41.20	24.37	156 795	95 707	3 919	3 930
1990	47.59	27.10	199 609	118 263	4 397	4 468
1991	55.47	30.29	272 413	147 863	5 196	5 124
1992	60.06	33.04	356 496	198 202	6 151	6 198
1993	68.32	34.93	555 961	310 909	8 335	9 119
1994	72.33	32.98	768 535	389 924	10 815	11 926
1995	74.67	33.70	947 900	469 341	12 838	14 047
1996	77.52	34.81	1 146 233	586 662	14 903	16 941
1997	80.36	35.40	1 333 670	654 603	16 896	18 783
1998	80.47	28.20	1 507 327	604 604	18 896	21 641
1999	78.87	26.72	1 693 559	657 106	21 644	24 682

11－2　职工工资总额指数和平均工资指数
RELATED INDICES OF TOTAL WAGES AND AVERAGE WAGE OF STAFF AND WORKERS
(1980—1999)

以上年为100　　(preceding year＝100)

年　份 Year	工资总额指数 Related Indices of Total Wages	国有单位 State－owned Units	职工平均货币工资指数 Related Indices of Average Money Wage	国有单位 State－owned Units	职工平均实际工资指数 Related Indices of Average Real Wage	国有单位 State－owned Units
1980	147.9	147.3	127.3	126.1	121.2	120.1
1981	135.8	136.7	115.6	113.0	104.4	102.1
1982	168.6	168.0	120.8	121.4	112.1	112.6
1983	161.4	153.1	113.1	115.7	110.9	113.4
1984	218.7	220.7	141.0	143.7	132.0	134.6
1985	147.0	134.3	111.0	107.5	90.6	87.8
1986	115.1	115.2	101.4	102.0	95.6	96.1
1987	133.9	122.6	109.2	106.5	95.5	93.1
1988	167.7	161.2	126.6	124.0	98.8	96.8
1989	133.4	130.9	113.9	119.8	90.8	95.5
1990	127.0	122.9	111.6	110.8	109.8	109.1
1991	135.4	124.3	116.5	113.1	113.1	109.8
1992	131.1	129.1	118.2	122.8	110.2	114.4
1993	153.5	157.9	137.3	146.9	114.3	122.3
1994	137.6	124.7	129.8	131.4	109.8	111.2
1995	126.3	122.4	116.1	117.9	103.3	104.9
1996	119.4	124.6	118.2	121.3	109.7	112.6
1997	115.2	109.6	114.0	111.4	110.3	107.8
1998	113.8	95.7	110.2	112.3	111.0	113.1
1999	112.9	109.6	112.7	111.5	113.5	112.3

11－3 职工工资总额指数和平均工资指数

RELATED INDICES OF TOTAL WAGES AND AVERAGE WAGE OF STAFF AND WORKERS (1980—1999)

以1979年为100 (1979＝100)

年 份 Year	工资总额指数 Related Indices of Total Wages	国有单位 State－owned Units	职工平均货币工资指数 Related Indices of Average Money Wage	国有单位 State－owned Units	职工平均实际工资指数 Related Indices of Average Real Wage	国有单位 State－owned Units
1980	147.9	147.3	127.3	126.1	121.2	120.1
1981	200.9	201.4	147.2	142.5	126.7	122.6
1982	338.8	338.4	177.6	173.0	141.7	138.1
1983	546.8	518.0	200.9	200.1	157.2	156.6
1984	1 196.0	1 143.4	283.4	287.5	207.6	210.6
1985	1 758.5	1 535.5	314.4	309.2	188.0	184.9
1986	2 024.8	1 769.4	318.9	315.4	179.8	177.8
1987	2 710.5	2 169.0	348.1	335.9	171.5	165.5
1988	4 546.7	3 497.3	440.6	416.4	169.5	160.2
1989	6 065.1	4 576.8	501.7	499.0	153.9	153.1
1990	7 703.0	5 626.1	559.7	552.7	169.0	166.9
1991	10 431.9	6 992.8	652.3	625.2	191.2	183.2
1992	13 678.5	9 025.1	771.3	767.6	210.7	209.7
1993	20 990.8	14 249.5	1 059.2	1 127.9	240.9	256.5
1994	28 873.0	17 775.9	1 374.8	1 481.8	264.5	285.1
1995	36 452.7	21 757.0	1 596.4	1 746.4	273.3	299.0
1996	43 514.8	27 119.7	1 886.5	2 117.8	299.9	336.6
1997	50 119.1	29 731.8	2 149.7	2 358.6	330.8	362.9
1998	57 035.5	28 453.3	2 369.0	2 648.7	367.1	410.4
1999	64 393.1	31 184.8	2 669.9	2 953.3	416.6	460.8
年平均增长率(%) Average Annual Growth Rate(%)	**38.2**	**33.3**	**17.8**	**18.4**	**7.4**	**7.9**

11－4　全部职工人数(1999年底)
NUMBER OF STAFF AND WORKERS (END OF 1999)

项　目	Item	单位数(个) Units	在岗职工年末人数(人) Number of Staff and Workers Year－end (person)	女　性 Femal
总　计	**Total**	**5 674**	**925 177**	**425 170**
一、按登记注册类型分	Grouped by Registration			
1. 内资单位	Domestic Investment Enterprise	4 241	582 187	223 752
(1)国有单位	State－owned	2 515	329 416	129 103
(2)集体单位	Collective－owned	312	41 636	19 948
(3)股份合作单位	Cooperative Shares Enterprise	98	26 084	15 378
(4)联营单位	Joint owned	401	27 647	11 754
(5)有限责任公司	Companies Limited with Liabilities	580	58 034	17 090
(6)股份有限公司	Companies Limited by Shares	324	98 761	30 282
(7)其他内资单位	Others	11	609	197
2. 港澳台投资单位	Funded by Entreprenear from Hongkong, Macao and Taiwan	965	209 224	114 551
3. 外商投资单位	Foreign Funded	468	133 766	86 867
二、按企业、事业、机关分	Grouped by Enterprises, Institutions and Agencies			
1. 企业	Enterprises	4 494	808 219	375 346
2. 事业	Institutions	803	68 011	35 193
3. 机关	Agencies & Organizations	377	48 947	14 631
三、按国民经济行业分	Grouped by Sector			
1. 农、林、牧、渔业	Farming, Forestry, Animal Husbandry and Fishery	55	9 645	4 311
①农业	Farming	16	847	252
②林业	Forestry	4	204	83
③畜牧业	Animal Husbandry	12	8 113	3 829
④渔业	Fishery	8	183	72
⑤农、林、牧、渔服务业	Services	15	298	75
2. 采掘业	Mining and Quarrying	9	936	121
3. 制造业	Manufacturing	1 739	419 769	239 761
4. 电力、煤气及水的生产和供应业	Electricity, Gas and Water Production and Supply	34	11 208	2 524
5. 建筑业	Construction	206	74 318	7 441
#土木工程建筑业	Civil Engineering	125	63 150	5 073
6. 地质勘查业、水利管理业	Geological Prospecting and Water Conservancy	17	1 841	342
①地质勘查业	Geological Prospecting	7	1 231	202
②水利管理业	Water Conservancy	10	610	140
7. 交通运输、仓储及邮电通信业	Transportation, Storage, Post and Telecommunication	256	55 886	20 026
①交通运输业	Transportation	175	34 480	9 408
②仓储业	Storage	45	3 653	1 204
③邮电通信业	Post and Telecommunication	36	17 753	9 414

11－4 续表 continued

项　目	Item	单位数(个) Units	在岗职工年末人数(人) Number of Staff and Workers Year－end (person)	女　性 Femal
8．批发和零售贸易、餐饮业	Wholesale and Retail Trade & Catering Services	1 142	97 432	48 211
①批发业	Wholesale	838	56 229	23 881
②零售业	Retail Sales	222	26 529	16 493
③餐饮业	Catering Services	82	14 674	7 837
9．金融、保险业	Banking and Insurance	60	31 693	14 255
①金融业	Banking	56	29 689	13 679
②保险业	Insurance	4	2 004	576
10．房地产业	Real Estate Trade	408	34 940	11 175
＃房地产开发与经营业	Real Estate Development and Operation	207	16 345	6 431
房地产管理业	Real Estate Management	197	18 514	4 710
11．社会服务业	Social Services	433	63 221	24 263
＃公共服务业	Public Services	130	30 835	9 480
居民服务业	Resident Services	26	2 317	1 228
旅馆业	Hotels	70	15 659	8 345
信息、咨询服务业	Information and Consultancy Services	66	3 358	905
12．卫生、体育和社会福利业	Healh Care, Sports and Social Welfare	148	24 480	14 785
①卫生	Health Care	97	21 264	13 314
②体育	Sports	27	1 872	844
③社会福利保障业	Social Welfare	24	1 344	627
13．教育、文化艺术和广播电影电视业	Education, Culture, Arts, Radio, Film and Television	534	36 841	18 223
①教育	Education	450	30 815	15 945
＃普通高等学校	Regular Institution of Higher Education	4	2 061	919
普通中学	Regular Secondary Schools	76	10 772	4 695
小学校	Primary Schools	271	12 000	6 782
②文化艺术业	Culture and Arts	64	4 270	1 626
③广播电影电视业	Radio, Film and Television	20	1 756	652
14．科学研究和综合技术服务业	Scientific Research and Polytechnical Services	136	5 944	1 697
①科学研究业	Scientific Research	15	615	202
②综合技术服务业	Polytechnical Services	121	5 329	1 495
15．国家机关、政党机关和社会团体	Government Agencies, Party Agencies and Social Organizations	367	47 398	14 162
＃国家机关	Government Agencies	275	45 469	13 515
政党机关	Party Agencies	61	1 335	380
16．其他行业	Others	130	9 625	3 873

11-5 分经济类型和行业职工工资总额、平均人数和平均工资
TOTAL WAGES, AVERAGE NUMBER AND AVERAGE WAGE OF STAFF AND WORKERS BY OWNERSHIP AND SECTOR (1999)

项目	Item	在岗职工工资总额(万元) Total Wages (10 000 yuan)	在岗职工年平均人数(人) Average Number (person)	年平均工资(元) Average Yearly Wages (yuan)
总　计	**Total**	**1 890 337.6**	**912 579**	**20 714**
一、按登记注册类型分	Grouped by Registration			
1. 内资单位	Domestic Investment Enterprise	1 298 154.9	579 598	22 398
(1)国有单位	State-owned	775 019.5	328 368	23 602
(2)集体单位	Collective-owned	53 797.1	40 668	13 228
(3)股份合作单位	Cooperative Shares Enterprise	26 401.7	26 154	10 095
(4)联营单位	Joint owned	49 942.5	27 920	17 888
(5)有限责任公司	Companies Limited with Liabilities	129 912.2	56 852	22 851
(6)股份有限公司	Companies Limited by Shares	261 193.4	99 017	26 379
(7)其他内资单位	Others	1 888.5	619	30 509
2. 港澳台投资单位	Funded by Entrepreneur from Hongkong, Macao and Taiwan	360 652.0	205 910	17 515
3. 外商投资单位	Foreign Funded	231 530.7	127 071	18 221
二、按企业、事业、机关分	Grouped by Enterprises, Institutions and Agencies			
1. 企业	Enterprises	1 571 949.9	797 057	19 722
2. 事业	Institutions	185 659.7	67 286	27 593
3. 机关	Agencies & Organizations	132 728.0	48 236	27 516
三、按国民经济行业分	Grouped by Sector			
1. 农、林、牧、渔业	Farming, Forestry, Animal Husbandry and Fishery	12 498.5	10 076	12 404
①农业	Farming	1 610.3	844	19 079
②林业	Forestry	355.8	177	20 102
③畜牧业	Animal Husbandry	9 471.0	8 584	11 033
④渔业	Fishery	265.9	189	14 069
⑤农、林、牧、渔服务业	Services	795.5	282	28 209
2. 采掘业	Mining and Quarrying	1 691.1	931	18 164
3. 制造业	Manufacturing	708 362.8	409 502	17 298
4. 电力、煤气及水的生产和供应业	Electricity, Gas and Water Production and Supply	37 796.7	11 150	33 898
5. 建筑业	Construction	119 166.6	74 477	16 000
#土木工程建筑业	Civil Engineering	99 645.6	63 948	15 582
6. 地质勘查业、水利管理业	Geological Prospecting and Water Conservancy	3 926.7	1 806	21 743
①地质勘查业	Geological Prospecting	2 200.5	1 202	18 307
②水利管理业	Water Conservancy	1 726.2	604	28 579
7. 交通运输、仓储及邮电通信业	Transportation, Storage, Post and Telecommunication	151 216.6	57 063	26 500
①交通运输业	Transportation	91 845.1	34 876	26 335
②仓储业	Storage	8 623.7	3 544	24 333
③邮电通信业	Post and Telecommunication	50 747.8	18 643	27 221

11－5 续表 continued

项　目	Item	在岗职工工资总额(万元) Total Wages (10 000 yuan)	在岗职工年平均人数(人) Average Number (person)	年平均工资(元) Average Yearly Wages (yuan)
8. 批发和零售贸易、餐饮业	Wholesale and Retail Trade & Catering Services	171 028.6	96 794	17 669
①批发业	Wholesale	109 073.9	56 667	19 248
②零售业	Retail Sales	39 423.8	25 685	15 349
③餐饮业	Catering Services	22 474.2	14 410	15 596
9. 金融、保险业	Banking and Insurance	127 882.0	31 755	40 271
①金融业	Banking	123 408.8	29 796	41 418
②保险业	Insurance	4 473.2	1 959	22 834
10. 房地产业	Real Estate Trade	78 209.5	34 113	22 927
#房地产开发与经营业	Real Estate Development and Operation	41 515.4	16 104	25 780
房地产管理业	Real Estate Management	36 360.5	17 918	20 293
11. 社会服务业	Social Services	135 563.2	62 311	21 756
#公共服务业	Public Services	68 616.8	30 310	22 638
居民服务业	Resident Services	3 546.6	2 071	17 125
旅馆业	Hotels	26 597.5	15 521	17 136
信息、咨询服务业	Information and Consultancy Services	13 628.3	3 307	41 210
12. 卫生、体育和社会福利业	Health Care, Sports and Social Welfare	66 855.9	24 096	27 746
①卫生	Health Care	58 731.8	20 918	28 077
②体育	Sports	4 693.4	1 850	25 370
③社会福利保障业	Social Welfare	3 430.7	1 328	25 834
13. 教育、文化艺术和广播电影电视业	Education, Culture, Arts, Radio, Film and Television	102 848.3	36 133	28 464
①教育	Education	86 691.3	30 137	28 766
#普通高等学校	Regular Institution of Higher Education	6 172.2	1 984	31 110
普通中学	Regular Secondary Schools	31 374.5	10 553	29 730
小学校	Primary Schools	32 830.9	11 675	28 121
②文化艺术业	Culture and Arts	11 053.4	4 212	26 243
③广播电影电视业	Radio, Film and Television	5 103.6	1 784	28 608
14. 科学研究和综合技术服务业	Scientific Research and Polytechnical Services	17 596.9	5 853	30 065
①科学研究业	Scientific Research	1 851.6	608	30 454
②综合技术服务业	Polytechnical Services	15 745.3	5 245	30 020
15. 国家机关、政党机关和社会团体	Government Agencies, Party Agencies and Social Organizations	128 693.7	46 695	27 560
#国家机关	Government Agencies	123 343.1	44 778	27 545
政党机关	Party Agencies	3 651.6	1 320	27 664
16. 其他行业	Others	27 000.5	9 823	27 487

11－6 工业、建筑业企业在岗职工人数和工资

NUMBER AND WAGE OF STAFF AND WORKERS IN INDUSTRY AND CONSTRUCTION ENTERPRISES (1999)

项 目	Item	年末人数(人) Year－end Figure (person)	工资总额(万元) Total Wages (10 000 yuan)	年平均工资(元) Average Yearly Wages (yuan)
总 计	**Total**	**506 231**	**867 017.2**	**17 478**
一、工 业	Industry	431 913	747 850.6	17 739
(一)按登记注册类型分	Grouped by Registration			
1. 国有单位	State－owned Units	37 272	62 120.4	16 598
2. 城镇集体单位	Urban Collective Owned Units	19 494	23 110.9	12 471
3. 其他类型单位	Units of Other Types of Ownership	375 147	662 619.3	18 123
(二)按行业分	Grouped by Sector			
1. 采掘业	Mining and Quarrying	936	1 691.1	18 164
煤炭采选业	Coal Mining and Dressing			
石油和天然气开采业	Petroleum and Natural Gas Extraction			
黑色金属矿采选业	Ferrous Metals Mining and Dressing			
有色金属矿采选业	Nonferrous Metals Mining and Dressing			
非金属矿采选业	Nonmetal Minerals Mining and Dressing	936	1 691.1	18 164
其他矿采选业	Other Minerals Mining and Dressing			
木材及竹材采运业	Logging and Transport of Wood and Bamboo			
2. 制造业	Manufacturing	419 769	708 362.8	17 298
食品加工业	Food Processing	6 023	12 557.6	21 775
食品制造业	Food Manufacturing	3 616	5 922.7	16 665
饮料制造业	Beverage Manufacturing	4 389	10 589.9	24 194
烟草加工业	Tobacco Processing	398	1 828.5	45 942
纺织业	Textile Industry	9 402	14 587.9	15 755
服装及其他纤维制品制造业	Garments and Other Fiber Products	53 583	65 415.7	12 111
皮革、毛皮、羽绒及其制品业	Leather, Furs, Down and Related Products	20 892	22 711.9	10 861
木材加工及竹、藤、棕、草制品业	Timber Processing, Bamboo, Cane, Palm Fiber and Straw Products	2 708	3 701.3	13 401
家具制造业	Furniture Manufacturing	1 535	2 493.1	14 778
造纸及纸制品业	Papermaking and Paper Products	1 924	3 300.3	16 419
印刷业记录媒介的复制	Printing and Record Medium Reproduction	5 726	12 131.1	21 482
文教体育用品制造业	Cultural, Educational and Sports Goods	12 761	14 649.8	11 295

11－6续表 continued

项　目	Item	年末人数(人) Year－end Figure (person)	工资总额(万元) Total Wages (10 000 yuan)	年平均工资(元) Average Yearly Wages (yuan)
石油加工及炼焦业	Petroleum Processing and Coking	167	653.4	36 503
化学原料及化学制品制造业	Raw Chemical Materials and Chemical Products	4 055	8 578.3	20 677
医药制造业	Medical and Pharmaceutical Products	4 656	9 383.1	20 672
化学纤维制造业	Chemical Fiber	897	2 433.4	26 479
橡胶制品业	Rubber Products	2 506	4 479.7	18 078
塑料制品业	Plastic Products	16 364	21 971.8	13 647
非金属矿物制品业	Nonmetal Mineral Products	10 645	25 366.9	23 888
黑色金属冶炼及压延加工业	Smelting and Pressing of Ferrous Metals	501	1 051.3	21 811
有色金属冶炼及压延加工业	Smelting and Pressing of Nonferrous Metals	2 798	5 147.0	19 842
金属制品业	Metal Products	32 159	46 582.9	15 346
普通机械制造业	Ordinary Machinery	2 145	3 668.4	18 434
专用设备制造业	Special Purpose Equipment	6 601	14 188.8	22 963
交通运输设备制造业	Transport Equipment	7 141	11 800.0	16 142
电气机械及器材制造业	Electric Equipment and Machinery	27 920	38 270.2	14 074
电子及通信设备制造业	Electronic and Telecommunications Equipment	152 990	304 097.1	20 776
仪器仪表及文化办公用机械制造业	Instruments, Meters, Cultural and Office Machinery	18 820	30 816.1	16 826
其他制造业	Other Manufacturing	6 447	9 884.6	15 618
3.电力、煤气及水的生产和供应业	Electricity, Gas and Water Production and Supply	11 208	37 796.7	33 898
电力、蒸气及热水的生产和供应业	Electricity, Steam and Hot Water Production and Supply	6 754	26 036.5	38 402
煤气生产和供应业	Gas Production and Supply	2 060	6 264.0	31 056
自来水的生产和供应业	Tap Water Production and Supply	2 394	5 496.2	23 358
二、建筑业	Construction	74 318	119 166.6	16 000
按登记注册类型分	Grouped by Registration			
1.国有单位	State－owned Units	37 929	57 607.2	15 168
2.城镇集体单位	Urban Collective Owned Units	4 600	5 714.6	12 292
3.其他单位	Units of Other Types of Ownership	31 789	55 844.8	17 535

11－7　镇、村企业从业人员和工资
NUMBER AND WAGE OF STAFF AND WORKERS IN TOWN AND VILLAGE ENTERPRISES (1999)

项　目	Item	从业人员(人) Employed Persons(person)	工资总额(万元) Total Wages (10 000 yuan)	年平均工资(元) Average Yearly Wages(yuan)
总　计	**Total**	**1 121 685**	**781 470.1**	**7 269**
1. 农、林、牧、渔业	Farming, Forestry, Animal Husbandry and Fishery	5 827	4 283.0	8 163
2. 采掘业	Mining and Quarrying	496	384.8	8 457
3. 制造业	Manufacturing	1 050 687	712 313.9	7 060
4. 电力、煤气及水的生产和供应业	Electricity, Gas and Water Production and Supply	2 440	3 172.1	15 077
5. 建筑业	Construction	14 326	11 562.6	8 339
6. 地质勘查业、水利管理业	Geological Prospecting and Water Conservancy			
7. 交通运输、仓储及邮电通信业	Transportation, Storage, Post and Telecommunication	1 176	1 211.9	11 337
8. 批发和零售贸易、餐饮业	Wholesale and Retail Trade & Catering Services	14 868	10 386.7	7 767
9. 金融、保险业	Banking and Insurance	235	422.2	18 198
10. 房地产业	Real Estate Trade	814	1 011.5	13 068
11. 社会服务业	Social Services	8 440	6 734.6	8 488
12. 卫生、体育和社会福利业	Health Care, Sports and Social Welfare			
13. 教育、文化艺术和广播电影电视业	Education, Culture, Arts, Radio, Film and Television			
14. 科学研究和综合技术服务业	Scientific Research and Polytechnical Services			
15. 国家机关、政党机关和社会团体	Government Agencies, Party Agencies and Social Organizations			
16. 其他行业	Others	22 376	29 986.8	14 252

11－8　城乡劳动力资源分配平衡表
BALANCE OF LABOUR RESOURCES IN URBAN AND RURAL AREAS
(1999)

单位:万人　　(10 000 persons)

项　目	Item	合　计 Total	城　镇 Urban Areas	农　村 Rural Areas
年末劳动力资源总数	**Labour Resources(Year－end)**	**329.6**	**303.1**	**26.5**
＃当年新增加的劳动力资源	Newly Increased Labour Resources	12.5	11.8	0.7
1．年末16岁以上全部人数	Population aged 16 and Over	328.2	302.6	25.6
＃不计入劳动力资源的人数	Population not Counted in Labour Resources	6.7	6.5	0.2
2．机械变动差额跨地区调整数	Adjustment of Machanical Change	8.1	7.0	1.1
经济活动人口	**Economically Active Population**	**302.5**	**286.5**	**16.0**
一、从业人员	Employed	295.1	279.1	16.0
(一)按经济类型分	Grouped by Ownership			
1．国有经济	State－owned	33.1	33.1	
2．集体经济	Collective－owned	74.8	58.8	16.0
3．私营经济	Private	40.7	40.7	
4．个体经济	Individual	33.4	33.4	
5．联营经济	Joint Owned	6.3	6.3	
6．股份制经济	Share Holding	16.3	16.3	
7．外商投资经济	Foreign Funded	17.9	17.9	
8．港、澳、台投资经济	Funded by Entrepreneur from HongKong, Macao & Taiwan	62.4	62.4	
9．其他经济	Others	10.2	10.2	
(二)按国民经济行业分	Grouped by Sector			
1．农、林、牧、渔业	Farming, Forestry, Animal Husbandry and Fishery	4.2	1.7	2.5
2．采掘业	Mining and Quarrying	0.2	0.2	
3．制造业	Manufacturing	160.5	155.2	5.3
4．电力、煤气及水的生产和供应业	Electricity, Gas and Water Production and Supply	1.4	1.4	
5．建筑业	Construction	9.3	9.0	0.3
6．地质勘查业、水利管理业	Geological Prospecting and Water Conservancy	0.2	0.2	
7．交通运输、仓储及邮电通信业	Transportation, Storage, Post and Telecommunication	6.7	6.1	0.6
8．批发和零售贸易、餐饮业	Wholesale and Retail Trade & Catering Services	60.7	59.3	1.4
9．金融、保险业	Banking and Insurance	3.6	3.2	0.4
10．房地产业	Real Estate Trade	3.6	3.6	
11．社会服务业	Social Services	14.2	14.1	0.1
12．卫生、体育和社会福利业	Health Care, Sports and Social Welfare	2.9	2.5	0.4
13．教育、文化艺术和广播电影电视业	Education, Culture, Arts, Radio, Film and Television	4.1	3.7	0.4
14．科学研究和综合技术服务业	Scientific Research and Polytechnical Services	0.6	0.6	
15．国家机关、政党机关和社会团体	Government Agencies, Party Agencies and Social Organizations	4.7	4.7	
16．其他行业	Others	18.2	13.6	4.6
二、失业人员	Unemployed	7.4	7.4	
非经济活动人口	**Noneconomically Active Population**	**27.1**	**16.6**	**10.5**
＃16岁以上在校学生	Students aged 16 and over	5.5	5.5	
家务劳动者	Household Labour	16.5	8.8	7.7

十二、科学、教育、文化、卫生

1999年深圳教育事业概况

一、教育事业发展基本情况

1999年,教育事业发展迅速,各项指标均比上年有较大幅度的增长。全市有各级各类学校1018所,比上年增加116所(普通中学5所、小学39所、幼儿园72所),增长12.9%。实际招生145806人,增长19.6%。毕业生96908人,增长12.1%。在校学生479061人,增长14.3%。教职工35799人,增长14.2%,其中,专任教师23914人,增长12.1%。各类学校发展情况分述如下:

1. 普通高教和成人高教均快速发展

1999年,全市有普通高等学校2所(深圳大学和深圳职业技术学院)。招生4211人,增长36.8%,毕业生2146人,增长0.9%,在校学生10568人,增长24.4%。教职工1819人,增长10.3%,其中,专任教师1049人,增长21.3%。

全市有成人高等学校2所(深圳电视大学和深圳教育学院)。成人高等教育(含深圳大学和职业技术学院的函授部)招生3423人,减少6.5%,毕业生1266人,减少29.1%,在校学生9606人,增长12.4%。教职工(仅电视大学和教育学院)326人,增长5.5%,其中,专任教师170人,增长33.9%。

2. 普通高中、职业高中和技工学校稳步发展,中专教育出现"滑坡"趋向

普通高中招生8570人,增长0.4%,毕业生6138人,增长11.9%,在校学生24105人,增长3.1%,专任教师1636人,增长5.8%。

职业高中16所。实际招生4226人,增长9.5%,毕业生3284人,减少10.2%,在校学生11308人,增长7.8%。教职工1291人,增长6.1%,其中,专任教师948人,增长7.7%。

技工学校2所。招生700人,增长22.8%,毕业生605人,增长43.7%,在校学生1648人,增长21.5%。

普通中等专业技术学校8所。招生1163人,增长5.0%,毕业生1203人,减少2.9%,在校学生3689人,减少5.4%。教职工807人,增长0.7%,其中,专任教师457人,增长2.2%。

成人中等专业技术学校9所。招生2149人,减少33.8%,毕业生1920人,减少24.9%,在校学生5388人,减少12%。

3. 进一步贯彻落实义务教育法,开始实行六周岁儿童入学,义务教育规模迅速扩大

全市有小学325所,增加39所。小学招生55872人,增长33.6%,毕业生27040人,增长13.3%,在校学生256060人,增长18.7%。小学学龄入学率和小学毕业生升学率继续保持100%。教职工11449人,增长17.0%,其中,专任教师8914人,增长12.3%。

普通初中招生25810人,增长13.4%,毕业生17041人,增长2.5%,在校学生67155人,增长7.2%,初中毕业生升学率98.6%,提高1.9个百分点。专任教师4299人,增长8.7%。

从在校学生户籍构成看,非深圳户籍的小学和初中在校学生分别有116831人、18603人,比上年增长41.3%和14.8%,占在校学生

总数的比例分别为45.6%和27.7%。深圳户籍的小学和初中在校学生分别有139229人和48552人,分别增长4.7%和4.6%。

4.幼儿教育发展较快

全市有幼儿园560所,增加72所。招生39019人,增长18.9%,在园幼儿88322人,增长13.8%。教职工数和专任教师数均有较大幅度增加,增幅分别为18.9%和15.9%。由于小学六周岁儿童入学的实施,致使已满六周岁的在园儿童提前离园,离园幼儿数大幅度增加,增长33.8%。

5.教师队伍整体素质继续提高

通过实施"名师工程",系统地对校长和后备干部进行培训,全体教师每年接受60学时的继续教育,加快了教师队伍知识更新速度,促进了教师队伍整体素质的进一步提高。小学、初中、普通高中和职业高中专任教师学历合格率分别为98.5%、98.6%、95.4%和89.1%,分别提高了0.4、0.2、1.9和2.8个百分点。小学教师大专学历达标率和初中教师本科学历达标率分别为73.2%和78.3%,分别比上年提高了1.6和4.6个百分点。具有高、中级专业技术资格的中小学教师人数分别为1196人和7829人,分别比上年增长30.1%和17.3%。

6.办学条件得到改善

经市政府教育督导室学校等级评估,国家、省、市、区级中专、中小学一级学校有194所,比上年增加46所,增长31%,其中,一级学校增加10所,增长3%,市一级学校增加　所,增长18%,区一级学校增加29所,增长33%。

普通中学、职业中学、小学人均建筑面积分别为14.98、21.12和6.27平方米,分别比上年增加1.4、3.16和0.01平方米。

普通中学、职业中学、小学人均图书馆藏书量分别为25.3、31.4和13.8册,分别比上年增加1.9、2.8和0.4册。

二、教育事业发展特点

1999年深圳教育事业发展的突出特点表现为:

一是开始实行六周岁儿童入学,全面实施素质教育,基础教育整体水平提高。二是积极推进高等教育改革,扩大办学规模,增加招生数量,高等教育快速发展。三是办学体制改革不断深化,科学的教育管理机制正在形成。四是完善分段高中改革,促进普教与职教、成教、高教的沟通。五是教育信息化建设和教育科研、教学研究得到加强。六是实施"名师工作台",促进了教师队伍整体素质的进一步提高。

三、教育事业发展中的存在问题

1999年,深圳市教育事业稳步发展,但与教育要求还有一定的差距,还存在一些薄弱环节。

一是高等教育与基础教育发展不平衡。二是教育体制与社会主义市场经济体制不相适应。三是教育体系结构与构建终身教育体系、建设学习化社会的要求不相适应。

四、几点建议

1.贯彻落实第三次全国教育工作会议精神,深化办学体制、管理体制、投资体制、人事制度和收费制度等方面的改革,建立充满生机活力的教育体制。

2.继续扩大高校招生规模,探索联合办学和产学研一体化的新路,加快高等教育发展步伐。

3.在全面实现六周岁儿童入学的基础上,实施九年义务教育标准化建设工程,进一步缩小校际差异,提高整体办学水平。

4.深化成人中、高等教育改革,扩大成人高校规模,加强对社会力量办学的监督指导,加强再就业培训,大力提高劳动者素质。

5.完善校长和教师队伍管理机制,启动新一轮继续教育,继续实施"名师工程",加强师德教育,进一步提高教师队伍的整体素质。

6.依法治教,加强教育科研,加快教育信息化建设。

(执笔:张少伟　罗海泉)

1999 年深圳文化事业概况

1999 年,深圳文化事业发展迅速,精品生产取得丰硕成果,文艺活动繁荣活跃,新闻出版、广播电视规范管理取得成效,依法行政、依法治文已深入人心。

一、文化精品创作

1999 年,深圳文艺精品创作硕果累累,众多作品获奖。全市文化系统(包括文化艺术、新闻出版、广播电影电视)共获国际、国家、省级奖 208 项,其中国际级 2 项,国家级 67 项,省级 139 项。歌曲《走进新时代》、故事片《花季·雨季》、广播剧《抬头一片天》等四部作品荣获中宣部第七届“五个一工程”奖。这是深圳历届“五个一工程”评奖中获得最多的一次,也是全国获奖作品较多的地区之一。成功创作演出了大型现代舞剧《深圳故事—追求》,在北京演出时,受到了中央领导的肯定和专家学者的好评。创作歌曲《你,就是一个士兵》获国家文化部第九届群星奖金奖,创演的表演唱《渔家姑娘喜事多》获银奖,话剧《窗外有片红树林》获“第六届中国戏剧节曹禺剧目奖”,创作小品《一碗面条》获 99 中国曹禺戏剧类小品戏业余组一等奖。此外,在全省业余文艺作品评选中,深圳有 11 个作品获奖,其中一等奖 4 个、二等奖 5 个、三等奖 2 个。在全省第三届群众戏剧花会中有 4 件作品获奖。其中特等奖 1 个,金、银、铜奖各 1 个。

二、文艺演出活动

1999 年,文化艺术活动繁荣活跃。全年共组织各类演出活动 2399 场,其中,大剧院 136 场,深圳戏院 38 场,歌舞团演出 65 场,交响乐团 70 场,粤剧团 108 场。全年放映电影 39820 场,观众达 364 万人次,票房收入 1650 万元。组织上山下乡演出 2224 场,观众 130 万人次。成功地举办了 50 周年国庆文艺表演《祖国,深圳对您说》、首届高交会开幕式文艺晚会《拥抱未来》等大型文艺演出。特别是《拥抱未来》晚会邀请了包括国内外著名演员近千人的演出队伍参加。这台晚会在 10 天内演出 10 场,观众达 3.5 万人次。举办了第八届深圳大剧院艺术节和第四届鹏城金秋艺术节,艺术节历时 57 天,共组织了 40 场中外优秀艺术剧目和大型广场文艺展演,观众达数十万人,仅鹏城金秋艺术节就有观众 24 万人次。除此之外,为了配合重大节庆日及全市中心工作,组织各种演出活动。成功举办了庆祝 50 周年国庆大游行、大型焰火晚会,焰火燃放时间为历年最长,达 45 分钟,约有 15 万人次在现场观看了燃放活动。

各种展览活动丰富多彩。全年市、区、镇共举办各类展览近 300 个,其中 ,关山月美术馆 26 个,市美术馆 26 个,画院 6 个。首次成功举办了全国美展艺术设计展,展出作品 300 余幅,近万人观看了展览。由市博物馆举办的《崛起的深圳——深圳市改革开放历史建设成就展览》、《海洋生物展览》等 6 个展览,共接待观众 2.2 万人次。

三、公共图书馆事业

1999 年,全市有公共图书馆 7 座,公共图书馆总藏量为 203.8 万册、件,总藏量与去年基本持平,总流通人次 344.5 万人次,比上年增加 26.1%。在全国图书馆评估定级工作中,深圳图书馆、宝安区图书馆、南山区图书馆和罗湖区图书馆被文化部命名为“一级图书馆”。蛇口工业区图书馆被命名为“二级图书馆”。

图书馆科研工作成效显著。由市图书馆研制的ILASⅡ成功通过国家部级鉴定，并荣获1999年文化部科技进步一等奖，并开发研制了适应村镇图书馆使用的ILAS单机版，为村镇图书馆实现现代化管理创造了条件。

四、新闻出版事业

1999年全市公开发行报纸11家，比上年减少1家，公开发行的期刊33家，比上年增加2家。报纸制版印数560235千份，比上年增加7%，杂志出版印数24656千册，比上年增加50.8%，图书出版印数3790千册，比上年减少6.7%。新华书店新增营业网点13个，全年图书销售总额为2.4亿元，比上年增长27%。

五、广播电视事业

1999年，全市拥有广播电台1座，电视中心台1座，有线电视台3座。广播、电视覆盖率分别为98.9%和99%。有线电视台站用户总数达59万户，比上年增加10.3%。

1999年，深圳市开始实施“村村通广播电视”工程，落实了市、区、镇三级资金来源，制定了实施方案，2000年上半年可实现村村通广播电视。有线电视台实现了全市范围内与香港电视节目的联网。深圳电视台完成了节目发射功率扩容工作，扩大了电视节目覆盖面，改善了收视效果。

六、文化事业管理

依法行政、依法治文是新闻文化事业保持良好发展的基本保证。1999年深圳市制定和出台了一系列法规、制度和条例，出台了《深圳市文化局依法行政工作责任制》、《深圳市文化局行政过错追究暂行办法》、《深圳经济特区文化市场管理条例》及《实施细则》、《深圳经济特区实施〈印刷管理条例〉的若干规定》、《深圳经济特区计算机软件版权保护条例》。根据规定条例，1999年对印刷业进行了整顿，实地检查印刷企业770家，查处取缔违法违规企业100余家，整改压缩331家，参加培训和重新换发证、照911家。

扫黄打非工作成绩突出。全年文化稽查队共出动5100人次，检查市场经营单位3820间(次)，查处违章单位660余间(次)，取缔无证经营单位130余家，吊销《文化经营许可证》40个，收缴各类非法音像制品及电子出版物160万张(盒)，收缴各类非法报刊40万余册。

(执笔:张少伟　吴志伟)

1999年深圳卫生事业概况

1999年,深圳市卫生工作以创建文明城市为契机,抓住“深化改革,继续整顿,规范管理”这一工作主线,全面提高医疗技术质量和服务水平。医疗卫生服务取得较好的社会效益,医疗卫生体制改革试点工作取得显著成效,卫生防疫、妇幼保健和社区服务工作取得新的进展,科教工作取得好的成绩,医药市场逐步走向规范化管理。

一、基本情况

1. 卫生事业继续保持良好的发展势头

1999年全市拥有各类卫生机构687个,比上年减少23.6%,其中医院数76家,比上年减少1家。我市卫生机构数显著递减,主要原因是1999年不再将乡村卫生站纳入统计范围。医院病床数8997张,比上年增加4.7%。全市拥有卫生工作人员18841人,增加0.7%(卫生部门实际增加633人,乡村卫生站和原国境卫生检疫局不再列入统计范畴,使人员大幅减少),其中卫生技术人员15143人,副高职称以上卫技人员比例从上年的10.6%提高到11.7%。

2. 医疗卫生服务取得较好的社会效益

全市各级医院完成诊疗1519.58万人次,比上年增加9.6%,其中处理急诊117.80万人次,增加10.3%;收诊住院病人21.12万人次,增加10.9%,住院治愈率为77.2%,危重病人抢救成功率87.3%,与上年持平。出院者平均住院日10.2天,与上年相同;病床使用率69.3%,比上年提高0.7个百分点,其中市直属医院比上年增加1.9个百分点。全市全年共报告甲、乙类传染病8880例,发病率为221.97/10万,死亡率比上年下降6.5%。1999年居民主要健康指标:孕产妇死亡率为17.24/10万,婴儿死亡率8.03‰,均达到先进城市的水平。

3. 城市初级卫生保健提前两年达标

全市六个行政区城市初级卫生保健在市、区联合审评的基础上,全部以90多分顺利通过省级规划目标的复核审评,使深圳成为广东省,也是全国第一个提前两年全面实现国家和省政府提出的城市“2000年人人享有卫生保健”规划目标的城市。

4. 加强卫生防疫工作,顺利通过全国卫生城市检查

1999年在卫生防疫工作方面,重点加强了卫生监督管理工作,开展了食品卫生、公共场所卫生、学校卫生等多项专题检查。全市各类食品合格率为91.8%,公共场所监测合格率99.1%,劳动卫生有毒有害作业场所监测合格率95.9%。不论是传染病控制还是行业卫生,均以较好成绩通过了国家检查团的检查验收。霍乱防治工作取得明显的成效,无一例霍乱病人死亡,也没有发生二代病例。连续三年监测布鲁氏菌均为阴性,成为以市为单位达到稳定控制布鲁氏菌标准的城市。性病、艾滋病的主动监测得到进一步加强。在慢性非传染性疾病防治方面,出台了一套社区慢性非传染性疾病综合防治管理规范,使社区的高血压和糖尿病人的管理逐步走上科学管理和系统管理的轨道。

5. 加强规范管理,提高医疗质量

1999年开展了全市医疗卫生待业安全质量大检查,重点加强了医疗急救、院内消毒等薄弱环节的监督管理。在全市推行深圳市基本医

疗管理制度、诊疗管理制度和诊疗技术常规,进一步规范医疗行为。组织编纂了300多万字的《深圳市基本医疗管理制度》和《深圳市常见疾病诊闻规范》,在医院规范化管理方面迈出可喜的一步。经问卷调查,群众对医疗工作满意度达到95.6%。

6. 妇幼保健和社区服务取得新进展

妇幼保健工作有效地向社区伸延,妇女保健和儿童保健两个系统管理率明显提高。社区健康服务工作逐步走向规范管理,建设步伐有所加快,全年共组建32个新的社康中心,使总数达到152个,覆盖人口约150万。

7. 医药市场走向规范化管理

1999年,加强了对社会医疗和药品市场管理,加大了监督与检查力度,全年共监督检查社会医疗机构4920间次,取缔无证非法医疗机构3651间次;没收和暂扣药品、器械12546袋(件),价值7452万元;销毁和处理假劣药品和器械12037袋(件),价值719.1万元;对违法行为给予罚款59.9万元;调查处理群众投诉信件386封,投诉电话282次。检查各类药店、保健品店、诊所144家,其中取缔变相开办的药品集贸市场1家,无证药店、药柜76家,没收药品1730件,价值139万元。完成各类药品检验3421件,比上年增加352件,其中抽验品种675件,对药品生产企业、药品经营企业、医院外购药品和医院制剂的抽验覆盖率达100%,药品抽验总不合格率为4.9%,比上年度下降了7.8%,有效遏制了医疗市场中的不法行为。

8. 科教兴医取得新成绩

1999年,深圳科教兴医工作又取得新的成果。全市卫生系统获得省、省厅,市科技进步奖28项次,比上年增加17%,成为获奖项最多的一年。信息化工作迈上新台阶,国内首家“网上医院”正式开通,深圳市卫生系统首批受聘的50名各科各专业的专家在网上回答问题4000余条,极大地方便了患者寻医问药,舆论界和患者给予了高度赞誉,市卫生局的“新健康网站”的访问量也因此此呈现明显的上升势头。

二、面临的困难和问题

1. 医疗卫生体制改革有难点,内部分配制度、人事制度等改革举步维艰。

2. 医疗质量有待进一步提高,医务人员技术水平参差不齐,医院感染管理仍有隐患,基本医疗制度执行仍有不到位情况。

3. 整顿医德医风工作任务还很艰巨,一些单位、科室存在医疗管理责任不够落实,医院服务意识需进一步强化等问题。

4. 传染病控制任重道远。尽管甲、乙类急性传染病发病率有所下降,但性病、艾滋病等发病率又有所上升,形势不容乐观。

三、努力方向

1. 全面推进医疗卫生体制改革。实行院(所、站、校)长聘任制,院(所、站、校)长负责制,院(所、站、校)长任期目标管理责任制;建立职能分类管理和全员聘用制,形成优胜劣汰的用人制度;建立按劳分配、效率优先、兼顾公平的分配制度;实现集中采购,统一招标的采购办法。

2. 改革医疗服务补偿机制。增加卫生投入,实行医、药收支公开核算,分别管理,调整医疗收费结构。

3. 改革办医体制。形成以公有制为主体,其他形式并存的办医格局。全面推进医疗卫生体制的改革。

4. 完善医疗卫生服务监督体系。实行内外监督相结合,建立起依法办医、规范运作、监督有力、奖罚分明的规章制度。

5. 卫生行政部门要进一步明确职责,转变职能,强化服务,医疗卫生机构要以内部改革为契机,认真落实《深圳市基本医疗管理制度》和《深圳市常见疾病诊疗规范》,以及多种技术操作常规,努力实现卫生服务规范化、标准化。

6. 加强社区健康服务网络建设。争取完成再建30个社康中心的任务。不断拓宽社康中心的多项卫生任务,彻底转变现行卫生服务模式和观念,进一步探索社康中心的运行机制和补偿机制,加强规范化管理。

(执笔:张少伟　陈广钦)

1999年深圳体育事业概况

1999年是深圳体育事业不断发展的一年，全民健身计划得到全面贯彻落实，竞技体育取得优良成绩，场馆建设全面展开，体育科研不断加强，体育产业逐步发展，体育法制建设逐步走向正轨。

一、体育事业基本情况

1. 加强体育健身的法规建设

1999年5月1日，全国省级城市第一个全民健身法规《深圳经济特区促进全民健身若干规定》，经市人大三次修改后正式通过，开始实行。与此配合，深圳市全民健身工作指导委员会颁发了《深圳市成年人体质测定的若干规定》，这些法规的建立和实施标志着全民健身工作走上了依法行政、依法治体的轨道。一年来，通过大力宣传健身法规，使法规深入人心，家喻户晓，大大提高了全民健身的积极性和自觉性。

2. 积极开展群众性体育健身运动

群众性的体育健身运动蓬勃发展。全年举办各类运动会总数941次，比上年增加48.4%，其中，县级以上的运动会877次，比上年增加45.0%，体委系统的运动会194次，比上年减少24.8%。全年参加各类运动会总人数达72.6万人次，比上年增加192.7%。由全民健身计划工作指导委员会、市体育发展中心和28个单项协会组织的市一级比赛139次，参加人数达2.4万人次；组队参加了广东省第四届老年人运动会和第三届残疾人体育运动会；开展了全市机关干部广播操比赛、国庆50周年长跑活动和高交会万人放风筝大赛等群众性健身运动。仅放风筝大赛，就有30万人参加了这项活动。另外，近二千人参加了上级单位举办的15项41次群体项目竞赛活动，共获得43个冠军、31个亚军。

在学校体育方面，全市有364所大中专、中小学校的21.26万名学生参加了体育锻炼标准达标测试，达标率为95.3%，优秀率为25.4%。

3. 竞技体育又上新台阶

1999年竞技体育的主要任务是：落实“奥运争光计划”，提高全市竞技体育水平。在第四届全国城市运动会上，深圳派出93名运动员参加了16个项目中的11个项目的比赛，获得了5枚金牌、团体总分197.5分的好成绩，在57个参赛城市中分别排第14和第10位，深圳体育代表团获得了国家体育总局颁发的体育人才输送奖，优秀后备人才奖和体育道德风尚奖。深圳运动员在参加各种比赛中，获得了16个全国锦标赛冠军，目前已有一人获得参加第27届奥运会的资格。

4. 加快体育硬件设施建设

为迎接2002年省运动会和第九届全运会部分项目在深圳举行，在体育场馆建设方面投入较大的资金，加强、完善体育硬件设施的建设。目前游泳跳水馆、运动学校、体工队综合训练馆以及为全运会和省运会比赛所需场馆的维修准备工作，正在按计划有序的进行。

5. 体育产业逐步走向规范管理

1999年，成立了体育经营许可证年审工作领导小组。通过年审，对全市体育经营企业进行了一次全面检查。全年共发放体育经营许可证312家，总投资额67.98亿元，总注册资金35.55亿元，总场地面积1533.9万平方米，总就业人数10468人。

充分利用现有体育硬件设施,积极开展群众体育活动。全年对外开放240天,策划、组织承办了职工羽毛球赛8次,举办了2期小学生体育比赛,篮球活动使用场地70赛时。体育场承接各类活动和赛事达908场次,观众57万人,为机关、事业单位开放204场。游泳场接待泳客13.7万人次,举办少儿游泳培训共690人次,成人培训270人次,组织学生上课8700人次。市足协今年组织和参加执法比赛1000多场,约6000多人次参加比赛。网球中心今年举办少儿网球培训班21期,成人培训班45期,参加培训近500人次。

二、存在的问题

1.《深圳市促进全民健身若干规定》等法律法规出台后,监督和检查的力度不够,各区的群众体育活动开展不平衡。

2.仍然存在尖子不尖、尖子人才缺乏的问题。要理顺输送与提高、打基础与出优异成绩的关系。

3.激励机制仍待完善。在新的形势下,物质奖励和加强政治思想工作的关系需要进一步探讨。

4.体育设施的布局和配套,应与城市的规划衔接,使我市在建成国际性现代化城市的进程中体育设施建设少走弯路。目前的体育中心内,新闻中心与比赛场馆脱离,不符合国际和国内的常规做法。

5.运动队伍训练的计划性需加强,运动员的基本功、心理素质和综合素质尚需提高,对运动员成才过程中系统控制的科学性仍需加强。

三、努力的方向

1.抓紧游泳跳水馆的设计工作,力保上半年提前开工;加快体工队综合训练馆的建设,使体工队一线运动员早日进入正规训练场地训练;抓紧体育运动学校的建设,确保明年搬迁。

2.进一步深入贯彻落实《全民健身计划纲要》,加强全民健身网络建设社区体育工作,努力提高体育人口的比例,使此项工作更加法制化、制度化、规范化。

3.进一步深入贯彻落实《奥运争光计划纲要》,以下一届省运会为目标,逐步调整完善我市竞技体育布局,加强运动队伍的建设,科学训练,严格管理,在各级比赛中,力创佳绩,为市争光。

(执笔:张少伟　梁倩萍)

各类学校在校学生数

Students Enrollment by Level and Type of School

高等院校（人）
Institutions of Higher Education (person)

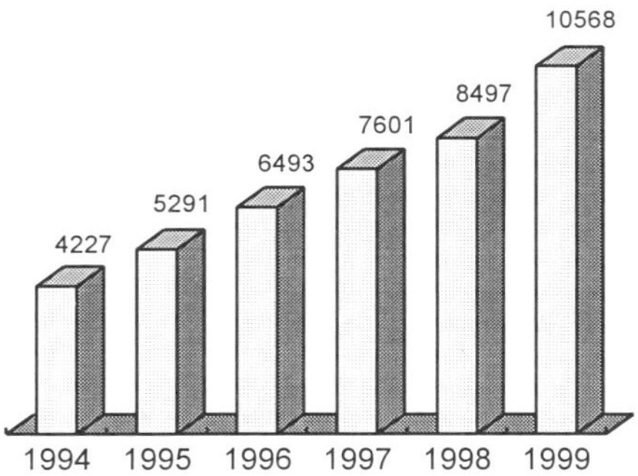

中等专业（技术）学校（人）
Specialized Secondary Schools (person)

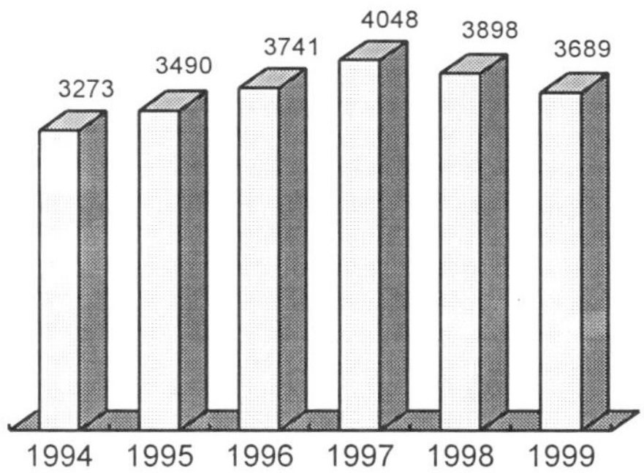

普通中学（万人）
Regular Secondary Schools (10000 persons)

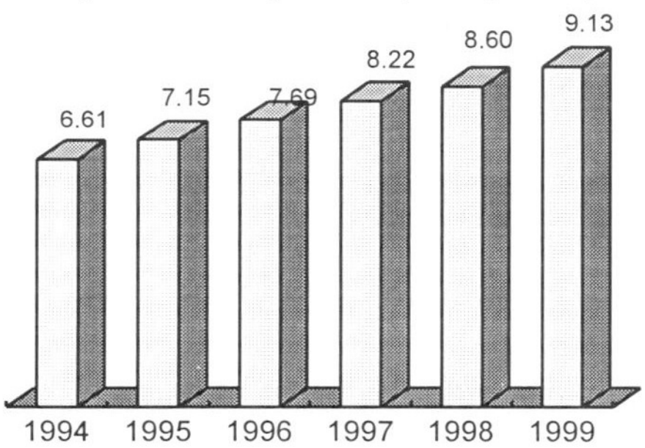

小学（万人）
Primary Schools (10000 persons)

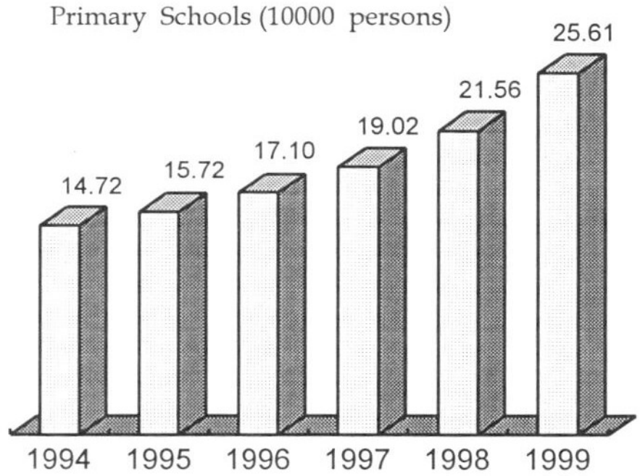

卫生技术人员数（人）

Medical Technical Personnel (person)

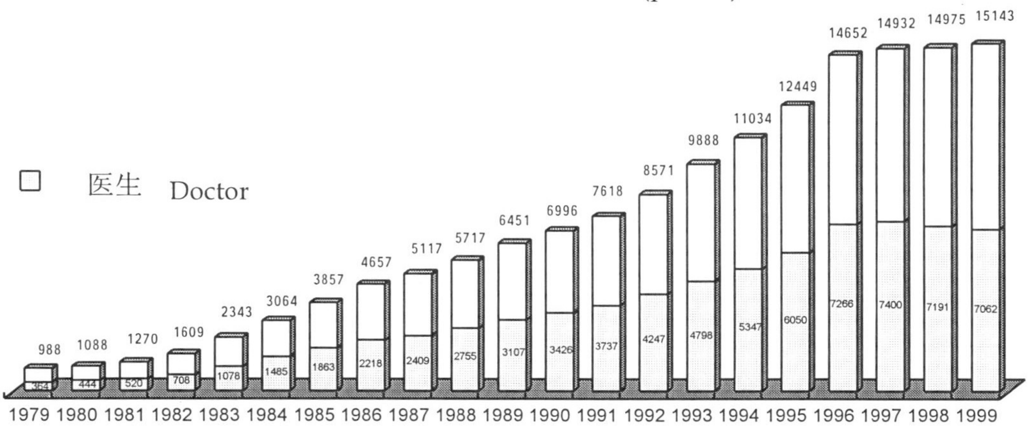

12－1　市属企事业单位各类专业人员数

PROFESSIONAL PERSONNEL IN LOCAL ENTERPRISES AND INSTITUTIONS BY LEVEL AND TYPE (1999)

单位:人　　(person)

类别	Item	合计 Total	女性 Female	按专业技术职务分 By Duty of Professional Technology 高级 Senior	中级 Medium	初级 Junior	未聘 Not Employing
总　计	**Total**	**59 624**	**26 668**	**6 470**	**23 021**	**27 683**	**2 450**
#工程技术人员	Engineering	14 742	3156	1 924	6 022	5 811	985
农业技术人员	Agriculture	445	69	37	143	235	30
卫生技术人员	Health Care	12 284	8 065	1 275	3 378	7 379	252
科学研究人员	Scientific Research	364	116	121	178	61	4
教学人员	Teaching	17 700	9 530	1 736	7 737	7 985	242
经济人员	Economic	4 967	1 403	491	1 927	2 033	516
财会人员	Financial Accounting	4 659	2 435	316	1 541	2 549	253
统计人员	Statistical	330	226	3	91	219	17
新闻出版、播音人员	News Publisher and Announcer	1 059	366	184	574	284	17
翻译人员	Translator	271	156	13	112	122	24
艺术人员	Culture and Art	436	137	101	207	118	10

12－2　科学技术研究成果数

NUMBER OF ACHIEVEMENTS IN SCIENTIFIC AND TECHNICAL RESEARCH (1991—1999)

单位:项　　(unit)

项目	Item	1991	1992	1993	1994	1995	1996	1997	1998	1999
科技成果	Achievements in Science and Technology	71	81	109	140	111	106	139	157	150
#达到国际先进水平	Attaining Advanced World Levels	19	17	15	17	14	19	16	32	34
国内先进水平	Attaining Advanced Domestic Levels	29	33	41	38	55	42	47	30	116
获省科技进步奖	Number of Provincial Scientific and Technical Progress Prizes Awarded	5	5	7	9	13	14	7	11	285
获市科技进步奖	Number of Shenzhen Scientific and Technical Progress Prizes Awarded	44	54	55	60	65	65	65	78	142

12－3　大中型工业企业技术开发主要指标

MAIN INDICATORS OF TECHNICAL DEVELOPMENT OF LARGE AND MEDIUM－SIZED INDUSTRIAL ENTERPRISES (1998—1999)

单位:万元　　(10 000 yuan)

项目	Item	1998	1999
企业个数(个)	Number of Enterprises (unit)	126	121
全部职工平均人数(人)	Average Number of Staff and Workers(person)	120 094	124 472
工业总产值(现价)	Gross Output Value of Industry (at current prices)	8 038 803	8 902 009
工业增加值	Value Added of Industry	2 400 480	2 571 070
劳动生产率(元/人)	Overall Labour Productivity (yuan/person)	199 900	206 558
产品销售收入	Sales Revenue	8 038 334	9 035 759
实现利税总额	Total Pre－Tax Profits	1 061 364	1 224 278
固定资产原价合计	Original Value of Fixed Assets	7 350 147	7 592 526
企业办技术开发机构数(个)	Number of Technical Development Institutions in Enterprises (unit)	95	93
企业技术开发人员总计(人)	Number of Personnel Engaged in Technical Development in Enterprises (person)	15 025	15 937
＃科学家和工程师	Scientists and Engineers	13 148	13 061
技术开发机构中的人数(人)	Number of Personnel in Technical Development Institutions(person)	8 055	9 066
研究与发展人员(人)	Number of Personnel Engaged in Research and Development(person)	7 388	9 577
技术开发经费筹集总额	Funds of Technical Development	204 690	221 993
＃企业自筹	Funds Self－raised by Enterprises	187 381	200 457
上级拨款	Appropriations from Higher Authorities	2 610	4 330
技术开发经费支出总额	Expenditures of Technical Development	181 735	218 818
＃开发新产品经费	Expenditures for New Products Development	142 544	195 189
技术开发机构经费支出	Expenditures of Technical Development Institutions	127 477	173 425
研究与发展支出	Expenditures of Research and Development	152 509	198 681
新产品销售收入	Sales Revenue of New Products	2 072 085	2 864 549
新产品实现利税额	Pre－Tax Profits of New Products	275 111	316 269
技术开发项目(课题)数(项)	Number of Technical Development Projects (unit)	599	693
技术开发成果获奖数(项)	Prized Achievements of Technical Development(unit)	47	67
＃国家级奖励	National Prizes	11	9
省部级奖励	Ministry Prizes	20	35
专利申请数(项)	Number of Patent Applications	200	307
专利授权数(项)	Number of Patent Applications Certified	60	74

12－4 各级各类学校数

NUMBER OF SCHOOL BY LEVEL AND TYPE

(1979—1999)

单位:所 (unit)

年份 Year	普通高等学校 Institutions of Higher Education	中等专业技术学校 Specialized Secondary Schools	普通中学 Regular Secondary Schools	职业中学 Vocational Secondary School	小学 Primary Schools	幼儿园 Kinder－gartens
全市 Total						
1979		1	24		226	90
1980		1	24		238	52
1981		4	26		244	32
1982		5	28		246	50
1983	1	4	30		248	69
1984	2	7	35	3	260	87
1985	2	7	38	3	258	79
1986	2	6	40	5	257	273
1987	2	7	43	5	255	187
1988	2	7	47	5	257	195
1989	2	8	47	7	264	207
1990	2	8	49	7	263	228
1991	2	7	51	9	260	257
1992	2	6	53	9	261	282
1993	3	6	51	17	267	281
1994	3	7	56	15	269	333
1995	2	7	62	19	274	349
1996	2	8	71	19	274	380
1997	2	8	73	20	275	446
1998	2	8	78	16	286	488
1999	2	8	83	16	325	560
特区 Urban						
1980		1	7		39	11
1981		4	9		43	13
1982		5	10		45	28
1983	1	4	12		49	24
1984	2	7	14	3	63	43
1985	2	7	16	3	66	44
1986	2	6	18	5	66	92
1987	2	6	21	5	69	106
1988	2	6	23	5	72	80
1989	2	7	25	7	84	107
1990	2	7	24	7	80	103
1991	2	6	24	9	80	114
1992	2	5	26	9	82	142
1993	3	5	32	8	91	137
1994	3	7	35	8	96	177
1995	2	5	37	11	102	193
1996	2	6	42	11	101	205
1997	2	6	44	10	103	235
1998	2	6	44	11	106	254
1999	2	6	46	11	118	279

12-5 各级各类学校教职工数
STAFF AND WORKERS BY LEVEL AND TYPE OF SCHOOL
(1986—1999)

单位:人　　(person)

年份 Year	普通高等学校 Institutions of Higher Education	中等专业技术学校 Specialized Secondary Schools	普通中学 Regular Secondary Schools	职业中学 Vocational Secondary Schools	小学 Primary Schools	幼儿园 Kinder-gartens
全市 Total						
1986	816	445	2 871	280	3 632	
1987	972	460	3 182	394	3 959	1 616
1988	1 034	496	3 455	506	4 302	1 558
1989	1 393	541	3 758	578	4 596	1 969
1990	1 348	520	3 920	759	5 061	2 267
1991	1 381	534	4 308	767	5 388	2 716
1992	1 405	585	4 650	843	5 768	3 113
1993	1 536	512	5 106	920	6 337	4 154
1994	2 753	583	5 589	945	7 129	5 294
1995	1 187	598	6 063	1 075	7 666	5 929
1996	1 331	725	6 669	1 074	8 702	6 817
1997	1 430	768	7 079	1 163	9 148	8 328
1998	1 649	801	7 369	1 217	9 786	9 761
1999	1 819	807	7 886	1 291	11 449	11 605
特区 Urban						
1986	816	431	1 608	238	1 941	
1987	972	414	1 831	314	2 242	1 242
1988	1 034	436	2 095	374	2 540	1 161
1989	1 393	479	2 492	396	2 977	1 546
1990	1 348	483	2 454	540	3 143	1 763
1991	1 381	462	2 671	573	3 316	2 252
1992	1 405	512	2 905	656	3 602	2 565
1993	1 536	459	3 226	733	3 869	3 143
1994	2 753	512	3 470	781	4 226	4 051
1995	1 187	503	3 673	905	4 612	4 397
1996	1 331	615	3 968	905	4 919	4 951
1997	1 430	649	4 303	966	5 120	5 496
1998	1 649	665	4 539	1 060	5 383	6 293
1999	1 819	663	5 020	1 112	5 952	7 107

12－6　各级各类学校专任教师数
FULL－TIME TEACHERS BY LEVEL AND TYPE OF SCHOOL
(1979—1999)

单位:人　(person)

年 份 Year	普通高等学校 Institutions of Higher Education	中等专业技术学校 Specialized Secondary Schools	普通中学 Regular Secondary Schools	职业中学 Vocational Secondary Schools	小 学 Primary Schools	幼儿园 Kinder－gartens
全市　Total						
1979		22	752		1 588	
1980		25	625		1 763	159
1981		50	676		1 948	141
1982		31	860		1 954	259
1983	80	44	1 044	12	2 025	365
1984	162	133	1 372	67	2 282	575
1985	288	154	1 902	130	2 749	483
1986	406	197	2 138	193	2 977	573
1987	468	226	2 376	314	3 265	1 005
1988	524	263	2 603	413	3 571	937
1989	533	315	2 771	484	3 810	1 193
1990	484	272	2 915	607	4 221	1 317
1991	533	296	3 255	568	4 514	1 451
1992	493	308	3 533	629	4 832	1 698
1993	535	273	3 892	701	5 342	2 288
1994	978	303	4 290	719	6 015	2 745
1995	629	334	4 675	801	6 429	3 202
1996	747	385	5 004	812	7 046	3 665
1997	793	423	5 276	858	7 567	4 613
1998	865	447	5 502	880	7 940	5 257
1999	1 049	457	5 935	948	8 914	6 092
特区　Urban						
1980		25	192		351	98
1981		50	248		506	57
1982		31	350		610	147
1983	80	44	470	12	700	201
1984	162	133	714	67	981	366
1985	288	154	1 031	111	1 439	244
1986	406	197	1 200	153	1 663	247
1987	468	198	1 373	235	1 924	656
1988	524	225	1 616	285	2 209	568
1989	533	276	1 883	310	2 568	816
1990	484	258	1 849	399	2 711	891
1991	533	245	2 059	385	2 843	1 097
1992	493	261	2 237	457	3 076	1 304
1993	535	248	2 458	531	3 306	1 571
1994	978	269	2 661	573	3 556	2 059
1995	629	278	2 807	665	3 839	2 232
1996	747	318	3 007	680	4 093	2 468
1997	793	351	3 215	726	4 220	2 832
1998	865	361	3 432	767	4 404	3 201
1999	1 049	365	3 842	819	4 742	3 581

12－7 各级各类学校在校学生数
STUDENTS ENROLLMENT BY LEVEL AND TYPE OF SCHOOL
(1979—1999)

单位:人 (person)

年 份 Year	普通高等学 校 Institutions of Higher Education	中等专业技术学校 Specialized Secondary Schools	普通中学 Regular Secondary Schools	职业中学 Vocational Secondary Schools	小 学 Primary Schools	幼儿园 Kinder－gartens
全市 Total						
1979		80	13 686		47 022	4 587
1980		142	12 296		49 168	3 377
1981		133	13 088		51 560	5 074
1982		262	17 080		54 538	7 723
1983	216	310	20 982	156	56 319	9 252
1984	1 236	1 072	27 636	937	62 021	12 140
1985	3 206	1 661	35 334	2 105	70 277	14 338
1986	3 478	2 167	40 208	3 058	77 884	22 703
1987	4 330	2 868	44 910	4 389	84 601	26 072
1988	4 710	3 610	43 267	6 086	96 474	27 106
1989	4 419	3 348	45 056	6 904	104 041	34 781
1990	3 964	2 897	46 473	8 581	111 711	36 041
1991	3 779	3 090	50 625	7 564	118 460	43 877
1992	3 653	3 218	55 857	8 548	127 978	49 985
1993	3 680	3 153	60 337	9 200	139 272	56 024
1994	4 227	3 273	66 073	9 681	147 186	63 316
1995	5 291	3 490	71 540	9 903	157 210	62 571
1996	6 493	3 741	76 949	10 258	170 983	68 769
1997	7 601	4 048	82 155	10 742	190 192	71 378
1998	8 497	3 898	86 009	10 488	215 652	77 623
1999	10 568	3 689	91 260	11 308	256 060	88 322
特区 Urban						
1980		142	3 718		10 884	1 729
1981		133	4 761		13 458	1 318
1982		262	6 901		15 996	2 869
1983	216	310	9 397	156	18 554	3 916
1984	1 236	1 072	12 883	937	24 826	5 322
1985	3 206	1 661	17 334	1 813	31 846	6 106
1986	3 478	2 167	19 447	2 363	36 977	12 143
1987	4 330	2 434	22 659	2 986	41 026	14 167
1988	4 710	3 075	24 265	3 618	45 973	15 031
1989	4 419	3 077	27 159	3 628	54 778	23 593
1990	3 964	2 666	27 272	4 623	56 300	23 169
1991	3 779	2 478	29 597	4 329	60 981	27 219
1992	3 653	2 687	32 860	5 482	66 871	30 206
1993	3 680	2 835	35 084	6 776	74 439	32 865
1994	4 227	2 794	38 546	7 386	80 301	39 874
1995	5 291	2 811	42 181	7 894	85 558	40 749
1996	6 493	2 947	45 506	8 068	90 486	41 173
1997	7 601	3 214	49 521	8 300	96 620	42 074
1998	8 497	3 004	52 945	8 269	103 904	42 363
1999	10 568	2 756	57 274	9 321	117 801	47 434

12－8　各级各类学校招生数
NEW STUDENTS ENROLLMENT BY LEVEL AND TYPE OF SCHOOL
(1979—1999)

单位:人　　(person)

年份 Year	普通高等学校 Institutions of Higher Education	中等专业技术学校 Specialized Secondary Schools	普通中学 Regular Secondary Schools	职业中学 Vocational Secondary Schools	小学 Primary Schools	幼儿园 Kinder－gartens
全市 Total						
1979			5 612		8 978	
1980			5 344		9 064	
1981			5 046		9 978	
1982			7 401		9 561	
1983	216		8 142	156	8 936	
1984	473	615	10 053	582	9 700	8 734
1985	1 482	801	12 954	1 165	11 876	10 148
1986	1 173	1 001	12 826	1 529	14 269	10 932
1987	1 573	1 229	15 121	1 959	15 191	9 344
1988	1 378	1 332	12 583	2 669	17 235	8 369
1989	1 228	863	16 654	2 613	18 525	15 273
1990	1 041	792	17 034	3 352	19 122	17 494
1991	1 126	868	17 956	2 301	19 634	28 493
1992	1 070	964	21 242	3 373	22 129	32 847
1993	1 309	990	22 417	3 275	26 333	37 035
1994	1 664	1 297	24 286	3 211	27 860	26 213
1995	2 134	1 325	26 463	3 906	31 198	35 630
1996	2 470	1 208	27 752	3 381	33 692	37 869
1997	2 580	1 293	29 773	3 439	37 306	33 906
1998	3 078	1 108	31 286	3 859	41 824	32 822
1999	4 211	1 163	34 380	4 226	55 876	39 019
特区 Urban						
1980						
1981			1 821		2 629	
1982			2 767		2 859	
1983	216		3 587	156	3 009	
1984	473	615	4 298	582	4 254	2 676
1985	1 482	801	6 027	873	5 447	2 440
1986	1 173	1 001	5 957	1 035	6 292	2 605
1987	1 573	1 053	7 965	1 118	6 667	5 168
1988	1 378	1 145	8 243	1 386	8 162	4 864
1989	1 228	783	9 341	1 172	9 905	7 730
1990	1 041	692	9 567	1 898	10 067	11 109
1991	1 126	668	10 774	1 484	10 518	15 182
1992	1 070	795	12 401	2 104	11 806	16 776
1993	1 309	829	12 811	2 331	14 647	19 333
1994	1 664	1 058	14 095	2 590	15 227	20 923
1995	2 134	1 045	15 525	3 200	16 722	20 062
1996	2 470	929	16 537	2 412	16 970	18 850
1997	2 580	1 016	17 957	2 578	17 732	17 914
1998	3 078	759	19 088	3 263	18 797	14 244
1999	4 211	842	21 561	3 568	24 139	17 904

12－9　各级各类学校毕业生数
GRADUATES BY LEVEL AND TYPE OF SCHOOL
(1984—1999)

单位:人　　(person)

年份 Year	普通高等学校 Institutions of Higher Education	中等专业技术学校 Specialized Secondary Schools	普通中学 Regular Secondary Schools	职业中学 Vocational Secondary Schools	小学 Primary Schools	幼儿园 Kinder－gartens
全市 Total						
1984			4 677		8 505	6 710
1985			7 468	55	10 669	7 824
1986		492	9 169	297	11 481	9 892
1987	1 028	646	11 401	549	14 411	7 529
1988	828	609	14 305	974	8 821	7 741
1989	1 491	1 012	13 388	1 407	12 947	13 090
1990	1 334	769	13 914	1 739	13 363	13 848
1991	1 191	715	11 885	2 360	14 428	23 140
1992	1 187	1 038	14 035	2 351	16 555	27 126
1993	1 203	1 009	14 739	2 873	17 685	30 000
1994	1 064	909	15 345	2 776	19 010	17 749
1995	1 143	813	17 617	3 127	20 876	33 187
1996	1 210	871	18 891	2 873	21 030	25 889
1997	1 474	1 055	20 215	2 876	22 095	32 459
1998	2 126	1 239	23 651	3 656	23 871	26 560
1999	2 146	1 203	23 179	3 284	27 040	35 545
特区 Urban						
1984			2 305		2 257	1 858
1985			3 848	55	3 667	1 989
1986		492	5 288	297	3 382	2 521
1987	1 028	646	6 029	549	5 344	3 716
1988	828	523	7 307	756	5 722	3 874
1989	1 491	936	7 294	1 042	6 435	6 082
1990	1 334	688	7 758	987	6 493	8 717
1991	1 191	503	7 717	1 402	7 347	12 449
1992	1 187	853	8 098	1 154	8 660	14 790
1993	1 203	911	8 655	1 765	9 253	16 619
1994	1 064	829	9 136	2 197	10 106	13 203
1995	1 143	644	10 376	2 408	11 491	18 510
1996	1 210	711	11 228	2 138	11 770	14 355
1997	1 474	820	11 964	2 294	12 177	15 761
1998	2 126	963	13 931	3 027	12 983	12 939
1999	2 146	933	14 487	2 423	14 731	16 500

12-10 文化事业
CULTURAL INSTITUTIONS
(1998—1999)

项目	Item	1998		1999	
		全市 Total	特区 Urban	全市 Total	特区 Urban
电影放映单位(个)	Film Projection Units (unit)	172	35	186	48
#电影院、影剧院(间)	Cinemas and Theatres	113	22	118	19
电影观众人数(万人次)	Spectators (10 000 person-times)	313	163	364	185
专业艺术表演团体(个)	Art Performance Troupes(unit)	5	4	5	4
艺术表演场所(间)	Art Performance Places(unit)	4		5	4
群众艺术、文化馆(座)	Art and Cultural Centers(set)	6		6	4
公共图书馆(座)	Public Libraries (set)	7	6	7	6
公共图书馆藏书(万册)	Collection of Public Libraries (10 000 books)	204.5	189.8	203.8	189.1
综合博物馆(座)	Museums (set)	1	1	1	1
广播电台(座)	Broadcasting Stations (set)	1	1	1	1
电视中心台(座)	Television Stations (set)	1	1	1	1
有线电视台(座)	Cable Television Stations(set)	1	1	3	3
广播人口覆盖率(%)	Listener Rating(%)	98	100	99	100
电视人口覆盖率(%)	Viewer Rating(%)	99	100	99	100
图书出版数(万册)	Books Published(10 000 copies)	406	406	379	379
杂志出版数(万册)	Magazines Published(10 000 copies)	1 635	770	2 466	1 219
报纸出版数(万份)	Newspapers Published(10 000 copies)	52 358	38 535	56 024	38 424

12－11　卫生事业
PUBLIC HEALTH
(1979—1999)

年份 Year	一、卫生机构数(个) Health Care Institutions (unit)	1. 医院 Hospitals	县及县以上医院 Hospitals at County Level and Above	综合医院 Comprehensive Hospitals	2. 疗养院、所 Sanatoriums	3. 门诊部、所 Clinics	4. 专科防治所 Specialized Prevention & Treatment Stations	5. 卫生防疫站 Sanitation and Diseases Control Stations
全市　Total								
1979	62	25				31		
1980	74	24				44		
1981	77	24				47		
1982	121	26				87		
1983	128	30				91		
1984	150	29				109		
1985	215	31				169		
1986	297	32	14	10	1	234	2	7
1987	311	34	15	11	1	253	2	7
1988	308	35	14	9	1	249	4	6
1989	332	35	18	12	1	271	5	6
1990	354	38	20	14	1	291	4	6
1991	360	41	19	13	1	293	4	6
1992	397	45	22	17	1	326	4	6
1993	400	45	22	14	1	324	3	8
1994	496	48	23	13	1	415	3	8
1995	506	63	23	13	1	407	6	8
1996	1 422	69	38	23	1	1 314	7	8
1997	1 126	76	48	31	1	1 011	7	8
1998	899	77	49	31	1	784	7	8
1999	687	76	50	32	1	574	7	7
特区　Urban								
1980	43	8				29		
1981	48	8				34		
1982	58	9				47		
1983	77	13				57		
1984	108	11				86		
1985	165	13				138		
1986	239	13	12	8	1	206	2	6
1987	258	14	13	9	1	222	2	6
1988	261	15	12	7	1	225	3	5
1989	276	16	15	9	1	237	4	5
1990	298	19	17	11	1	257	3	5
1991	302	19	16	10	1	260	3	5
1992	312	23	19	14	1	266	3	5
1993	323	23	19	11	1	275	1	6
1994	391	23	19	10	1	342	1	6
1995	399	37	19	10	1	344	3	6
1996	849	41	31	18	1	777	4	6
1997	649	47	39	24	1	572	4	6
1998	579	47	39	24	1	503	4	6
1999	553	46	40	25	1	479	4	5

12－11 续表 1 continued

年 份 Year	6. 妇 幼 保健所、站 Maternity and Child Care Centers	7. 药品检验所、站 Medicines and Chemical Reagent Test Labs	8. 其他卫生事业机构 Other Health Care Institutions	9. 医学科学研究机构 Institutions of Medical Science	10. 中 等 医药学校 Medical Secondary Schools	二、床位数(张) Beds (unit)	1. 医院病床 Hospital Beds	县及县以上医院 Hospitals at County Level and Above
全市 Total								
1979						597		
1980						643		
1981						790		
1982						717		
1983						1 023		
1984						1 634	1 634	
1985						1 885	1 885	
1986	5	1	4	1	1	2 112	2 028	1 521
1987	6	1	4	2	1	2 309	2 225	1 682
1988	5	1	4	2	1	2 580	2 496	1 968
1989	5	1	5	2	1	2 922	2 838	2 362
1990	5	1	5	2	1	3 192	3 108	2 541
1991	6	1	5	2	1	3 582	3 498	2 789
1992	6	1	5	2	1	4 550	4 466	3 485
1993	8	1	5	4	1	5 252	5 168	3 794
1994	7	1	8	4	1	6 124	6 040	4 338
1995	7	1	8	4	1	6 724	6 640	4 561
1996	3	1	14	4	1	7 455	7 196	5 260
1997	3	1	14	4	1	8 288	7 963	5 950
1998	2	1	14	4	1	8 899	8 590	6 472
1999	2	1	14	4	1	9 332	8 997	6 654
特区 Urban								
1980						254		
1981						402		
1982						367		
1983						712		
1984						1 143	1 143	
1985						1 295	1 295	
1986	4	1	4	1	1	1 465	1 381	1 359
1987	5	1	4	2	1	1 599	1 515	1 492
1988	4	1	4	2	1	1 847	1 763	1 738
1989	4	1	5	2	1	2 110	2 026	2 003
1990	4	1	5	2	1	2 244	2 160	2 126
1991	5	1	5	2	1	2 474	2 390	2 324
1992	5	1	5	2	1	3 145	3 061	2 885
1993	6	1	5	4	1	3 221	3 137	3 027
1994	5	1	7	4	1	3 707	3 623	3 493
1995	5	1	7	4	1	4 210	4 126	3 771
1996	2	1	12	4	1	4 804	4 610	4 384
1997	2	1	11	4	1	5 403	5 143	4 950
1998	2	1	10	4	1	5 549	5 305	5 104
1999	2	1	10	4	1	5 722	5 452	5 290

12－11 续表 2　continued

年　份 Year	综合医院 Compre－hensive Hospitals	专科医院 Specialized Hospitals	2. 疗养院 Sanatoriums	三、医院门诊诊疗总人次(万人次) Total Patients Treated (10 000 person－times)	四、入院总人数(万人) In Patitents (10 000 persons)	县及县以上医院 Hospitals at County Level and Above
全市　Total						
1979						
1980						
1981						
1982						
1983						
1984						
1985						
1986	1 242	279	84	381	4.68	2.73
1987	1 398	284	84	461	5.84	3.58
1988	1 558	410	84	552	6.97	4.43
1989	1 830	533	84	607	7.87	5.48
1990	1 993	548	84	729	8.73	6.18
1991	2 138	651	84	808	10.08	6.88
1992	2 502	983	84	976	11.40	7.61
1993	2 818	1 022	84	1 042	12.50	8.08
1994	3 142	1 196	84	1 057	12.81	8.46
1995	3 271	1 289	84	1 060	13.07	8.48
1996	3 841	1 419	84	1 018	14.63	9.45
1997	4 211	1 739	150	1 061	16.15	10.47
1998	4 642	1 830	150	1 205	19.05	12.49
1999	4 777	1 877	150	1 316	21.12	13.57
特区　Urban						
1980						
1981						
1982						
1983						
1984						
1985						
1986	1 080	279	84	236	2.58	2.54
1987	1 208	284	84	272	3.24	3.20
1988	1 328	410	84	334	3.87	3.79
1989	1 470	533	84	365	4.35	4.28
1990	1 578	548	84	462	4.89	4.89
1991	1 673	651	84	501	5.45	5.38
1992	1 978	983	84	567	5.99	5.89
1993	2 051	1 022	84	567	6.41	6.17
1994	2 337	1 156	84	628	6.59	6.49
1995	2 542	1 229	84	680	6.72	6.58
1996	3 041	1 343	84	634	7.51	7.84
1997	3 341	1 609	150	629	8.70	8.37
1998	3 501	1 603	150	690	9.76	9.31
1999	3 640	1 650	150	729	10.76	10.08

12－11续表3　continued

年 份 Year	五、病床使用率(%) Utilization Rate of Beds (%)	六、病床周转次数(次) Turnover of Beds(time)	七、卫生工作人员数(人) Medical Personnel (person)	卫生技术人员 Medical Technical Personnel	中 医 Doctors and Paramedics of Chinese Medicine	中医师 Doctors of Chinese Medicine	西 医 Doctors and Paramedics of Western Medicine	西医师 Doctors of Western Medicine
全市　Total								
1979			1 214	988				
1980			1 335	1 088				
1981			1 514	1 270				
1982			1 967	1 609				
1983			2 910	2 343				
1984			3 869	3 064				
1985			4 861	3 857				
1986	66.2	24.4	5 800	4 657	304	189	1 913	1 510
1987	73.6	22.2	6 354	5 117	307	221	2 067	1 599
1988	75.6	28.8	7 115	5 717	330	277	2 380	2 003
1989	78.4	29.0	7 923	6 451	433	336	2 670	2 264
1990	81.4	29.0	8 619	6 996	463	417	2 960	2 530
1991	85.2	30.3	9 405	7 618	500	456	3 231	2 792
1992	81.9	28.0	10 643	8 571	579	533	3 654	3 250
1993	83.9	24.1	12 261	9 888	639	590	4 148	3 777
1994	70.1	23.2	13 853	11 034	739	654	4 608	4 204
1995	65.0	20.8	15 591	12 449	823	732	5 227	4 778
1996	64.3	21.5	17 925	14 652	1 292	906	5 974	5 419
1997	67.4	21.9	18 553	14 932	1 122	814	6 278	5 776
1998	68.6	24.1	18 707	14 975	899	843	6 263	5 817
1999	69.3	24.5	18 841	15 143	853	818	6 183	5 853
特区　Urban								
1980			732	579				
1981			925	755				
1982			1 319	1 043				
1983			2 333	1 833				
1984			3 068	2 366				
1985			3 877	2 996				
1986	67.5	18.8	4 722	3 728	235	165	1 565	1 284
1987	73.8	21.5	5 206	4 114	248	193	1 707	1 367
1988	73.9	22.5	5 756	4 540	260	225	1 923	1 658
1989	76.3	22.8	6 389	5 142	322	267	2 175	1 888
1990	79.0	23.4	6 892	5 546	338	309	2 423	2 106
1991	80.9	23.8	7 435	5 955	369	344	2 588	2 284
1992	79.4	22.2	8 119	6 452	416	390	2 791	2 537
1993	82.5	23.3	9 154	7 284	487	459	3 114	2 907
1994	78.1	21.2	9 833	7 756	533	484	3 288	3 086
1995	65.0	17.7	10 966	8 699	606	548	3 683	3 471
1996	62.6	18.2	12 198	9 907	794	671	4 057	3 899
1997	63.9	18.6	12 584	10 112	659	585	4 305	4 161
1998	66.8	20.2	12 476	10 031	609	592	4 214	4 079
1999	67.2	20.9	12 698	10 273	632	615	4 204	4 102

12－11续表4　continued

年份 Year	中西医结合高级医师 Senior Doctors Who Integrate Traditional Chinese Therapeutics with Western The－rapeutics in Practice	护师、士 Senior and Junior Nurses	护师 Senior Nurses	药剂师、士 Senior and Junior Pharmacists	检验师、士 Senior and Junior Laboratory Technicians	其他技师、士 Other Senior and Junior Technicians	卫生技术人员中：医生 Doctors
全市 Total							
1979							364
1980							444
1981							520
1982							708
1983							1 078
1984							1 485
1985							1 863
1986		1 246	96	260	211	137	2 218
1987		1 450	105	292	257	145	2 409
1988		1 735	511	279	182	150	2 755
1989	4	1 971	590	431	321	225	3 107
1990	3	2 145	642	475	355	224	3 426
1991	3	2 372	824	539	365	244	3 737
1992	14	2 705	1 142	630	375	278	4 247
1993	11	3 225	1 263	744	464	306	4 798
1994	17	3 625	1 560	823	538	385	5 347
1995	23	4 034	1 883	906	612	426	6 050
1996	300	4 654	2 167	1 005	664	489	7 266
1997	232	4 828	2 329	1 063	708	473	7 400
1998	29	5 025	2 535	1 111	760	468	7 191
1999	26	5 230	2 902	1 108	812	423	7 062
特区 Urban							
1980							248
1981							338
1982							492
1983							861
1984							1 180
1985							1 477
1986		1 045	88	217	180	93	1 800
1987		1 225	98	244	220	89	1 969
1988		1 437	415	189	155	116	2 183
1989	4	1 642	494	335	267	163	2 501
1990	3	1 753	537	368	292	174	2 764
1991	3	1 909	700	408	293	189	2 963
1992	14	2 099	962	444	293	212	3 221
1993	10	2 408	1 041	506	355	213	3 611
1994	15	2 560	1 251	571	393	262	3 821
1995	19	2 814	1 481	624	434	308	4 289
1996	91	3 236	1 708	684	468	327	4 851
1997	44	3 367	1 810	711	506	332	4 964
1998	18	3 397	1 872	733	523	329	4 841
1999	14	3 564	2 097	636	565	294	4 850

十三、环境保护和城市公用事业

1999年深圳市环境状况公报

深圳市环境保护局

根据《深圳经济特区环境保护条例》第十条规定,现将1999年深圳市环境状况公告如下:

综　述

1999年,我市整体环境质量保持稳定,部分指标有所改善。空气环境质量良好,符合国家环境空气质量二级标准;主要饮用水源水质达到国家地面水环境质量Ⅱ类标准,符合饮用水源水质要求;河流污染依然严重,大部分流经城区河段水质劣于国家地面水Ⅴ类标准;近岸海域东部海水水质符合国家海水水质第二类标准,西部海水水质污染有所加重;城市声环境质量略有改善;水土流失治理有明显进展。

按国家要求,我市完成了工业污染源排放和环境功能区达标(简称"双达标")任务,通过了国家环保模范城市的复核,城市环境综合整治定量考核继续保持在全国前列。环境质量建设项目顺利实施,全市环保投资26.6亿元,占国内生产总值1.85%。

一、城市环境质量

1. 空气环境

全市总悬浮颗粒物年日平均浓度为87微克/立方米,比上年下降5.4%,符合国家环境空气质量二级标准(小于200微克/立方米)。二氧化硫年日平均浓度为13微克/立方米,比上年上升44.4%,符合国家环境空气质量二级标准(小于60微克/立方米)。氮氧化物年日平均浓度为52微克/立方米,比上年下降16.1%。降尘年平均值为6.83吨/平方公里·月,符合广东省推荐标准(8吨/平方公里·月)。硫酸盐化速率和铅的年平均值符合国家标准。降水PH年平均值5.05,比上年上升了0.41,酸性比上年减弱;酸雨量占总雨量的32.6%,酸雨频率33.3%,分别比上年下降了36.0和22.9个百分点。

2. 水环境

深圳水库、西丽水库、铁岗水库、石岩水库、清林径水库、赤坳水库等主要饮用水源水质保持良好,饮用水源水质达标率为98.1%,比上年提高0.9个百分点。

深圳河、布吉河、大沙河受生活和面源污染严重,水质劣于国家地面水Ⅴ类标准,主要污染物是总磷、石油类和生化需氧量。宝安区和龙岗区的河流同样受到生活和面源污染,茅洲河上游、观澜河劣于国家地面水Ⅲ类标准,茅洲河下游、龙岗河、坪山河水质劣于国家地面水Ⅴ类标准,主要污染物是总磷、石油类和生化需氧量。与上年相比,观澜河、茅洲河、龙岗河的综合污染指数有所上升,布吉河、大沙河、深圳河、坪山河的综合污染指数则有所下降。

东部海域水质良好,主要污染物指标较上年有所下降。西部海域水质受到一定程度的生活和面源污染,主要污染物是无机氮和无机磷,与上年相比,无机氮和无机磷浓度均有所上升。

3. 声环境

全市城市区域环境噪声平均值57.1分贝，符合国家环保模范城市的标准，比上年下降0.1分贝，达标率81.0%。其中：特区城市区域环境噪声平均值57.1分贝，达标率80.1%；宝安中心城区区域环境噪声平均值56.9分贝，达标率93.3%；龙岗中心城区区域环境噪声平均值56.9分贝，达标率76.7%。

全市噪声源中，生活噪声源占49.7%，交通噪声源占31.9%。

全市城市交通干线噪声平均值69.7分贝，符合国家环保模范城市的标准，比上年下降0.1分贝，达标率54.2%。其中：特区内交通干线噪声平均值69.7分贝，达标率54.7%；宝安中心城区交通噪声平均值69.9分贝，达标率82.6%；龙岗中心城区交通噪声平均值69.5分贝，达标率40.9%。

4．生态环境

全市实有耕地面积4020公顷，比上年下降2.7%，占全市土地面积2.0%。全市林业用地87417公顷，其中有林地79274公顷，森林覆盖率47.5%。当年造林面积2667公顷，义务植树218.9万株。特区建成区绿化覆盖面积5954公顷，比上年增加4.7%，绿化覆盖率45.0%。全市自然保护区面积125.1平方公里，自然保护区覆盖率6.2%。建立省级生态农业示范村1个。全市水土流失面积72.5平方公里，比上年减少25.0%，占全市总面积的3.6%。

二、污染与防治

1．废气

纳入环境统计的756家镇以上的工业企业（下同）共排放废气568亿标立米，比上年增加12.0%，治理率99.8%，比上年提高0.7个百分点。工业废气中，烟尘排放量3396吨，比上年增加16.2%；二氧化硫排放量28986吨，比上年增加24.2%；工业粉尘排放量75吨，比上年上升10.3%。

2．废水

纳入环境统计的756家工业企业共排放工业废水3739万吨，比上年增加21.1%，处理率99.3%，比上年增加0.7个百分点。工业废水排放达标率95.4%，比上年提高2.6个百分点。

全市废水排放量69248万吨，比上年增加8.7%；城市污水处理率53.7%。

3．固体废物

纳入环境统计的756家工业企业固体废物产生量33.3万吨，比上年增加0.7%，其中，综合利用量29.1万吨，综合利用率为87.3%，比上年提高2.3个百分点。

全市综合利用危险废物30263吨，处置危险废物9896吨。

特区内垃圾清运量107万吨，垃圾处理率100%。

4．污染事故

全市无污染事故发生。

三、城市环保设施建设

平湖污水处理厂一期工程已进入试运行阶段；横岗污水处理厂、龙田污水处理厂、沙田人工湿地已进入实施阶段；盐田污水处理厂一期工程正在进行；龙岗中心城垃圾焚烧厂已建成投入使用；盐田垃圾焚烧厂已完成设计招标；石岩水库污水截排工程、深圳水库大望污水截排工程、深圳河治理工程二期罗湖桥至上步码头段以及滨河污水处理厂三期市政管线配套工程等重点项目已基本完工；按期完成了莲塘河整治一期工程、福田红树林自然保护区的生态恢复工程和特区外4万亩的园林绿化工程；西丽水库东北线污水截排工程已动工。

四、环境建设与保护

1999年，我市认真贯彻落实党的十五届四中全会和中央人口资源环境工作座谈会精神，大力强化统一监督管理职能，积极进取，真抓实干，使我市环境保护工作在创建国家环保模范城市的基础上又提高到新的水平。

1．在全国率先实现“双达标”并通过国家环保模范城市的复核。根据国家环保总局《关于要求国家环境保护模范城市提前实现“双达标”的通知》以及要求我市在国庆五十周年前提前实现“双达标”的精神,经过全市人民的共同努力,到1999年8月15日,全市1198家列入考核范围的企业已全部实现达标排放,其中76家限期治理企业中,67家完成了治理任务并通过环保部门组织验收,9家未完成治理任务的企业被依法责令关停。在环境功能区达标考核中,全市环境空气监测点位达标率100%,景观用水监测点位达标率100%,农灌用水监测点位达标率91.7%,饮用水源监测点位达标率95.24%-100%,符合国家考核标准。9月份,我市“双达标”工作先后顺利通过了省政府考核组和国家环保总局复核组的考核检查。积极开展城市环境综合整治,不断巩固国家环保模范城市创建成果,我市在通过“双达标”工作考核的同时,顺利通过了国家环保模范城市的复核。

2. 环境质量建设工程进展顺利,当年任务按计划完成。为改善水环境质量,市政府发布了从1999年10月1日起在全市范围内禁止销售使用含磷洗涤剂的通告,禁磷工作已全面展开。

3. 建设项目环境管理工作继续深化,有效控制新污染源的产生。全市审批新项目9564项,其中因不符合环保要求而否定的项目892项。加强对新建项目污染防治设施建设的管理,建立了一系列监察制度,新建设项目中用于污染防治设施建设共1.47亿元。积极推广清洁能源,鼓励清洁生产。建设项目环境管理主管部门优化管理,制定规范,在全国政府机构中较早通过ISO9002质量体系认证,提高了审批质量和效率。注重提高服务质量,市环保局获深圳市人民政府“1999年招商引资优质服务奖”。

4. 水源保护和生态保护工作取得新进展。完成了深圳市饮用水源保护区划的修编。积极开展水源保护区内的环境综合治理,加大点、面污染源治理力度,重点整治了油、氟化物污染源。监测结果表明,东深供水水体油污染指标较去年同期有明显下降,深圳水库外区下降了34.4%,水库内区下降了13.6%,扭转了近年来东深供水油污染逐年恶化的趋势并有效地控制了观澜河流域的氟化物污染。在深圳水库、西丽水库、铁岗水库等主要水库流域内继续加大养殖业及乱堆乱放垃圾点的清理工作,全年组织清理行动13次,拆除乱搭建窝棚12000平方米,清理垃圾点9处,水库周围的环境面貌得到改善。

组织有关部门联合开展了全市生态问题的调查,对影响全市生态环境的突出问题开展了专项工作。制定《深圳市采石场规划》,将现有的176家采石场、取土场纳入生态监督名单。完善环保手续,落实环保措施,实现从源头介入管理。积极开展生态示范村的创建工作,横岗镇西坑村成为首批“广东省生态示范村”。

5. 成立了环保信访办公室并加入了全市“110社会联动服务”,实行24小时全天候值班。全年共处理环境污染投诉9336宗,处理率为95.9%;查处违法施工工地1707场次。解决了一批群众所关心的热点、难点问题。共承办人大、政协环保议案和提案29件,已全部按时办结。

6. 突出抓好噪声污染的监督管理工作。严格施工噪声申报审批,强化第三产业的噪声污染管理。联合市政府其他职能部门开展了对第三产业噪声、油烟污染的专项执法行动。

7. 进一步加强法制建设,加快立法步伐。《深圳经济特区海域污染防治条例》于1999年11月22日经市人大审议通过,《深圳经济特区环境保护条例(修正案)》于2000年3月3日经市人大审议通过,《深圳经济特区污染物排放许可证管理办法》经市政府颁布实施。

继续开展环境保护行政执法责任制试点工作,颁布实施了《违法行政责任追究办法》、《行政执法评价与考核办法》、《环境行政赔偿追偿制度》等管理制度,组织了全市环保行政执法情况检查考评。全年共对831宗环境违法行为进行了处罚。

8. 环境宣传教育进一步深入。“'99鹏城环保世纪行”以“实现双达标,改善环境质量”为主题开展了一系列宣传报道工作,共发环境新闻稿1200多篇(条)。全市社区环境文化建设工作取得阶段性成果,试点小区达到9个。成立了市环境教育指导委员会,完善了创建"绿色学校"的机制,进一步发挥了环境教育基地的作用。编写出版了《深圳中学生环境教育》,编写了《公民环保行为规范》(企业法人版)。积极组织环保宣传月活动并获得广东省委宣传部、省环保局颁发的"最佳组织奖"。

9.环境保护基础工作稳步发展。

环境科研方面,完成了《深圳市东部海域污染控制策略研究》等9个科研项目,1项科研成果获国家环保科技进步三等奖、市科技进步二等奖,与欧盟合作研究的"热带和亚热带区域水质改善、回用与水生态系统重建的生物工艺学对策研究"成果人工湿地成功地应用于洪湖水质净化工程。

环境监测方面,全年共发布空气质量周报52期,报出各类监测数据12.96万个。成立了国家级有机测试与环境设备检测中心,监测能力进一步提高。与市交管局联合,设立了机动车联合检测办公室,全年路检机动车7310辆,抽检17646辆,汽车尾气达标率85.5%。

积极开展ISO14000认证工作,全市已有20家企业经深圳市环境管理体系认证中心认证取得了ISO14001认证证书。10月份,我市ISO14000试点工作顺利通过了国家环保总局的验收,被评为全国ISO14000试点工作先进单位。

我市已有环保产业企事业单位104家,职工总数为5576人,环保产业年产值39527万元。1项技术被列入1999年国家环保最佳实用技术成果推广项目和省环保科技进步三等奖,2项环保治理工程被评为省级环保优秀示范工程。

1999年,全市有2家企业的产品被通过国家环境标志产品认证,4家企业的产品通过省级环保产品认定。

说明:本公报部分数据由市城管办、水务局、农业局、环境质量建设办公室、绿化委员会等单位提供。

13－1　全市用电量、供水量
ELECTRICITY CONSUMPTION AND TAP WATER SUPPLY (1990—1999)

年份 Year	用电总量(万千瓦小时) Total Electricity Consumption (10 000 kwh)	农、林、牧、渔、水利业 Farming, Forestry Animal Husbandry, Fishery and Water Conservancy	工　业 Industry	建筑业 Construction	地质勘查业 Geological Prospecting	交通运输和邮电通信业 Transportation, Post and Tele-communications
1990	359 694	3 837	219 689	9 544	1 064	2 578
1991	472 169	5 475	296 733	12 367	71	6 523
1992	564 005	6 497	350 955	15 649	51	6 333
1993	746 795	9 650	444 328	23 472	212	11 183
1994	879 100	11 609	503 780	26 502	75	14 229
1995	913 600	11 258	499 757	27 081	147	15 877
1996	1 014 427	13 041	547 085	26 138	246	22 364
1997	1 125 781	14 558	617 016	23 974	176	20 571
1998	1 294 332	16 225	644 973	25 805	155	21 982
1999	1 498 759	22 045	749 834	36 735	216	28 215

13－1续表　continued

年份 Year	商业、饮食、物资供销仓储业 Commerce, Catering Trade, Material Supply, Marketing and Storage	其他行业 Other Sectors	城乡居民生活用电 Residential Consumption	城　市 Urban	乡　村 Rural	自来水生产能力(万吨/日) Tap Water Production Capacity (10 000 tons/day)	自来水供水总量(万吨) Volume of Tap Water Supply (10 000 tons)
1990	36 668	39 605	46 709	33 152	13 557		
1991	46 957	60 522	43 521	32 509	11 012		
1992	59 646	75 317	49 557	36 180	13 377		
1993	82 664	110 819	64 467	47 038	17 429		
1994	102 166	125 292	95 447	74 387	21 060	243.7	52 308
1995	105 512	128 134	125 834	92 873	32 961	268.2	57 408
1996	121 650	132 108	151 795	117 442	34 351	328.2	64 743
1997	150 755	124 155	174 576	134 001	40 575	328.2	70 194
1998	168 155	150 516	266 520	192 463	74 057	338.7	79 596
1999	176 589	195 200	289 927	188 566	101 360	363.7	86 560

13-2 全市公共交通
PUBLIC TRANSPORTATION
(1979—1999)

年份 Year	年末实有公共大巴(辆) Number of Buses (year-end)	年末公共大巴营运线路条数(条) Number of Operating Routes (year-end)	公共大巴客运总人数(万人次) Number of Passengers Carried (10 000 person-times)	的士(辆) Taxi	中小巴(辆) Mini and Medium-Sized Buses
1979	12	2		10	
1980	38	3		160	
1981	44	6		199	
1982	52	7		233	
1983	88	9	1 399	860	
1984	132	19	2 974	1 226	
1985	153	27	5 184	1 700	
1986	171	29	5 827	1 794	
1987	205	32	9 068	1 896	
1988	248	37	16 399	2 305	
1989	305	38	16 747	2 365	
1990	403	42	21 947	2 394	
1991	501	51	19 821	3 152	
1992	507	55	27 248	6 083	
1993	851	61	30 600	6 212	3 600
1994	1 144	68	31 020	7 400	3 850
1995	1 468	80	35 390	8 255	3 823
1996	1 784	89	35 495	8 505	3 327
1997	2 128	125	36 202	8 505	3 306
1998	2 461	137	37 250	8 505	2 752
1999	2 772	145	40 600	8 505	2 825

13-3　经济特区市政工程设施
CIVIL FACILITIES IN SPECIAL ECONOMIC ZONE
(1980—1999)

年份 Year	年末实有铺装道路长度(公里) Length of Paved Roads (year-end) (km)	年末实有铺装道路面积 (万平方米) Area of Paved Roads (year-end) (10 000 sq. m)	城市下水道总长度(公里) Length of Sewer Pipelines (km)	污水日处理能力(万吨) Dialy Capacity of Sewage Disposal (10 000 tons)	城市桥梁 (座) Number of Bridges	城市路灯 (盏) Number of Street Lights
1980	47		11			
1981	49		14			
1982	56	128	14			
1983	70	181	47			2 229
1984	108	286	271	2.5		5 112
1985	161	371	281	2.5		6 300
1986	202	440	332	4.5	16	7 900
1987	208	455	379	4.5	16	7 900
1988	247	585	466	4.7	19	11 000
1989	257	613	537	4.7	30	11 718
1990	275	657	560	14.3	30	15 690
1991	288	635	564	14.3	37	15 800
1992	299	657	678	12.0	39	
1993	296	651	700	12.0	41	16 759
1994	335	813	841	17.0	52	17 204
1995	657	869	1 746	17.0	102	30 361
1996	737	1 124	2 092	17.0	125	32 798
1997	789	1 287	2 239	47.0	145	40 260
1998	747	1 308	2 248	119.6	164	42 534
1999	1 182	1 759	2 349	119.6	174	70 029

13-4 经济特区园林绿化
GREEN AREAS IN SPECIAL ECONOMIC ZONE
(1982—1999)

年份 Year	建成区面积(平方公里) Developed Areas (sq. km)	建成区绿化覆盖面积(公顷) Coverage Green Areas in Developed Areas (hectare)	建成区绿化覆盖率(%) Coverage Rate of Green Areas in Developed Areas (%)	园林绿地面积(公顷) Total Areas of Parks, Gardens and Green Areas (hectare)	公共绿地面积(公顷) Public Green Areas (hectare)	人均公共绿地面积(平方米) Per Capita Public Green Areas (sq. m)
1982		1 020				
1983		1 039				
1984		1 208				
1985	48	1 418	29.54			
1986	48	1 593	33.19			
1987	58	2 181	37.60			
1988	61	2 226	36.49			
1989	61	2 284	37.44			
1990	69	2 568	37.22			
1991	72	2 542	35.31			
1992	75	2 592	34.56	2 540	1 505	12.34
1993	81	3 246	40.07	2 800	1 404	11.80
1994	84	3 688	43.90	3 192	1 798	12.19
1995	88	3 872	44.00	3 319	1 925	12.73
1996	101	4 454	44.10	18 365	2 054	12.81
1997	124	5 464	44.06	18 411	2 432	13.89
1998	129	5 689	44.00	18 503	2 565	13.89
1999	132	5 954	45.00	18 518	2 768	14.55

13－5　经济特区住房情况
HOUSING CONDITION IN SPECIAL ECONOMIC ZONE
(1980—1999)

单位:万平方米　　(10 000sq. m)

年份 Year	年末实有房屋建筑面积 Floor Space of Buildings (year－end)	年末实有住宅建筑面积 Floor Space of Residential Buildings (year－end)	年末实有住宅居住面积 Living Space of Residential Buildings (year－end)	居住人口 (万人) Living Population (10 000 persons)	平均每人居住面积(平方米) Per Capita Living Space (sq. m)
1980	156	52	37		
1981	219	76	51		
1982	312	122	85		
1983	459	184	128		
1984	689	277	180		
1985	981	408	224	28.50	7.86
1986	1 250	516	278	32.67	8.51
1987	1 461	595	318	34.64	9.18
1988	2 599	1 159	416	40.39	10.30
1989	3 045	1 344	487	47.47	10.26
1990	3 302	1 480	655	63.22	10.36
1991	3 601	1 647	728	66.42	10.96
1992			829	69.72	11.89
1993			954	79.37	12.02
1994	3 958	1 964	1 104	91.92	12.01
1995	4 313	2 179	1 222	95.47	12.80
1996	4 980	2 569	1 436	99.93	14.37
1997	5 577	2 887	1 611	114.26	14.10
1998	6 209	3 308	1 849	128.40	14.40
1999	6 786	3 751	2 097	149.76	14.00

13－6　经济特区自来水供应情况
TAP WATER SUPPLY IN SPECIAL ECONOMIC ZONE
(1980—1999)

年份 Year	自来水生产能力(万吨/日) Tap Water Production Capacity (10 000 tons/day)	年末供水管道总长度(公里) Length of Water Supply Pipelines (year-end)(km)	供水总量(万吨) Volume of Tap Water Supply (10 000 tons)	生活用水 Residential Use	生活用水人口(万人) Population with Access to Tap Water (10 000 persons)	人均生活用水量(吨) Per Capita Consumption of Tap Water for Residential Use (ton)
1980	1.1	35	411	343		
1981	2.0	47	744	491		
1982	5.3	50	1 158	810		
1983	7.2	57	1 939	1 258		
1984	9.4	95	3 645	1 667		
1985	22.0	210	5 931	2 703		
1986	23.4	292	7 320	2 927	47.93	61.07
1987	23.7	349	8 563	3 543	54.42	65.10
1988	51.0	385	12 940	5 012	69.18	72.45
1989	57.0	450	15 589	6 021	90.55	66.49
1990	65.0	509	17 106	6 483	101.84	63.66
1991	63.0	515	17 904	5 659	110.39	51.26
1992	63.0	607	21 793	7 278	120.91	60.19
1993	92.0	702	27 390	9 516	120.48	78.98
1994	153.2	778	32 604	13 077	133.24	98.15
1995	154.2	827	33 802	13 521	149.36	90.53
1996	184.2	1 076	35 655	14 260	155.74	91.56
1997	184.2	1 170	37 540	15 020	167.70	89.56
1998	189.7	1 609	41 537	16 630	179.86	92.46
1999	189.7	1 881	43 938	16 771	187.41	89.49

13－7　经济特区液化石油气供应和环境卫生
LIQUEFIED PETROLEUM GAS SUPPLY AND ENVIRONMENTAL SANITATION IN SPECIAL ECONOMIC ZONE (1980—1999)

年份 Year	液化石油气销售总量(吨) Sales Volume of Liquefied Petroleum Gas (ton)	家庭用量 Residential Use	用液化气人口(万人) Population with Access to Liquefied Petroleum Gas (10 000 persons)	生活垃圾粪便清运量(万吨) Volume of Garbage, Excrement and Urine Disposal (10 000 tons)	生活垃圾粪便无害化处理量(万吨) Volume of Garbage, Excrement and Urine Harmlessly Treated (10 000 tons)
1980	15	15			
1981	240	240			
1982	1 000	700			
1983	1 880	1 680			
1984	3 095	3 091			
1985	9 376	9 274			
1986	10 859	10 229			
1987	15 072	13 872			
1988	18 186	15 751			
1989	29 830	24 921			
1990	35 470	30 838			
1991	51 254	39 302			
1992	93 344	59 809		73.40	73.40
1993	152 586	60 976		71.50	71.50
1994	239 443	122 753		68.50	68.50
1995	207 854	118 192	147.74	82.30	82.30
1996	303 373	123 998	155.74	91.30	91.30
1997	353 424	134 160	167.70	82.08	82.08
1998	358 043	143 892	179.86	151.50	151.50
1999	367 244	149 928	187.41	106.55	106.55

13－8　主要年份经济特区气象及环境
CLIMATE AND ENVIRONMENT IN SPECIAL ECONOMIC ZONE IN MAIN YEARS

项目	Item	1990	1995	1998	1999
一、气候	**Climate**				
平均气温(摄氏度)	Mean Air Temperature (℃)	23.0	22.5	23.8	23.6
降雨量(毫米)	Precipitation (mm)	1 396.9	2 309.8	1 820.5	1 803.0
日照时数(小时)	Sunshine Time (hour)	1 842.1	1 858.2	1 835.8	1 910.3
平均湿度(%)	Mean Relative Humidity (%)	76	74	76	72
二、环境	**Environment**				
废水排放量(万吨)	Waste Water Discharged (10 000 tons)	13 685	27 042	33 230	35 150
工业废水排放量(万吨)	Industrial Waste Water Discharged(10 000 tons)	1 552	2 185	2 383	2 642
#符合排放标准的工业废水量(万吨)	According with Standard (10 000 tons)	1 211	1 937	2 226	2 543
工业废水处理量(万吨)	Industrial Waste Water Treated (10 000 tons)	584	2 988	2 978	3 148
工业废气排放量(亿标立米)	Industrial Waste Gas Emission (100 000 000 cu.m)	21.52	249.64	458.28	506.72
工业废气处理量(亿标立米)	Industrial waste Gas Treated (100 000 000 cu.m)	11.53	246.53	453.55	505.90
二氧化硫排放量(吨)	Sulphur Dioxide Emission (ton)	1 166	12 675	21410	26 989
工业粉尘排放量(吨)	Industrial Dust Emission (ton)	136	17	58	68
工业粉尘回收量(吨)	Industrial Dust Retrieved (ton)	284	1 182	4	3
工业固体废物产生量(吨)	Industrial Solid Wastes Produced (ton)	21 914	235 400	313 000	251 798
工业固体废物处置量(吨)	Industrial Solid Wastes Treated (ton)	2 567	79 100	43 000	3 400

十四、人民生活

1999年深圳居民收支情况

1999年深圳市政府在加大国有企业改革力度,大力发展高新技术产业的同时,采取一系列措施积极扩大内需,取得了一定的成效,国内生产总值达到了预期的目标,社会商品零售总额的增长速度也超过了GDP的增长速度,居民收入增加,生活质量日益提高。但仍存在收入分配不尽合理,居民消费乏力的现状。

一、收入

200户居民经常性抽样调查显示,1999年深圳城镇居民年均可支配收入为20240.40元,与上年比上升1.8%,剔除物价影响因素后,实际上升2.5%,收入呈稳中略升的态势。

从职工的经济类型构成看,国有经济职工年人均收入为31769.65元,与上年比(下同)上升3.7%;集体经济职工年人均收入为34701.99元,下降0.4%;其它经济类型职工年人均收入为36346.45元,上升12.7%。由于一些集体经济单位规模小,经济实力较弱,管理体制不能适应市场经济的要求,经济效益较差,职工收入减少。而其它经济类型单位,尤其是股份制企业,管理体制灵活,包袱小,经济效益好,职工的收入明显上升。从收入分组来看,高低收入以及高中收入差距拉大。最高收入组与最低收入组的差距也由1998年相差3.8倍上升到1999年的4.2倍,最高收入组与中等收入组的差距也由1998年的1.1倍上升到1999年的1.3倍。收入差距进一步扩大,从而出现高收入阶层的收入水平迅速提高,中低收入阶层的收入水平增长缓慢现象,出现这一问题的主要原因是行业间差距过大的分配制度。

二、消费

调查资料显示,1999年居民人均消费性支出为14753.7元,与上年比下降4.4%,消费性支出的下降主要是消费性支出结构中占有较大份额的吃穿用部分出现下降造成的。

消费出现下降是历年来少有的。主要原因是收入分配结构不尽合理,收入增幅小,预期支出增加以及大件耐用消费品已趋饱和,从而出现消费升级力度不足,即期消费减少,新的消费热点难于形成。具体情况如下:

1. 吃、穿、用。全年分别比上年下降4%、13.4%和4.3%。吃的下降主要是市民崇尚绿色食品、保健疗效食品,对蔬果食品需求增加,对肉类食品需求减少。其中,肉禽类下降3.7%,水产类下降10.2%。穿的下降主要是购买名牌服装的减少。名牌服装由于价格较高,款式较少,同时目前服装潮流每年都在变化,流行时间短,一套名牌服装只穿一两年弃之可惜。因此,款式多样、随意性大的中低档服装受到普通市民的欢迎。随着大件耐用消费品的饱和,购买家庭设备用品和文娱用耐用消费品逐年减少,分别比上年下降13.6%和15.3%,从而出现用的下降。

2. 旅游支出因旅游线路与旅游项目的老化而下降。调查资料表明,1999年人均用于旅游方面的支出为521.88元,比上年下降9.4%。自实行双休日以来,外出旅游已成了我市居民新的消费热点,1997年达到最高峰。近年来,国内著名的“老景点”“老线路”对于许多深圳人来说,已不再“新鲜”,出外旅游已开始呈下降趋势。开辟新的旅游线路、旅游项目便成为市场新需求。

3. 居住条件和生活环境的改善导致住房装饰支出的增长。深圳市政府在提高整体城市功能的同时,下大力气改善小区环境建设。银行、学校、幼儿园、综合商场、社康中心、娱乐中心等配套设施纷纷进驻各住宅小区,使居民的居住环境日益改善。同时,市民也越来越重视家庭环境的建设,室内装修与陈设越来越高档。用于住房装饰的支出明显增加,与上年比上升16.5%,住房配套设施日趋完善。空调、电话逐渐普及,管道燃气不断进入市民的家庭。

4. 购房支出持续增加。随着收入的逐年增加,居民手中的余钱越来越多,投资观念也发生了变化,购房置业逐年增加。据调查资料显示,1999年人均购房与建房支出为1640.52元,与上年比上升47.6%,其中一部分是购买微利房和福利房的,也有一部分是进行二次置业。

三、2000年深圳居民家庭收支预测

2000年深圳国民经济将继续保持持续、快速、健康发展的态势,预计就业环境将有较大的改善,居民就业渠道和机会将会增多,国家为了刺激消费,将继续采取适度从宽的财政政策和货币政策,继续提高职工工资,预计2000年深圳居民家庭收入增幅将高于1999年。去年底国家出台了一系列刺激消费的政策,如提高职工、退休人员、下岗职工、特困家庭的收入,征收利息税等,效果已经显现。从1999年9月份开始,消费出现增长的态势,9－12月份分别比上年增长2.7%、17.6%、4.4%、9.6%,这一增长势头将会延续到2000年。同时由于收入增加物价持续走低,近年来市民消费倾向的减少,沉淀下来的结余资金不断增加,在国家扩大内需政策的引导下,消费将会逐步启动。预计2000年小汽车、商品房将进一步成为普通市民的消费热点。因此,2000年深圳居民的消费增幅将出现正增长,且增幅高于收入的增幅。

(执笔:陈笑琳)

人均每月收入与支出(元)

Per Capita Monthly Income and Expenditure (yuan)

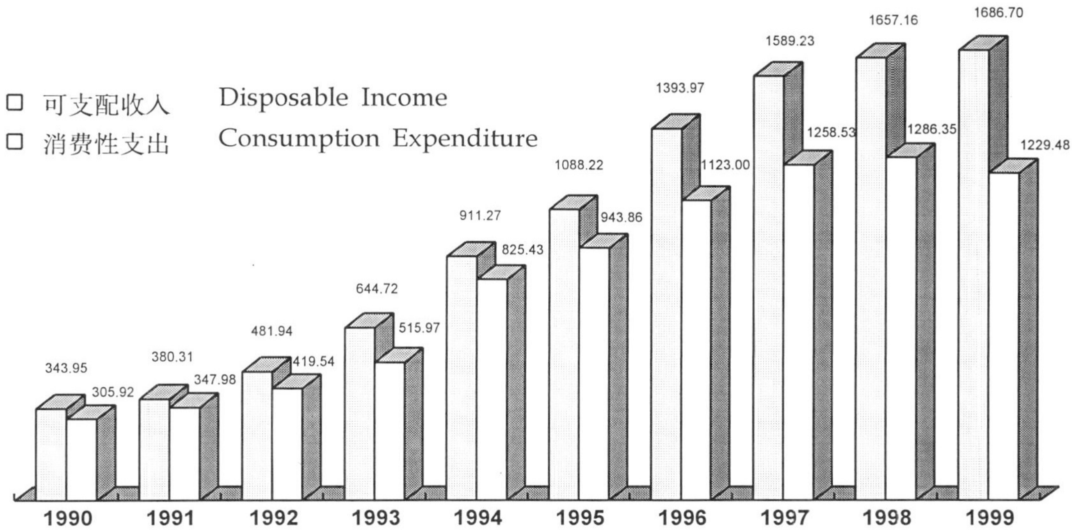

人均每月消费性支出构成

Composition of Per Capita Monthly Consumption Expenditure

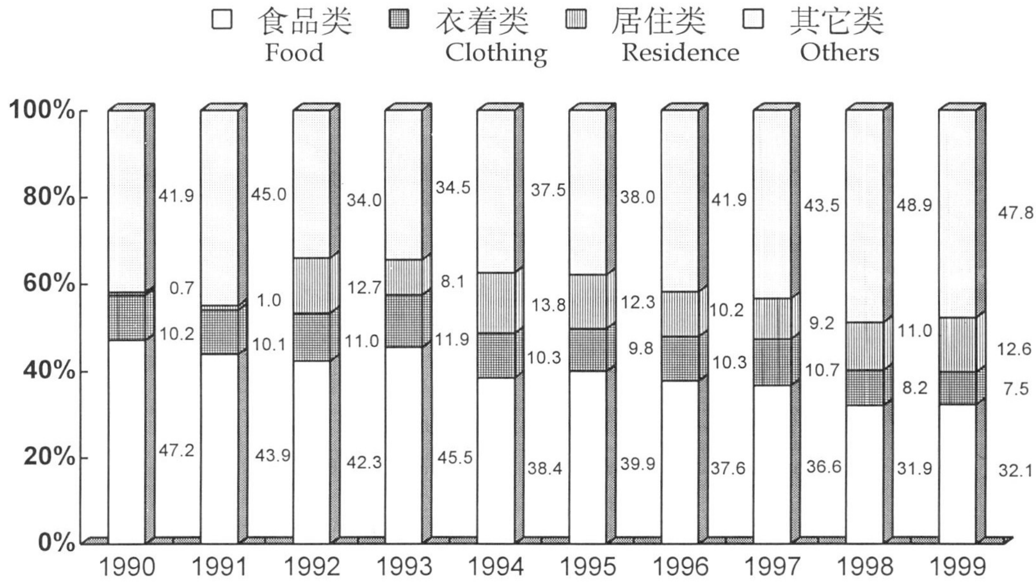

14－1　职工、农民收入及储蓄

WAGES, INCOME AND SAVINGS OF STAFF AND WORKERS AND RURAL RESIDENTS (1979—1999)

年　份 Year	职工年平均工资　(元) Average Annual Wages of Staff and Workers (yuan)	国有单位 State－owned Units	集体单位 Collective－owned Units	其他单位 Other Ownership Units	农民人均纯收入(元) Per Capita Annual Net Income of Rural Residents (yuan)	人均储蓄存款 (元) Per Capita Saving Deposits (yuan)
1979	769	785	688		152	118
1980	979	990	922	687	209	160
1981	1 132	1 119	1 211	1 156	230	281
1982	1 366	1 358	1 410	1 363	393	337
1983	1 545	1 571	1 470	1 528	469	403
1984	2 179	2 257	1 805	2 023	656	731
1985	2 418	2 427	1 932	2 753	750	907
1986	2 452	2 476	2 048	2 637	894	1 295
1987	2 677	2 637	3 223	3 021	1 097	1 632
1988	3 388	3 267	2 737	3 615	1 317	1 959
1989	3 858	3 917	2 855	3 733	1 622	2 045
1990	4 304	4 339	3 348	4 203	1 954	2 845
1991	5 016	4 908	3 984	5 240	2 270	3 714
1992	5 931	6 026	4 435	6 270	2 833	5 901
1993	8 145	8 854	5 681	7 633	3 050	5 937
1994	10 572	11 632	7 076	10 208	3 692	8 655
1995	12 276	13 709	7 229	12 184	4 517	13 515
1996	14 507	16 625	8 668	13 685	5 415	16 242
1997	16 531	18 515	10 320	15 872	6 256	18 641
1998	18 381	21 161	11 260	17 204	7 350	21 822
1999	20 714	23 602	13 228	19 530	8 131	23 797

14－2　居民家庭生活基本情况
BASIC CONDITIONS OF URBAN HOUSEHOLDS
(1985—1999)

年　份 Year	调查户数(户) Households Surveyed (household)	平均每户家庭人口(人) Average Persons per Household (person)	平均每户就业人口(人) Average Employees per Household (person)	平均每一就业者负担人口(人) Persons Supported by Each Employee (person)	平均每人每月实际收入(元) Per Capita Mothly Real Income (yuan)
1985	100	4.07	2.28	1.78	161.26
1986	100	4.01	2.20	1.82	153.39
1987	100	3.94	2.16	1.82	176.28
1988	100	3.90	2.17	1.80	216.75
1989	100	3.92	2.16	1.82	307.21
1990	100	3.81	2.16	1.76	346.89
1991	100	3.78	2.21	1.71	383.52
1992	100	3.73	2.23	1.67	485.06
1993	100	3.59	2.14	1.68	647.91
1994	100	3.60	2.10	1.72	913.83
1995	200	3.61	2.06	1.75	1 088.62
1996	200	3.50	2.06	1.70	1 394.97
1997	200	3.46	2.03	1.70	1 596.97
1998	200	3.48	1.96	1.78	1 676.51
1999	200	3.41	1.89	1.80	1 705.56

年　份 Year	平均每人每月实际支出(元) Per Capita Mothly Real Expenditures (yuan)	平均每人每月可支配收入(元) Per Capita Mothly Disposable Income (yuan)	平均每人每月消费性支出(元) Per Capita Monthly Consumption Expenditures (yuan)	平均每人年末手持现金(元) Per Capita Year－end Holding Cash (yuan)
1985	159.68	159.57	149.20	116.52
1986	144.71	151.45	134.82	126.65
1987	170.66	174.28	159.30	80.01
1988	209.14	214.10	195.45	143.10
1989	326.24	304.71	256.59	263.71
1990	340.85	343.95	305.92	323.63
1991	454.18	380.31	347.98	404.10
1992	459.20	481.94	419.54	505.19
1993	583.38	644.72	515.97	630.15
1994	925.14	911.27	825.43	968.70
1995	1 056.66	1 088.22	943.86	1 232.33
1996	1 270.13	1 393.97	1 123.00	1 478.41
1997	1 440.57	1 589.23	1 258.53	1 186.08
1998	1 562.06	1 657.16	1 286.35	921.36
1999	1 536.09	1 686.70	1 229.48	923.08

14－3　不同收入水平家庭人均每月消费情况

PER CAPITA MONTHLY CONSUMPTION OF HOUSEHOLD GROUPED BY LEVEL OF INCOME (1999)

单位:元　　(yuan)

项　目	Item	总平均 Average	最低收入户 Lowest Income (First Decile)	低收入户 Low Income (Second Decile)	中等偏下户 Medium-low Income (Second Quintite)
消费性支出合计	**Total Consumption Expenditures**	**1 229.48**	**725.30**	**845.57**	**881.90**
一、食品	Food	394.12	308.02	294.51	337.69
1. 粮食	Grain	24.11	19.02	24.85	22.48
2. 油脂类	Oil or Fat	6.82	6.10	6.87	7.40
3. 肉禽及制品类	Meal, Poultry and Related Products	80.11	60.95	69.67	79.93
4. 蛋类	Eggs	5.89	5.29	6.23	4.89
5. 水产品	Aquatic Products	28.74	17.10	21.27	26.70
6. 菜类、糖烟酒及饮料	Vegetable, Sugar, Tobacco, Liquor and Beverages	63.15	58.34	52.11	56.45
7. 干鲜瓜果	Dried and Fresh Melons and Fruits	30.15	22.79	23.95	29.40
8. 糕点、鲜奶及制品	Cake, Fresh Milk and Products	20.92	14.03	13.85	17.90
9. 外餐消费	Dining Out	103.64	89.10	61.14	77.25
二、衣着支出	Clothing	91.63	33.47	67.91	70.08
1. 服装	Garments	71.47	22.17	50.29	54.24
2. 衣着材料	Clothing Materials	0.52		0.22	0.43
3. 鞋袜帽及其它	Shoes, Socks, Hats and others	19.39	11.25	17.17	15.12
三、家庭设备用品及服务	Household Facilities, Articles and Services	143.86	30.13	53.49	55.14
1. 耐用消费品	Durable Consumer Goods	80.64	7.97	20.99	27.46
2. 室内装饰品	Interior Decorations	2.00	0.05	2.34	1.69
3. 床上用品	Bed Articles	5.13	1.85	5.56	3.46
4. 家庭日用杂品	Daily Use Household Articles	26.15	15.41	19.40	18.14
四、医疗保健	Medicine and Medical Services	49.33	39.29	34.66	45.38
五、交通和通讯	Transportation and Communication	137.45	65.24	91.38	89.13
1. 交通	Transportation	48.17	29.16	28.45	26.31
2. 通讯	Communication	89.27	36.08	62.94	62.82
六、娱乐教育文化服务	Recreation, Education and Cultural Services	166.15	104.79	140.03	107.82
1. 文娱用耐用消费品	Recreational Durable Consumer Goods	39.06	3.74	28.96	23.26
2. 教育	Education	83.43	85.06	82.69	56.41
3. 文化娱乐	Recreation	43.66	15.99	28.38	28.15
七、居住	Residence	154.96	99.09	113.03	130.29
1. 房租	Rent	65.49	46.55	40.78	48.59
2. 水、电、燃料及其他	Water, Electricity, Fuels and Others	86.17	52.54	72.24	74.31
八、个人消费	Personal Consumption	86.01	36.18	45.28	42.53
1. 个人用品	Personal Articles	23.05	9.32	15.87	10.99
2. 个人服务	Personal Services	6.24	2.19	2.30	3.19
3. 旅游	Travel	43.49	19.36	14.99	15.19

14－3续表　continued

项　目	Item	中等收入户 Medium Income (Third Quintite)	中等偏上户 Medium－high Income (Fourth Quintite)	高收入户 High Income (Ninth Decile)	最高收入户 Highest Income (Tenth Decile)
消费性支出合计	**Total Consumption Expenditures**	**1 131.51**	**1 592.44**	**1 623.40**	**2 162.93**
一、食品	Food	401.83	415.04	425.21	530.33
1. 粮食	Grain	25.34	24.30	23.61	31.73
2. 油脂类	Oil or Fat	7.94	5.87	6.14	6.35
3. 肉禽及制品类	Meal, Poultry and Related Products	85.93	86.74	74.54	96.66
4. 蛋类	Eggs	6.43	6.47	5.81	6.40
5. 水产品	Aquatic Products	30.28	34.41	29.62	41.40
6. 菜类、糖烟酒及饮料	Vegetable, Sugar, Tobacco, Liquor and Beverages	66.05	68.50	62.61	83.03
7. 干鲜瓜果	Dried and Fresh Melons and Fruits	27.54	35.02	31.95	42.91
8. 糕点、鲜奶及制品	Cake, Fresh Milk and Products	20.36	25.45	24.74	33.61
9. 外餐消费	Dining Out	112.78	108.23	147.28	161.56
二、衣着支出	Clothing	72.12	120.05	141.63	180.35
1. 服装	Garments	54.61	94.63	110.90	151.82
2. 衣着材料	Clothing Materials	0.70	0.84	0.14	1.12
3. 鞋袜帽及其它	Shoes, Socks, Hats and Others	16.37	24.40	30.53	27.08
三、家庭设备用品及服务	Household Facilities, Articles and Services	83.20	321.26	162.05	371.36
1. 耐用消费品	Durable Consumer Goods	41.68	206.44	95.94	185.70
2. 室内装饰品	Interior Decorations	2.07	1.35	0.15	8.66
3. 床上用品	Bed Articles	3.45	8.24	7.38	7.86
4. 家庭日用杂品	Daily Use Household Articles	25.04	28.89	40.23	50.21
四、医疗保健	Medicine and Medical Services	47.54	58.30	42.76	83.85
五、交通和通讯	Transportation and Communication	131.83	186.33	230.27	211.68
1. 交通	Transportation	51.72	77.28	64.62	61.87
2. 通讯	Communication	80.11	109.04	165.65	149.81
六、娱乐教育文化服务	Recreation, Education and Cultural Services	168.64	185.75	250.41	286.82
1. 文娱用耐用消费品	Recreational Durable Consumer Goods	41.61	52.24	44.33	99.83
2. 教育	Education	78.54	89.02	134.38	92.60
3. 文化娱乐	Recreation	48.49	44.49	71.70	94.39
七、居住	Residence	167.16	184.32	188.99	210.51
1. 房租	Rent	71.15	87.10	72.52	95.47
2. 水、电、燃料及其他	Water, Electricity, Fuels and Others	88.13	97.22	116.47	114.02
八、个人消费	Personal Consumption	53.54	116.77	147.05	258.15
1. 个人用品	Personal Articles	18.44	27.41	37.63	67.21
2. 个人服务	Personal Services	4.11	8.28	11.09	19.60
3. 旅游	Travel	19.00	65.41	84.73	148.77

14－4　不同收入水平家庭人均每月现金收支情况
PER CAPITA MONTHLY CASH INCOME AND EXPENDITURE OF HOUSEHOLD GROUPED BY LEVEL OF INCOME (1999)

单位:元　　(yuan)

项　目	Item	总平均 Average	最低收入户 Lowest Income (First Decile)	低收入户 Low Income (Second Decile)	中等偏下户 Medium－low Income (Second Quintite)
一、调查户数(户)	Households Surveyed (household)	200	20	20	40
比重(%)	Proportion (%)		10	10	20
二、平均每户家庭人口(人)	Average Household Size (person)	3.41	3.75	3.42	3.78
平均每户就业人口(人)	Average Employees per Household (person)	1.89	1.70	1.61	1.67
平均每户就业面(%)	Percentage of Employees per Household(%)	55.43	45.33	47.08	44.18
平均每一就业者负担人口(人)	Persons Supported by Each Employee (person)	1.80	2.21	2.12	2.26
三、期初手存现金	Holding Cash at the Beginning	810.96	406.44	1 057.80	746.28
四、现金收入	Cash Income	2 689.53	1 118.96	1 402.62	1 933.98
(一)实际收入	Real Income	1 705.56	702.01	947.99	1 211.20
＃可支配收入	Disposable Income	1 686.70	697.77	941.10	1 200.90
1. 国有单位职工工资性收入	Wages of Staff and Workers in State－owned Units	1 096.77	460.02	586.46	740.64
2. 国有单位职工非工资性收入	Other Income of Staff and Workers in State－owned Units	88.35	26.38	14.41	48.57
3. 集体单位职工工资性收入	Wages of Staff and Workers in Collective－owned Uints	90.20	38.65	35.67	98.79
4. 集体单位职工非工资性收入	Other Income of Staff and Workers in Collective－owned Uints	2.97			0.61
5. 其他经济类型单位职工工资	Wages of Staff and Workers in Other Ownership Units	170.55	46.66	60.90	71.00
6. 个体经营者净收入	Net Income of Individual Employers	12.69		57.17	
7. 个体被雇者收入	Income of Individual Employees	6.50		28.10	2.58
8. 离退休人员再就业者收入	Income of Reemployed Retirees				
9. 其他就业者收入	Income of Other Employees	3.64	8.67		
10. 其他劳动收入	Part－time Income	9.81	13.09	13.54	11.79
11. 财产性收入	Property Income	85.72	71.19	43.44	86.28
12. 转移性收入	Transfor Income	137.99	37.36	108.31	150.41
＃离退休金	Pension	55.63	14.70	82.69	60.53
赠送收入	Income of Gifts	41.65	17.19	2.07	48.08
(二)借贷收入	Credit Income	983.97	416.95	454.63	722.79
五、现金支出	Cash Expenditure	2 680.17	1 125.43	1 392.42	1 928.43
(一)实际支出	Real Expenditure	1 536.09	770.70	942.43	1 056.71
1. 消费性支出	Consumption Expenditure	1 229.48	725.30	845.57	881.90
2. 非消费性支出	Nonconsumption Expenditure	306.61	45.41	96.86	174.82
＃赡养支出	Expenditure for Support	49.94	14.33	21.97	34.16
赠送支出	Expenditure of Gifts	83.05	26.67	43.71	57.47
(二)借贷支出	Expenditure for Credit	1 144.08	354.73	449.99	871.72
六、期末手存现金	Holding Cash at the End	923.08	328.80	1 180.20	813.00

14－4续表　continued

项　目	Item	中等收入户 Medium Income (Third Quintite)	中等偏上户 Medium－high Income (Fourth Quintite)	高收入户 High Income (Ninth Decile)	最高收入户 Highest Income (Tenth Decile)
一、调查户数(户)	Households Surveyed (household)	40	40	20	20
比重(%)	Proportion (%)	20	20	10	10
二、平均每户家庭人口(人)	Average Household Size (person)	3.42	3.20	3.40	2.75
平均每户就业人口(人)	Average Employees per Household (person)	1.89	2.08	2.35	1.96
平均每户就业面(%)	Percentage of Employees per Household(%)	55.26	65.00	69.12	71.27
平均每一就业者负担人口(人)	Persons Supported by Each Employee (person)	1.81	1.54	1.45	1.40
三、期初手存现金	Holding Cash at the Beginning	683.64	1 045.68	810.60	1 004.16
四、现金收入	Cash Income	2 447.08	3 349.90	4 559.96	5 267.27
(一)实际收入	Real Income	1 593.00	2 044.12	2 680.47	3 664.80
#可支配收入	Disposable Income	1 573.82	2 025.61	2 635.37	3 619.92
1. 国有单位职工工资性收入	Wages of Staff and Workers in State－owned Units	991.94	1 514.53	1 869.92	1 913.48
2. 国有单位职工非工资性收入	Other Income of Staff and Workers in State－owned Units	83.59	131.23	133.29	230.90
3. 集体单位职工工资性收入	Wages of Staff and Workers in Collective－owned Uints	82.27	6.45	169.89	321.00
4. 集体单位职工非工资性收入	Other Income of Staff and Workers in Collective－owned Uints	6.75	0.49	10.99	3.64
5. 其他经济类型单位职工工资	Wages of Staff and Workers in Other Ownership Units	144.96	181.78	214.78	732.86
6. 个体经营者净收入	Net Income of Individual Employers	34.67			
7. 个体被雇者收入	Income of Individual Empolyees				38.56
8. 离退休人员再就业者收入	Income of Reemployed Retirees				
9. 其他就业者收入	Income of Other Employees	13.38			
10. 其他劳动收入	Part－time Income	2.32	0.98	37.70	
11. 财产性收入	Property Income	87.49	72.39	159.83	91.67
12. 转移性收入	Transfor Income	144.40	136.27	84.07	332.71
#离退休金	Pension	31.86	69.22		160.58
赠送收入	Income of Gifts	55.80	50.45	40.40	52.47
(二)借贷收入	Credit Income	854.08	1 305.78	1 879.49	1 602.46
五、现金支出	Cash Expenditure	2 440.03	3 339.65	4 532.83	5 245.12
(一)实际支出	Real Expenditure	1 488.48	1 913.07	2 441.01	2 663.04
1. 消费性支出	Consumption Expenditure	1 131.51	1 592.44	1 623.40	2 162.93
2. 非消费性支出	Nonconsumption Expenditure	356.97	320.63	817.60	500.11
#赡养支出	Expenditure for Support	42.69	64.80	57.05	151.41
赠送支出	Expenditure of Gifts	59.02	101.91	138.59	226.54
(二)借贷支出	Expenditure for Credit	951.55	1 426.58	2 091.82	2 582.08
六、期末手存现金	Holding Cash at the End	768.36	1 168.68	1 136.16	1 269.84

14－5　主要年份居民家庭人均每月食品购买量
PER CAPITA MONTHLY PURCHASES OF FOODS OF URBAN HOUSEHOLDS IN MAIN YEARS

品　名	Item	1985	1990	1995	1998	1999
粮食(千克)	Grain (kg)	9.22	8.58	8.00	6.80	6.91
食油(千克)	Edible Oil (kg)	0.64	0.67	0.60	0.50	0.62
鲜菜(千克)	Fresh Vegetable (kg)	9.86	8.76	8.60	8.80	9.00
猪肉(千克)	Pork (kg)	2.58	1.90	1.80	1.60	1.70
牛羊肉(千克)	Beef and Mutton (kg)	0.10	0.12	0.10	0.15	0.15
家禽(千克)	Poultry (kg)	0.59	0.97	0.90	1.00	1.23
鲜蛋(千克)	Fresh Eggs (kg)	0.64	0.61	1.30	0.70	0.76
鱼　(千克)	Fishes (kg)	1.63	1.38	1.50	1.60	1.35
食糖(千克)	Sugar (kg)	0.27	0.23	0.10	0.10	0.12
卷烟(盒)	Cigarettes (box)	2.18	1.10	1.20	1.90	1.43
茶叶(千克)	Tea (kg)	0.02	0.02	0.01	0.01	0.01
白酒(千克)	Liquor (kg)	0.16	0.05	0.05	0.05	0.08
啤酒(千克)	Beer (kg)	0.20	0.09	0.20	0.27	0.25
鲜果(千克)	Fresh Fruits (kg)	2.01	1.89	3.20	5.00	5.00
糕点(千克)	Cake (kg)	0.32	0.23	0.30	0.30	0.27
鲜奶(千克)	Milk (kg)	0.06	0.08	0.20	0.50	0.62

14－6　主要年份居民家庭平均每百户拥有耐用消费品
POSSESSION OF DURABLE CONSUMER GOODS PER 100 URBAN HOUSEHOLDS IN MAIN YEARS

品　名	Item	1985	1990	1995	1998	1999
自行车(辆)	Bicycle	168	220	149	136	121.5
缝纫机(架)	Sewing Machines	58	65	46	40	36.5
电风扇(台)	Electric Fans	213	330	260	252	254.0
洗衣机(台)	Washing Machines	69	88	96	102	99.5
电冰箱(台)	Household Refrigerators	69	97	99	103	105.0
彩电(台)	Color TV Sets	80	109	124	145	157.5
摩托车(辆)	Motorcycles		4	13	28	31.5
照相机(架)	Cameras	25	51	69	90	96.0
电炊具(个)	Electric Cookers	108	95	80	80	86.0
立体声收录机(台)	Stereo Radio Cassette Players		27	23	72	69.0
组合音响(套)	Stereo Systems		36	41	55	62.5
中高档乐器(件)	Medium and High－Grade Musical Instruments	6	21	15	12	10.5
空调器(台)	Air Conditioners		26	106	171	180.5
录相机(台)	Video Recorders		27	39	39	40.0
微型计算机(台)	Personal Computers				41	44.5
健身器材(台)	Fitness Appliances				13	12.5
移动电话(部)	Mobile Telephone				41	58.0

14－7 城镇居民家庭平均每人全年购买的主要商品数量
PER CAPITA ANNUAL PURCHASES OF PRINCIPAL GOODS IN URBAN HOUSEHOLD (1999)

项目	Item	总平均 Average	最低收入户 Lowest Income (First Decile)	低收入户 Low Income (Second Decile)	中等偏下户 Medium－low Income (Second Quintite)	中等收入户 Medium Income (Third Quintite)	中等偏上户 Medium－high Income (Fourth Quintite)	高收入户 High Income (Ninth Decile)	最高收入户 Highest Income (Tenth Decile)
粮食(千克)	Grain (kg)	82.92	68.72	82.64	74.76	86.34	81.91	82.70	100.53
食油(千克)	Edible Oil (kg)	7.44	6.97	7.12	8.00	6.05	6.72	6.43	7.12
鲜菜(千克)	Fresh Vegetable (kg)	108.00	97.19	86.46	100.29	115.36	123.10	89.84	113.51
猪肉(千克)	Pork (kg)	20.40	17.80	17.50	18.63	22.10	24.69	17.69	21.97
牛羊肉(千克)	Beef and Mutton (kg)	1.80	1.54	1.57	2.20	1.95	1.66	1.34	1.76
家禽(千克)	Poultry (kg)	14.76	10.82	12.22	14.64	14.87	14.15	12.29	20.58
鲜蛋(千克)	Fresh Eggs (kg)	9.12	7.92	9.81	7.20	9.63	9.82	8.77	9.29
鱼(千克)	Fishes (kg)	16.20	12.57	11.86	15.03	18.03	16.28	14.66	22.23
食糖(千克)	Sugar (kg)	1.44	1.57	1.46	1.13	1.61	1.32	1.08	1.71
卷烟(盒)	Cigarettes (box)	17.16	19.51	11.71	17.75	16.51	14.85	10.99	24.36
茶叶(千克)	Tea (kg)	0.12	0.10	0.22	0.11	0.17	0.15	0.15	0.32
白酒(千克)	Liquor (kg)	0.96	1.58	1.05	0.85	0.45	1.37	0.37	0.93
啤酒(千克)	Beer (kg)	3.00	4.43	3.27	1.05	3.73	3.58	1.33	3.78
鲜果(千克)	Fresh Fruits (kg)	60.00	47.76	53.75	56.83	54.01	62.37	59.30	69.59
糕点(千克)	Cake (kg)	3.24	2.65	2.34	2.35	3.51	3.55	3.92	4.66
鲜奶(千克)	Milk (kg)	7.44	6.49	1.96	6.18	7.09	10.33	11.01	8.48

14－8 城镇居民家庭平均每百户年底主要耐用消费品拥有量
YEAR－END POSSESSION OF MAIN DURABLE CONSUMER GOODS PER 100 URBAN HOUSEHOLDS (1999)

项目	Item	总平均 Average	最低收入户 Lowest Income (First Decile)	低收入户 Low Income (Second Decile)	中等偏下户 Medium－low Income (Second Quintite)	中等收入户 Medium Income (Third Quintite)	中等偏上户 Medium－high Income (Fourth Quintite)	高收入户 High Income (Ninth Decile)	最高收入户 Highest Income (Tenth Decile)
自行车(辆)	Bicycle	121.5	190.0	95.0	137.5	135.0	102.5	85.0	95.0
缝纫机(架)	Sewing Machines	36.5	35.0	35.0	40.0	35.0	35.0	30.0	45.0
电风扇(台)	Electric Fans	254.0	225.0	265.0	245.0	282.5	255.0	235.0	250.0
洗衣机(台)	Washing Machines	99.5	75.0	105.0	102.5	97.5	100.0	100.0	115.0
电冰箱(台)	Household Refrigerators	105.0	100.0	100.0	102.5	100.0	107.5	110.0	120.0
彩电(台)	Color TV Sets	157.5	125.0	150.0	150.0	157.5	165.0	165.0	190.0
摩托车(辆)	Motorcycles	31.5	35.0	30.0	32.5	20.0	27.5	35.0	55.0
照相机(架)	Cameras	96.0	75.0	75.0	90.0	92.5	102.5	105.0	135.0
电炊具(个)	Electric Cookers	86.0	40.0	65.0	67.5	97.5	105.0	110.0	105.0
健身器材(台)	Fitness Appliances	12.5		15.0	12.5	7.5	25.0	5.0	15.0
移动电话(部)	Mobile Telephone	58.0	20.0	25.0	55.0	42.5	75.0	95.0	95.0
微波炉(台)	Microwave Ovens	36.0	15.0	10.0	30.0	35.0	17.0	55.0	65.0
立体声收录机(台)	Stereo Radio Cassette Players	69.0	85.0	65.0	67.5	70.0	57.5	80.0	70.0
组合音响(套)	Stereo Systems	62.5	30.0	40.0	60.0	67.5	67.5	80.0	85.0
中高档乐器(件)	Medium and High－Grade Musical Instruments	10.5	5.0	10.0		15.0	20.0	10.0	10.0
空调器(台)	Air Conditioners	180.5	95.0	100.0	165.0	187.5	205.0	240.0	255.0
录放像机(台)	Video Recorders	40.0	30.0	35.0	35.0	42.5	40.0	55.0	45.0
微型计算机(台)	Personal Computers	44.5	25.0	40.0	32.5	50.0	52.5	45.0	65.0

14－9 居民物质文化生活提高情况
IMPROVEMENT IN RESIDENTS' MATERIAL AND CULTURAL LIFE

项目	Item	1985	1990	1995	1998	1999
就业	**Employment**					
城镇登记失业率(%)	Urban Unemployment Rate(%)			2.44	2.48	2.45
收入	**Income**					
人均实际收入(元)	Per Capita Real Income (yuan)	1 935.12	4 162.68	12 775.44	20 118.17	20 466.72
人均可支配收入(元)	Per Capita Disposable Income (yuan)	1 914.84	4 127.40	12 770.64	19 885.97	20 240.40
基尼系数(%)	Gini coefficient (%)	0.17	0.19	0.28	0.30	0.30
支出	**Expenditure**					
人均实际支出(元)	Per Capita Real Expenditure (yuan)	1 916.16	4 090.20	12 391.92	18 744.72	18 433.10
人均消费性支出(元)	Per Capita Consumption Expenditure (yuan)	1 790.40	3 671.04	11 038.32	15 436.20	14 753.70
恩格尔系数(%)	Engel Coefficient (%)	47.5	47.2	39.9	31.9	32.1
储蓄	**Savings**					
人均储蓄存款余额(元)	Per Capita Balance of Saving Deposit (yuan)	907	2 845	13 515	21 822	23 797
居住	**Residence**					
人均居住面积(平方米)	Per Capita Living Space (sq. m)	7.9	10.4	12.8	15.3	15.3
通讯	**Telecommunication**					
每百人拥有电话(部)	Number of Telephone Sets per 100 Persons		10	28	49	67
城市公用事业	**Public Utilities in Urban Areas**					
人均生活用电量(度)	Per Capita Residential Electicity Consumption(kwh)		237	370	688	725
自来水普及率(%)	Rate of Access to Tap Water(%)				96.5	96.8
教育娱乐	**Education and Recreation**					
人均娱乐教育支出(元)	Per Capita Education and Recreation Expenditure (yuan)	182.60	244.20	1 325.56	2 154.36	1 993.80
#娱乐用品及服务	Recreational Articles and Services	134.62	140.84	665.21	743.88	663.84
教育费	Education	26.16	83.28	472.32	1 039.08	1 001.16
书报杂志费	Books, Newspaper and Magazines	4.56	8.40	53.52	107.76	87.48
卫生	**Public Health**					
每万人拥有医生数(人)	Number of Doctors per 10 000 Persons (person)	21	17	18	18	17
每万人拥有医院病床(张)	Number of Hospital Beds per 10 000 Persons	21	15	19	22	22

十五、各区概况

1999年罗湖区国民经济和社会发展统计公报

深圳市罗湖区计划统计局

1999年,罗湖区人民认真贯彻落实中央、省和市的各项方针政策,不断克服亚洲金融危机和国内市场疲软的影响,切实抓好"两个文明"建设,努力营造"三优环境",大力发展辖区经济、商贸经济、物业经济和科技经济,保持了经济的平稳运行和社会的全面发展,各项预期目标全面完成。

一、综　合

国民经济继续保持平稳健康发展。初步统计,1999年全区实现区属国内生产总值30.01亿元,比上年增长10.98%。其中,第一产业增加值0.15亿元,增长44.80%;第二产业增加值6.40亿元,增长7.44%;第三产业增加值23.46亿元,增长11.82%。第一、二、三次产业比重由上年的0.4:22.2:77.4调整为0.5:21.3:78.2。

国民经济和社会发展中存在的主要问题是:新的经济增长点缺乏,财政增收面临较大困难,防范化解债务风险任务艰巨,产业升级优化难度较大,社会治安和环境综合治理任重道远。

二、农　业

农业生产迅速发展。全年农业增加值1458万元,比上年增长44.80%。农业总产值(90年不变价)1281.50万元,增长49.88%。其中,种植业产值1121.10万元,增长78.52%;牧业、林业和水产业产值有所下降。

全年蔬菜复种面积1810亩,下降21.48%;花卉种植面积1086亩,增长1.97%;累计水果种植面积10154亩,增长0.53%。水果、蔬菜和花卉等经济作物取得较好收成。主要农产品产量为:

指标名称	计算单位	产　量	比上年增长%
水果	吨	491	16倍
蔬菜瓜果	吨	2610	6.57
家禽出栏量	只	2400	-55.14
盆景	盆	1000	4倍

全年完成植树造林面积1000亩,全民义务植树3.5万株,幼林抚育1200亩,育苗20万株。

三、工业和建筑业

工业生产呈现恢复性增长。全年工业增加值3.73亿元,比上年增长9.46%。完成工业总产值(90年不变价,下同)14.81亿元,增长10.02%。分经济类型看,国有经济0.62亿元,下降18.83%;集体经济0.91亿元,下降62.93%;"三资"、"三来一补"企业11.12亿元,增长55.12%;股份制经济2.16亿元,下降29.65%。分轻重工业看,轻工业产值9.94亿元,增长5.28%;重工业产值4.87亿元,增长21.15%;重工业产值占工业总产值的比重由上年的29.86%上升为32.88%。

工业产品结构发生积极变化。全年完成出

口产品产值 9.41 亿元,增长 5.04%。实现高新技术产品产值 5.46 亿元,增长 37.19%,占工业总产值比重由上年的 29.56% 上升为 36.87%,提高 7.31 个百分点。

工业产品产销衔接良好。全年工业产销率达 101.20%,比上年提高 1.77 个百分点。主要工业产品产量为:

指标名称	计算单位	产　量	比上年增长%
GSM 手机	部	5800	-63.75
电子售货终端机	万部	11.60	—
电话机	万部	126.99	-44.03
微型电子计算机	万部	2.97	-48.70
电子原件	万只	4734.3	165.71
录音机	万部	135.55	46.39
电子计算器	万台	117.20	持平
钟　表	万只	400.70	-18.92
印染布	万米	2523.08	5.14
服　装	万件	9518.45	28.51
软件家私	件	3127	-32.81
塑料制品	吨	784	-40.60

工业经济效益总体水平仍不理想。全区独立核算工业企业实现销售收入 16.94 亿元,比上年增长 7.30%;利税总额 7366 万元,下降 11.65%;工业资产保值增值率 110.79%,上升 10.55 个百分点;工业成本费用利润率 3.44%,下降 0.23 个百分点;全员劳动生产率 1.83 万元/人,增长 10.90%;工业企业经济效益综合指数 84.53%,下降 4.03 个百分点。

建筑业增长放缓。全区建筑业增加值2.67 亿元,比上年增长 4.79%。各类房屋建筑施工面积 99.80 万平方米,下降 20.33%;竣工面积 33.30 万平方米,增长 3.54%。

四、固定资产投资

固定资产投资保持较快增长。全社会固定资产投资 10.91 亿元,比上年增长 13.39%。其中,国有经济 6.58 亿元,增长 2.88%;集体经济 4.32 亿元,增长 35.17%。在国有经济投资中,基本建设 4.15 亿元,增长 22.73%;房地产开发 2.43 亿元,下降 19.35%。全年固定资产投资项目 53 项,比上年增加 2 项;全部建成投产项目 22 项,增加 5 项。新增固定资产 10.60亿元,增长 99.89%。

政府投资的主导作用得到进一步发挥。全年完成市、区政府投资 3.91 亿元,增长 69.57%。重点建设项目中,东门商业步行街改造一期工程、莲塘河险段治理工程和区环境监测大楼竣工交付使用,罗湖培训中心、罗湖医院住院部大楼、中医院莲塘门诊部工程进入收尾阶段。

房地产开发产销两旺。聚宝花园、名仕阁、都市名园等主要商品房项目竣工并投放市场,全年商品房屋施工面积 44.20 万平方米,增长 3.51%;竣工面积 15.90 万平方米,增长 11 倍;销售面积 13.10 万平方米,增长 235.90%。

五、商业

国内市场销售稳定增长。全年实现社会消费品零售总额 23.22 亿元,比上年增长 12.74%,剔除价格因素,实际增长 17.32%。分行业看,商业零售额 17.70 亿元,增长 13.03%;饮食业零售额 5.52 亿元,增长 11.82%。分经济类型看,国有、集体及其他经济3.57亿元,增长 13.48%;个体、私营经济 19.65亿元,增长 12.61%。

区属国有、集体批发零售贸易业商品购进总额 2.68 亿元,比上年增长 22.03%;商品销售总额 3.02 亿元,增长 22.02%。商业、餐饮业企业经济效益继续好转。销售收入 2.83 亿元,增长 18.07%;流通费用率 26.64%,下降 3.29 个百分点;销售毛利率 23.43%,提高1.71 个百分点;利润总额比上年减亏 849.9 万元。

六、财政

财政收入平稳增长。全区财政总收入 14.41亿元,比上年增长 4.17%,其中完成财政预算收入 11.63 亿元,增长 11.39%,占财政总收入的比重由上年 75.56%上升为 80.76%。

财政预算收入中，税收 10.92 亿元，增长 15.11%，占财政预算收入的比重由上年 90.81%上升到 93.86%。税收中，个人所得税、房产税、增值税和营业税分别增长95.29%、37.99%、36.46%和 18.33%，企业所得税下降 25.52%。

支出增长大幅减缓。财政总支出 14.31 亿元，增长 4.11%，比上年回落 14.69 个百分点。其中，预算内支出 12.31 亿元，增长 2.05%，比上年回落 13.83 个百分点；上解支出 2.00 亿元，增长 18.93%。预算支出中，企业挖潜改造资金和科技三项费用增长较大，教育事业费、行政管理费和基本建设支出增幅回落，文体、卫生和其他部门事业费及公检法支出下降。

七、对外经济和旅游

对外经济形势有所好转。对外贸易方面，全年完成出口总值 1.89 亿美元，比上年增长 3.26%。其中，加工贸易出口 1.84 亿美元，增长 5.51%；一般贸易出口 0.05 亿美元，下降 42.03%。利用外资方面，全年新签投资协议 20 宗，比上年增加 11 宗；协议利用外资 1781 万美元，增长 53.40%；实际利用外资 3289 万美元，增长 8.98%。

旅游营业收入下降。全年辖区宾馆、酒楼共接待国内外游客 290.69 万人次，比上年下降 1.73%。其中，国外游客 104.37 万人次，增长 9.44%；国内游客 186.32 万人次，下降7.04%。旅游营业收入 18.45 亿元，下降23.44%。宾馆酒楼平均住房率 63.8%，比上年提高 4.6 个百分点。

六、科技、教育、文化、卫生和体育

科技事业不断进步。罗湖创业中心吸引进驻民科企业 32 家，设立“罗湖区高新技术产业发展专项资金”，累计规模达到 4000 万元，比上年增长 1 倍。全年科技三项经费投入 1500 万元，增长 60.43%。全年获市科技进步奖 1 项，披克电子公司被市科技局评定为“高新技术项目”。科普教育工作深入开展，获全市科技小发明小制作一等奖 3 个、二等奖 7 个。1999 年顺利通过国家科技部考核，步入全国科技先进城区行列。

教育事业取得新进展。年末全区共有中、小学 54 间，比上年末增加 2 间。其中，中学 15 间，小学 39 间，各增加 1 间。中学在校学生 19567 人，小学在校学生 42233 人，分别增长 7.35%和 8.98%。全区幼儿园共 91 间，增加 10 间，在园幼儿 16200 人，增长 18.16%。成人教育学校 1 间，在校学生 341 人，增长 274.73%。六周岁儿童入学计划顺利实施，初中和高中升学率分别达到 100%和 42%。行知职校通过了国家级重点职高复评，翠园中学、滨河小学通过了省一级学校评估。

文化事业成绩斐然。全区有艺术表演团体 5 个，文化馆 1 座，图书馆 1 座，藏书量 10.5 万册。参加市以上文化艺术比赛获奖总数 420 个，其中国家级奖项 285 个。创作歌曲《走进新时代》获中宣部“第七届全国五个一工程奖”，小品《一碗面条》获“99 中国曹禺戏剧文学奖·小品小戏奖”一等奖等 5 个奖项，女声表演唱《渔家喜事多》获“爱我中华”全国表演唱汇演大奖和第九届“群星奖”银奖。

卫生事业持续发展。年末全区拥有医疗卫生机构 12 个，其中，医院 3 间，卫生防疫站 1 间，门诊部、所 6 间。卫生技术人员 726 人，比上年增长 1.54%，其中医生 364 人，增长 3.41%。卫生机构病床 300 张，增长 7.14%。全年医院门诊人数 83.4 万人次，增长24.66%；入院总人数 7297 人，增长 3.73%，治愈率 77.59%。医疗技术水平不断提高。新添置了自动系列化分析仪、新生儿血气分析仪、酶标仪等医疗设备，首例试管婴儿于 1999 年 6 月 29 日在罗湖医院生殖中心诞生，罗湖医院中心实验室的肿瘤标志物 DR－70 和抗心磷脂抗体项目、胸腔镜手术治疗手汗症及妇科腹腔镜技术的应用等均达全市先进水平。

体育事业蓬勃开展。全区共举办各种群众性体育活动 21 次，参加人数达 28470 人次。在校中、小学生参加《国家体育锻炼标准》达标率为95%，提高0.8个百分点。罗湖区体育健儿获市以上奖牌71枚，其中，国家级金牌2枚、银牌1枚；省级金牌8枚、银牌9枚。成功举办罗湖区首届运动会。

七、城区建设和环境保护

城市功能继续增强。辖区建成城区面积35.9平方公里，比上年增长15.81%；年末实有铺装道路长度84.97公里，增长10.51%；年末实有铺装道路面积267.86万平方米，增长15.01%；污水日处理能力35万吨，与上年持平；下水道排水管长度396公里，增长27.01%；辖区年用电量19.63亿千瓦时，下降4.29%；自来水日供水能力38万吨，与上年持平；供水总量12050万吨，增长6.06%。

环境质量稳定提高。区政府投资1000万元，建成罗湖环境监测大楼。城区区域环境噪声平均值为57.5分贝，道路交通噪声69.8分贝，分别达到国家二类标准和四类标准；烟尘控制区和噪声达标区覆盖率分别为100%和63%；工业废水达标排放率和固体废物利用处置率均达到100%；机动车尾气抽检合格率为84.5%；辖区饮用水源水质达标率为100%，比上年提高3.6个百分点。

八、人口和人民生活

人口总量稳步增长。全区年末常住人口61.08万人，比上年增长1.73%，其中，户籍人口28.79万人，增长0.57%；暂住人口32.29万人，增长2.79%。

户籍人口自然增长率继续下降。辖区户籍人口出生率为10.64‰，自然增长率为9.25‰，分别比上年下降0.04个千分点和0.39个千分点；户籍人口计划生育率为98.42%，比上年提高0.31个百分点。

职工工资水平不断提高。全年区属年末职工人数45156人，比上年末增长0.46%；职工年工资总额79926.6万元，增长19.54%；职工年人均工资17604元，增长17.42%，其中，国有经济职工年人均工资31375元，增长25.09%；集体职工年人均工资12875元，增长12.5%。

城市居民收入有所增长。辖区居民家庭年人均可支配收入为19441.2元，比上年增长1.31%；年人均消费支出14778.12万元，下降0.95%。

注：国内生产总值及各产业增加值绝对数按现行价格计算，增长速度按可比价格计算。

1999年福田区国民经济和社会发展统计公报

深圳市福田区计划统计局

1999年福田区委、区政府高举邓小平理论伟大旗帜,带领全区人民,团结奋斗,努力拼搏,以"大经济、大发展、大服务"的战略思想为指导,抓住福田中心区开发的世纪契机,继续强化管理,加快改革国有企业,加大力度调整经济结构,取得了良好的效果,从而进一步推动了福田区争创新优势、更上一层楼的前进步伐。福田辖区经济和区属经济均保持了快速或平稳的增长态势,区属各项主要经济指标完成或超额完成年初预定目标,各项社会事业有了更大进步。

一、综　合

福田辖区国民经济快速发展。据统计,辖区全年完成国内生产总值425.49亿元,按可比价格计算,比上年增长19.11%,占全市总量的29.62%。其中,第一产业完成增加值0.07亿元,比上年增长55.64%;第二产业完成增加值165.26亿元,比上年增长19.60%;第三产业完成增加值260.16亿元,比上年增长20.35%。一、二、三产业比例由上年的0.01:40.00:60.99调整为0.02:38.84:61.14。辖区人均国内生产总值59227元,比上年增长13.22%。

福田区属国民经济稳健发展,经济结构不断优化。区属经济全年完成国内生产总值22.95亿元,按可比价格计算,比上年增长14.22%。其中,第一产业完成增加值0.07亿元,比上年增长55.64%;第二产业完成增加值11.65亿元,比上年增长9.97%;第三产业完成增加值11.23亿元,比上年增长18.64%。一、二、三产业比例由上年的0.2:52.7:47.1调整为0.3:50.76:48.94。全员劳动生产率30406元,比上年提高9.26%。

二、农　业

受水果丰产和种养扩大影响,农业生产周期性略有上扬。福田辖区全年实现农业总产值(90年不变价)0.08亿元,比上年增长60%。全年蔬菜播种面积1698亩,产量1688吨,分别比上年减少1.5%和7.96%;水果种植面积3550亩,产量220吨,分别比上年增长2.25%和4.5倍;水产品产量198吨,比上年增长10%;全年植树造林面积600亩,比上年减少40.30%。

三、工　业

福田辖区工业生产持续高速增长。辖区全年完成工业总产值(90年不变价)515.14亿元,比上年增长30.75%,占全市总额的24.79%。其中,国有企业完成22.82亿元,比上年增长10.6%;集体企业完成0.75亿元,比上年下降6.9%;其他所有制企业完成491.57亿元,比上年增长37.75%。全年完成工业增加值98.68亿元,比上年增长8.36%;全年完成出口产品产值290亿元,比上年增长21.5%。在工业产值中,重工业完成257.20亿元,比上年增长13.31%;轻工业完成257.94亿元,比上年增长65.72%。轻、重工业之比为50.08:49.92。

福田辖区高新技术产业发展迅速。辖区实现高新技术产品产值(现价)287.88亿元,占全市总额的35.12%,占辖区工业总产值的比重为64.8%,比全市平均水平高24个百分点。已认定的高新技术企业55家,高新技术项目33项。

辖区工业经济效益有较大回升。全年实现产品销售收入405.66亿元,比上年增长13.98%;全年实现利税总额28.65亿元,比上年增长15.06%;企业亏损面20.55%,比上年下降1.22个百分点;亏损企业亏损额1.70亿元,比上年减少56.19%。

区属工业生产继续稳定增长。全年完成工业总产值(90年不变价)25.46亿元,比上年增长13.0%。其中,国有企业完成0.13亿元,比上年下降86.40%;集体企业完成0.57亿元,比上年增长19.7%;其他所有制企业完成24.76亿元,比上年增长15.8%。全年完成工业增加值7.45亿元,比上年增长13.96%。全年完成出口产品产值19.00亿元,比上年增长7.95%。在工业产值中,轻工业完成11.6亿元,比上年增长16.8%;重工业完成13.86亿元,比上年增长4.1%。轻、重工业之比为45.56:54.44。

区属高新技术产业持续发展。全区实现高新技术产品产值(现价)10.30亿元,占全区工业总产值的比重达37.6%,比上年提高1.6个百分点。

区属工业企业全年主要工业产品产量如下:

指标名称	计算单位	产　量	比上年增长%
表	万只	789.68	60.0
服装	万件	616.47	21.4
复印机械	万台	66	288
程控交换机	万线	0.46	-73
电话机	万部	122	-67.6
光通信设备	台	3022	49.3
发电量	万度	18527	15.7
半导体集成电路	万块	590	-41.0
录放音机	万部	261.5	62.4
组合音响	万部	79	-2.5

区属工业经济效益大幅扬升。全年实现产品销售收入24.62亿元,比上年增长22.2%;实现利税总额0.54亿元,比上年增长2.58倍;企业亏损面50%,比上年下降14.6个百分点;亏损企业亏损额0.38亿元,比上年下降53.5%。全区独立核算工业企业经济效益综合指数126.70%,比上年上升6.36个百分点。

四、固定资产投资

福田辖区固定资产投资持续增长。辖区全年完成全社会固定资产投资额184.41亿元,比上年增长8.99%,占全市投资总额的32.47%。其中,基本建设投资95.22亿元,比上年增长0.55%;房地产开发投资73.39亿元,比上年增长24.44%;更新改造投资11.55亿元,比上年增长3.13%。

区属固定资产投资快速增长。全年完成固定资产投资额17.11亿元(不含私人投资),比上年增长17.68%。其中,基本建设投资4.49亿元,比上年增长20.11%;房地产开发投资10.81亿元,比上年增长36.21%;更新改造投资0.45亿元;城镇集体投资1.36亿元,比上年下降22.54%。另外私人建房投资0.96亿元,比上年下降39.24%。全年固定资产投资在建项目54项,其中新开工项目18项,全部建成投产项目27项。

五、国内贸易

福田辖区商贸市场日渐活跃。辖区全年实现社会消费品零售总额110.31亿元,占全市总额23.60%。

区属国内商贸静淡。区属批发零售贸易业商品购进总额5.67亿元,比上年下降0.3%;商品销售总额6.52亿元,比上年增长4.58%;社会消费品零售总额4.65亿元,扣除物价因素,比上年实际增长5.41%。

六、对外经济

福田辖区利用外资高速增长。辖区全年实际利用外资4.01亿美元,比上年增长35.0%,占全市总额的14.56%;全年协议利用外资1.98亿美元,比上年下降48.0%;全年批准利用外资项目(合同)160项。

区属利用外资也呈高速增长的势头。全年实际利用外资0.1亿美元,比上年增长42.86%。全年协议利用外资0.15亿美元,比上年增长2.58倍。全年签订利用外资项目(合同)10项,续签合同32项。

区属对外贸易继续保持增长态势。全年进出口总额达4.22亿美元,比上年增长8.48%。其中,出口总额2.29亿美元,比上年增长9.57%;进口总额1.93亿美元,比上年增长7.22%;全年贸易顺差0.36亿美元,比上年增长24.0%。

七、财　政

财政收入快速增长。全年完成预算内财政收入14.45亿元,比上年增长17.07%。其中,各项税收完成13.73亿元,比上年增长21.04%;预算内财政支出15.16亿元,比上年增长14.72%。

八、科技、教育、文化和卫生

全年落实区属科技三项经费1600万元,比上年增长3.16%,支持了29个科技项目。辖区全年登记鉴定科技成果68项,其中达到国际水平17项。

辖区共有幼儿园86所,比上年增加2所。在园幼儿1.45万人,比上年增长2.1%;有中小学59所,比上年增加8所。在校学生6.09万人,比上年增长15.1%。小学适龄儿童入学率100%。

全区有文化馆(站)8个,图书馆(室)86个,电影院19家。文艺精品纷现,钢琴协奏曲《走进新时代》多次在中央电视台黄金时间播出,社会反响强烈;大型话剧《窗外有片红树林》获五项国家级大奖。群众性文化活动成果丰硕。

全区共有区属医疗机构11家,其中医院8家。病床540张,比上年增加30张;卫生专业技术人员826人,护理人员310人。19家社区健康服务中心挂牌运作,5间医院被评为“一甲”医院,5间医院被评为市级“爱婴医院”,福田区人民医院被评为市、区第五届“文明单位”。

九、环境保护和综合治理

全区城市工业废水处理率100%,工业固体废物处理率100%,综合利用率67.18%。

全区已建成安全文明小区300个,占全市总数的15%。其中,市级标兵小区88个,比上年增加28个;创建物业管理优秀单位39个,占全市的36.45%。有29个优秀单位被推荐到省参加综合评比,在全省区级单位中名列第一。

十、人口和人民生活

全区年末常住人口73.02万人,比上年增加2.35万人。其中,户籍人口29.29万人,比上年增加1.81万人,占常住人口的40.11%;暂住人口43.73万人,比上年增加0.54万人,占常住人口的59.89%。户籍人口出生率12.09‰,死亡率1.04‰,自然增长率11.06‰。

根据50户户籍居民家庭抽样调查资料,福田区城市居民家庭年人均可支配收入20599元,扣除物价因素后,比上年实际增长9.19%;年人均消费性支出15885元,扣除物价因素后,比上年实际增长13.80%。

年末辖区全社会从业人员36.13万人,占全市总数的12.25%。其中,在岗职工20.53万人,城镇私营个体从业人员15.47人(含个体商贩)。全辖区在岗职工工资总额44.89亿元,在岗职工年平均工资21929元。

社会保险覆盖面不断扩大。1999年末全区有9.35万人参加了基本养老保险,9.26万人参加了工伤保险,8.07万人参加了医疗保险,分别比上年增长64%、1.43倍和1.52倍。失业保险金累计达0.06亿元,再就业基金累积达0.08亿元。

1999 年南山区国民经济和社会发展统计公报

深圳市南山区计划统计局

1999 年,是南山区不平凡的一年,是城区面貌变化最大、各项工作成绩显著的一年。全区人民在区委、区政府的正确领导下,团结一心,迎难而上、真抓实干、开拓创新,不断克服亚洲金融危机和国内市场疲软的影响,切实抓好"两个文明"的建设,坚持"不求所有,但求所在"的战略指导,大力发展辖区经济,全年经济发展呈现良好的态势,市容市貌大为改观,人民生活水平进一步提高,各项社会事业取得丰硕成果,顺利完成年初制定的国民经济和社会事业发展目标。

一、综　合

国民经济继续保持平稳健康发展,主要经济指标基本达到全年宏观调控的预期目标。

据统计,1999 年全区实现国内生产总值 306 亿元,其中区属 59.6 亿元,分别增长 17.7%和 14.5%。在 306 亿元的国内生产总值中,第一、二、三产业分别实现增加值 0.9 亿元、228.5 亿元和 76.6 亿元,比上年增长 4.7%、19.7% 和 12%,三次产业的比例为 0.3:74.7:25。工业仍是南山区经济发展的主导产业,对经济增长的贡献最大。在全区 17.7%的经济增长中,有 13.9 个百分点是工业拉动的,对 GDP 增长的贡献率为 78.5%。

国民经济和社会发展中存在的主要问题是:产业结构不尽合理,第三产业比重偏低;区属国有企业改革和发展困难重重,总体资产效益不高;城市建设仍然滞后于经济社会发展的需要,基本建设任务重。

二、农　业

农业发展稳中有进,全年实现农业总产值 1.72 亿元,比上年增长 4.3%。全年蔬菜产量 11000 吨,比上年增长 4.8%;荔枝产量 3045 吨,比上年增长了 14 倍;其他各项种植业、畜牧业、远洋捕捞业和水产业均比上年有所增长。三高农业建设项目进展顺利,麻嵌百亩无公害蔬菜已生产 600 吨,三坑基地已形成花、果、菜、鱼等种植业为一体的立体开发经营模式。

三、工　业

工业持续高速发展,有效促进经济增长。全年完成工业总产值(90 年不变价)730 亿元,比上年增长 25.9%,占全市工业总产值的 36%。其中,区属完成 126 亿元,比上年增长 19.4%。全年实现工业增加值 210.5 亿元,占国内生产总值的比重为 68.8%。

高新技术产业继续保持高速发展的势头,出台了《关于扶持中小型民营科技企业发展的若干意见》,投资 3000 万元建设南山科技创业服务中心,作为高新技术产业孵化基地,大力发展高新技术产业。全年实现高新技术产品产值 333.91 亿元,占全市高新技术产品产值的 40.73%,比上年增长 34.8%,占全区工业总产值的 45.7%。已确认的高新技术企业 60 家,高新技术项目 30 项,形成了以通讯、计算机、新材料、生物工程为主的高新技术产业群,增强了经济发展的后劲。

区属工业稳步增长。全年完成工业总产值(90年不变价)126亿元,比上年增长19%;完成工业增加值38亿元,比上年增长18.3%;完成出口产品产值7.44亿美元,比上年增长5.7%。在工业总产值中,轻工业完成119.9亿元,比上年增长22.6%;重工业完成5.7亿元,比上年下降26.7%。轻、重工业之比为95.2:4.8。

工业经济效益总体水平有所提高。区属工业企业实现利润9.7亿元,比上年增长26.1%;资产负债率为47.8%,比上年下降5.8个百分点;工业产品销售率为91%,比上年提高2.23个百分点;独立核算工业企业经济效益综合指数为150.88%,比上年提高13.44个百分点。

四、固定资产投资

固定资产投资结构不断优化,市政道路等基础设施项目建设成绩显著。1999年,全区完成固定资产投资61.7亿元,比上年增长9%,其中,区属完成固定资产投资16.8亿元,比上年增长18.7%。重点工程建设进展顺利,配合市政府完成了滨海大道的建设,前海路、后海路、工业七路、荔园西路、科苑北路建成通车。中山公园以崭新的姿态向群众开放,产生了良好的社会反响。长青园、文体中心广场、妇女儿童活动中心、青少年活动中心、科技创业服务中心、西部人才市场新址、前海小学、后海小学、蛇口医院门诊楼等重点工程项目相继交付使用。深南大道南山段和南油大道两条“风景线”的改造完毕。南头半岛横贯东西、沟通南北的道路交通网络初步形成,城区面貌大大改观,投资环境进一步改善。

五、商贸旅游

商贸旅游业稳步发展,全区实现社会消费品零售总额56亿元,比上年增长8.7%,其中,区属29.3亿元,比上年增长8.4%。随着投资环境的不断完善,沃尔玛、海雅百货、女儿国、西部电子市场等具有一定规模的商场落户南山。旅游景区推陈出新,旅游人次稳步增长,成功举办了“荔枝旅游周”活动,提高了南山旅游的整体形象,全年实现旅游总收入15.13亿元,增长11.2%。

六、财　政

财税部门认真贯彻中央关于“加强征管、堵塞漏洞、惩治腐败、清缴欠税”的指导思想,加强税收征管工作,财政收入稳步增长。全年完成地方预算内财政收入10.73亿元,比上年增长7.6%;其中税收收入10.04亿元,增长18%。

优化财政支出结构,严格执行年度预算。全年财政支出11.6亿元,比上年增长5.8%,其中基本建设支出3.2亿元,比上年下降3.9%。

七、对外经济

对外经济形势有所好转。

招商引资成绩显著。积极参加首届中国国际高新技术成果交易会,“高交会”签约项目、交易额列六区之首。成功举办了’99深圳南山高新技术暨中外企业投资洽谈会,参加了粤台、粤港经济技术合作交流会。全年实际利用外资2.29亿美元,比上年增长15%;全年协议利用外资1.86亿美元;全年批准利用外资合同(项目)228项。

对外贸易保持增长态势。全年加工贸易出口1.9亿美元,比上年增长12%;一般贸易出口450万美元,比上年增长79.7%。

八、精神文明建设和社会事业

社会事业全面进步,精神文明精神取得新的成绩。

广泛开展了创建文明区和向张桂娣、侯黎明学习活动,收到良好的效果。结合抗议北约轰炸我驻南使馆、取缔“法轮功”和庆祝建国五十周年、澳门回归,对广大干部群众进行了深刻的爱国主义、唯物主义、邓小平理论等教育,收到良好的效果。深入开展了“创建好班子”、“做人民满意的公务员”活动,大力整顿机关作风,干部队伍的精神面貌明显好转,重塑政府形象工作取得显著成效。

科教工作成绩显著。1999年,年末拥有中小学校39所,幼儿园82所;全区在校学生36003人,其中中学生10932人,小学生25071人。新建中小学和幼儿园18所,建筑面积28050平方米,新增学位5392个。校园信息网络建设全面启动,被确定为广东省率先实现教育现代化和教育信息化实验区。新安学院的办学规模进一步扩大。虚拟大学园落户南山,高素质人才教育基地初具规模。大力推行科普教育,创建了十大科普教育示范基地,荣获全国首批"科普示范城区"和蝉联全国"科技工作先进城区"。

文化体育工作力度加大。群众性文化活动丰富多彩,基层文化建设进一步加强,《南山报》、南山有线电视中心在宣传全区两个文明建设成就和发挥舆论导向作用方面做了大量工作。成功举办了首届全民健身运动会,参加人数达4.8万人。竞技体育成绩突出,在全运会、全国少年锦标赛中获得15块金牌。

医疗卫生事业健康发展。1999年,年末拥有卫生医疗机构10家,病床位846个;全年门诊量145.5万人次,治愈率为77.4%。完成了市下达的9家社康中心建设任务。

积极推进基层民主法制建设,按照民主程序,完成了111个居委会的换届选举工作。"四公开,两民主"工作在部分居委会逐步推行。

九、环境保护

全区城市工业废水处理率100%,污染防治设施运行率99%,区域环境噪声和道路交通噪音均已达标,空气质量级别为Ⅱ级,西丽饮用水源水质为国家地面水Ⅱ类标准。

十、人口和人民生活

全区年末常住人口53.65万人,比上年增加4.9万人。其中,户籍人口14.15万人,比上年增加1.35万人,占常住人口的26.4%;暂住人口39.5万人,比上年增加3.55万人,占常住人口的73.6%。户籍人口出生率12.85‰,死亡率1.39‰,自然增长率11.46‰。

区属年末职工人数6.85万人,比上年增长1.82%;职工年工资总额101283.1万元,增长5.47%;职工月人均工资1245.1元,增长6.24%。

1999年盐田区国民经济和社会发展统计公报

深圳市盐田区计划统计局

1999年是盐田区“大投入、大建设、大发展”的一年，也是基础设施建设年、国企改革攻坚年和创建文明区达标年。在国内外宏观经济环境不断改善的大环境中，盐田区经济在区委、区政府的正确领导下，在全区干部群众的共同努力下，抓住机遇，深化改革，加快发展，全年经济发展呈现良好态势，综合实力显著增强，市容市貌大为改观，人民生活水平进一步提高，各项社会事业取得丰硕成果，顺利完成了1999年初制定的国民经济和社会发展目标。

一、综　合

国民经济整体运行呈持续、快速、健康的发展态势。据统计，1999年，全区区属实现国内生产总值17.88亿元，比上年增长24.0%。其中，第一、二、三产业分别实现增加值0.12亿元、14.83亿元和2.93亿元，比上年增长7.6%、28.0%和16.9%，三次产业比例由上年的0.8:81.6:17.6调整为0.7:82.9:16.4。第二产业在工业高速增长的推动下，对经济增长的贡献增大。在全区24.0%的经济增长率中，第二产业贡献了21.2个百分点，对GDP增长的贡献率为88.4%。

国民经济和社会发展中存在的主要问题是：经济规模偏小，总体经济质量有待提高，商业增长乏力，经济增长点的培育效果不明显；区属国有企业改革任务还很艰巨，集体资产管理亟待加强；城区道路、环境保护、防洪排涝等基础设施与经济发展的要求仍不相适应，经济与社会管理水平有待进一步提高；招商引资工作难度较大，利用外资形势比较严峻。

二、农　业

农业生产稳步发展。全年农业增加值1218万元，比上年增长7.6%。全年实现农业总产值2218万元(现价)，比上年增长7.7%(按可比价计算)。

全年蔬菜复种面积1500亩，比上年下降17.1%，蔬菜产量为1715吨，比上年下降8.4%；全年水果、水产品养殖捕捞获得丰收，全年水果产量58吨，比上年增长26.1%，水产品产量543吨，比上年增长196.7%；畜牧业有所下降，全年家禽饲养量1.6万只，下降71.4%，生猪出栏量3550头，下降38.8%。

主要农产品产量如下：

指标名称	计算单位	产　量	比上年增长%
蔬菜瓜果	吨	1715	-8.4
水果	吨	58.0	26.1
家禽饲养量	万只	1.6	-71.4
生猪出栏量	头	3550	-38.8
水产品总量	吨	543	196.7

全年完成植树造林面积1000亩，全民义务植树1000株，幼林抚育面积704亩。

三、工　业

工业持续快速增长，高新技术产品产值占工业总产值的比重进一步上升。1999年，随着亚洲金融危机逐渐消褪,国际、国内经济环境逐步改善,企业的国内外订单大幅增加,区内企业及时准确地把握宏观经济形势,充分抓住这一发展良机,灵活经营,规范管理,扩大规模,企业生产较上年有了明显的增长,促使全区工业持续快速发展。1999年,全年实现工业增加值14.05亿元,比上年增长30.2%。实现工业总产值137.52亿元(1990年不变价,下同),比上年增长38.2%。其中,轻工业实现产值26.32亿元,重工业实现产值111.20亿元,分别比上年增长8.0%和48.0%。以"三来一补"企业为支柱的国有、集体企业工业生产经营上倍受压力,困难较大,呈下降趋势,而"三资"企业则产销大幅增长,呈现良好的上升势头。在工业总产值中,国有经济2.49亿元,比上年下降49.8%,集体经济1.48亿元,比上年下降3.1%,"三资"企业133.54亿元,比上年大幅增长43.6%。

高新技术产业成为盐田区经济增长中的第一增长点。全年高新技术产业实现产值达103.58亿元,比上年增长48.6%,占工业总产值的比重也由上年的70.1%提高到75.3%。主要的电子信息产品产量增长迅速,如彩色显示器增长61.2%;电脑主机板增长152.8%,电脑主机增长311.9%。

工业产品产销衔接良好,主要工业产品产量均有较大幅度增长。全年工业产品产销率达到100.1%,比上年提高0.7个百分点。1999年主要工业产品产量如下:

指标名称	计算单位	产　量	比上年增长%
彩色显示器	万只	401	61.2
电脑主机板	万片	1001	152.8
电脑主机	万台	99	311.9
电子元件	万只	7418	11.3倍
手表	万只	5964	78.2
皮鞋	万双	916	47.9
服装	万件	3755	-7.0
发电量	万千瓦时	9363	-33.7

工业经济效益总体水平较上年有较大幅度的提高。全区工业企业实现利润41129万元,比上年增长29.3%;企业亏损5422万元,比上年少亏1067万元,降幅达16.4%,企业亏损面由去年的48.4%下降到25.0%,减少了23.4个百分点;工业企业流动资产周转率3.39次,比上年增长18.1%;成本费用利润率、工业产品产销率分别为4.09%和100.1%,分别比上年提高0.33和0.7个百分点;企业负债有所增加,工业企业资产负债率由上年的52.0%增加到60.4%,增加了8.4个百分点;独立核算工业企业经济效益综合指数为132.86%,比上年提高10.88个百分点。

建筑业稳步发展。全区建筑业实现增加值0.78亿元,比上年增长2.6%。各类房屋施工面积40.06万平方米,比上年下降11.1%,竣工面积23.16万平方米,比上年增长97.6%。

四、固定资产投资

固定资产投资力度加大,城市基础设施建设步伐加快。1999年,全区完成固定资产投资10.76亿元,比上年大幅增长119.3%。其中,基本建设投资6.80亿元,增长145.5%;房地产开发投资2.57亿元,增长44.2%。在基本建设投资中,市、区两级政府投资3.49亿元,比上年增长86.1%,占基本建设投资金额的56.8%,全部用于基础设施建设,使盐田区基础设施建设滞后状况大幅改观,为盐田区的经济腾飞和社会繁荣奠定了基础。

重点建设项目进展顺利。投资1.1亿元的黄金海岸一期工程——大梅沙海滨公园已如期向公众开放,二期工程正在实施中;投资1亿多元的深盐路改造工程也如期顺利完工;1999年区政府确定的27个重点建设项目中,大梅沙滑水索道、新一佳平真商场、沙港农产品批发市场(一期工程)、深圳先进微电子科技公司增资扩产、商品混凝土搅拌站、东和大厦等11个重点项目已经完成或峻工;明思克航母世界、假日号邮轮、黄金珠宝大厦等项目正在兴建之中;云顶高尔夫球场、盐田坳工业区、新世界花园、海产品批发市场等项目前期筹备工作比较顺利,多数即将开工;其它项目进展顺利。

房地产开发步伐有所放缓。东和大厦等房地产项目竣工投放市场,同时碧海名峰一期工程、大禹地产等项目相继开工,盐田区房地产市场蓄势待发。全年商品房屋施工面积21.69万平方米,比上年下降35.8%;竣工面积2.67万平方米,增长1.5%;商品房屋销售面积1.19万平方米,下降51.6%。

五、商 业

国内商业市场销售平稳,但饮食业发展迅速。1999年,全区完成社会消费品零售总额5.49亿元,比上年增长6.4%。由于中英街商贸体制改革正式实施,新一佳平真商场开业,同时一批小商品市场建成,全区商业经营秩序得到进一步规范,经营规模有所扩大,中英街商贸体制改革收回了区属国有企业在中英街的门店3400平方米,但改革的暂时性阵痛也使全年商业零售额比上年有所放缓,全年完成商业零售额3.08亿元,比上年下降15.9%,其中国有企业商业零售额为0.91亿元,比上年下降49.3%。在盐田海鲜街二期开业的带动下,全区饮食业蓬勃发展,生意持续红火,全年完成饮食业零售额2.41亿元,增长61.3%。

区属国有、集体批发零售贸易业商品购进总额5.13亿元,比上年增长1.9%;商品销售总额6.33亿元,比上年增长15.7%。全区商业企业经济效益明显好转,实现利润6067万元,比上年增长59.8%。商品销售毛利率19.7%,比上年增长2.1个百分点。

六、财 政

财政收入快速增长,与经济发展同步。1999年,财税部门加大了税收征管力度,大力开拓税源,实现了财政收入与国民经济同步增长。全年财政总收入4.54亿元,比上年增长27.6%;预算内财政收入3.26亿元,比上年增长21.8%,增速比上年提高了5.5个百分点,其中税收收入2.94亿元,增长35.1%,增速提高了12.6个百分点。在税收收入中增长较快的是营业税和个人所得税,分别收入了13922万元和5111万元,比上年增长57.4%和31.0%。

财政支出结构比较合理,与城市建设功能配套的基建支出大幅增加。全年财政支出4.22亿元,增长29.9%,其中基建支出1.07亿元,增长110.1%,占财政总支出的比重由上年的14.5%上升到25.3%;教育事业费、卫生事业费、财税部门事业费和行政管理费等社会负担日益繁重,“吃饭型”财政格局仍然明显,行政事业经费支出占财政支出的比重达55.7%,但比上年减少了4.3个百分点。

七、对外经济和旅游

对外贸易快速发展,利用外资大幅增加。1999年盐田区企业充分抓住国内外经济环境的不断改善这一契机,抓生产,上规模,使全区出口持续快速增长。全年实现出口总值17.92亿美元,比上年增长39.5%。其中,“三资”企业出口15.92亿美元,增长40.4%;“三来一补”企业出口1.36亿美元,下降1.3%;一般贸易出口0.06亿美元,下降56.2%。

外资引进工作进展顺利。1999年全区新签投资协议33项,比上年下降13.2%,协议利用外资金额6484万美元,增长47.1%,项目平均投资额为196万美元,大高于上年平均的116万美元,表明盐田区引资质量有所提高;实际利用外资金额4764万美元,增长53.5%。

随着海洋世界、大梅沙海滨公园、大梅沙滑水索道等新景点建成,中英街等一批老景点得以充实完善,我区旅游业日渐兴旺。1999年旅游景点接待旅游人数达到455.31万人次,辖区宾馆、度假村接待过夜旅客数8.05万人次,比上年增长13.4%,其中国际旅客2.08万人次,增长24.6%,国内旅客5.97万人次,增长9.9%。辖区旅游营业收入6241万元,增长47.5%。宾馆酒店住房率46.0%,比上年提高3.0个百分点。

八、教育、文化、卫生、治安和民政

教育事业发展加快。1999年,全区在校学生总数达7514人,比上年增长4.9%。其中,中学在校学生2356人,增长3.8%;小学在校学生5158人,增长5.4%。全区教育投入力度加大,建成并启用了田东小学,完善了田东中学、盐田中学的配套设施及田心小学等学校的功能设施;公开招聘30名高中骨干教师,继续加强教研教改,教学质量进一步提高;积极调整办学结构,大力推行素质教育,全区中小学生参加市级以上各类比赛获奖335人次,占在校学生数的5%;在全市率先举办中小学生科技节。

文化事业有新发展。1999年,全区有艺术表演团体3个,文化站3个,图书馆3个,图书馆藏书达7万册,比上年大幅增长94.4%。另外,"中英街"历史博物馆开馆;成功完成了深圳市改革开放20周年成就展盐田展馆的布展工作;完成梅沙文化活动中心扩建工程、东和公园改造工程和沙头角影剧院改造工程;盐田区文化艺术中心已开工建设;区网球俱乐部正式开放;沙头角文化站被评为广东省"十佳"特级文化站,盐田街道文化站被评为市一级文化站,梅沙街道文化站被评为市特级文化站。

卫生事业取得较好成绩。年末全区拥有医疗卫生机构7个,其中:区院3所,卫生防疫站1所,门诊部所2所,拥有医院病床150。卫生技术人员278人,全年门诊人数33.64万人次,比上年增长4.3%。全年没有发生一例甲类传染病、孕产妇和婴儿死亡事件。另外,区属三所医院的医疗设备得到完善;已开工建设盐港医院;建成两个社区健康服务中心;清理整顿了医疗市场;卫生防疫工作进一步加,城市初级卫生保健工作通过省级评审,完成创建国家卫生城市相关指标;计划生育工作通过了省、市检查。

社会治安综合治理力度进一步加大,通过开展创建文明区等活动,精神文明建设取得新成就。深入开展严打斗争,坚决扫除"黄、赌、毒"丑恶现象;1999年新建成13个安全文明小区,3条安全文明路,58个安全文明小区得到巩固提高,4个成为标兵示范小区,11个小区得到升级,并创建了3个环境治理标兵小区;开展了出租屋和外来人口普查登记,进一步加强了规范管理;沙头角辖区机动车辆乱停放等治安隐患及中英街桥头治安秩序得到有效整治;社会治安状况进一步好转,逐步形成良好的社区精神文明风貌。

民政事业有新的突破。完成了全区20个居委会的换届选举工作,居委会管理规范运作,居委会人员素质得到提高,居委会建设得到加强;殡葬改革顺利推进,户籍人口死亡火化率保持100%,梅沙街道办事处和沙头角镇清坟工作取得了较好的成绩;社会保障和社会救济工作有序实施,发放保障金15万元,救济金8.5万元。

九、城区建设和环境保护

1999年,全区用电总量达3.89亿千瓦时,比上年增长11.8%;年末实有自来水日供水能力为7.7万吨;年供水总量达1869万吨,比上年增长4.4%。全年拆迁违章建筑6万平方米;新增绿地2.96万平方米,改造绿地71.33万平方米,营造1000亩生态风景林;完成1平方公里的水土流失治理任务;新设11个大型公益广告,建成12个现代化公共汽车候车亭;完成沙盐路灯光夜景工程;新建20个环卫工具房,建好23个住宅小区垃圾屋,建成2座公侧和8个垃圾中转站,环卫设施得到较大改善。

环境保护工作稳步提高。全区城区环境噪声年平均值55.5分贝,城市交通噪声平均值69.6分贝,保持在良好水平。全区烟尘控制区和噪声达标区覆盖率都达到了100%。

十、人口和人民生活

人口总量稳步增长。全区年末常住人口11.32万人,比上年增长2.5%。其中,户籍人口2.59万人,与上年基本持平;暂住人口8.73万人,增长3.3%。

户籍人口自然增长率有所升高。辖区户籍人口出生率为12.63‰,户籍人口自然增长率为10.54‰,分别比上年上升0.94个千分点和0.71个千分点;户籍人口计划生育率为99.1%,比上年增加1.4个百分点。

职工人数增长较快,工资水平稳步提高。区属年末职工人数5.98万人,比上年增长2.3%;职工年工资总额84865.8万元,增长13.7%;职工年人均工资14384元,增长10.3%。

注:国内生产总值及增加值绝对数按现行价格计算,增长速度按同口径价格计算。

1999 年宝安区国民经济和社会发展情况

深圳市宝安区计划统计局

1999 年,宝安区采取增加投资、努力扩大出口、扩大内需三大经济调控措施,积极调整产业结构,发展高新技术产业,加大招商引资力度,实施“科教兴区”战略,深入开展创建花园式文明城区活动,有效克服了亚洲金融危机、外部竞争激烈、国内消费疲软的影响,保持了国民经济的持续、稳步、健康发展和社会文明的全面进步,基本实现全年国民经济和社会发展的预期目标。

全年国民经济和社会发展基本情况如下:

一、经济保持较快的发展速度,生产技术水平提高,产业结构逐步优化

国内生产总值 195.6 亿元,比上年增长 16.1%。工业持续快速增长,工业总产值 285.51亿元,比上年增长 17.8%。工业仍以轻工业为主,轻工业产值为 210.94 亿元,比上年增长 23.5%,占 73.9%;重工业产值为 74.57 亿元,较上年增长 4.4%,占 26.1%。从经济类型看,外商及港澳台经济是主力,本年度完成工业产值为 240.73 亿元,占全区工业总产值的比重为 84.3%,国有企业、集体企业、股份制企业产值分别为 6.7 亿元、27.11 亿元和 8.1 亿元,所占比重为 2.3%、9.5%和 2.8%。各种经济成份工业产值同步增长,其中国有控股企业产值7.1亿元,增长 42.3%。镇村工业依旧是全区工业经济的主体,工业总产值达 232.1 亿元,占全区工业总产值的 81.3%,比上年增长 20.4%。除光明街道外,其余各镇(办)的工业经济增长率都超过 19%,其中西乡、沙井、松岗、石岩、龙华和观澜五镇的增长率都超过 20%,龙华镇工业总产值和经济增长速度位居各镇(办)榜首,分别为 33 亿元和 23.1%。主要工业产品产量有升有降:自行车产量增长速度连续两年超过 60%,显示了配套生产的威力;电话单机的产量增长达 105.7%,达到 1146.5 万部;皮鞋、电子计算器、玩具等轻工产品产量下降幅度大,平均达 50%以上,应引起有关部门的注意。企业方面,按年销售收入 500 万元以上独立核算企业统计,企业利润总额增长了 48%,亏损面却略有扩大,显示企业间发展的不平衡。从经营角度看,管理费用增长太快,达 13.4%,说明很多企业有扭亏的潜力;财务费用大幅度降低,达 22%,积极的货币政策成效初现。高新技术在宝安的地位在提升,高新技术产业对经济的贡献程度增加,现价产值占全区工业总产值的 30%左右。一批技术含量、市场占有率高的大型跨国企业落户宝安。农业生产发展趋势良好,“三高”农业水平有新的提高,培育了花卉生产等新的经济增长点,农业集约化、产业化、现代化进程加快。农业总产值 6.04 亿元,比上年增长 8.9%。主要农产品中,猪饲养量 513299 头,较上年下降 2.5%,鸡饲养量 1369 万只,较上年下降3.3%,水产品产量 29703 吨,较上年下降 0.3%;活鸡的出口一改去年的疲软,增幅达到 34.6%。

二、出口保持强势,增长幅度较大,对经济拉动作用明显

1999 年宝安区克服东南亚金融危机和内

需不振的不利影响,抓住美国和欧盟经济稳步增长的有利契机,以及香港、东南亚地区经济出现恢复性增长的时机,大力引进外资,进一步对加工贸易企业采取扶持政策,积极拓展出口,收到了好的效果。全年出口保持畅旺,出口总额(海关口径)90.05亿美元,比上年增长17.7%,其中一般贸易出口达到0.52亿美元,增幅达到30%,使宝安外向型经济得以持续高速增长。

三、投资力度加大,固定资产投资大幅度增长

1999年宝安区充分发挥政策资金投资基础设施的带动作用,全年区财政共安排投资新建、续建项目35个,安排资金36280万元;国土基金投资基础设施项目30个,安排资金23444万元;重点项目19项,当年投资16.15亿元;为民办实事项目10项,当年投资32530万元。全社会投资大幅增长,全年固定资产投资总额比上年增长20.6%,达到38.23亿元,其中住宅投资13亿元,占34%;工业建筑业投资9.3亿元,占24.4%;商业、运输、邮电投资6.6亿元,占17%。固定资产投资在建工程较多,施工面积519万平方米,较上年减少2.0%,竣工面积304万平方米,较上年减少8.4%。主要建设项目进展顺利,一批供水、道路交通工程相继竣工投入使用,有效缓解了供水不足,解决了部分地方的交通瓶颈问题,对宝安经济发展起到了推动作用。铁岗水库提水应急工程、梅龙引水工程和观公公路已经竣工;洲石、公黄等二条公路年内将可全线通车;年内落实了107国道综合整治工程、107国道西乡立交桥和高速公路宝城进出口的建设;宝安垃圾处理场已完成了总体规划论证等前期工作和场区道路等部分基础设施;有线电视光纤铺设工作已经完成,宝安信息网建设(一期)主体工程已经投入使用,其中区委、区政府办公自动化硬件系统装备已完成。城市建设和镇、村规划得到加强,创建花园式城区步伐加快,使城区环境初步美化,农村逐步走向城市化。全社会固定资产投资的增加有力地拉动了消费的增长。

四、扩大内需效果显现,物价水平跌幅趋小

全年社会消费品零售总额为53.78亿元,较上年增长17.9%,其中,批零贸易业32亿元,增长13.9%;餐饮业6.45亿元,增长20.7%;农民生产者15.32亿元,增长25.9%。年末居民消费价格指数和零售价格指数分别为98.7%和96.8%,比上年下降1.3%和3.2%。从各类商品销售额看,饮料、服装和家电零售额增长强劲,分别达到106.6%、72.3%和46%,除中西药品的零售额稍有下降外,其它商品增长平稳。

五、招商档次和质量明显提高,高新技术产业取得长足发展

年内引进一批新技术和高附加值的外资项目,引进外资额有所回升,1999年11月在香港举行的招商会,共引进项目153宗,协议总投资额81.82亿港元,其中不少技术含量高的大型项目。全年"三资"企业新签协议168宗,比上年减少29.1%,协议总投资4.1亿美元,实际利用外资额达3.1亿美元,比上年增长42%,全年"三来一补"新签合同374宗,比上年增长16.5%,实收工缴费3.02亿美元,比上年增长2%,招商质量和档次逐步提高。一年来,宝安区大力引进高新技术产业落户宝安,切实加强利用高新技术对传统产业的改造,使宝安生产技术水平得到较大的提高,形成了富士康、施乐、银星等一批高新技术企业。在1999年10月首次召开的高交会上,宝安区共引进高新技术项目20多个,协议合同金额15亿元人民币。著名的高新技术产业企业如北大方正、长城集团相继落户宝安。

六、财政收入稳步增长,广辟财源、加强征管的效果明显

1999年税收实现超收,地方预算内财政收入16.55亿元,比上年增长12%,各项税收14.84亿元,比上年增长14.3%;地方预算内财政支出18.03亿元,比上年增长7.6%。财政收入的稳定增长有力地支持了经济建设,政府投资资金得到保障。金融运行情况良好,年末金融机构各项存款余额291.4亿元,储蓄存款156.85亿元,贷款余额150.84亿元,分别比上年初增长11.4%、11.2%和12.8%。

七、体制改革逐步深化

区属企业改制工作进展顺利,继续扩广、完善年薪制和员工持股,对部分企业实行了产权转让,对上市公司华宝股份有限公司进行资产重组,增强了企业活力。理顺了光明街道办和光明农场的政企关系,顺利完成了光明街道办的接收工作。

八、社会文明和精神文明建设又上新台阶

社会发展计划执行情况良好,加强了落实"科教兴区"战略的步伐。成功组织参加高交会并实现了宝安科技馆开馆。教育方面切实加强了教育基础设施建设,实施了6周岁儿童入学,进行了教育结构的调整及办学体制的改革,使入学难问题有所缓解,教育质量不断提高。新办学校(幼儿园)46所,年末在校学生数12万人,宝安高级中学、翻身小学和弘雅小学的建设正在加紧落实。横岗中学新校舍、燕山小学及龙华小学、石岩官田小学等镇办小学已建成投入使用。文化方面重点抓了文化网点和群众文化建设,"百村书库"新建网点50个基本完成;成功举办了国庆50周年系列文化活动和建国50周年成就展宝安馆的展览工作,宝安体育馆的筹建工作也在抓紧进行中。卫生保健工作取得较大进展,医疗技术水平进一步提高,保健网络健全,全区新增病床数212张。精神文明建设成绩显著,依法治区工作得到加强。

1999年宝安经济社会发展过程中仍存在着一些不容忽视的问题:一是产业结构升级步伐不快,整体生产技术水平仍然较低,高新技术产业所占比例低于全市平均水平,对经济发展后劲带来影响;二是传统优势的出口产品产量大幅滑坡,如:服装产量降低19.4%,皮鞋产量降低52.8%,玩具产量降低65.1%,塑料制品降低20.1%,钟表降低52.9%。更应值得注意的是,这种情况是在政府加大出口退税率的情况下发生的。三是政府投资对经济的拉动作用不太明显,一些政府投资项目进展缓慢,影响投资对经济的拉动作用以及政府投资效益。四是农村与农村经济管理问题突出,影响全区经济社会的稳定健康发展。

1999年龙岗区国民经济和社会发展统计公报

深圳市龙岗区计划统计局

1999年是世纪之交的一年,也是龙岗区经济在发展中经受严峻考验的一年。一年来,全区各级领导、各部门、各行业认真按照区委区政府提出的"深化改革、稳定增长、优化环境、争创文明"的工作思路,共同努力、勇于开拓、大胆实践、真抓实干,实现全区社会经济持续、快速增长,全面完成了各项经济指标。

一、综　合

国民经济保持健康发展。1999年全区实现国内生产总值160.1亿元(当年价),完成年计划的100.1%,比上年增长15.2%(按可比口径计算,下同)。其中第一产业增加值为6.41亿元,增长0.7%;第二产业增加值为98.95亿元,增长16.8%;第三产业增加值为54.74亿元,增长12.8%。三次产业的比例为4.0:61.8:34.2。人均国内生产总值16914元,增长11.9%。

市场价格持续走低。全年居民消费价格总指数为98.8%,比上年下降1.2%。其中食品类价格下降5.1%,衣着类价格下降1%,家庭设备日用品类价格下降2%,水电燃料类价格上升3.9%,服务性项目价格上升9%。商品零售价格总指数为96.9%,比上年下降3.1%。其中食品类价格下降5.9%,纺织品类价格上升1.7%,书报杂志价格上升3.9%,燃料类价格上升2.5%。

劳动就业工作成效显著。年末全区从业人员达44.3万人,比上年末增加1064人,增长0.2%。同时有关部门积极抓好再就业工作,采取了"三个有机结合"的办法,为失业人员创造和提供再就业的机会及条件。全区登记失业的人员1707人,通过劳动部门现场招聘会等各种途径,已就业的有1396人,占81.8%。

国民经济和社会发展中存在的问题和薄弱环节是:由于亚洲金融危机后遗症的影响,外贸出口形势仍然严峻,引进外资的难度加大;产业结构调整仍未见较大进展;农村相对贫困问题还比较突出;旅游景气继续下滑。

二、农　业

继续以发展"三高"、"三化"农业为目标,加强流通服务,落实科技兴农,积极构建"龙岗模式",农村股份合作制改革全面深化,确保了农业稳定发展。全年实现农业产值3.86亿元(90年不变价),比上年增长4.3%;农村三级经济总收入为59.37亿元,增长9.5%;净收入22.17亿元,增长16%;农民人均所得7742元,增长16%。

为降低清理水源保护区内畜牧点和伏季休渔期带来的影响,有关部门和单位采取积极的办法:一是积极采取应对措施,挖掘潜力;二是调整生产结构,发展海水养殖、苗种、花卉等生产项目,从而确保了农业生产稳步增长。全年蔬菜种植面积达7.2万亩,比上年增长1.4%;产量为8.96万吨,减少4.8%。全年生猪饲养量22.97万头,减少6.7%。活鸡饲养量1051万只,减少18.8%。水产品养殖面积785公顷,水产品总产量6689吨,比年增长1.4%,其中淡水产品产量为1962吨,增长4.5%;海水产品产量为4727吨,增长0.2%。花卉种植2115亩,1452万元(不变价)。

三、工业、建筑业

龙岗区工业在继续引进和利用外资的基础上,走内外结合之路,发展民营工业,民科企业已成为发展高新技术产业的生力军。如华为、康美思、金龙羽、派成等民营工业,使工业生产继续保持快速增长的势头。龙岗大工业区和坂雪岗、宝龙、区中心城工业区(园)开发和引资工作取得新成就,全年工业总产值218.11亿元(90年不变价),比上年增长24.6%。其中国有工业产值为5.57亿元,比上年下降25.9%;集体经济工业产值37.90亿元,比上年增长13.2%;其他经济工业产值174.64亿元,比上年增长30.3%。

国有工业企业及年产品销售收入500万元以上的非国有工业企业实现增加值65.87亿元,比上年增长20.3%。其中国有企业增加值2.77亿元,比上年下降18%;集体企业增加值12.46亿元,比上年增长38.0%;其他经济类型企业增加值50.64亿元,比上年增长19.0%。

产品结构转向高新科技产品方向发展。1999年全区电子信息业的产值达到41.52亿元,比上年增长64.76%,占全区高新技术产品产值的75.84%。工业产品销售率为98%,与上年持平。主要的工业产品产量如下:

指标名称	计算单位	产 量	比上年增长%
组合音响	万台	82.64	9.9
磁头	万台	3832	25.6
录放音机	万台	85.58	30.7
电风扇	万台	425	3.6
黑白电视机	万台	108.76	59.9
自行车	万台	65.22	-15.5
配混合饲料	万吨	11.73	-7.1
照相机	万台	1341	-37.2

建筑业平稳发展。全年施工项目325个(不包括私人建房)竣工项目201个。施工面积225万平方米,竣工面积146万平方米。

四、固定资产投资

固定资产投资继续扩大,总量增加。全年完成固定资产投资额39.01亿元,比上年增长17.7%。其中国有经济投资14.16亿元,增长17.8%;集体经济投资22.40亿元,增长21.8%;私人经济投资2.45亿元,减少10%。

固定资产投资结构均衡。制造业全年完成投资9.29亿元,比上年增长23.5%;市政基础设施投资11.47亿元,比上年增长2.4%;房地产投资9.73亿元(不含私人建房),比上年增长27.4%;其他行业投资8.52亿元,比上年下降3%;全社会新增固定资产22.98亿元,比上年增长6.9%。

全年51个重点投资项目,年度投资额26.27亿元已基本完成。区政府共投入资金7.0亿元,比上年增长22.8%。主要用于市政建设、公共事业设施,为民办实事,扶贫解困等项目。目前,中心城垃圾处理厂已运作投产,区人民医院主体工程已完成,中心城实验学校、巡警中队龙岗基地、消防大队办公楼、武装部独立营房、区慢性病防治院等已投入使用。10项为民办实事工程扎实进行。

五、商贸和房地产业

商贸经济虽然受居民消费价格指数、商品零售价格指数和旅游景气继续下滑的影响,但是,积极的财政政策、加大投资力度、扩大内需等有效措施和引进大商名店,给商业发展带来了新的契机。全年社会消费品零售总额达34.50亿元,比上年增长13%。其中商品批发零售贸易业19.40亿元,比上年增长18.3%。餐饮业3.95亿元,比上年增长35.0%。

房地产发展兴旺,商品房销售势头强劲。1999年全区商品房销售面积达68.876万平方米,比上年增长6.2%;商品房销售金额达23.32亿元,比上年增长27.1%。

六、财政和金融

1999年全区财政随着经济平稳增长的势头而增加,有效地保障了经济建设和社会各项事业发展的需要。全年预算内地方财政收入12.18亿元,完成年计划的120.2%,比上年增长21.4%。其中工商税收完成11.29亿元,完成年计划的118%,比上年增长27.4%;农业税收0.14亿元,完成年计划的197.4%,比上年增长38.04%;罚没收入0.51亿元,比上年下降11.98%。专项收入0.21亿元,比上年增长16.02%。

全年预算内地方财政支出13.35亿元,比上年增长20%。其中基本建设支出2.17亿元,增长76.26%;企业改造资金支出0.32亿元,增长6.7%;城市维护费0.69亿元,增长76.3%;科技资金支出0.15亿元,增长50%;公检法经费支出1.58亿元,增长30.9%;文教卫生及行政管理费支出4.44亿元,增长13.6%。

金融机构仍保持平稳的运行态势,为全区的经济建设和人民生活提供了优质服务,并取得较好的成效。1999年末全区金融机构存款余额223.60亿元,比上年增长11.8%。贷款余额122.66亿元,比上年增长10.5%。现金收入516.58亿元,现金支出490.47亿元,分别比上年增长10.1%和40.3%。现金回笼26.11亿元,比上年减少3.3%。

七、对外经济

在受到亚洲金融危机后遗症不良因素的影响下,经贸行业克服重重困难,积极想方设法,使外经工作取得了可喜的成绩。1999年全区引进外资项目377个,实际利用外资4.8亿美元,比上年增长12.2%,实收工缴费2.34亿美元,比上年减少2.4%。

外贸出口通过实行优惠政策和开拓新兴市场等一系列措施,促使外贸出口取得了好成绩。全年贸易出口总额达55.1亿美元。其中一般贸易出口0.4亿美元,比上年增长26.7%;加工贸易出口34.83亿美元,比上年增长2.3%。

八、交通运输、邮电业

交通运输业发展迅速。目前全区公路通车里程达906.8公里,路网密度达0.88公里/平方公里,是全省平均水平的2倍,为全国平均水平的4倍。

1999年全区的社会营运车辆达13260辆,比上年增长10.9%。全年货运总量达1305万吨,比上年增长8.7%;货物周转量为83828万吨公里,增长0.7%;客运总量达594万人,比上年增长2.1%;旅客周转量53263万人公里,增长1.5%。

邮政电信行业继续保持快速增长的态势。1999年邮政完成的业务总量达3156.9万元,比上年增长9.0%。订销报纸达2586.5万份,比上年增长62.3%;订销各种杂志达40.8万份,增长12.8%。邮政储蓄期末余额为4.66亿元,比上年增长17.9%。电信业全年完成的业务总量达9.14亿元,比上年增长6.0%。其中中央国营业务总量为5.83亿元,比上年增长7.0%。全区的电话用户达19.66万户,比上年增长28.9%。

九、科技、文化、教育、卫生

高新科技产业已成为龙岗区工业经济的重要组成部分。1999年,全区高新技术产品实现产值为54.75亿元,比上年增长56.07%,占全区工业总产值的25%,比上年提高5个百分点。目前从事开发生产高新技术产品的企业有40多家,企业年末职工人数为17290人,比上年增长64%。其中从事高新技术产品研究、开发的技术人员有3830人,占职工总数的22.12%。全年用于研究开发生产高新技术产品的科技资金共1.87亿元,比上年增长64%,其中财政投入0.15亿元,比上年增长50%。

1999年,龙岗区特色文化建设得到了长足发展。一是客家文化节掀起特色文化高潮。成功举办了'99中国(深圳龙岗)客家文化节,树立了龙岗作为国内率先富裕起来的客家地区的良好形象。二是广场文化建设向纵深发展。目前各镇都建起了文化广场,许多村也建起了广场。广场文化已成为丰富群众文化生活的有效载体。先后举行"庆国庆,迎高交会"万人狂欢夜文艺晚会和庆祝澳门回归祖国广场文艺晚会等活动。龙城广场被评为"建国五十周年广东省十大标志性工程"。

全区现有公共图书馆(室)44 间,藏书 60 多万册,比上年增长 20%。有线电视用户 10 万户,比上年增长 12.3%。

全面推进素质教育,向"办一流教育,建教育强区"迈出了坚实的一步。全区现有各类学校 85 所,在校学生 65028 人,比上年增长 11%。其中小学生 48908 人,增长 9.8%。普通中学生 13656 人,增长 8.3%。中专学生 2464 人,增长 75%。专业教师 2261 人,增长 3.9%。

卫生事业健康发展。积极推行卫生监督体制,加强医疗业务和技术指导,加强医疗医药市场管理的力度,加强和发展社区卫生服务,不断提高医疗水平和服务质量。全年推出新技术、新项目 207 项,医院拥有病床位数 1335 张,比上年增长 6.2%;全区卫生工作人员 2777 人,其中专业卫生技术人员 2213 人,分别比上年增长 3.2%和 5.4%。

十、市政设施和环境

市政建设配套设施逐步完善。区政府全年投入资金 2.5 亿元,用于市政建设及道路绿化等项目,中心城垃圾处理厂正式运行投产,中心城内环主干道全面贯通。全年发电量 29382 万度,比上年减少 14.4%;自来水生产量 12477 万吨,比上年增长 26.7%。

环境保护工作成效显著。在全国率先实现了环保"双达标"目标。全区饮用水源水质达标率为 99.40%,比上年提高 0.3 个百分点。城市生活污水处理率为 37.76%,比上年提高个 16.74 个百分点。工业废水排放达标率为 95.79%,比上年提高个 2.9 个百分点。工业废水处理率为 99.4%。工业废气处理率为 99.95%。区域环境噪声平均值为 56.9 分贝,比上年降低 0.4 分贝。

十一、人口和人民生活

1999 年末,全区总人口 96.19 万人,比上年增长 3.3%。其中户籍人口 19.12 万人,增长 5%;外来暂住人口 77.07 万人,增长 2.9%。计划生育工作成绩显著。全区人口出生率为 14.79‰,自然增长率为 10.98‰,计划生育率 98%,多孩率为 0.24%。

全区城镇居民年人均可支配收入 18754 元,农村人均纯收入 7742 元,比上年增长 16.2%。城镇人均居住面积为 20.89 平方米。城乡居民储蓄存款余额 110.9 亿元,比上年增长 12%。

社会保障事业开创新局面。全区有 59.3 万人参加了社会保险,比上年增长 4.8%,参保率达 92.1%。有 1518 名离退休人员参加了离退休费统筹,比上年增长 23.7%。全年共支付各项社会保险金 6547.9 万元,比上年增长 17.4%。

注:①本公报部分统计数据为初步统计数;②国内生产总值、增加值、人均国内生产总值绝对数按现行价格计算,增长速度按可比价格计算。

15－1　各区主要经济指标
MAIN INDICATORS BY DISTRICT
(1999)

指　标	Item	罗湖区 Luohu	福田区 Futian	南山区 Nanshan	盐田区 Yantian	宝安区 Baoan	龙岗区 Longgang
一、年末常住人口数(万人)	Year－end Population (10 000 persons)	61.08	73.02	44.77	11.32	124.46	90.49
＃户籍人口(万人)	Population with Residence Cards (10 000 persons)	28.78	29.29	14.15	2.59	25.92	19.12
暂住人口(万人)	Population with Temporary Residence Cards(10 000 persons)	32.29	43.73	30.62	8.73	98.53	71.38
二、国内生产总值(万元)	Gross Domestic Product (10 000 yuan)	300 100	229 556	596 000	178 800	1 956 000	1 601 032
三、基本建设投资(万元)	Investment in Capital Construction (10 000 yuan)	41 478	44 922	168 168	68 029		390 127
四、房地产开发投资(万元)	Investment in Real Estate Development(10 000 yuan)	24 339	108 076	61 405	25 756		90 966
五、预算内财政收入(万元)	Financial Revenue in Budget (10 000 yuan)	116 348	144 460	107 312	32 646	165 476	121 771
预算内财政支出(万元)	Financial Expenditure in Budget (10 000 yuan)	123 102	151 603	116 018	42 168	180 337	133 514
六、年末职工人数(人)	Year－end Staff and Workers(person)	45 156	34 452	68 514	59 772	89 783	49 204
＃国有单位(人)	State－owned Units (person)	14 007	14 220	14 300	16 358	24 692	33 077
七、职工工资总额(万元)	Total Wages of Staff and Workers (10 000 yuan)	79 927	59 279	101 283	84 866	129 522	77 679
＃国有单位(万元)	State－owned Units (10 000 yuan)	43 305	33 489	31 703	20 577	61 962	58 337
八、农业	Agriculture						
1. 农业增加值(万元)	Value Added of Agriculture	1 458	717	9 000	1 218	85 182	64 125
2. 农业总产值(当年价)(万元)	Gross Output Value of Agriculture (at current prices)(10 000 yuan)	3 011	1 774	17 203	2 218	149 360	117 594
3. 农业总产值(1990年不变价)(万元)	Gross Output Value of Agriculture (at constant prices of 1990) (10 000yuan)	1 282	884		749	60 443	38 619
4. 主要农产品产量	Main Farm Output						
粮食(吨)	Grain (ton)					2 029	1 383
花生(吨)	Peanuts (ton)					43	401
蔬菜(吨)	Vegetable (ton)	2 610	1 688	11 000	1 715	77 172	89 622
水果(吨)	Fruit (ton)	491	220	3 170	58	26 704	12 550
水产品(吨)	Aquatic (ton)	89	198	14 564	543	29 703	6 689
生猪饲养量(头)	Raised Hogs (head)	270	10 000	58 000	3 550	513 299	229 736
家禽饲养量(万只)	Poultry (10 000 head)	0.2		62.5	1.6	1 762	1 265

15－1续表　continued

指　标	Item	罗湖区 Luohu	福田区 Futian	南山区 Nanshan	盐田区 Yantian	宝安区 Baoan	龙岗区 Longgang
九、工　业	Industry						
1. 工业增加值(万元)	Value Added of Industry (10 000 yuan)	37 260	74 485	348 933	140 500	1 181 142	911 976
2. 工业总产值(当年价)(万元)	Gross Output Value of Industry (at current prices)(10 000 yuan)	172 841	275 135	1 366 417	1 453 570	4 447 568	2 620 979
3. 工业总产值(1990年不变价)(万元)	Gross Output Value of Industry (at constant prices of 1990) (10 000 yuan)	148 120	254 643	1 255 158	1 375 150	2 855 113	2 181 088
4. 主要工业产品产量	Production of Main Industrial Products						
发电量(万千瓦小时)	Electricity (10 000 kwh)		18 527	101 215	9 363	54 713	29 382
电话机(万部)	Telephone Sets (10 000 sets)	127	122	399		1 147	495
收录机(万台)	Radio and Recorder (10 000 sets)	136	262	439		589	86
服装(万件)	Garments (10 000 pieces)	9 518	616	660	3 755	6 517	3 206
塑料制品(吨)	Plastics Production (ton)	784	1 519	13 853	658	126 200	1 530
十、商业	Commerce						
1. 社会消费品零售总额(万元)	Retail Sales of Consumer Goods (10 000 yuan)	232 212	46 500	293 803	54 861	537 822	345 000
2. 商品购进总额(万元)	Total Goods purchases (10 000 yuan)	26 839	56 776	134 745	51 289	193 164	13 033
3. 商品销售总额(万元)	Total Sales (10 000 yuan)	30 189	65 237	148 661	63 324	201 955	134 860
4. 商品年末库总额(万元)	Year－end Inventory (10 000 yuan)	2 054	2 486	9 952	22 449	23 655	11 281
5. 利润总额(万元)	Total Profits (10 000 yuan)	－7	－3 105	4 906	6 067	2 477	1 185
十一、外贸出口总额(万美元)	Total Exports (USD 10 000)	18 900	22 913		179 185	900 500	550 917
外贸进口总额(万美元)	Total Imports (USD 10 000)		19 304				347 396
十二、利用外资	Utilization of Foreign capital						
1. 签订协议(合同)项目(项)	Number of Through Signed Contracts (unit)	20	42	228	33	168	377
2. 协议利用外资额(万美元)	Value of Foreign Business Contracts (USD 10 000)	1 781	1 500	145 000	6 484	41 202	25 835
3. 实际利用外资额(万美元)	Total Value of Foreign Capital Actually Used (USD 10 000)	3 289	1 000	178 000	4 764	31 142	48 007

统计信息大事记

1999 年大事记

1　月

8 日　深圳市统计信息局召开了 1999 年工作会议。会议传达了市委工作会议精神，总结了 1998 年的工作成绩并部署了 1999 年的工作任务。党组还作出了开展整顿机关作风、依法治局、开展“三讲”（讲学习、讲政治、讲正气）活动的决定。局领导及全体干部职工参加了会议。

13 至 15 日　全国工业主要经济指标月报培训会议在深圳召开。国家统计局刘富江副司长等 5 位领导同志在会议期间考察了深圳市统计信息局统计现代化建设情况。

25 日　《深圳经济特区信息化建设条例》经市人大二届常委会审议通过。这是我国第一部信息化建设法规，是深圳市信息化建设的基本法，将对深圳市信息化建设规划的执行、信息产业的发展、信息工程的管理、信息资源的开发利用起到积极的促进作用。

2　月

5 日、7 日　深圳市信息化建设委员会办公室分别在深圳、北京召开了深圳市信息化专家委员会 1999 年工作座谈会。会议向专家通报了 1998 年深圳市信息化建设的主要工作情况；专家们就如何进一步搞好深圳市信息化建设进行了座谈。中国计算机学会理事长张效祥院士等有关专家就中国信息化建设的发展方向及其注意的问题提出了意见，并对深圳市信息化建设提出了建议和期望。

21 日　国家 863—2 专家组“空间站信息管理与通信”研讨会在深圳银湖举行，深圳市信息化产业单位代表同专家们就航空领域的科研成果转化为应用产品等问题进行了认真的座谈与商讨。

3　月

2 日　深圳市统计信息局召开了深圳市统计工作座谈会，郑通扬副市长以及国家统计局金桂芳副司长、广东省统计局幸晓维处长到会并讲话。

6 日　在国家统计局、省统计局有关领导陪同下，韩国统计协会事务局局长辛炯根一行 3 人到深圳市统计信息局访问，对深圳市农业普查工作进行了考察。

9 日　深圳市信息化工作会议在市政协会堂召开，郑通扬副市长出席会议并作重要讲话；深圳市统计信息局周理局长对 1998 年深圳市信息化建设情况进行了总结，对 1999 年信息化工作重点作了部署；邓平副局长向大会传达了全国省、区、市信息办主任会议精神。全市各信息化建设单位的 200 多名代表参加了会议。

20 日　为了配合《深圳信息化建设条例》的普法宣传工作，深圳市统计信息局组织的深圳市第一届“信息杯”足球赛正式开赛。共有 12 支足球队参加了比赛。

本月　根据市政府的有关规定，深圳市统计信息局信息资源管理处完成了对从事数据库、网络服务机构进行的1998年度经营资质年检工作，公布了合格机构名单，取消了部分不合格机构的经营资格。

4　月

13至15日　“广东省重点企业集团统计工作会议”在深圳召开。

19日　深圳市统计信息局召开了深圳市信息化重点工作会议，由有关重点工作任务的承担部门向信息办领导签定了目标责任书。

20日　由中国计算机用户协会和深圳市信息办联合举办的“面向廿一世纪中国大中型企业信息化研讨会”在深圳华夏艺术中心举行。国务院发展研究中心邓寿鹏局长等九名专家在大会上作了主题报告发言。

22至23日　《华南地区计算机2000年问题技术研讨暨产品展示会》在深圳西丽湖举行。国家信息产业部电子信息产品管理司司长、国家计算机2000年问题工作小组组长张琪同志出席开幕式并作了重要讲话。

5　月

12日　深圳市统计信息局召开了全局依法行政责任制工作动员大会，贯彻落实市政府《关于建立依法行政责任制若干意见》精神，具体部署了本局依法行政责任制工作。

12至13日　广东省人口办到深圳市对第五次人口普查专项试点课题进行调研，旨在探索社会主义市场经济条件下如何搞好人口普查工作，更好地完成第五次人口普查任务。

本月　深圳市统计信息局法规处组织整理汇编了《深圳市信息化建设技术标准(三册)》丛书。该书是信息化建设的技术基础文献，将对规范深圳市信息化建设技术标准起到指导作用。

本月　根据国家有关《计算机信息系统保密管理暂行规定》和市委办、市府办《关于加强计算机网络安全保密的通知》等文件精神，深圳市统计信息局信息资源管理处起草了《关于加强互联网上网信息内容管理的通知》，并下发给全市从事数据库及网络服务的单位。

6　月

14至18日　深圳市统计信息局网络中心组织有关人员对六区机关网络设备计算机2000年问题进行大检查，发现问题及时解决。

23日　国家信息中心中经网和深圳市统计信息局主办的“当前宏观经济层面的热点问题及重大发展趋势”专题报告会在深圳市统计信息局举行，国家信息中心常务副主任刘鹤、国家信息中心副主任胡小明等专家分别作了专题报告。

28日　“全国重点城市工业统计信息交流会”在深圳召开，会议对提高统计数字质量、加强统计分析、推进统计改革经验等进行了交流。

7　月

15至28日　深圳市统计信息局人口办在龙岗、西丽等地分片分期召开了1999年企业职业培训和劳动力情况抽样调查培训会议，为8月1日入户调查工作的顺利开展奠定了良好基础。

19日　深圳市统计信息局提交的《深圳市信息工程建设管理办法》经市政府二届132次常务会议讨论通过，正式颁布实施。

8　月

9日　深圳市统计信息局制定的《深圳市统计登记管理规定》经市政府批复，下发各有关单位执行。

6至17日 为进一步贯彻落实"两办通知"精神,深圳市统计信息局积极配合国家统计局和省统计局,在昆明市举办了两期统计检查员、统计普法骨干培训班,广泛宣传统计法律法规知识,努力提高各级统计人员的统计执法检查水平。两期培训班累计培训统计普法骨干135人。

15日 成都市委副书记王怀臣率领的成都市信息化建设考察团一行8人来深圳市统计信息局参观、交流,郑通扬副市长、及聚声副秘书长及市统计信息局邓平副局长等参加了座谈。

16至20日 深圳市统计信息局工交处、经贸处、统计现代化工程指挥部的同志前往罗湖、福田、南山、盐田、龙岗等区计统局,帮助各区安装离线上报联网程序,征求各区对系统的改进和完善意见。

28至30日 中国生产力学会和深圳市统计信息局主办的"知识经济论坛第五次大会"在深圳五洲宾馆召开,著名经济学家于光远、张塞、乌家培、袁正光,香港科技大学校长吴家玮及中外企业家代表分别就知识经济有关专题进行了演讲,深圳市政府副市长庄心一、市政协常务副主席邵汉青等参加了会议。

本月 深圳市统计信息局继续加大《深圳经济特区信息化建设条例》、《深圳市信息工程建设管理办法》的宣传力度,在全市广泛发放《条例》单行本、《条例》知识问答以及《深圳市信息工程建设管理办法》等政府文件。

9 月

1至5日 全国人口普查地理区域划分工作会议在深圳龙岗召开,全国各省、市、自治区、直辖市和国务院人口普查办的81名代表参加了会议,会议对如何搞好区域划分进行了讨论和交流,并部署了2000年人口普查地理区域划分编码、地图绘制等各项工作。

21至24日 "全国部分城市统计改革经验交流会"在深圳市召开。

22至23日 深圳市电子商务中心举办了深圳市电子商务应用成果展示暨发展战略研讨会,集中演示了近年来深圳市在电子商务方面的应用系统,展示了深圳市在信息产业方面的高科技应用成果,研讨了今后的发展战略。此次会议将进一步推进深圳市电子商务的发展,建立健全电子商务体系,并推动深圳电子商务以及信息产业环境的良性建设。

本月 深圳市统计信息局法规处编辑、出版了《全国信息化法规选编》一书。该书选编了国家、部分省、自治区和深圳市近年颁布实施的信息化建设有关行政法规、地方性法规、政府规章及规范性文件。

10 月

5至10日 在深圳市举办的首届"中国国际高新技术成果交易会"上,深圳市统计信息局组织了信息化建设及应用技术展。国家信息中心、市信息办、市公安局、市劳动局、市地税局等七十多家单位设展位参展。市信息办展区以电子文本、图片、演示等形式介绍了深圳市信息化建设的方针、政策、发展规划和应用成果,充分展示了市信息办几年来的工作成就。

18至19日 为抓紧制订与信息工程建设相配套的立项、招投标、监理、竣工验收和开发单位资质管理等制度,深圳市统计信息局召开了由信息化专家和市有关部门同志参加的《深圳市信息工程建设管理办法》(实施细则)论证会。

本月 深圳市统计信息局信息资源管理处组织编辑出版了国内第一本以地区网站为主的上网工具书《中国深圳国际互联网网站大全》。

11 月

7日　国家信息化办公室宋玲主任来深圳考察信息化工作，并对即将在深圳市召开的全国信息化工作经验交流会做出具体安排。

24日　国家统计局农调总队朱向东总队长、广东省统计局卜新民局长来深圳市统计信息局检查指导工作，并就统计调查方式方法等统计改革工作进行了调研。

25日　国家信息中心贷款办主任沈解伍和美国天合系统集成集团（TRW）景天祺博士及有关专家到深圳市统计信息局，对深圳市利用三期日元贷款和市政府配套资金建设的深圳经济信息系统进行了检查。专家们听取了汇报、观看了系统演示，对深圳市经济信息系统的建设和运行情况给予了高度评价。

本月　深圳市统计信息局年报工作办公室印发了《深圳市统计信息局年报工作审核、审批制度》及其附表，并制定了《深圳市1999年统计年报工作实施方案》和《统计年报工作奖惩办法》，严格规范统计年报工作程序，加强年报工作组织、协调和管理工作。

12　月

1日　广州市人普办组织各区人口普查办公室人员到深圳市交流专项试点工作，并在南山、宝安区对普查区划分与流动人口专题进行了实地考察。

16至18日　全国“省区市信息化建设经验交流会”在深圳召开。信息产业部副部长吕新奎同志和深圳市常务副市长李德成同志出席了会议，并做了重要讲话。出席会议的还有中国工程院院士何德全同志、深圳市副市长郑通扬同志、信息产业部有关业务司领导、国家信息化办公室专家委员会的有关专家以及各省区市信息办负责人。会上，国家信息化办公室介绍了1999年全国信息化规划、信息化指标体系、电子商务等重点工作进展情况。有关省区市信息办汇报了本地区信息化进展及取得的经验。其中，深圳市还专门就近几年信息化建设和推进信息化带动信息产业发展，促进经济增长和社会发展的情况向大会介绍了经验。

本月　为解决深圳市领导办公服务系统和深圳市统计信息局办公室自动化网络计算机2000年问题，深圳市统计信息局对深圳信息网内600余台(套)计算机系统设备进行了检测、升级及测试，任务圆满完成，并在12月通过了2次模拟单位机测试和联网测试，使深圳信息网安全解决了计算机2000年问题。

光荣榜

光　荣　榜

特等奖

获奖项目、等级	颁奖单位	颁奖时间
1998年全省综合统计业务考核评比单项业务特别奖	广东省统计局	1999年3月

一等奖(第一名)

获奖项目、等级	颁奖单位	颁奖时间
城调队获1998年度统计优质服务评比一等奖	国家城调总队	1999年1月
城调队获1998年度住户调查统计评比一等奖	国家城调总队	1999年1月
城调队获1998年度消费价格统计评比一等奖	国家城调总队	1999年1月
城调队获1998年度综合评比一等奖	国家城调总队	1999年1月
1998年度城调优质服务一等奖	广东省城调队	1999年3月
1998年度城调住户调查统计一等奖	广东省城调队	1999年3月
1998年度城调消费一等奖	广东省城调队	1999年3月
1998年度城调综合一等奖	广东省城调队	1999年3月
1998年度农业专业统计年报第一名	广东省统计局	1999年8月
1998年度劳动专业统计年报第一名	广东省统计局	1999年8月
1998年度核算专业统计年报第一名	广东省统计局	1999年8月
《东南亚金融危机与深圳外向型经济》获优秀统计分析报告一等奖	广东省统计局	1999年10月
《深圳统计信息年鉴—1999》获全国地方统计年鉴乙组一等奖、装帧设计奖	国家统计局	1999年12月

二等奖(第二名)

获奖项目、等级	颁奖单位	颁奖时间
1998 年度科技专业统计年报第二名	广东省统计局	1999 年 8 月
1998 年度综合专业统计年报第二名	广东省统计局	1999 年 8 月

三～五等奖(第三～五名)

获奖项目、等级	颁奖单位	颁奖时间
1998 年度运输专业统计年报第三名	广东省统计局	1999 年 8 月
1998 年度能源专业统计年报第四名	广东省统计局	1999 年 8 月
1998 年度基本单位统计年报第四名	广东省统计局	1999 年 8 月
1998 年度工业专业统计年报第五名	广东省统计局	1999 年 8 月
《确保我市实现全年经济增长 14%目标的行业结构分析》获优秀统计分析报告三等奖	广东省统计局	1999 年 10 月

其他奖项

获奖项目、等级	颁奖单位	颁奖时间
1998 年全省综合统计业务考核评比先进单位	广东省统计局	1999 年 3 月
1998 年度全省城调系统先进单位	广东省城调队	1999 年 3 月
全国城调系统先进单位	国家城调总队	1999 年 8 月
全省统计年报工作先进单位	广东省统计局	1999 年 8 月
《深圳市妇女发展规划》监测评估中期(1997)报告获 1997—1998 年度妇女儿童优秀监测评估报告	广东省妇女儿童工作委员会办公室	1999 年 11 月

附　　录

附录一　主要统计指标解释
Explanatory Notes to Major Statistical Indicators

【国内生产总值】 是按市场价格计算的国内生产总值的简称。它是一个国家(地区)所有常住单位在一定时期内生产活动的最终成果。国内生产总值有三种表现形态,即价值形态、收入形态和产品形态。从价值形态看,它是所有常住单位在一定时期内所生产的全部货物和服务价值超过同期投入的全部非固定资产货物和服务价值的差额,即所有常住单位的增加值之和;从收入形态看,它是所有常住单位在一定时期内所创造并分配给常住单位和非常住单位的初次分配收入之和;从产品形态看,它是最终使用的货物和服务减去进口货物和服务。在实际核算中,国内生产总值的三种表现形态表现为三种计算方法,即生产法、收入法和支出法。三种方法分别从不同的方面反映国内生产总值及其构成。

Gross Domestic Product refers to gross domestic product calculated at market prices, which is the final products of all resident units in a country(or region)during a certain period of time. Gross domestic product is expressed in three different forms, i. e. value added, income, and products respectively. The form of value added refers to the total value of all products and services produced by all resident units during a certain period of time minus total value of input of materials and sevices of the nature of non－fixed assets or the summation of the value added of all resident units; the form of income includes all the income created by all resident units and distributed primarily to all resident and non－resident units; the form of products refers to all final goods and services minus imports of goods and services. In the practice of national accounting, gross domestic product is calculated with three approaches, i. e. product approach, income approach, and expenditure approach respectively to reflect gross domestic product and its composition from different aspects.

【可比价格】 指在进行不同时期的价值指标对比时,扣除了价格变动的因素,以确切反映物量的变化。按可比价格计算有两种方法:一种是直接用产品产量乘某一年的不变价格计算;另一种是用价格指数换算。

Comparable Prices are applied when comparing indicators of value over time to reflect accurately the changes in real term. Two methods are used for calculating comparable prices: 1. Multiplying the output of products by their constant prices of certain year; 2. Conversion of the data in current prices by relevant price index.

【不变价格】 指用同类产品某一基期年份的年平均价格作为固定价格来计算各年产品价值。按不变价格计算的产品价值消除了价格变动因素,不同时期对比可以反映生产的发展速度。新中国成立后,随着工农业产品价格水平的变化,国家统计局先后五次制定了全国统一的工业产品不变价格和农业产品不变价格,从1949年到1957年使用1952年工(农)业产品不变价格,从1957年到1971年使用1957年不变价格,从1971年到1981年使用1970年不变价格,从1981年到1990年使用1980年不变价格,从1990年开始使用1990年不变价格。

Constant Price refers to the average price of a given product in certain year, which is used for comparison of output value over time. As the output value at constant prices removes the factor of price changes, it reflects the trend of production development over time. Since 1949, with the changes in general price level, the State Statistical Bureau has issued nationally unified constant prices five times: the 1952 constant prices for 1949 - 1957; the 1957 constant prices for 1958 - 1970; the 1970 constant prices for 1971 - 1981; the 1980 constant prices for 1981 - 1990; and the 1990 constant prices have been used since 1991.

【平均每年增长速度】 在我国计算平均增长速度有两种方法,一种是习惯上经常使用的"水平法",又称几何平均法,是以间隔期最后一年的水平同基期水平对比来计算平均每年增长(或下降)速度。另一种是"累计法",又称代数平均法或方程法,是以间隔期内各年水平的总和同基期水平对比来计算平均每年增长(或下降)速度。

在一般正常情况下,两种方法计算的平均每年增长速度比较接近,但在经济发展不平衡,出现大起大落时,两种方法计算的结果差别较大。

本年鉴内所列的平均每年增长速度,均用"水平法"计算。从某年到某年平均增长速度的年份,均不包括基期年在内。如1980—1997年的平均增长速度,是以1979年为基期计算的。

Average Annual Growth Rate Two methods for calculating average annual growth rate are applied in China, one is often called "level approach" or the method of calculating geometric average, which is derived by comparing the level of the last year of the interval with that of the beginning year; the other is called "accumulative approach" or algebraic average or equation method, which is derived by the summation of the actual figure of each year in the interval divided by the figure in the base year.

Usually the results calculated by the two methods are fairly close, but they differed sharply when uneven economic development occurred with striking fluctuations in growth.

The average annual growth rates listed in this statistical yearbook are all calculated by "level approach". The base years are not listed when the years are listed for average annual growth rates. For instance, the average annual growth rates since 1980 - 1997 are calculated with the year 1979 as the base year.

【各个计划时期】 本年鉴内所用各个"时期"代表的年份如下:第六个五年计划时期(简称六五时期)为1981年到1985年;第七个五年计划时期(简称七五时期)为1986年到1990年;第八个五年计划时期(简称八五时期)为1991年到1995年。

Various Planning Periods The conventional division of time period in this statistical yearbook is as follows: The sixth five - year plan period, 1981 - 1985; The seventh five - year plan period, 1986 - 1990; The eighth five - year plan period, 1991 - 1995.

【国有经济单位】 指生产资料归国家所有的各种企业、事业单位,以及各级国家机关、人民团体等单位。

State - owned Economic Units refer to various enterprises, institutions, and government administrative organizations at various levels, social organizations and etc., with state ownership of production means.

【集体经济单位】 指生产资料归公民集体所有的各种企业、事业单位。包括农村各种经济组织经营的农、林、牧、副、渔业,乡、村经营的企业、事业单位;城市、县、镇以及街道举办的集体经济性质的企业、事业单位。

Collective - owned Economic Units refer to various enterprises and institutions with collective ownership of production means, including various rural economic organizations engaged in farming, forestry, animal husbandry, sideline production, and fishery, enterprises and institutions run by townships and villages; collective enterprises and institutions run by cities, counties, towns and subdistrict offices.

【私营经济单位】 指生产资料归公民私人所有的单位。包括私营独资企业、私营合伙企业和私营有限责任公司。

Private - owned Economic Units refer to economic units owned by private individuals, including individual owned private enterprises, jointly owned private enterprises, and private owned companies, Ltd.

【联营经济单位】 指不同所有制性质的企业之间或者企业、事业单位之间共同投资组成新的经济实体。包括紧密型联营企业,半紧密型联营企业和松散型联营企业。

Joint Owned Units refer to economic entities jointly invested by enterprises of different types of ownership or by enterprises and institutions, and the partnerships among the joint owned units can be close ,half close, or loose.

【外商投资经济单位】 指外国投资者根据中华人民共和国有关涉外经济的法律、法规,以合资、合作或独资的形式在中国大陆境内开办企业。包括中外合资经营企业、中外合作经营企业和外商独资企业。

Foreign Owned Economic Units refer to enterprises established by foreigners in the territory of mainland China according to related economic laws and regulations of the People's Republic of China as joint ventures, cooperative corporations, or ventures exclusively with sole investment, including joint ventures, cooperative enterprises, and foreign enterprises.

【港、澳、台投资经济单位】 指港、澳、台地区投资者参照中华人民共和国有关涉外经济的法律、法规,以合资、合作或独资的形式在大陆举办企业,包括合资经营企业、合作经营企业和独资企业。

Economic Units Funded by Entrepreneurs from Hong Kong, Macao, and Taiwan refer to enterprises established by entrepreneurs from Hong Kong, Macao, and Taiwan in the territory of mainland China according to related economic laws and regulations of the People's Republic of China as joint ventures, cooperative corporations and ventures exclusively with sole investment, including joint ventures, cooperative enterprises, and exclusively invested enterprises.

【三次产业】 根据社会生产活动历史发展的顺序对产业结构的划分,产品直接取自自然界的部门称为第一产业,对初级产品进行再加工的部门称为第二产业,为生产和消费提供各种服务的部门称为第三产业。它是世界上通用的产业结构分类,但各国的划分不尽一致。我国的三次产业划分是:

第一产业:农业(包括种植业、林业、牧业和渔业)。

第二产业:工业(包括采掘业,制造业,电力、煤气及水的生产和供应业)和建筑业。

第三产业:除第一、第二产业以外的其他各业。由于第三产业包括的行业多、范围广,根据我国的实际情况,第三产业可分为两大部门:一是流通部门,二是服务部门。具体又可分为四个层次。

第一层次:流通部门,包括交通运输、仓储及邮电通信业,批发和零售贸易、餐饮业。

第二层次:为生产和生活服务的部门,包括金融、保险业,房地产业,地质勘查业,水利管理业,社会服务业,综合技术服务业。

第三层次:为提高科学文化水平和居民素质服务的部门,包括教育、文化艺术及广播电影电视业,科学研究,卫生、体育和社会福利业等。

第四层次:为社会公共需要服务的部门,包括国家机关、政党机关、社会团体以及军队和警察等。

Three Industries Industry structure has been classified according to the historical sequence of development. Primary industry refers to extraction of natural resources; secondary industry involves processing of primary products; and tertiary industry provides services of various kinds for production and consumption. The above classification is universal although it varies to some extent from country to country. Industry in China comprises:

Primary industry: agriculture (including farming, forestry, animal husbandry and fishery).

Secondary industry: industry (including mining and quarrying, manufacturing, production and supply of electricity, gas and water) and construction.

Tertiary industry: all other industries not included in primary or secondary industry.

Due to the fact that tertiary industry involves in a large variety of industries in China, it is divided into two sectors: circulation sector and service sector and further into four levels:

The first level: circulation sector, including transportation storage, postal and telecommunications services, wholesale and retail sale trades, catering trade.

The second level: service sector providing services for production and consumption, including banking, insurance, real estates, geological prospecting and survey, water conservancy, social services and polytechnical services.

The third level: service sector for upgrading scientific, educational and cultural level of the people, including education, culture, arts, radio, film and television, scientific research, public health, sports, and social welfare, etc.

The fourth level: sector providing services for public needs, including government agencies, party agencies and social organizations, armies, and policemen.

【人口数】 指一定时点、一定地区范围内的有生命的个人总和。

年度统计的年末人口数是指每年12月31日24时的人口数。

Total Population refers to the total number of people alive at a certain point of time within a given area.

The annual statistics on total population is taken at midnight, the 3lst of December.

【出生率(又称粗出生率)】 指在一定时期内(通常为一年)平均每千人所出生的人数的比率,一般用千分率表示。计算公式:

$$出生率=\frac{年出生人数}{年平均人数}\times 1000‰$$

出生人数是指活产婴儿,即胎儿脱离母体时(不管怀孕月数),有过呼吸或其他生命现象。

年平均人数是年初、年底人口数的平均数,也可用年中人口数代替。

Birth Rate (or Crude Birth Rate) refers to the ratio of the number of births to the average population during a certain period of time (usually a year), which is often expressed in ‰. The following formula is used:

$$\text{Birth Rate} = \frac{\text{Number of Births}}{\text{Average Number of Population}} \times 1000‰$$

Number of Births refers to live births, i. e. the births when babies had showed any vital phenomena regardless of the length of pregnancy.

Annual Average Number of Population is the average of the number of population at beginning of the year and that at the end of the year. Sometimes it is substituted for with the mid－year population.

【死亡率(又称粗死亡率)】 指在一定时期内(通常为一年)一定地区的死亡人数与同期平均人数(或期中人数)之比,一般用千分率表示。计算公式:

$$\text{死亡率} = \frac{\text{年死亡人数}}{\text{年平均人数}} \times 1000‰$$

Death Rate (**or Crude Death Rate**) refers to the ratio of the number of deaths to the average population (or mid－year population) during a certain period of time (usually a year), which is often expressed in ‰. The following formula is used:

$$\text{Death Rate} = \frac{\text{Number of Deaths}}{\text{Annual Average Number of Population}} \times 1000‰$$

【人口自然增长率】指在一定时期内(通常为一年)人口自然增加数(出生人数减死亡人数)与该时期内平均人数(或期中人数)之比,一般用千分率表示。计算公式:

$$\text{人口自然增长率} = \frac{\text{本年出生人数} - \text{本年死亡人数}}{\text{年平均人数}} \times 1000‰$$

$$\text{人口自然增长率} = \text{人口出生率} - \text{人口死亡率}$$

Natural Growth Rate of Population refers to the ratio of natural increase in population (number of births minus number of deaths) in a certain period of time (usually a year) to the average population (or mid－year population) of the same period, which is often expressed in ‰. The following formulas are applied:

$$\text{Natural Growth Rate of Population} = \frac{\text{Number of Births} - \text{Number of Deaths}}{\text{Average Number of Population}} \times 1000‰$$

$$\text{Natural Growth Rate of Population} = \text{Birth Rate} - \text{Death Rate}$$

【从业人员】 指从事一定社会劳动并取得劳动报酬或经营收入的人员。包括:

(1)全部职工

(2)再就业的离退休人员

(3)私营业主

(4)个体户主

(5)私营和个体从业人员

(6)乡镇企业从业人员

(7)农村从业人员

(8)其他从业人员(包括民办教师、宗教职业者、现役军人等)

这一指标反映了一定时期内全部劳动力资源的实际利用情况,是研究我国基本国情国力的重要指标。

各单位的从业人员是指在各级国家机关、政党机关、社会团体及企业、事业单位中工作,并取得劳动报酬的全部人员。包括职工、再就业的离退休人员、民办教师以及在各单位中工作的外方人员和港、澳、台方人员。

各单位的从业人员反映了各单位实际参加生产或工作的全部劳动力。

Employed Persons refers to the persons who are engaged in social labour and receive remuneration payment or earn business income, including:

(1) total staff and workers,

(2) re－employed retirees,

(3) employers of private enterprises,

(4) employers of individual economy,

(5) employed persons in private enterprises and individual economy,

(6) employed persons in the enterprises in the urban areas,

(7) employed persons in the rural areas,

(8) other employed persons (including teachers in the schools run by the local people, people engaged in religious profession and the servicemen, etc.).

This indicator reflects the actual utilization of total labour force during a certain period of time and is often used for the research on China's economic affairs and national power.

Persons employed in various units refer to all the persons working in government agencies of various levels, political and party organizations, social organizations, and enterprises and institutions and receiving payment, including staff and workers, re－employed retirees, teachers in schools run by the local people, foreigners, and Chinese compatriots from Hong Kong, Macao, and Taiwan working in various units. This indicator reflects the total number of laborers actually engaged in production or other operations in various units.

【经济活动人口】 指在16岁以上,有劳动能力,参加或要求参加社会经济活动的人口。包括:从业人员和失业人员。

Economically Active Population refers to the population, the members of which are aged 16 and over, capable to labour, participating in or desirous to participate in the social and economic activities, including employed persons and unemployed persons.

【职工】 指在国有经济、城镇集体经济、联营经济、股份制经济、外商和港澳台投资经济、其他经济单位及其附属机构工作,并由其支付工资的各类人员。

Staff and Workers refers to the persons who work in (and receive payment therefrom) enterprises and institutions of state ownership, collective ownership, joint ownership, share holding, foreign ownership, and ownership by entrepreneurs from Hong Kong, Macao, and Taiwan, and other types of ownership and their affiliated units.

【职工工资总额】 指各单位在一定时期内直接支付给本单位全部职工的劳动报酬总额。

工资总额的计算原则应以直接支付给职工的全部劳动报酬为根据。各单位支付给职工的劳动报酬以及其他根据有关规定支付的工资,不论是计入成本的还是不计入成本的,不论是按国家规定列入计征奖金税项目的,还是未列入计征奖金税项目的,不论是以货币形式支付的还是以实物形式支付的,均包括在工资总额内。

Total Wages of Staff and Workers refers to the total remuneration payment to staff and workers in various units during a certain period of time.

The calculation of total wages is based on the total remuneration payment to the staff and workers. Therefore, all the wages and salaries and other payments to staff and workers are included in the total wages regardless of their sources, category, and forms(in kind or cash).

【职工平均工资】 指企业、事业、机关单位的职工在一定时期内平均每人所得的货币工资额。它表明一定时期职工工资收入的高低程度，是反映职工工资水平的主要指标。计算公式为：

$$职工平均工资=\frac{报告期实际支付的全部职工工资总额}{报告期全部职工平均人数}$$

Average Wage of Staff and Workers refers to the average wage in money term per person during a certain period of time for staff and workers in enterprises, institutions, and government agencies, which reflects the general level of wage income during a certain period of time and is calculated as follows:

$$\text{Average Wage of Staff and Workers}=\frac{\text{Total Wages of Staff and Workers in Reference Period}}{\text{Average Number of Staff and Workers in Reference Period}}$$

【职工平均实际工资】 指扣除物价变动因素后的职工平均工资。计算公式为：

$$职工平均实际工资=\frac{报告期职工平均工资}{报告期居民消费价格指数}$$

Average Real Wage of Staff and Workers refers to average wage of staff and workers after removing the effects of price changes, which is calculated as follows:

$$\text{Average Real Wage of Staff and Workers}=\frac{\text{Average Wage of Staff and Workers in Reference Period}}{\text{Consumer Price Index of Urban Residents in Reference Period}}$$

【农林牧渔业总产值】 是以货币表现的农、林、牧、渔业全部产品的总量，它反映一定时期内农业生产的总规模和总成果。

农业总产值的计算方法通常是按农林牧渔业产品及副产品的产量分别乘以各自单位产品价格求得，少数生产周期较长，当年没有产品或产品产量不易统计的，则采用间接方法匡算其产值，然后将四业产品产值相加即为农业总产值。

Gross Output Value of Farming, Forestry, Animal Husbandry and Fishery refers to the total volume of products of farming, forestry, animal husbandry and fishery in value terms, which reflects the total scale and total result of agricultural production during a given period of time.

Gross output value of agriculture is obtained by first multiplying the output of each product or by-product by its price, resulting in the output value of each single item. For a small number of products, annual output of which is not available or difficult to get due to the long production/growing process involved, the output value is estimated through an indirect approach. The sum of output value of all products of farming, forestry, animal husbandry, and fishery is then equal to the gross output value of agriculture.

【粮食产量】 包括国有经济经营的、集体统一经营的和农民家庭经营的粮食产量，还包括工矿企业办的农场和其他生产单位的产量。粮食除包括稻谷、小麦、玉米、高粱、谷子及其他杂粮外，还包括薯类和豆类。

Grain Yield refers to the yield in the whole country including grains produced by state farms, collective units, rural households, industrial enterprises and mines. Grain includes rice, wheat, corn, sorghum, millet and other miscellaneous grains as well as tubers and beans.

【水产品产量】 指人工养殖的水产品和天然生长的水产品的捕捞量。包括海水的鱼类、虾蟹类、贝类和藻类以及内陆水域的鱼类、虾蟹类和贝类,不包括淡水生植物。

Output of Aquatic Products refers to catches of both artificially cultured and naturally grown aquatic products, including fish, shrimps, crabs and shellfish in sea and inland water as well as seaweed. Freshwater plants are not included.

【耕地面积】 指年初可以用来种植农作物、经常进行耕锄的田地,除包括熟地、当年新开荒地、连续撂荒未满三年的耕地和当年的休闲地(轮歇地)外,还包括以种植农作物为主并附带种植桑树、茶树、果树和其他林木的土地,以及沿海、沿湖地区已围垦利用的"海涂"、"湖田"等面积。但不包括属于专业性的桑园、茶园、果园、果木苗圃、林地、芦苇地、天然或人工草地面积。

Cultivated Area(Area under cultivation) refers to farmland which is plowed constantly for growing crops, including cultivated land, newly cultivated land in the current year, farmland left without cultivation for less than three years and fallow land in the current year, rotation land, farmland with some mulberry trees,tea trees,fruit trees, and other trees and cultivated seashore land, lake land, and etc. The land of mulberry plantation, tea plantations, orchards, nurseries of young plants, forest land, reed land, natural and man-made grassland are not included in cultivated land.

【农作物播种面积】 指实际播种或移植有农作物的面积。凡是实际种植有农作物的面积,不论种植在耕地上还是种植在非耕地上,均包括在农作物播种面积中。在播种季节基本结束后,因遭灾而重新改种和补种的农作物面积,也包括在内。

Sown Area of Crops refers to area of land sown or trans planted with crops regardless of being in cultivated area or non-cultivated area. Area of land resown due to natural disasters is also included.

【工业】 指从事自然资源的开发,对采掘品和农产品进行加工和再加工的物质生产部门。具体包括:(1)对自然资源的开采,如采矿、晒盐、森林采伐等(但不包括禽兽捕猎和水产捕捞);(2)对农副产品的加工、再加工,如粮油加工、食品加工、轧花、缫丝、纺织、制革等;(3)对采掘品的加工、再加工,如炼铁、炼钢、化工生产、石油加工、机器制造、木材加工等,以及电力、自来水、煤气的生产和供应等;(4)对工业品的修理、翻新,如机器设备的修理、交通运输工具(包括小卧车)的修理等。

Industry refers to the material production sector which is engaged in extraction of natural resources and processing and reprocessing of minerals and agricultural products, including (1)extraction of natural resources, such as mining, salt production, logging(but not including hunting and fishing); (2)processing and reprocessing of farm and sideline products, such as rice husking, flour milling, wine making, oil pressing, cotton ginning, silk reeling, spinning and weaving, and leather making;(3) manufacture of industrial products, such as steel making, iron smelting, chemicals manufacturing, petroleum processing, machine building, timber processing; water and gas production and electricity generation and supply;(4)repairing of industrial products such as the repairing of machinery and means of transport (including cars).

【轻工业】 指主要提供生活消费品和制作手工工具的工业。按其所使用的原料不同,可分为两类:⑴以农产品为原料的轻工业,是指直接或间接以农产品为基本原料的轻工业。主要包括食品制造、饮料制造、烟草加工、纺织、缝纫、皮革和毛皮制作、造纸以及印刷等工业;⑵以非农产品为原料的轻工业,是指以工业品为原料的轻工业。主要包括文教体育用品、化学药品制造、合成纤维制造、日用化学制品、日用玻璃制品、日用金属制品、手工工具制造、医疗器械制造、文化和办公用机械制造等工业。

Light Industry refers to the industry which produces consumer goods and hand tools. It consists of two categories, depending on the materials used:

(1) Industries using farm products as raw materials. These are branches of light industry which directly or indirectly use farm products as basic raw materials, including the manufacture of food and beverages, tobacco processing, textile, clothing, fur and leather manufacturing, paper making, printing, etc.

(2) Industries using non－farm products as raw materials. These are branches of light industry which use manufactured goods as raw materials, including the manufacture of cultural, educational articles and sports goods, chemicals, synthetic fiber, chemical products for daily use, glass products for daily use, metal products for daily use, hand tools, medical apparatus, and the manufacture of cultural and clerical machinery.

【重工业】 是指为国民经济各部门提供物质技术基础的主要生产资料的工业。按其生产性质和产品用途,可以分为下列三类:⑴采掘(伐)工业,是指对自然资源的开采,包括石油开采、煤炭开采、金属矿开采、非金属矿开采和木材采伐等工业;⑵原材料工业,指向国民经济各部门提供基本材料、动力和燃料的工业。包括金属冶炼及加工、炼焦及焦炭化学、化工原料、水泥、人造板以及电力、石油和煤炭加工等工业;⑶加工工业,是指对工业原材料进行再加工制造的工业。包括装备国民经济各部门的机械设备制造工业、金属结构、水泥制品等工业,以及为农业提供的生产资料如化肥、农药等工业。

根据上述划分原则,修理业中以重工业产品为修理作业对象的划为重工业,反之划为轻工业。

Heavy Industry refers to the industry which produces capital goods, and provides various sectors of the national economy with necessary material and technical basis. It consists of the following three branches according to the purpose of production or the use of products:

(1)Mining, quarrying and logging industry refers to the industry that extracts natural resources, including extraction of petroleum, coal, metal and non－metal ores and logging.

(2)Raw materials industry refers to the industry that provides various sectors of the national economy with raw materials, fuels and power. It includes smelting and processing of metals, coking and coke chemistry, chemical materials and building materials such as cement, plywood, and electric power, petroleum refining and coal processing.

(3)Manufacturing industry refers to the industry that processes raw materials. It includes machine－building industry which equips sectors of the national economy, industries of metal structure and cement products, industries producing means of agricultural production, such as chemical fertilizers and pesticides.

According to the above principle of classification, the repairing trades which are engaged in repairing products of heavy industry are classified into heavy industry while these engaged in repairing products of light industry are classified into light industry.

【工业总产值】 是以货币表现的工业企业在一定时期内生产的已出售或可供出售的工业产品总量,它反映一定时间内工业生产的总规模和总水平。它包括:在本企业内不再进行加工,经检验、包装入库(规定了不需包装的产品除外)的成品价值,工业性作业价值,自制半成品、在产品期初期末差额价值(生产周期较长的企业计算)。工业总产值采用“工厂法”计算,即以工业企业作为一个整体,按企业工业生产活动的最终成果来计算,企业内部不允许重复计算,不能把企业内部各个车间(分厂)生产的成果相加。但在企业之间、行业之间、地区之间存在着重复计算。

轻重工业总产值的划分也是按“工厂法”计算的,即一个工业企业在正常情况下生产的主要产品的性质属于轻工业,则该企业的全部总产值作为轻工业总产值;一个工业企业生产的主要产品的性质属于重工业,则该企业的全部总产值作为重工业总产值。

Gross Industrial Output Value is the total Volume of industrial products sold or available for sale in value terms which reflects the total achievements and overall scale of industrial production during a given period. It includes the value of the finished products, which are not to be further processed in the enterprises and have been inspected, packed and put in storage, the value of industrial services rendered to other units and the changes in the value of the semi – finished products and products in process between the beginning and closing of the period (only the enterprises with long production cycle are required to calculate the changes). The gross industrial output value is calculated with “factory method”. No double calculations are to be made within the same enterprise. However, double counting does occur among different enterprises.

Output value of light and heavy industries is also classified with the “factory” method. Under normal conditions, if the major products of an industrial enterprise belong to light industry products, the gross output value of that enterprise is classified wholly into light industry; the same principle applies to heavy industry.

【工业增加值】 指工业企业在报告期内以货币表现的工业生产活动的最终成果。

Value Added of Industry refers to the final results of industrial production of the industrial trade in money terms during the reference period.

【固定资产原价】 固定资产原价指企业在建造、购置、安装、改建、扩建、技术改造某项固定资产时所支出的全部货币总额。它一般包括买价、包装费、运杂费和安装费等。

Original Value of Fixed Assets refers to the original value of all fixed assets owned by industrial enterprises, calculated at the cost paid at the time of construction, purchase, installation, reconstruction, expansion, and technical innovation and transformation of the said assets, which includes expenses on purchase, package, transportation, and installation, etc.

【固定资产净值】 是指固定资产原价减去历年所提折旧后的净额。

Net Value of Fixed Assets is obtained by deducting depreciation over years from the original value of fixed assets.

【流动资产】 流动资产是指可以在一年内或者超过一年的一个营业周期内变现或者耗用的资产,包括现金及各种存款、短期投资、应收及预付货款、存货等。

Working Capital (Circulating Assets) refers to assets which can be cashed in or spent or consumed in an operating cycle of one year or over one year, which includes cash, various deposits, short term investment, and receivable payments, and advance payments, stock, etc.

【利税总额】 指企业利润总额、产品销售税金及附加和应交增值税之和。

Total Value of Profit and Tax (Pre – tax Profits) refers to the sum of the total profits, products sales tax and surcharges and the value added tax payable of industrial enterprises. It is also called pre – tax profits.

【工业成本费用利润率】 指在一定时期内实现的利润与成本费用之比,是反映工业生产成本及费用投入的经济效益指标,同时也是反映企业降低成本的经济效益指标。计算公式为:

$$\text{工业成本费用利润率}(\%)=\frac{\text{利润总额}}{\text{成本费用总额}}\times 100\%$$

Ratio of Profits to Total Industrial Costs refers to the ratio of profits realized in a given period to the total costs in the same period, which reflects the economic efficiency of input cost and is calculated as follows:

$$\text{Ratio of Profits to Total Industrial Cost }(\%)=\frac{\text{Total Profits}}{\text{Total Costs}}\times 100\%$$

【工业增加值率】 指报告期工业增加值占工业总产值的比重,是反映工业生产降低中间消耗的经济效益指标。计算公式为:

$$\text{工业增加值率}(\%)=\frac{\text{工业增加值(现价)}}{\text{工业总产值(现价)}}\times 100\%$$

Value Added Rate of Industry refers to the ratio of value added of industry in a given period to the gross output value in the same period, which reflects the economic efficiency of cutting down the intermediate input and is calculated as follows:

$$\text{Value Added Rate of Industry }(\%)=\frac{\text{Value Added of Industry (at Current Prices)}}{\text{Gross Output Value (at Current Prices)}}\times 100\%$$

【流动资产周转次数】 指一定时期内流动资产完成的周转次数,是反映流动资产的周转速度。计算公式为:

$$\text{流动资产周转次数}=\frac{\text{产品销售收入}}{\text{全部流动资产平均余额}}$$

Number of Times of the Turnover of Working Capital refers to the number of times of turnover of working capital in a given period of time, which reflects the speed of the turnover of working capital and is calculated as follows:

$$\text{Turnover of Working Capital}=\frac{\text{Sales Revenue of Products}}{\text{Average Balance of Total Working Capital}}$$

【产品销售率】 指一定时期内销售产值与同期全部工业总产值之比,反映工业产品生产已实现销售的程度。计算公式为:

$$\text{工业产品销售率}(\%)=\frac{\text{报告期现价工业销售产值}}{\text{报告期现价工业总产值}}\times 100\%$$

Sales Rate of Industrial Products refers to the ratio of total sales in a given period to the gross output value in the same period, which reflects the extent of industrial output sold and is calculated as follows:

$$\text{Sales Rate of Industrial Products}(\%)=\frac{\text{Total Sales (at Current Prices)}}{\text{Gross Output Value(at Current Prices)}}\times 100\%$$

【产品销售收入】 指企业销售产品的销售收入和提供劳务等主要经营业务取得的业务总额。

Sales Revenue of Industrial Products refers to the revenue from the sales of products by industrial enterprises and the revenue from services provided and etc.

【产品销售成本】 指企业销售产品和提供劳务等主要经营业务的实际成本。

Sales Cost of Industrial Products refers to the actual cost of products sales of industrial enterprises and industrial servies provided, etc.

【产品销售税金及附加】 指企业销售产品和提供工业性劳务等主要经营业务应负担的城市维护建设税、消费税、资源税和教育费附加。

Tax and Extra Charges on Sales of Products refer to the tax on city maintenance and construction, consumption tax, resources tax and extra charges for education, which should be borne by the enterprises in selling products and providing industrial services.

【产品销售利润】 指企业销售产品和提供工业性劳务等主要经营业务收入扣除其成本、费用、税金后的利润。

Sales Profits of Products refers to the profits gained by the enterprises by deducting cost, charges and taxes from the business income of the enterprises obtained in selling products and providing industrial services.

【利润总额】 指企业实现的利润。

Total Profits refer to the profits gained by the enterprises.

【应交增值税】 指企业在报告期内应交纳的增值税额。

Value Added Tax Payable refers to the amount of the value added tax which should be paid by the enterprises in the reporting period.

【产值利税率】 指报告期已实现的利润、税金总额(包括利润总额、产品销售税金及附加和应交增值税)占同期全部工业总产值的百分比,计算公式为:

$$\text{产值利税率}(\%)=\frac{\text{利税总额}}{\text{工业总产值}}\times 100\%$$

Ratio of Pre－tax Profits to Gross Output Value refers to the ratio of the total amount of pre－tax profits gained (including total profits, sales tax and extra charges of products as well as the value added tax payable) in the reporting period to the gross output value in the same period (the ratio is expressed in percentage). The formula is as follows:

$$\text{Ratio of Pre－tax Profits to Gross Output Value}(\%)=\frac{\text{Total Amount of Pre－tax Profits}}{\text{Gross Output Value}}\times 100\%$$

【全员劳动生产率】 指根据产品的价值量指标计算的平均每一个职工在单位时间内的产品生产量。是考核企业经济活动的重要指标,是企业生产技术水平、经营管理水平、职工技术熟练程度和劳动积极性的综合表现。目前我国的全员劳动生产率是将工业企业的工业增加值除以同一时期全部职工的平均人数来计算的。计算公式为:

$$\text{全员劳动生产率}=\frac{\text{工业增加值}}{\text{全部职工平均人数}}\times 100\%$$

Overall Labour Productivity of Industrial Enterprises refers to the average output per staff and workers in industrial enterprises in value terms. At present, the value added and the average number of staff and workers of an industrial enterprises in a given period are used to calculate the overall labour productivity. The formula used is:

$$\text{Overall Labour Productivity}=\frac{\text{Value Added of Industry}}{\text{Average Number of Staff and Workers}}\times 100\%$$

【资本金】 指企业在工商行政管理部门登记的注册资金合计。企业资本金按投资主体分为国家资本金、法人资本金、个人资本金以及外商资本金等。资本金合计包括企业各种投资主体注册的全部资本金。

Capital refers to the corporation's capital registered in the departments of administration for industry and commerce. According to the different nature of investors, corporations' capital can be divided into state capital, legal person's capital, personal capital, foreign capital, etc. Total capital includes total registered capital of all investors in the corporation.

【总资产】 指企业拥有或控制的全部资产。包括流动资产、长期投资、固定资产、无形及递延资产、其他长期资产、递延税项等,即为企业资产负债表的资产总计项。

(1)流动资产　指企业可以在一年内或者超过一年的一个生产周期内变现或耗用的资产合计。包括现金及各种存款、短期投资、应收及预付款项、存货等。

(2)固定资产　指企业固定资产净值、固定资产清理、在建工程、待处理固定资产损失所占用的资金合计。

(3)无形资产　指企业长期使用而没有实物形态的资产。包括专利权、非专利技术、商标权、著作权、土地使用权、商誉等。

Total Assets refer to all assets which are owned or controlled by enterprises, including circulating assets, long－term investment, fixed assets, intangible assets and deferred assets, other long－term assets, and deferred taxes, etc. The summation of above items is equal to total assets shown in the balance sheets of the enterprises.

(1) Circulating assets (working capital) refer to assets which can be cashed in or spent or consumed in an operating cycle of one year or over one year, including cash, all kinds of deposits, short term investment, receivables, advance payment, stock, etc.

(2) Fixed assets refer to the net value of fixed assets, clearance of fixed assets, project under construction, fixed assets losses in suspense. These are corporations' fund holdings.

(3) Intangible assets refer to the assets without material form used by enterprises over a long time, such as patents, non－patent technologies, trade marks, copyright, land use right, business reputation, etc.

【总负债】 指企业承担并需要偿还的全部债务。包括流动负债和长期负债、递延税项等,即为企业资产负债表的负债合计项。

(1)流动负债　指企业在一年内或者超过一年的一个营业周期内需要偿还的债务合计,其中包括短期借款、应付及预收款项、应付工资、应交税金和应交利润等。

(2)长期负债　指企业在一年以上或者超过一年的一个生产周期以上需要偿还的债务合计,其中包括长期借款、应付债务、长期应付款项等。

Total Liabilities refer to the debts that enterprises are responsible for repayment, including liquid liabilities, long－term liabilities and deferred taxes, etc. Total liabilities correspond to the summation item of liabilities shown in the balance sheets of the enterprises.

(1) Liquid liabilities (also called quick liabilities or immediate liabilities) refer to enterprises total debt payable within an operating cycle of one year or over one year, including short term loans, payables and advance receipt, wages payable, taxes payable and profit payable, etc.

(2) Long－term liabilities refers to total debt payable within an operationg cycle of one year or over one year, including long－term loans, payable liabilities, long－term payables, etc.

【所有者权益】 指企业投资人对企业净资产的所有权。企业净资产等于企业全部资产减去全部负债后的余额,其中包括投资者对企业的最初投入,以及资本公积金、盈余公积金和未分配利润,对股份制企业即为股东权益。

Creditors' Equity refers to investors' ownership of net assets of the enterprise. It is equal to the total assets of the enterprise minus its total liabilities, including the primary input from investors, capital accumulation fund, surplus accumulation fund and undistributed profit. It is the stock holders' equity in stock companies.

【货(客)运量】 指在一定时期内,各运输部门实际运送的货物(旅客)数量。是反映运输业为国民经济和人民生活服务的数量指标,也是制定和检查运输生产计划,研究运输发展规模和速度的重要指标。货运按吨计算,客运按人计算。货物不论运输距离长短,货物类别,均按实际重量统计;旅客不论行程远近或票价多少,均按一人一次作为客运量统计。半价票、小孩票也按一人统计。

Freight (Passenger) Traffic refers to the volume of freight (passenger) transported with various means. Freight transport is calculated in tons and passenger traffic is calculated in the number of persons. Despite the type of freight and travelling distance, the freight transport is calculated in the actual weight of the goods: and despite the travelling distance and ticket price, the passenger traffic is calculated by the principle that one person can be counted noly once in one travel. The passenger who travel with a half - price ticket or a child ticket is also calculated as one person. The freight (passenger) traffic provides a quantitative measure to show how the transport industry serves the national economy and people, and is also an important indicator for planning the transport industry and for studying the development scale and speed of the transport industry.

【货物(旅客)周转量】 指在一定时期内,由各种运输工具运送的货物(旅客)数量与其相应运输距离的乘积之总和,是反映运输业生产总成果的重要指标,也是编制和检查运输生产计划,计算运输效率、劳动生产率以及核算运输单位成本的主要基础资料。通常以吨公里和人公里为计算单位。计算货物周转量通常按发出站与到达站之间的最短距离,也就是计费距离计算。

Freight Ton - kilometers (Passenger - kilometers) refers to the sum of the product of the volume of transported cargo (passengers) multiplying by the transport distance, usually using ton - kilometer and passenger - kilometer as units for measurement. Normally, the shortest distance between the departure station and the destination station(i. e., the payable distance)is the basis to calculate the freight ton - kilometers. This is an important indicator to show the total results of the transport industry, to prepare and examine the transport plan and to measure the efficiency, the labour productivity and the unit cost of transport.

【沿海主要港口货物吞吐量】 指由水运进出沿海主要港区范围,并经过装卸的货物数量,包括邮件及办理托运手续的行李、包裹以及补给运输船舶的燃、物料和淡水。其计量单位为吨。货物吞吐量的货种分类及其主要流向流量,反映了港口在国内外物资交流和对外贸易运输中的地位和作用。吞吐量可以分为进口、出口,又可以分为国内贸易、对外贸易。

Volume of Freight Handled in Major Coastal Ports refers to the volume of cargo passing in and out the harbor area of the major coastal ports and having been loaded and unloaded. The volume includes that of the postal matters, registered luggages and fuels, materials and fresh water as supplies of the ships. The volume of freight handled may be classified as import, export, or as domestic trade and foreign trade. The volume of freight handled by type of cargo and by main flow direction and volume reflects the position and function of the ports in the flow of Chinese and foreign goods and in the transportation for foreign trade.

【邮电业务总量】 指以货币表现的邮电部门用于传递信息和提供其他邮电服务的总数量。它综合反映了一定时期邮电工作的总成果,是研究邮电业务量构成和发展趋势的重要指标。根据邮电管理体制不同,分为中央国营业务总量和地方国营业务总量。它用各种邮电分类业务量,如函件件数、电报份数、长话张数、市内电话和农村电话的年均户数、订销报刊累计份数等,分别乘以相应的平均单价(不变价),加总后再加上出租电路和设备的收入、代用户维护电话交换机和线路等设备的收入、其他业务收入求得。

Business Volume of Post and Telecommunications refers to the total amount (in money terms) of the information delivered and other post and telecommunications services provided by the post and telecommunications departments for the customers. It is derived by first multiplying the business volume of different types, such as number of letters, telegrams, long distance calls, city and rural telephone subscribers and accumulated number of newspapers and journals subscribed and sold, etc. by their respective average unit price (fixed price) and then adding these products together: plus the income from maintenance of telephone exchanges and lines, and the income from other business operations. The business volume of post and telecommunications indicates the total achievements made by the post and telecommunications department during a given period of time in a comprehensive way, and is an important indicator to study the composition and development of the post and telecommunications business.

【全社会固定资产投资】 固定资产投资是社会固定资产再生产的主要手段。通过建设和购置固定资产的活动,国民经济不断采用先进技术装备,建立新兴部门,进一步调整经济结构和生产力的地区分布,增强经济实力,为改善人民物质文化生活创造物质条件。这对我国的社会主义现代化建设具有重要意义。

固定资产投资额是以货币表现的建造和购置固定资产活动的工作量,它是反映固定资产投资规模、速度、比例关系和使用方向的综合性指标。全社会固定资产投资包括国有经济单位投资、城乡集体经济单位投资、各种经济类型的单位投资和城乡居民个人投资。按照我国现行计划管理体制,国有经济单位固定资产投资总额分为基本建设、更新改造、房地产开发投资和其他固定资产投资四个部分;城乡集体经济单位投资包括城镇集体所有制单位投资和农村集体投资;各种经济类型的单位投资包括联营经济、股份制经济、中外合资经营、中外合作经营、外商独资、与大陆合资经营、与大陆合作经营、港澳台独资及其他经济类型的单位投资。城镇居民个人投资包括城市、县城、镇、工矿区所辖范围内的个人建房和农村个人建房及购买生产性固定资产的投资。

Total Investment in Fixed Assets in the Whole Country: Investment in fixed assets is the main means for social reproduction of fixed assets. By means of construction and purchase of fixed assets, more advanced technologies and equipment are adopted in the national economy, and new sectors are established, which promote the adjustment of economic structure and regional distribution of productive forces and enhance the economic strengths so as to provide the material conditions for improving people's livelihood. This is significant for speeding up the drive of socialist modernization in China.

Amount of investment in fixed assets refers to the volume of activities in construction and purchases of fixed assets in monetary terms. It is a comprehensive indicator which shows the size, pace, proportional relations and use orientation of the investment in fixed assets. Total investment in fixed assets in the whole country includes the investment by the state－owned units, the investment by the urban and rural collective units, the investment by the units of other types of ownership and the investment by the individuals in the urban and rural areas. According to China's current planning management system, the investment is fixed assets in the whole country is classified into the following four parts: investment in capital construction, investment in innovation, investment in real estates development and other investment in fixed assets. The investment by the urban and rural collective units includes the investment by the urban collective units and the investment by the rural collective units. The investment by the units of other types of ownership includes the investment by the units of joint - owned economy, share - holding economy, Sino - foreign joint economy, Sino - foreign cooperative economy, economy exclusively with foreign investment, Mainland - Hong Kong or Mainland - Macao or Mainland - Taiwan joint economy, Mainland - Hong Kong or Mainland - Macao or Mainland - Taiwan cooperative economy, and economy exclusively with investment of Hong Kong or Macao or Taiwan. The investment by the individuals in the urban and rural areas includes the investment in personal house building in the areas under the jurisdiction of city, county, town and special industrial and mining areas as well as the investment in personal house building and purchase of productive fixed assets in the rural areas.

【基本建设投资】 基本建设是企业、事业、行政单位以扩大生产能力或工程效益为主要目的的新建、扩建工程及有关工作。包括(1)列入中央和各级地方本年基本建设计划的建设项目,以及虽未列入本年基本建设计划,但使用以前年度基建计划内结转投资(包括利用基建设备材料)在本年继续施工的建设项目;(2)本年基本建设计划内投资与更新改造计划内投资结合安排的新建项目和新增生产能力(或工程效益)达到大中型项目标准的扩建项目,以及为改变生产力布局而进行的全厂性迁建项目;(3)国有单位既未列入基建计划,也未列入更新改造计划的总投资在5万元以上的新建、扩建、恢复项目和为改变生产力布局而进行的全厂性迁建项目,以及行政、事业单位增建业务用房和行政单位增建生活福利设施的项目。

Investment in Capital Construction Capital construction refers to the new construction projects or extension projects and the related work of the enterprises, institutions or administrative units mainly for the purpose of expanding production capacity or improving project efficiency. It includes: (1) projects listed in the capital construction plan of the current year of the central government and the local governments at various levels as well as the projects, though not listed in the capital construction plan of the current year, but continued to be constructed in this year, using the investment listed in the plan of capital construction of previous years and carried forward to this year(also using the equipment and materials kept in stock of the capital construction); (2) new construction projects arranged both in the plan of capital construction and the plan of innovation; extension projects with the newly increased production capacity (or project efficiency) up to the standard of a large and medium - sized project; and the projects of moving the whole factory to a new site so as to improve the distribution of productive forces; (3) new construction projects, extension projects or restoration projects with the total investment more than 50 thousand RMB yuan by the state - owned units, though listed neither in the plan of capital construction nor in the plan of innovation; the projects in the state - owend units of moving the whole factory to a new site so as to improve the distribution of productive forces; and the projects of building additional business houses by the administrative units and institutions and builing welfare facilities by the administrative units.

【更新改造投资】 更新改造是指企业、事业单位对原有设施进行固定资产更新和技术改造,以及相应配套的工程和有关工作(不包括大修理和维护工程)。包括:(1)列入中央和各级地方本年更新改造计划的项目和虽未列入本年更新改造计划,但使用上年更新改造计划内结转和投资在本年继续施工的项目;(2)本年更新改造计划内投资与基本建设计划内投资结合安排的对企、事业单位原有设施进行技术改造或更新的项目,和增建主要生产车间、分厂等其新增生产能力(或工程效益)未达到大中型项目标准的项目,以及由于城市环境保护和安全生产的需要而进行的迁建工作;(3)国有企、事业单位既未列入基建计划也未列入更新改造计划,总投资在5万元以上的属于改建或更新改造性质的项目,以及由于城市环境保护和安全生产的需要而进行的迁建工程。

Investment in Innovation: Innovation refers to the renewal of fixed assets and technological innovation of the original facilities by the enterprises and institutions as well as the corresponding supplementary projects and the related work(excluding major overhaul and maintenance projects). It includes: (1)projects listed in the innovation plan of the current year of the central government and the local governments at various levels as well as the projects, though not listed in the innovation plan of the current year, but continued to be constructed in this year, using the investment listed in the plan of innovation of previous years and carried forward to this year; (2)projects of technological innovation or renewal of the original facilities, arranged both in the plan of innovation and in the plan of capital construction; extension projects(main workshops or a branch of the factory) with the newly increased production capacity (or project efficiency) not up to the standard of a large and medium - sized project; and the projects of moving the whole factory to a new site so as to meet the requirements of urban environmental protection or safe production; (3)projects of reconstruction or technological innovation with the total investment more than 50 thousand RMB yuan by the state - owned units, though listed neither in the plan of capital construction nor in the plan of innovation; the projects in the state - owned units of moving the whole factory to a new site so as to meet the requirements of urban environmental protection or safe production.

【房地产开发投资】 包括各种经济类型的房地产开发公司、商品房建设公司及其他房地产开发单位统一开发的包括代建、拆迁还建的住宅、厂房、仓库、饭店、宾馆、度假村、写字楼、办公楼等房屋建筑物和配套的服务设施、土地开发工程,如道路、给水、排水、供电、供热、通讯、平整场地等基础设施工程的投资。包括非房地产企业实际从事房地产开发或经营活动,不包括单纯的土地交易活动。

Investment in Real Estate Development: It includes the investment by the real estate development companies, commercial buildings construction companies and other real estate development units of various types of ownership in the construction of house buildings, such as residential buildings, factory buildings, warehouses, hotels, guesthouses, holiday villages, office buildings, and the complementary service facilities and land development projects, such as roads, water supply, water drainage, power supply, heating, telecommunications, land levelling and other projects of infrastructure. It covers the activities of the non - real estate companies in real estate development or management, but excludes the activities in simple land transactions.

【其他固定资产投资】 全社会固定资产投资中未列入基本建设、更新改造和房地产开发投资的建造和购置固定资产的活动。包括:

(1)国有单位按规定不纳入基本建设计划和更新改造计划管理,总投资在5万元以上的以下工程:①用油田维护费和石油开发基金进行的油田维护和开发工程;②煤炭、铁矿、森工等采掘采伐业用维简费进行的开拓延伸工程;③交通部门用公路养路费对原有公路、桥梁进行改建的工程;④商业部门用简易建筑费建造的仓库工程。

(2)集体经济单位固定资产投资:包括城镇集体经济单位和农村集体经济单位建造和购置固定

资产计划总投资在5万元以上的项目。

(3)联营经济、股份制经济、外商投资经济、港澳台投资经济及其它经济类型的企、事业单位建造和购置固定资产其计划总投资在5万元以上的、未列入基本建设计划和更新改造计划的项目。

(4)城镇和工矿区私人建房投资和农村个人投资。城镇和工矿区私人建房包括市、县城、镇、工矿区所辖范围内的全部私人建房,不论其房主是否系本地的常住户口均应包括;农村个人投资包括农村个人建房及购置生产性固定资产的投资。

Other Investment in Fixed Assets refers to the construction and purchases of fixed assets not listed in the investment in capital construction, investment in innovation and investment in real estate development. It includes:

(1) The following projects of the state – owned units with the total investment more than 50 thousand yuan, which are not included in the plan of capital construction and the plan of innovation: ① projects of oil fields maintenance and exploitation with the oil fields maintenance funds and petroleum development funds; ② opening and extending projects with the maintenance funds in coal, ore and other mining enterprises and logging enterprises; ③ project of reconstruction of the original highways and bridges with the highway maintenance funds in the department of transportation; ④ projects of construction of warehouses with the funds of simple construction in the commercial department.

(2) The investment in fixed assets by the collective units: including the projects of construction and purchases of fixed assets by the urban and rural collective units with the planned total investment more than 50 thousand yuan.

(3) The projects of construction and purchases of fixed assets by the enterprises or institutions of joint – owned economy, share – holding economy, foregn – funded economy, economy funded by the entrepreneurs form Hong Kong, Macao and Taiwan and other economy with the planned total investment more than 50 thousand yuan, which are not included in the plan of capital construction and the plan of innovation.

(4) The private investment in house construction in the urban areas and industrial and mining areas as well as the individual investment in the rural areas; The private house construction in the urban areas and industrial and mining areas includes all the private house construction under the jurisdiction of cities, countries, towns and industrial and mining areas, no matter whether the owner of the house is registered as the permanent resident in the locality or not. The individual investment in the rural areas includes the investment in house construction and purchase of producitive fixed assets by the individuals in the rural areas .

【新增生产能力】 指通过固定资产投资活动而增加的设计能力或工程效益,它是用实物形态表示的固定资产投资的成果。新增生产能力的计划,是以能独立发挥生产能力或效益的单项工程(或项目)为对象。当单项工程(或项目)建成,经有关部门鉴定合格,正式移交投入生产,即可计算新增生产能力。

新增生产能力或工程效益有以下几种表现形式:

(1)以建设项目或单位工程建成后的年产能力表示。如煤炭开采、石油开采等。

(2)以建设项目或单项工程建成后处理原料的能力表示。如选矿工程的年处理矿石能力,洗煤厂年洗原煤能力等。

(3)以新增的主要设备数量或容量表示。如棉纺锭枚数,发电机组容量等。

(4)以建筑物容积、容量、面积或长度表示。如水库容量、铁路公路里程等。

新增生产能力的数量一般按设计能力计算。设计能力是指设计文件中规定的正常情况下能够达到的生产能力,而不论投产后的实际产量如何。以设备数量、建筑物容积、面积、长度等表示的新增生产能力(或效益),则按建成的实际数量计算。

Newly Increased Production Capacity refers to the increase of designed capacity and project efficiency through investment in fixed assets, which reflects the accomplishment of investment in fixed assets in kind. The calculation of newly increased production capacity is based on individual projects wich operate independently. When an individual project is completed and checked and accepted and put into production, it is counted as newly increased production capacity.

The newly increased production capacity and project efficiency are usually expressed in one of the following forms:

(1)annual production capacity, such as extraction of coal and petroleum;

(2)raw material processing capacity, such as ore dressing capacity of ore dressing projects, the dressing capacity of a coal washery;

(3)number or capacity of major equipment increased, such as the number of cotton spindles increased and the capacity of generating sets increased;

(4)physical measures of construction, such as volume, capacity, area, and length, for instance, the capacity of reservoirs, the length of railways or highways.

Newly increased production capacity in terms of quantity is calculated in designed capacity in general, which refers to the production capacity of a project under normal conditions designed in construction documents regardless of the actual output.

【施工和竣工房屋建筑面积】 房屋建筑面积是从房屋外墙线算起的各层平面面积的总和,包括房屋结构(如柱、墙)占用的面积和地下室面积。多层建筑按各自然层面积总和计算,包括房屋内的楼隔层,突出墙面的眺望间、门斗、有柱雨罩的面积。不包括突出墙面结构的构件、艺术装饰等所占的面积,如台阶等。凹阳台、挑阳台按其水平投影面积一半计算建筑面积。

Floor Space of Buildings Under Construction and Completed refers to total floor space in each story of buildings calculated from the outside line of building walls, including the space occupied by constructions like pillars or walls and basements. The floor space of multi－story building includes the total floor space of each story, including area occupied by separating walls, watching rooms, doorways, and pillars, but excluding protruding wall structures, artistic decoration, etc. (for example, flight of steps). The space of balcony is counted by half of the projection area.

【住宅建筑面积】 指施工和竣工房屋建筑面积中供居住用的施工和竣工房屋建筑面积。

Floor Space of Residential Buildings refers to the floor space of the residential buildings under construction and completed among the total space of buildings under construction and completed.

【竣工面积】 指在报告期内房屋建筑按照设计要求已全部完工,达到住人和使用条件,经验收鉴定合格,正式移交使用单位的建筑面积。

Floor Space of Buildings Completed refers to the floor space of buildings completed in the reference period, which have come up to the designed standards and have been put into use.

【房屋建筑面积竣工率】 指一定时期内房屋竣工面积占同期房屋施工面积的比率。这是从房屋建筑施工速度的角度反映投资效果和建筑业经济效益的指标。

Completion Rate of Floor Space of Buildings refers to the ratio of the floor space of buildings completed in certain period of time to the floor space of buildings under constrution in the same period, which reflects the investment result and economic efficiency of the construction industry from the angle of the speed of project construction.

【新增固定资产】 指通过投资活动所形成的新的固定资产价值。包括已经建成投入生产或交付使用的工程价值和达到固定资产标准的设备、工具、器具的价值及有关应摊入的费用。它是以价值形式表示的固定资产投资成果的综合性指标,可以综合反映不同时期、不同部门、不同地区的固定资产投资成果。

Newly Increased Fixed Assets refer to the newly increased value of fixed assets through investment, including the value of projects completed and put into production, the value of equipment, tools, and vessels considered as fixed assets, as well as the relevant expenses as investment in fixed assets. This is a comprehensive indicator of investment in fixed assets, reflecting the achievements of investment in fixed assets in different periods, different sectors, and different regions.

【建设项目投产率】 指一定时期内全部建成投入生产项目个数占同期正式施工项目个数的比率。它是从项目建设速度的角度反映投资效果的指标。

Rate of Construction Projects Completed and Put into Use refers to the ratio of the number of construction projects completed and put into use in certain period of time to the number of projects under construction in the same period. This reflects the investment efficiency from the angle of the speed of projects construction.

【固定资产交付使用率】 指一定时期新增固定资产与同期完成投资额的比率。它是反映各个时期固定资产动用速度,衡量建设过程中投资效果的一个综合性指标。

Rate of Projects of Fixed Assets Completed and put into Operation refers to the ratio of the newly increased fixed assets to the total investment made in the same period. This is a comprehensive indicator, reflecting the speed of the employment of fixed assets and the investment efficiency.

【社会消费品零售额】 指各种经济类型的批发零售贸易业、餐饮业、制造业和其他行业对城乡居民和社会集团的消费品零售额。这个指标反映通过各种商品流通渠道向居民和社会集团供应的生活消费品,是研究人民生活、社会消费品购买力、货币流通等问题的重要指标。社会消费品零售额包括:(1) 售给城乡居民作为生活用的商品;(2)售给机关、团体、学校、部队、企业、事业单位的职工食堂和旅店(招持所)附设专门供本店旅客食用,不对外营业的食堂的各种食品、燃料;企业、事业单位和国营农场直接售给本单位职工和职工食堂的自己生产的产品;(3)售给部队干部、战士生活用的粮食、副食品、衣着品、日用品、燃料;(4)售给来华的外国人、华侨、港澳台同胞的消费品;(5)居民自费购买的中、西药品、中药材及医疗用品;(6)报社、出版社直接售给居民和社会集团的报纸、图书、杂志,集邮公司出售的新、旧纪念邮票、首日封、集邮册、集邮工具等;(7)旧货寄售商店自购、自销部分的商品零售额;(8)煤气公司、液化石油气站售给居民和社会集团的煤气灶具和罐装液化石油气;(9)农民售给非农业居民和社会集团的商品。不包括售给国民经济各部门企业、事业单位(包括国有经济的农场)生产经营用的各种原材料、燃料、设备、工具等和售给批发零售贸易业、餐饮业作为转卖用的商品,旧货寄售店受托寄售卖出的商品,服务业的营业收入,邮局出售邮票的收入,自来水、电力、煤气生产(供应)单位的产品供应收入,也不包括农民之间的商品销售。

Total Retail Sales of Consumer Goods refer to the sum of retail sales of consumer goods by the establishments in wholesale trade, retail sale trade, catering trade, manufacturing industry and other industries of different types of ownership, to urban and rural residents and social groups. This indicator is used to show the supply of consumers goods through various channels to households and institutions to meet their demands, and is therefore very important for the study of the issues on people's livelihood, on the purchasing power of consumer goods and on the circulation of money. The retail sales of consumer goods include: (1) commodities sold to urban and rural residents for residential use and building materials sold to them for the construction or repair of houses; (2) food and fuels sold to canteens of institutions, enterprises, schools, military units and to canteens of hotels and hostels that only serve their guests, and commodities produced by enterprises, institutions or state farms and sold directly to their employees or their canteens; (3) grain and non-staple food, clothing, daily articles and fuels sold to military personnel; (4) consumer goods sold to foreigners, overseas Chinese, and Chinese compatriots from Taiwan, Hong Kong and Macao during their stay in the mainland of China; (5) Chinese and western medicines, herbs and medical facilities purchased by residents; (6) newspapers, books and magazines directly sold to residents and social groups by publishers, new and old commemorative stamps, special stamps, first-day covers, stamp albums and other stamp-collection articles sold by stamp companies; (7) consumer goods purchased and then sold by second-hand shops; (8) stoves and other heating facilities and liquified gas sold by gas companies to households and institutions; (9) commodities sold by farmers to non-agricultural residents and social groups. Excluded under this heading are: raw materials, fuels, equipment, tools sold to enterprises, institutions and state farms for production purpose; commodities sold to trade establishments for re-selling; commissioned sales at second-hand shops; operational income of urban public utilities; stamps sold at post offices; income of water, power, gas production and supply establishments from the supply of their products; and sales of commodities among farmers.

【批发零售贸易业商品购、销、存总额】 指以各种经济类型的批发、零售贸易业(不包括个体)为总体的商品购、销、存。

Purchase, Sales and Stock of Commodities by Wholesale and Retail Trade refer to the purchase, sales and stock of commodities by wholesale and retail establishments of different ownership (excluding individual sellers).

【商品购进总额】 指从本企业(单位)以外的单位和个人购进(包括从国外直接进口)作为转卖或加工后转卖的商品。这个指标反映批发零售贸易业从国内、国外市场上购进商品的总量。商品购进总额包括:(1)从工农业生产者购进的商品;(2)从出版社、报社的出版发行部门购进的图书、杂志和报纸;(3)从各种经济类型的批发零售贸易企业(单位)购进的商品;(4)从其他单位购进的商品,如从机关、团体、企业、单位购进的剩余物资,从餐饮业、服务业购进的商品,从海关、市场管理部门购进的缉私和没收的商品,从居民收购的废旧商品等;(5)从国(境)外直接进口的商品。不包括企业(单位)为自身经营用,和未通过买卖行为而收入的商品以及销售退回、商品升溢等。

Total Purchases of Commodities refer to the purchases of commodities by the establishments from other establishments or individuals (including direct import from abroad) for the purpose of re-selling, either with or without further processing of the commodities purchased. This indicator is used to show the total value of purchases of commodities by wholesale and retail establishments from domestic and overseas markets. The total purchases include: (1) agricultural and industrial products purchased from producers; (2) books, magazines and newspapers purchased from distribution departments of the publishers;(3) commodities purchased from wholesale and retail establishments;(4) commodities purchased from other units, such as surplus materials purchased from government agencies, enterprises or institutions, commodities purchased from catering and service establishments, confiscated goods purchased from customs authorities or market management agencies, second－hand goods and wastes purchased from residents; (5) commodities directly imported from abroad. Excluded are commodities purchased by establishments (units) for use in their－own business operation, commodities obtained without buying or selling procedures, rejected commodities, etc.

【商品销售总额】 指对本企业(单位)以外的单位和个人出售(包括对国(境)外直接出口)的商品。这个指标反映批发零售贸易业在国内市场上销售商品以及出口商品的总量。商品销售总额包括:(1)售给城乡居民和社会集团消费用的商品;(2)售给工业、农业、建筑业、运输邮电业、批发零售贸易业、餐饮业、服务业等作为生产、经营使用的商品;(3)售给批发零售贸易业作为转卖或加工后转卖的商品;(4)对国(境)外直接出口的商品。不包括:出售本企业(单位)自用的废旧包装用品,未通过买卖行为付出的商品,经本单位介绍,由买卖双方直接结算,本单位只收取手续费的业务,购货退出的商品以及商品损耗和损失等。

Total Sales of Commodities refer to selling of commodities by the establishments to other establishments and individuals (including direct export). This indicator is used to show the total value of sales of commodities at domestic markets and export. The total sales include:(1) commodities sold to urban and rural residents and social groups for their consumption; (2)commodities sold to establishments in industry, agriculture, construction, transportation, post and telecommunications, wholesale and retail trades, catering trade and public utility for their production and operation;(3) commodities sold to wholesale and retail establishments for re－selling, with or without further processing; (4) commodities for direct export to other countries. Excluded are selling of waste packaging materials used by the establishments (units) themselves, commodities transferred without buying or selling procedures, commission income from brokerage in transactions whose settlement is directly handled by buyers and sellers, rejected commodities in the purchase, loss in commodities, etc.

【批发零售贸易业年末库存】 指年末各种经济类型的批发零售贸易企业(单位)已取得所有权的商品。它反映各地区、各批发零售贸易企业(单位)的商品库存情况,和对市场商品供应的保证程度。期末库存包括:(1)存放在批发零售贸易业经营单位(如门市部、批发站、经营处)仓库、货场、货柜和货架中的商品;(2)挑选、整理、包装中的商品;(3)已记入购进而尚未运到本单位的商品,即发货单或银行承兑凭证已到而货未到部分;(4)寄放他处的商品,如因购货方拒绝承付而暂时存放在购货方的商品和已办完加工成品收回手续而未提回的商品;(5)委托其他单位代销(未作销售或调出)尚未售出的商品;(6)代其他单位购进尚未交付的商品。不包括所有权不属于本单位的商品、拨付除批发零售贸易业以外的其他行业所属独立核算加工厂等加工生产尚未收回成品的商品、代国家物资储备部门保管的商品等。期末库存总额计算方法是:农副产品采购单位按购进价计算,批发单位按进货价计算,零售单位按什么价格核算就按什么价格计算。

Commodity Stock of Wholesale and Retail Enterprises at Year－end refers to total commodities possessed by wholesale and retail enterprises (units) of various types of ownership, which reflects the commodity stock level of various wholesale and retail enterprises and the potential for market supply. It includes:(1) commodities deposited in storage, counters, and shelves of operating units (such as sale stores, wholesale centers, and operating offices) of wholesale and retail enterprises;(2) commodities in the process of selecting, sorting, and packing;(3) commodities not arrived but recorded as purchase in the account, i. e. commodities not arrived but payment receipts for the commodities from the sellers or the banks arrived;(4) commodities deposited in other places rather than places mentioned above, for instance: commodities in the hold of purchasers temporarily due to the refusal of payment and commodities not taken back after going through the formalities;(5)commodities entrusted to other units to sell but not sold yet;(6) commodities purchased for other units but not delivered yet. Commodities not included as stock are those not owned by the enterprises (units), those allocated to financially independent factories rather than wholesale and retail enterprises for processing but not taken back yet, and finally those put in stock by wholesale and retail enterprises on behalf of the state material reserves units. In the calculation of the value of commodities stock at the end of period, the value is calculated at purchasing prices in agricultural goods purchasing units and wholesale units, and at the accounting prices in retail units.

【零售价格指数】 是反映城乡商品零售价格变动趋势的一种经济指数。零售物价的调整变动直接影响到城乡居民的生活支出和国家的财政收入,影响居民购买力和市场供需平衡,影响消费与积累的比例。因此,计算零售价格指数,可以从一个侧面对上述经济活动进行观察和分析。

Retail Price Index reflects the general change in retail prices of commodities. The change and adjustment in retail prices directly affect the living expenditure of urban and rural residents, government revenue, purchasing power of residents and the equilibrium of market supply and demand, and the ratio of consumption to accumulation. Therefore, the calculation of retail price index is useful to analyse the changes of the above economic activities.

【居民消费价格总指数】 是反映一定时期内城乡居民所购买的生活消费品价格和服务项目价格变动趋势和程度的相对数。是综合了城市居民消费价格指数和农民消费价格指数计算取得。利用居民消费价格指数,可以观察和分析消费品的零售价格和服务价格变动对城乡居民实际生活费支出的影响程度。

Consumer Price Index reflects the relative change in prices of consumer goods and services purchased by urban and rural residents, and is a composite index derived from the urban consumer price index and the rural consumer price index. Consumer price index can be used to analyse the impact of consumer price change on actual expenditure for living cost of urban and rural residents.

【利用外资】 指我国各级政府部门、企业和其他经济组织通过对外借款、吸收外商直接投资以及用其他方式筹措的境外现汇、设备、技术等。

Utilization of Foreign Capital refers to remittance, equipment and technology financed from abroad, by loans, foreign direct investment and other forms undertaken by the Chinese governments at all levels, by various departments, enterprises and other economic units.

【对外借款】 是我国利用外资的主要部分。包括我国通过外国政府贷款,国际金融组织贷款,外国银行商业贷款,出口信贷以及对外发行债券,股票等方式,从境外筹措的资金。

Foreign Loans a major part of China's utilization of foreign capital, refer to funds borrowed from abroad, including loans of foreign governments, loans of international financial institutions, commercial loans of foreign banks, export credit, and funds raised by Chinese bonds and shares issued abroad.

【外商直接投资】 是指外国企业和经济组织或个人(包括华侨、港澳台胞以及我国在境外注册的企业)按我国有关政策、法规, 用现汇、实物、技术等在我国境内开办外商独资企业、与我国境内的企业或经济组织共同举办中外合资经营企业、合作经营企业或合作开发资源的投资(包括外商投资收益的再投资)以及经政府有关部门批准的项目投资总额内,企业从境外借入的资金。

Direct Investment by Foreign Entrepreneurs refers to the investments inside China by foreign enterprises and economic organizations or individuals (including overseas Chinese, compatriots from Hong Kong, Macao and Taiwan, and Chinese enterprises registered abroad), following the relevant policies and laws of China, for the establishment of ventures exclusively with foreign own investment, Sino-foreign joint ventures and cooperative enterprises or for co-operative exploration of resources with enterprises or economic organizations in China. It includes the re-investment of the foreign entrepreneurs with the profits gained from the investment and the funds that enterprises borrow from abroad in the total investment of projects which are approved by the relevant department of the government.

【对外承包工程】 包括各对外承包公司以招标议标承包方式承揽的下列业务(1)承包国外工程建设项目;(2)承包我国对外经援项目;(3)承包我国驻外机构的工程建设项目;(4)承包我国境内利用外资进行建设的工程项目;(5)与外国承包公司合营或联合承包工程项目时我国公司分包部分;(6)以服务成果向业主收费的技术服务项目(包括承担地形地貌测绘;地质资源勘探与普查;建设区域规划;提供设计文件、图纸、生产工艺技术资料和工程技术经济咨询;工程项目的可行性考察、研究和评估;进行技术指导和培训人员等);(7)对外承包兼营的房屋开发业务。对外承包工程的营业额是以货币表现的本期内完成的对外承包工程的工作量,包括以前年度签订的合同和本年度新签订的合同在报告期完成的工作量。

Contracted Projects with Foreign Countries refer to projects undertaken by Chinese contractors (project contracting companies) through bidding process. They include: (1)overseas civil engineering construction projects financed by foreign investors; (2) overseas projects financed by the Chinese government through its foreign-aid programs; (3) construction projects of Chinese diplomatic missions, trade offices and other institutions stationed abroad; (4) construction projects in China financed by foreign investment; (5) sub-contracted projects to be taken by Chinese contractors through a joint umbrella project with foreign contractor (s); (6) technical assistance projects in the form of service results and chargeable to the owners (such as topographic surveying, geological prospecting, development zone programming, provision of designing documents, blueprint, materials on production process, technical consultation, project feasibility studies and evaluation, personnel training, etc.); (7)housing development projects. The Business income from international contracted projects is the work volume of contracted projects completed during the reference period, expressed in monetary terms, including completed work on projects signed in previous years.

【对外劳务合作】 指以收取工资的形式向业主或承包商提供技术和劳动服务的活动。我国对外承包公司在境外开办的合营企业,中国公司同时又提供劳务的,其劳务部分也纳入劳务合作统计。劳务合作营业额按报告期内向雇主提交的结算数(包括工资、加班费和奖金等)统计。

Service Co-operation with Foreign Countries refers to the activities of providing technology and labour services to employers or contractors in the forms of receiving salaries and wages. Labour services providing by contractual joint ventures of Chinese international contraction corporations should be included in the statistics of service co-operation with foreign countries. The business income of labour service co-operation is the income in the form of wages and salaries, overtime pay, bonuses and other remuneration received from the employers during the reference period.

【旅游人数】 指来我国参观、访问、旅行、探亲、访友、休养、考察、参加会议和从事经济、科技、文化、教育、体育、宗教等活动的外国人、华侨、港澳台胞的人数。不包括外国在我国的常驻机构,如使领馆、通讯社、企业办事处的工作人员;来我国常驻的外国专家、留学生以及在岸逗留不过夜人员。

Number of Tourists refers to the number of foreigners, overseas Chinese, and compatriots from Hong Kong, Macao and Taiwan coming to China for sightseeing, visits, tours, family reunions, vacations, study tours and other activities of an economic, scientific and technological, cultural, physical culture and religious nature. This does not include the number of employees of foreign organizations stationed in China such as embassies, consulates, news agencies, the offices of corporations and enterprises and foreign experts and students residing in China and the persons staying briefly in China but not for passing the night.

【国际旅游(外汇)收入】 指入境旅游的外国人、华侨、港澳台同胞在中国大陆旅游过程中发生的一切旅游支出,对于国家来说就是国际旅游(外汇)收入。

Foreign Exchange Earnings from International Tourism refer to the total expenditures of the foreigners, overseas Chinese, compatriots from Hong Kong, Macao and Taiwan in the process of their tourism in the mainland of China. Their expenditures mentioned above are foreign exchange earnings to China.

【进出口总额】 海关进出口总额指实际进出我国国境的货物总金额。包括对外贸易实际进出口货物,来料加工装配进出口货物,国家间、联合国及国际组织无偿援助物资和赠送品,华侨港澳台同胞和外籍华人捐赠品,租赁期满归承租人所有的租赁货物,进料加工进出口货物,边境地方贸易及边境地区小额贸易进出口货物(边民互市贸易除外),中外合资经营企业、中外合作经营企业、外商独资经营企业进出口货物和公用物品,到、离岸价格在规定限额以上的进出口货样和广告品(无商业价值、无使用价值和免费提供出口的除外),从保税仓库提取在中国境内销售的进口货物,以及其他进出口货物。进出口总额用以观察一个国家在对外贸易方面的总规模。我国规定出口货物按离岸价格统计,进口货物按到岸价格统计。

Total Imports and Exports at Customs refer to the value of commodities imported into and exported from the boundary of China. They include the actual imports and exports through foreign trade, imported and exported goods under the processing and assembling trades and materials, supplies and gifts as aid given gratis between governments and by the United Nations and other international organizations, and contributions donated by overseas Chinese, compatriots from Hong Kong Macao and Taiwan and Chinese with foreign citizenship, leasing commodities owned by tenant at the expiration of leasing period, the imported and exported commodities processed with imported materials, commodities trading in border areas (excluding mutual exchange goods), the imported and exported commodities and articles for public use of the Sino-foreign joint ventures, cooperative enterprises and ventures exclusively with foreign own investment. Also included are import or export of samples and advertising goods for whose CIF or FOB value are beyond the permitted ceiling (excluding goods of no trading or use value and free commodities for export), imported goods sold in China from bonded warehouse and other imported or exported goods. The indicator of the total imports and exports at customs can be used to observe the total size of external trade in a country. In accordance with the stipulation of the Chinese government, imports are calculated at CIF, while exports are calculated at FOB.

【存款】 企业、机关、团体或居民根据可以收回的原则,把货币资金存入银行或其他信用机构保管并取得一定利息的一种信用活动形式。根据存款对象的不同可划分为企业存款、财政存款、机关团体存款、基本建设存款、城镇储蓄存款、农村存款等科目。它是银行信贷资金的主要来源。

Deposit is a form of credit by which enterprises, institutions, organizations or residents can put money into banks and other credit institutions for safekeeping and interest earning under the principle of free withdrawal. According to different depositors, deposits are divided into enterprise deposits, treasury deposits, deposits of government agencies and organizations, capital construction deposits, urban saving deposits, rural deposits and other deposits. Deposits are major sources of the credit funds of banks.

【贷款】 银行或其他信用机构根据必须归还的原则,按一定利率,为企业、个人等提供资金的一种信用活动形式。我国银行贷款分为流动资金贷款、固定资产贷款、城乡个体工商户贷款以及农业贷款等科目。

Loan is a form of credit by which banks and other credit institutions provide funds at certain interest rate to enterprises and individuals in the light of the principle of unconditional repayment. Loans from Chinese banks include circulating capital loans, fixed assets loans, loans to urban and rural individuals engaged in industrial and commercial business and agricultural loans.

【普通高等学校】 指按照国家规定的设置标准和审批程序批准举办,通过国家统一招生考试,招收高中毕业生为主要培养对象,实施高等教育的全日制大学、独立设置的学院和高等专科学校、短期职业大学。

Regular Institutions of Higher Learning refer to educational establishments set up according to the government evaluation and approval procedures, enrolling graduates from senior secondary schools and providing higher education courses and training for senior professionals. They include full－time universities, colleges, high professional schools and short－term professional universities.

【研究与发展经费支出】 指报告期内用于研究与实验发展课题活动(基础研究、应用研究、实验发展)的全部实际支出。包括用于研究与发展课题活动的直接支出,还包括间接用于研究与发展活动的一切支出(院、所管理费、维持院、所正常运转的必需费用和与研究发展有关的基本建设支出)。

Total Expenditure on Research and Development refers to all actual expenditure made for R & D (bassic research, applied research and experimental development) in reference period. It includes direct expenditure on R & D and indirect expenditure on R & D (including management expenses, administrative and investment in capital construction ralating to R & D).

【艺术表演团体】 指从事戏曲、音乐、舞蹈、杂技等专业艺术表演,有独立帐户,实行单独核算的团体。不包括半工半艺、半农半艺和民间职业剧团。

Art Troupe refers to the troupe which engaged in drama, opera, music, dance, acrobatics or other art performance, opens independent accounts with banks and has self－supporting accounting system; excluding the troupes which are engaged partly in industrial or agricultural activities, partly in art performance and the professional troupes organized by the people.

【电影放映单位】 指具有放映机器设备、固定或不固定的放映场所与专职或兼职的放映技术人员,经有关部门登记批准,经常为一定的观众对象放映电影的机构。包括经批准对外开放进行营业,并与电影发行放映管理机构分帐的专用放映单位和军委系统租片单位。

Film Projection Units refer to units with film projection equipment, full or part－time projectionists, permanent or non－permanent places, approved by related administrative departments to show films regularly for certain groups of audience, including those film projection units which have been approved to give commercial shows and run business with independent accounting system as well as those film－renting units of the military system.

【医院】 指名称为医院,设有固定床位能收容病人住院并能为病人提供医疗、护理服务的医疗机构。包括县及县以上医院、农村乡卫生院、其他医院三部分。按所属性质分为卫生部门、工业及其他部门,集体经济单位三类。其中县及县以上医院按业务性质分为综合医院和专科医院。

Hospitals refer to medical institutions named as "hospital" with permanent hospital beds, which are able to take in patients and provide them with medical and nursing services. Hospitals are classified into three categories: hospital at or above the county level, hospitals of rural townships, and other hospitals. According to their ownership, hospitals can be classified into three categories: hospitals under the public health departments, hospitals under industrial and other departments and collective－owned hospitals. Hospitals at or above county level are divided into comprehensive and specialized hospitals.

【卫生技术人员】 指卫生事业机构支付工资的全部固定职工和合同制职工中现任职务为卫生技术工作的专业人员。包括中医师、西医师、中西医结合高级医师、护师、中药师、检验师、其他技师、中医士、西医士、护士、助产士、中药剂士、西药剂士、检验士、其他技士、其他中医、护理员、中药剂员、西药剂员、检验员,其他初级卫生技术人员。

Medical Technical Personnel refers to all permanent medical staff and workers employed by medical institutions, including doctors of Chinese and Western medicine, senior doctors who integrate traditional Chinese therapeutics with Western thrapeutics in practice, senior nurses, pharmacists of Chinese and Western medicine, laboratory specialists, other specialists, paramedics of Chinese and Western medicine, nurses, midwives, druggists in Chinese and Western medicine, laboratory technicians, other technicians, other practitioners of Chinese medicine, nursing attendants, pharmacological workers of Chinese and Western medicine, laboratory workers, and other primary medical personnel.

【医生】 指经卫生部门审查合格,从事医疗工作的专业人员。分为中医医生和西医医生。包括卫生技术人员中的中医师、西医师、中西结合高级医师、中医士、西医士和其他中医。

Doctors refer to qualified professional medical workers approved to practice by public health departments. They are classified into doctors of Chinese medicine, doctors of Western medicine, senior doctors who integrate traditional Chinese therapeutics with Western therapeutics in practice, paramedics of Chinese medicine and Western medicine, and other specialists of Chinese medicine.

【工业废水排放量】 指经过企业厂区所有排放口排到企业外部的工业废水量。包括生产废水、外排的直接冷却水、超标排放的矿井地下水和与工业废水混排的厂区生活污水,不包括外排的间接冷却水(清污不分流的间接冷却水应计算在内)。

Volume of Industrial Waste Water Discharged refers to the volume of industrial waste water discharged, through all outlets, to the outside of industrial enterprises, including waste water produced, direct－cooling water, underground water from mines that does not meet the standard of discharge, and the domestic sewage mixed up with industrial waste water when discharged, but excluding discharged indirect－cooling water.

【工业废水处理量】 指报告期内各种水治理设施实际处理的工业废水量,包括处理后外排的和处理后回用的工业废水量。虽经处理但未达到国家或地方排放标准的废水量也应计算在内。计算时,如遇有车间和厂排放口均有治理设施,并对同一废水分级处理时,不应重复计算工业废水处理量。

Volume of Treated Industrial Waste Water refers to the volume of industrial waste water after being treated and purified through various water treatment facilities in the reference period, including the volume discharged or recovered after being treated. The volume of waste water that fails to meet the national or local standards after treatment is also included. If there are treatment facilities both at the outlets of workshops and at the outlets of the factory, and the same volume of waste wate has been treated twice, duplication should be avoided in the calculation of the volume of treated industrial waste water.

【工业废气排放量】 指企业厂区内燃烧和生产工艺过程中产生的各种排入空气的含有污染物的气体的总量,以标准状态[273K,101325Pa]计。

Volume of Waste Gas Emission refers to waste gas emitted from burning of fuels and from production process in the area of the factory, and is measured by 10 000 standard cubic metres each year under normal condition.

【二氧化硫排放量】 指企业在燃料燃烧和生产工艺过程中排入大气的二氧化硫量。

Volume of Sulphur Dioxide Discharged refers to the volume of sulphur dioxide discharged to the air in the process of fuel burning or in the production process.

【工业粉尘排放量】 指企业在生产工艺过程中排放的颗粒物重量。如钢铁企业的耐火材料粉尘、焦化企业的筛焦系统粉尘、烧结机的粉尘、石炭窑的粉尘、建材企业的水泥粉尘等。不包括电厂排入大气的烟尘。

Industrial Dust Discharged refers to the total weight of solid dust discharged by industrial enterprises in the production process, such as dust of refractory materials from iron plants, dust from coke -screening system or from sintering machines of coking plants, dust from lime kilns, cement dust from building material enterprises, etc. , but excluding smoke and dust discharged by power plants.

【工业固体废物产量】 指企业在生产过程中产生的固体状、半固体状和高浓度液体状废弃物的总量,包括危险废物、冶炼废渣、粉煤灰、炉渣、煤矸石、尾矿、放射性废物和其他废物等;不包括矿山开采的剥离废石和掘进废石(煤矸石和呈酸性或碱性废石除外)。酸性或碱性废石是指采掘的废石其流经水、雨淋水的 pH 值小于 4 或 pH 值大于 10.5 者。

Volume of Industrial Solid Wastes Produced refers to the total volume of solid, semi - solid or high concentration liquid residue produced by industrial enterprises in their production process, including dangerous wastes, residues from melting, slag, powdered coal ash, gangue, chemical residues, tailings, radioactive residues and other residues, but excluding stripped or dug stones in mining (except gangue and acid or alkali stones which are stones washed or soaked by water with a pH value smaller than 4 or larger than 10.5.)

【工业固体废物处置量】 指将固体废物焚烧或者最终置于符合环境保护规定要求的场所并不再回取的工业固体废物量(包括当年处置往年的工业固体废物累计贮存量)。处置方法如:填埋(其中危险废物应安全填理)、焚烧、专业贮存场(库)封场处理、深层灌注、回填矿井等。

Volume of Industrial Solid Wastes Treated refers to solid wastes disposed of in a non - recoverable place that meet the requirement of environmental protection, such as burying (The dangerous wastes should be buried safely), burning, piling in designated sites, pouring water into the deep strata, filling of old mines, etc. (including treatment of solid wastes piled up in the previous years).

【城镇居民家庭就业人口】 指城镇居民从事社会劳动并取得劳动报酬或经营收入的人口。就业人口包括通过国家统筹规划和指导由劳动部门介绍就业,自愿组织起来的就业和自谋职业等方式,在国有制、集体所有制、中外合资、中外合作、外资在华独资的企事业单位和私营企业单位工作或从事个体劳动的有固定性职业或临时性职业的人口。被聘用和留用的离退休人员也计入就业人口。本指标可以反映城镇居民的就业情况,是计算就业面、负担系统的重要资料。

Employed Population in Urban Households refers to urban residents engagd in certain work and receiving payment for their labour of income from their business operation, including those who work in state - owned or collective units, joint ventures, foreign - owned units and private units with permanent or temporary jobs. The self - employed individuals and re - employed retirees are also included. This indicator reflects the situation of urban employment and is the basic data for calculating employment rate and dependency ratio.

【城镇居民家庭全部收入】 指被调查城镇居民家庭全部的实际现金收入,包括经常或固定得到的收入和一次性收入。不包括周转性收入,如提取银行存款、向亲友借入款、收回借出款以及其他各种暂收款。

Total Income of Urban Households refers to the total actual cash income of the sample households, including regular or fixed income and occasional income. The income of a circulating nature such as withdrawal from bank deposits, loans borrowed from relatives or friends, repayment of loans received and various temporary collection of money is excluded.

【城镇居民家庭可支配收入】 指被调查城镇居民家庭在支付个人所得税之后,所余下的实际收入。

Disposable Income refers to the income of the sample households which can be used for daily expenses, i. e. total income minus income tax.

【城镇居民家庭消费性支出】 指被调查的城镇居民家庭用于日常生活的全部支出,包括购买商品支出和文化生活、服务等非商品性支出。不包括罚没、丢失款和缴纳的各种税款(如个人所得税、牌照税、房产税等),也不包括个体劳动者生产经营过程中发生的各项费用。

Expenditure for Consumption refers to total expenditure of the sample households for consumption in daily life, including expenditure for various commodities and expenses for non - commodity items such as culture and service, etc., but excluding fines and confiscation, loss, tax payments (such as income tax, license tax, real estates tax, etc.) and various expenses by individual laborers for business purposes.

【农村居民家庭纯收入】 指农村常住居民家庭总收入中,扣除从事生产和非生产经营费用支出、缴纳税款和上交承包集体任务金额以后剩余的,可直接用于进行生产性、非生产性建设投资、生活消费和积蓄的那一部分收入。它是反映农民家庭实际收入水平的综合性的主要指标。农民家庭纯收入,既包括从事生产性和非生产性的经营收入,又包括取自在外人口寄回带回和国家财政救济、各种补贴等非经营性收入;既包括货币收入,又包括自产自用的实物收入。但不包括向银行、信用社和向亲友借款等属于借贷性的收入。

Net Income of Rural Households refers to the total income of the permanent residents of the rural households during a year after the deduction of the expenses for productive and non – productive business operation, the payment for taxes and the payment for collective units for their contracted tasks. The net income can be spent for investments in productive and non – productive construction, for consumption in daily life and for savings deposit. It is a comprehensive indicator to show the actual level of the income of the peasants' household. The net income of the rural households includes not only the income from the productive and non – productive business operation, but also the income from the non – business operation, such as the money remitted or brought back by the members of the household who are in other places, the government relief payment and various subsidies. It includes not only the money income, but also the income in kind. But the income from borrowing from banks, friends and relatives is excluded.

附录二 香港特别行政区社会经济主要指标

MAIN SOCIAL AND ECONOMIC INDICATORS OF HONGKONG SPECIAL ADMINISTRATIVE REGION

项 目	Item	1997	1998	1999
总人口(万人)	Population (10 000 persons)	661.7	680.6	697.5
男性	Male	332.7	342.6	350.5
女性	Female	329.0	338.0	347.0
粗出生率(‰)	Crude Birth Rate(‰)	9.1	7.9	7.5
粗死亡率(‰)	Crude Death Rate(‰)	4.9	4.9	4.8
劳动人口(万人)	Labour Force(10 000 persons)	321.6	335.9	347.7
男性	Male	196.2	204.0	209.6
女性	Female	125.4	131.9	138.1
失业率(%)	Unemployment Rate(%)	2.2	4.7	6.2
本地生产总值(亿港元)(以当时市价计算)	Total Expenditure on GDP(HK $ 100 000 000) (at current market prices)	13 239	12 668	12 322
人均本地生产总值(港元)	Per Capita GDP(HK $)	203 605	189 443	180 073
港产品出口货值(亿港元)(离岸价)	Domestic Exports (HK $ 100 000 000)(f.o.b)	2 114	1 885	1 706
#中国内地	The Mainland of China	639	561	504
转口货值(亿港元)(离岸价)	Re-exports (HK $ 100 000 000)(f.o.b)	12 445	11 592	11 784
#转往中国内地	To the Mainland of China	4 439	4 074	3 992
来自中国内地	From the Mainland of China	7 234	6 912	7 201
整体出口货值(亿港元)	Total Exports (HK $ 100 000 000)	14 559	13 477	13 490
进口货值(亿港元)(到岸价)	Imports (HK $ 100 000 000) (c.i.p)	16 151	14 291	13 927
#中国内地	The Mainland of China	6 084	5 806	6 075
有形贸易差额(亿港元)	Visible Trade Balance(HK $ 100 000 000)	-1 591	-814	-437
工业生产指数(1986年=100)	Index of Industrial Production(1986=100)	120.6	110.2	103.2
访港旅客总人数(万人)	Total Visitor Arrivals(10 000 persons)	1 127.3	1 016.0	1 132.8
#中国内地	The Mainland of China	236.4	267.2	320.6
酒店房间入住率(%)	Room Occupancy Rate of Hotels(%)	76	76	79
政府收入(亿港元)	Government Revenue (HK $ 100 000 000)	1 739	2 287	1 791
政府开支(亿港元)	Government Expenditure(HK $ 100 000 000)	1 519	1 652	1 947
消费物价指数(94年10月-95年9月=100)	Consumer Price Indices (Oct.94-Sep.95=100)			
甲类消费物价指数	CPI (A)	114.1	117.0	113.2
乙类消费物价指数	CPI (B)	114.7	117.9	112.4
丙类消费物价指数	CPI (C)	115.3	118.9	114.5
综合消费物价指数	Composite CPI	114.7	117.9	113.2
平均预期寿命(岁)	Expectation of Life at Birth (years)			
男性	Male	76.8	77.2	77.2
女性	Female	82.2	82.6	82.6
婴儿死亡率(‰)	Infant Mortality Rate(‰)	3.9	3.2	3.1

中国统计出版社最新统计资料书简目

中国统计年鉴—2000
中国统计摘要—2000
中国城市统计年鉴—2000
中国农村统计年鉴—2000
中国劳动统计年鉴—2000
中国人口统计年鉴—2000
中国市场统计年鉴—2000
中国建筑业统计年鉴—2000
中国固定资产投资统计年鉴—2000
中国物价及城镇居民家庭收支调查统计年鉴—2000
国际统计年鉴—2000
中国对外经济贸易统计年鉴—2000
中国基本单位统计年鉴—1999
中国食品工业年鉴—1999
如何使用统计年鉴
北京统计年鉴—2000
天津统计年鉴—2000
河北经济年鉴—2000
山西统计年鉴—2000
内蒙古统计年鉴—2000
辽宁统计年鉴—2000
吉林统计年鉴—2000
黑龙江统计年鉴—2000
上海统计年鉴—2000
江苏统计年鉴—2000
浙江统计年鉴—2000
安徽统计年鉴—2000
福建统计年鉴—2000
江西统计年鉴—2000
山东统计年鉴—2000
河南统计年鉴—2000
湖北统计年鉴—2000
湖南统计年鉴—2000
广东统计年鉴—2000
广西统计年鉴—2000
贵州统计年鉴—2000
云南统计年鉴—2000
海南统计年鉴—2000
四川统计年鉴—2000
重庆统计年鉴—2000
西藏统计年鉴—2000
陕西统计年鉴—2000
甘肃年鉴—2000

青海统计年鉴—2000
宁夏统计年鉴—2000
新疆统计年鉴—2000
新疆生产建设兵团统计年鉴—2000
石家庄统计年鉴—2000
唐山统计年鉴—2000
廊坊统计年鉴—2000
邯郸统计年鉴—2000
衡水统计年鉴—2000
张家口统计年鉴—2000
邢台经济统计年鉴—2000
临汾年鉴—2000
呼和浩特经济统计年鉴—2000
沈阳年鉴—2000
吉林市社会经济统计年鉴—2000
四平统计年鉴—2000
延吉统计年鉴—2000
哈尔滨统计年鉴—2000
齐齐哈尔经济统计年鉴—2000
双鸭山社会经济统计年鉴—2000
黑龙江垦区统计年鉴—2000
上海浦东新区统计年鉴—2000
宝山年鉴—2000
苏州统计年鉴—2000
无锡统计年鉴—2000
常州统计年鉴—2000
徐州统计年鉴—2000
南通统计年鉴—2000
杭州统计年鉴—2000
宁波统计年鉴—2000
绍兴统计年鉴—2000
嘉兴统计年鉴—2000
台州统计年鉴—2000
舟山统计年鉴—2000
金华统计年鉴—2000
温州统计年鉴—2000
福州年鉴—2000
厦门经济特区年鉴—2000
福州经济开发区年鉴—2000
南昌统计年鉴—2000
九江统计年鉴—2000
宜春统计年鉴—2000
济南统计年鉴—2000
青岛统计年鉴—2000

潍坊统计年鉴—2000
泰安统计年鉴—2000
德州统计年鉴—2000
日照统计年鉴—2000
郑州统计年鉴—2000
洛阳统计年鉴—2000
开封统计年鉴—2000
三门峡统计年鉴—2000
平顶山统计年鉴—2000
南阳经济统计年鉴—2000
武汉统计年鉴—2000
宜昌统计年鉴—2000
广州统计年鉴—2000
深圳统计信息年鉴—2000
惠州统计年鉴—2000
珠海统计年鉴—2000
东莞统计年鉴—2000
南宁统计年鉴—2000
南宁地区统计年鉴—2000
桂林经济社会统计年鉴—2000
柳州经济统计年鉴—2000
柳州地区统计年鉴—2000
贵阳统计年鉴—2000
海口统计年鉴—2000
成都统计年鉴—2000
广安统计年鉴—2000
攀枝花统计年鉴—2000
西安统计年鉴—2000
兰州年鉴—2000
西宁统计年鉴—2000
乌鲁木齐统计年鉴—2000
巴音郭楞统计年鉴—2000
吐鲁番统计年鉴—2000
石河子统计年鉴—2000
伊犁统计年鉴—2000
巴州年鉴—2000
河北农村统计年鉴—2000
广东农村统计年鉴—2000
福建农村统计年鉴—2000
湖北农村统计年鉴—2000
河南农村统计年鉴—2000
山东城市统计年鉴—2000
湖北工交统计年鉴—2000